RIETI
Research Institute of Economy, Trade & Industry, IAA

人工知能の
経済学

暮らし・働き方・社会はどう変わるのか

馬奈木 俊介 ［編著］

ミネルヴァ書房

はじめに

　これまで私たち人類は新たな道具や技術を開発し，自分たちの生活圏を拡大させ，豊かな生活を実現してきた。歴史上，さまざまなイノベーションにより，食料生産，衛生環境，交通など，私たちの社会・経済活動は大きく変容してきた。なかでも産業革命と呼ばれる蒸気機関を中心とする大きな技術革新は私たちの物的な豊かさを急激に拡大させ，これまで実現できなかったさまざまなイノベーションにも波及効果を伴い，飛躍的に世界規模での経済活動を変化させた。

　しかしこうした新たな技術革新は必ずしも正の効果だけでなく，急激な経済の変化に伴うさまざまな社会の問題も発生させてきた。例えば労働問題である。蒸気機関の発明，普及により，これまで製品の製造の担い手であった労働者は解雇の危機に苛まれた。結果として失業のおそれを抱いた労働者たちによって，イギリスの一部地域では機械の打ちこわしを行うラッダイト運動と呼ばれる事件まで発生した。こうした危機感はその後の技術革新でも大きな問題として取り上げられ，1990年代後半から本格的となった IT 革命や，現在，議論が進む人工知能（AI）の開発普及においても，多くの人々が強い関心を示している。

　そのほかにも新たな技術の普及に伴いさまざまな問題が発生する可能性が危惧される。途上国や新興国を中心に深刻化する大気汚染などの環境問題，情報化の進展に伴うプライバシーの問題やネット犯罪，ドローンによる事故など，新たな技術が生まれ社会に普及する中で，多くの問題が発生し，そのために法制度や経済的な新たなシステム，その他のインフラの整備など社会的な対応が必要となってくる。

　また新たな技術革新はこれまでの各国間の経済的なパワーバランスを大きく変化させてしまう可能性がある。過去に日本の自動車企業が低燃費車の開発に

成功し，世界的に技術優位性を得た結果，世界の自動車市場を席捲したように，自動運転車の開発は自動車産業における各国の技術優位性を大きく塗り替える可能性がある。そのため，いかに人工知能の開発や普及を促し，世界規模での経済変化に対応できる体制を構築すべきか，議論も急務である。

　本書の内容は，独立行政法人経済産業研究所（RIETI）の研究プロジェクト「人工知能等が経済に与える影響研究」（研究期間2016年1月18日〜2017年12月31日）の研究成果をまとめたものである。研究の機会を与えてくださった研究所の方々，特に大橋弘東京大学教授・RIETI プログラムディレクター，矢野誠所長，藤田昌久前所長，森川正之副所長，星野光秀研究調整ディレクター，および高橋千佳子氏に感謝の意を表したい。本書の研究成果は，定期的に開催した研究会にお越しいただいた多数の方々との議論に負うところ大であり，ここに謝意を表したい。最後に，ミネルヴァ書房の東寿浩氏には，本書の企画の段階から完成に至るまで，多大なサポートをしていただいた。ここに深く感謝の意を表しておきたい。

馬奈木俊介

人工知能の経済学

——暮らし・働き方・社会はどう変わるのか——

目　次

はじめに

序　章　人工知能は私たちの社会・経済に
　　　　どのような影響を与えるのか？……………………………………… 1

　1　AIの開発・普及の現状と今後　1

　2　日本における有効的なAI活用・開発のための方策　3

　3　AIが与える社会的な問題への対応　8

　4　AIが与える影響のさまざまな分析の試み　12

━━━━━━━━━━━━━━━━━━━━━━━━━━━━━━━━━━━

第I部　AIの企業での活用とその課題

━━━━━━━━━━━━━━━━━━━━━━━━━━━━━━━━━━━

第1章　人工知能等が雇用に与える影響と社会政策…………………… 19

　1　本章の内容　19

　2　これまでの研究のレビュー　21

　3　世界的なコンセンサスが得られた内容　33

　4　ドイツの動向　38

　5　日本の現場の動向　41

　6　導出される社会政策　42

第2章　なぜ多くの企業がAIを経営に活用できないのか………… 47

　1　企業がイノベーションを取り入れる3つの要因　47

　2　技術要因　50

　3　人　材　55

　コラム　AI経営における経営人材の役割　59

　4　経営組織　61

　5　外的要因　63

　6　未来を創る　64

目　次

第3章　持続可能なスマートシティ実装 ……………………………… 71

1 スマートシティの社会実装に向けて　71

2 スマートシティの実装評価方法に関する開発動向　74

3 共有価値創造による持続可能なスマートシティ実装評価モデルの検討　86

4 エネルギー・環境制約問題への実装評価モデルの適用事例　107
　　　──中之条電力「一般家庭の節電行動調査（デマンドレスポンス実証実験）」

5 経済・社会・環境が持続可能なスマートシティの実装評価モデル　112

第Ⅱ部　AI に関する法的課題

第4章　AI の法規整をめぐる基本的な考え方 ……………………… 123

1 AI の法規整の機能的分析　123

2 分析のための状況設定　125

3 外部性への法による対処　130

4 AI のもたらす外部性への対処　139

5 AI と法　150

第5章　人工知能ビジネスの資金調達と法規制 ………………… 153
　　　──クラウドファンディングを中心に

1 さまざまな資金調達手法　153

2 クラウドファンディングの歴史と分類　155

3 贈与型クラウドファンディングに対する法規制　159

4 購入型クラウドファンディングに対する法規制　161

5 融資型クラウドファンディングに対する法規制　164

6 エクイティ型クラウドファンディングに対する法規制　167

7 クラウドファンディング事業とそれに対する法規制の将来　170

第6章　ドローンと法 ……………………………………………… 177
　　　──損害賠償の観点から考える

1 移動革命と損害賠償ルール　177

v

2 日本法における議論の前提　179

3 1952年のローマ条約およびその後の展開　180

4 米国の状況　185

5 米国以外の国々の主な動向　191

6 立法等の措置の必要性　195

7 損害賠償ルールの変更に伴う困難　197

第Ⅲ部　AIの普及がもたらす影響

第7章　誰が自動運転車を購入するのか ……………………… 205

1 問題の背景と研究目的　205

2 先行研究　207

3 調査概要　208

4 回答者の属性　210

5 自動運転車への支払意思額　216

6 自動運転は普及するのか　232

第8章　自動運転による自動車走行距離の変化 ………………… 237

1 人工知能と自動車　237

2 走行距離推計モデル　241

3 分析に用いるデータの概要　244

4 自動運転の走行距離への影響の分析結果　246

5 自動運転導入による走行距離と温室効果ガス排出量変化　249

6 政策含意と今後の課題　253

第9章　情報技術の利用とマークアップの分析 ………………… 257

1 情報技術とマークアップに関するこれまでの研究　257

2 トランスログ型生産関数によるマークアップの計測　259

3 データと推定方法　261

目　次

4　マークアップに関する実証分析の結果　264

5　情報技術の利用がマークアップに及ぼす影響　267

第10章　人工知能社会における失業と格差の経済理論 ……………275

1　人工知能と雇用——これまでの研究　275

2　人工知能のサーチ理論的モデル　279

3　モデルの比較静学分析　283

4　外生変数の内生化　286

5　政策への示唆と今後の展望　289

第Ⅳ部　AI 技術開発の課題

第11章　労働時間が生活満足度に及ぼす影響 ……………………295
——人工知能の活用方策に関する検討

1　日本人のワーク・ライフ・バランス　295

2　労働の非金銭的効果　302

3　データおよび推計方法　305

4　労働時間と生活満足度の関連性　310

5　人工知能の活用方策　315

第12章　日本企業の IT 化は進んだのか ……………………………329
——AI 導入へのインプリケーション

1　日本の労働生産性の低迷　329

2　産業別 IT 投資　331

3　日本の IT 導入の遅れに関する既存研究　335

4　企業レベルの IT 投資　337
——『企業活動基本調査』を使用した研究

5　IT 投資は日本企業の生産性を上昇させる　347

vii

第13章　情報化投資と法規制の影響 ……………………………… 351
　　　　　──労働規制による資本投資及び情報化投資への影響の分析

　1　労働規制の資本投資への影響　351

　2　労働規制の資本投資，情報化投資への影響に関する先行研究　353

　3　日本の労働規制の変化　356

　4　分析に用いるデータ，及びモデル　357

　5　労働規制の影響の分析結果　360

　6　日本の雇用規制と新たな技術，情報化投資への影響の考察　366

第14章　人工知能技術の研究開発戦略 …………………………… 371
　　　　　──特許分析による研究

　1　人工知能技術の研究開発について　371

　2　いつ，どこで，どの技術が開発されたか？　373

　3　どの出願者が，どの技術を開発しているのか？　375

　4　どの出願者が，どこで特許を取得しているのか？　377

　5　人工知能技術開発の研究戦略の変化　379

　索　　引　383

序　章
人工知能は私たちの社会・経済に
どのような影響を与えるのか？

馬奈木俊介・田中健太

1　AI の開発・普及の現状と今後

　ここでは今後の人工知能の発展・普及に関する可能性について考察するとともに，今後発生し得るさまざまな変化について概観し，その変化に対して，日本がどのように対応すべきであるか議論を行う。さらにこうした社会経済の変化に関するより具体的な研究分析を示すため，本章の最後に本書の目次紹介を行う。

　現在，ICT の進展により，大規模なビッグデータを企業が活用できる時代になり，機械学習やデータマイニングの技術的進歩とともに，実際に人工知能が具体的な社会への応用が開始されている段階に入ってきている。実証実験段階とはいえ，自動運転車は現実のものとなっている。今後の急速な人口知能の発展はさまざまな分野への応用可能になることが予想されている。科学技術・政策研究所で取りまとめられた報告書（科学技術・学術政策研究所, 2015）では今後の AI の進展に伴い，応用が進んだ場合の具体的な事例について言及している。

　概要は**表序−1**にまとめている。例えば2020年代の初期には，すでに始められているソーシャルメディアのデータ分析から行動予想をするようなシステム（犯罪予想や購買行動予想など）がより進化するなど，現状でも開発がされているパターン認識や画像認識などの技術が AI をもととして，より進化すると予想されている。結果としてより近い未来においては，限られた分野ではあるが，

表序-1 AIの社会実装予測時期概要

年	トピック
2020	・放送・通信・マスメディアなどで配信された過去の画像・映像・音声・文字データを高品質にアーカイブ化し，検索・分析・配信・利活用する技術
2021	・画像・動画・音声データに対するメタデータを，メディア認識技術と人手によるソーシャルアノテーションを併用して，自動生成する技術
2022	・SNSなどのソーシャルメディアのデータを分析し，行動予測するシステム（例：犯罪予測や消費者の購買行動予測）
2025	・サッカーなどのスポーツで人間に代わって審判を行う人工知能
2026	・語学学校等の現場で外国語教育を行える人工知能（社会実装：語学学校での外国語教育の過半数がAI教師によって教えられるようになる）
2030	・発話内容や話者の関係を理解し，途中から自然に緩和に参加できる人工知能 ・国際商取引の場面で，同時通訳者のように機能するリアルタイム音声翻訳装置 ・重要インフラ（金融，通信，交通，エネルギーなど）のソフトウェアを解析し，遵法的に動作することを確認する技術 ・HPC（High Performance Computing）技術によるロボットなどに活用できる真の携帯可能な人工知能
2037	・はじめは幼児と同等の知覚能力と基礎的学習能力と身体能力をもち，人間の教示を受けて，外界から情報を取り入れながら，成人レベルの作業スキルを獲得することのできる知能ロボット

出所：「第10回科学技術予測調査　分野別科学技術予測」よりAIに関連する社会実装事案について主要なものを抜粋して作成。

AIが社会実装され，人とAIとの共同によって，経済の効率化や一部の社会の問題の解決に活躍が期待できる。2020年代後半に入ると，より社会の実践的な場にAIが普及し始めるとされている。例えば，サッカーなどのスポーツで審判を行うAIや対話型のバーチャルエージェント（受付や案内など），語学学校等の現場での外国語教育など，さまざまな現実社会のなかで活用が進むと予想されている。AIの言語の理解，発信能力が強まり，人間と同レベルの情報処理が可能な存在となっていくと想定されている。そして2030年代では，よりAIの言語能力も進化を遂げ，リアルタイムな音声通訳機能，重要インフラの管理，携帯可能な人工知能の開発に伴う介護ロボット等の実現など，人とAIに基づいた機械が共存する社会へと社会が大きく変容すると予想されている。最終的に2030年以降はAIが人間の知能を超え，より一層の進化を果たす可能

性も示唆されている。

　しかし現状，われわれが想定するような実社会での高度な AI 普及には大きな課題もある。それは AI にとって，初歩的な知覚，運動スキルの習得には膨大な時間がかかることである。つまりこれまで我々が想像していたように，近い将来にわれわれ人類と同様に行動をして，労働を行う AI を搭載したロボットの普及は AI の進歩だけでは不十分であり，知覚，運動スキルを制御する技術や，ロボット自体が柔軟な行動を可能とする工学的な技術が必要となる。将来的に AI の技術が急激に進んだとしても，関連するさまざまな技術発展が AI の深い社会実装には必要であり，AI の社会普及の程度には不確実な要素が多分にある。実際に現状の産業用ロボットにおいても，非常に単純化した作業のみが機械化の対象となっている。よって現在の予想通り，社会実装が進むことはないが，複数の工程を重ねるような実作業以外の単純作業および，機械的なパターン認識で対応可能なシンプルな応答型のサービスにおいては近い将来確実に普及が期待できる。そのため AI が経済活動の中で果たす役割は拡大していくことは確実といえる。

2　日本における有効的な AI 活用・開発のための方策

（1）日本における技術的，社会的な AI ブームに対する対応の遅れ

　これまで AI の開発の歴史にはおおむね 3 回のブームと呼ばれる開発の活況期が存在しているといわれている。第 1 次 AI ブームは1960年代前後，第 2 次ブームが1980年代，そして現在の AI は第 3 次ブームと呼ばれる活況期にあたる。特にこれまでの AI ブームでは日本における研究水準は高く，国際的にも競争可能な技術的な優位性があったといえる。

　図序 - 1 は主要国における AI 関連の国別論文数の推移を示した図である（日本経済新聞社，2017）。日本は2000年代においては，世界でもトップクラスの論文を生み出してきた国であった。しかし近年になればなるほど，日本の論文発表数の順位は下がり，2010年にはインドや中国にも追い抜かれただけでなく，

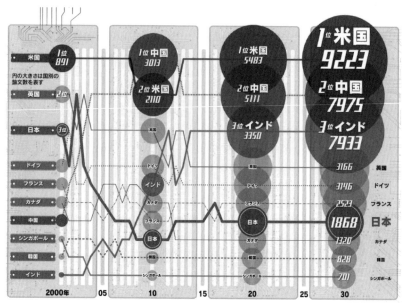

図序-1 主要国におけるAI関連の国別論文数の推移
出所：『日本経済新聞』2017年11月1日朝刊掲載記事より。

そのほかの欧米諸国にも追い抜かれた。もちろん図序-1は論文の発表数であるために、どの程度重要な論文を生み出しているかは測ることはできないが、少なくとも、トップの米国と比べて日本は非常に少なく、2030年の推計においては約5倍近く発表数に差が生じてくる可能性が指摘されている。

各国のAI研究の方策は異なり、アメリカにおいては企業と大学との連携による産学連携を積極的に推進し、結果的に発表論文のうち約11％の論文が産学連携で生み出されている。一方で中国は産学連携による論文が3％程度であり、国としての積極的なAIに対する投資が行われている可能性がある。

しかし日本においては産学連携、および国による積極的な支援体制の構築も十分に行われておらず、対応も遅い状況にある。例えば産学連携については1995年の科学技術基本法の制定によって、国の試験研究機関、大学（大学院を含む）、民間等の有機的な連携について法律内に明文化されたのを皮切りに、さまざまな法制度やそれに伴う支援策が行われてきた。2013年には産業競争力

強化法の制定により，国立大学によるベンチャーキャピタル等への出資が可能になった。こうした経緯を見ると，産学官の連携は進んでいるように見受けられるが，実際には有機的に機能していない現状が垣間見える。

日本における大学と民間企業とを相手とした共同研究について，2010年度では計1万5544件，2015年度では2万821件と5000件ほど増加し，これまでの産学官連携のためのプラットフォーム，制度作りが貢献している可能性が示唆できる。しかし実際の共同研究1件あたりの研究費受入額は，2010年度では約202万円であり，2015年度においても224万円とそれほど増加していない。また日本の民間企業との共同研究において問題となるのが，研究期間が平均で1年程度での更新とした連携が主である点も挙げられる。AI関連研究は今後，より長期的に取り組むべき課題であり，研究機関が民間企業の持つビックデータにアクセスするためには，より積極的で長期的な民間との研究連携体制を構築する必要がある。

図序-2は主要国における大学の財源に占める産業界からの研究費拠出割合を示している。この図に見られるように，日本は極めて拠出割合が低く，主要国の中でも最低レベルとなっていることがわかる。こうした結果からみても，日本は今後の長期的なAI開発のための土台が十分にできていないことがわかる。

さらに問題となるのは人材育成の遅れにも問題があるとされている。**図序-3**は先端IT人材の不足数と将来のその推計結果を示している。ここでユーザー企業に分類されているのが，IT技術を直接生み出す企業ではなく，IT技術を使う企業を指す。この推計結果から，すでにIT人材は大幅に不足しており，今後もより多くのIT人材の不足が予想されている。現在，データサイエンスに関わる大学の学部や研究センターの開設により，高等教育においてより実践的なAI人材の育成が目指されている。しかしAIの普及に必要となるIT人材ですら日本国内全体で労働供給が追いつかない中で，AI人材の長期的に安定的な社会への供給は容易にはいかないと推測される。

そして近年，多くの研究者から指摘されているのが，AIに必要不可欠とな

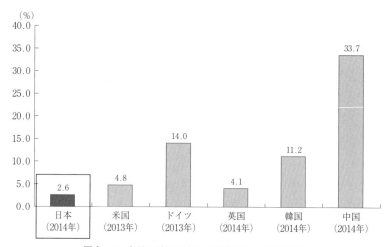

図序-2 大学の財源に占める産業界からの拠出割合

出所：経済産業省（2016）「我が国の産業技術に関する研究開発活動の動向——主要指標と調査データ」より抜粋。

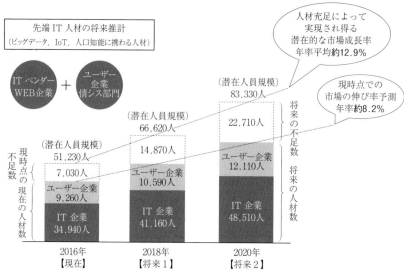

図序-3 先端IT人材の不足数と将来の推計結果

出所：経済産業省（委託先：みずほ情報総研）（2016）「ITベンチャー等によるイノベーション促進のための人材育成・確保モデル事業　事業報告書　第2部」より。

る大量のビッグデータの供給の問題である。アメリカにおいては企業の個人情報を条件つきで利用可能なように，個人情報活用に関する法制度の整備が行われている。一方でこれまで日本においては個人情報保護法によって個人情報の第三者利用が極めて制限され，AI 開発に必要なビッグデータの整備が遅れてしまっているのが現状である。2017年5月には，改正された個人情報保護法が施行され，条件つき（個人が特定できないように加工したうえで）の第三者提供が認められるようになった。またこの個人情報保護法の改正で重要な点は個人情報の定義の明確化にあった。これまで企業や大学など個人情報の活用の際に，比較的厳しい条件のもとでの利用になっていたということも，これまで日本での個人情報の活用が遅れてきた背景にある。日本企業はデータへのアクセスも限られており，また企業間での情報の利活用に関して十分な連携もとられていない。日本企業が立ち遅れる中で，Google などのアメリカの IT 企業は世界レベルでビッグデータを活用できている。今後，どのようにこうした日本の出遅れを十分に考慮した戦略をとるのか，日本の AI の社会に対する利用や適応のために議論が必要である。

（2）日本の今後の AI に対する取り組みのあり方

　すでに日本は AI 開発については，アメリカだけでなくインド，中国といった新興国に後れを取っている。こうした原因は AI 開発・普及のための経済的な投資だけでなく，研究体制自体のあり方，法制度，教育など，さまざまな面での対応が遅れてきたことが起因しているといえる。つまり日本における科学技術に対するこれまでの不十分な対応の積み重ねこそが根本的な原因である。そのため今後，日本はこれまでの科学技術に対する支援や育て方のあり方を根本から問い直すとともに，具体的に AI という向き合うべき革新的な技術をどのように活かしていくか，真摯に考える必要がある。より具体的には，単純に遅れている基礎技術に注視するのではなく，基礎技術を応用するような分野におけるキャッチアップを行う方策が有効であると考えられる。現状，すでに Google をはじめとした世界規模でのビッグデータを持つ巨大企業があり，そ

うした企業と同様にデータを集積し，基礎技術分野における AI の開発では競争上の優位を確保することは難しい。そのため，現状の AI に関する基礎技術を応用し，社会でいかに活用していくかという応用分野において，競争力を磨いていく方策が考えられる。

そしてそれに付随し，これまで日本で培ってきたロボット技術やそのほかの物的な技術を広く活用できる新たな需要の発掘も可能となると考えられる。現状の AI は大量のデータの法則化を行う能力においては非常に強力な力を発揮する一方で，2020年代より本格化すると予想されている現実社会のわれわれの生活の場のなかで活躍する AI のためには，その受け皿となる既存の物的な技術を活かした新たな機械が必要となる。しかし現状では AI が人間の動きを行うことは非常に難しく，それを実現するための材料や制御のための基礎的な工学的技術のより一層の発展が必要となってくる。そのため，その AI の受け皿となるようなロボットを中心とするさまざまな新たな工学分野の技術開発もともに必要となると考えられる。

3 AI が与える社会的な問題への対応

今後，日本においても AI を戦略的に開発，普及させ，世界の大きな変化に対応した新たな経済社会が実現されることになる。しかし，新しい・革新的な技術はわれわれに大きな恩恵をもたらす一方で，さまざまな問題や，これまでの社会システムでは想定されなかった軋轢も発生する。本節では今後の AI が与えると考えられるさまざまな問題について，考察を行う。

（1）AI の普及による失業や賃金格差の問題

社会・経済を大きく変革させる技術の普及に伴い，最も話題となっているのが，労働者の失業に対する恐れである。直近でのこうした問題が危惧されたのは1990年代後半から2000年代にかけての IT 革命に伴う，情報化技術の発達，普及であった。これまで IT 技術が普及することによって，生産性や労働需要

に対する変化がどのように発生するか，研究がなされてきた（例えば Black and Lynch, 2001）。これまでのこうした研究成果からは情報化技術の大規模な普及により，経済規模自体が拡大をしたために，新たな需要機会が生まれ，結果として失業という問題が深刻化することはなかったと総括できる。

　しかし一方で賃金格差の観点からみると，IT 革命とともに進展している，経済の情報化の結果として，大きな問題が発生していることが指摘されている（例えば Autor et al., 1998）。結果として IT の進展と，それ伴う経済構造の変化は賃金格差を生み出し，各国で発生している貧富の格差の問題を少なからず助長する要因となっている可能性が示唆されている。このようにこれまでの IT 革命に伴う経済構造の変化が労働に与える影響は否定できない。

　これまで示してきたように，IT 革命自体では表面的には深刻な失業問題を引き起こすような作用はなかった一方，今後の AI の普及によっては大規模な失業が発生する可能性も指摘されている。Frey and Osborne（2017）では将来的に AI や ICT の進展により，機械化が進む可能性について，702職種に及ぶ職業別に確率を推計し，将来発生し得る失業の発生可能性について検証をする試みを行っている。この研究結果では大規模な失業の発生可能性を指摘しているが，実際に当該研究のなかでも，それぞれの職種における機械化のスピードに関するさまざまな不確定要素を考慮できていない点について言及している。例えば，将来の労働需給の変化に伴う賃金の変動や資本費用の変化，政治的な意思決定プロセスに伴う機械化の遅れ，そして技術進歩自体の不確実性など，多くの不確定要素を含んでいる。そのため，多くの研究者はこの研究結果ほど急速な失業が発生するような事態はないと考えているが，長期的には着実に代替可能な労働が機械に置き換えられていくことは否定されていない。またIT 革命後の状況と同様に，職種間での賃金格差の拡大は同様に深刻化する可能性も示唆されている。

（2）AI に関する法的整備と倫理的な問題

　自動運転車の実用化に向けて実証実験が世界の各地で進められるとともに，

大きな問題となったのが，これまでの交通法規制と自動運転との関係性である。自動運転時に事故が発生した場合，責任を負うのが運転者であるのか，それとも自動運転車のメーカーにあるのか，法的な関係性が明確にできていなかった現状がある。また免許制度についても，今後の自動運転が確実に社会に浸透した場合に，これまでのような免許制度が必要なのかといったように，道路交通法をはじめとしたさまざまな現在の法制度との兼ね合いが不明瞭になる。すでに自動運転車の実証実験が進むカルフォルニアなどの先進地域においては，州内で自動運転に関する法制度の整備が進められる一方で，現状の日本においては未だ十分な議論が進められていない。

　また自動運転を例として議論されるのが AI に倫理的な判断をどのようにさせるべきであるか，という問題である。最も有名な事例がトロッコ問題である。線路を走っているトロッコが制御不能になり，前方には 5 人の作業員がいる。もし線路を切り替えて，この 5 人を救おうとすると，切り替えた先の線路に 1 人作業員がいるという状況で，線路を切り替えるべきかどうかという倫理的に非常に難しい意思決定問題である。例えば同様に自動運転車が直進すると数人をはねてしまう一方で，避けるためにハンドルを切った先には 1 人の人がいるような状況下で AI にどちらが正しい選択なのか，判断させることはできない。また自動運転車が万が一のそのような状況に陥った場合，その法的な判断はどのように下すべきなのか，責任はだれがとればいいのか，いかにこうした倫理的問題を AI に読み解かせるとともに，正しい判断はなんであったのか，基準の議論が必要となる。実際に Bonnefon et al.（2016）では，今後の自動運転車の開発において，トロッコ問題のような，事故時の人々の社会的ジレンマを考慮するために，より倫理的な議論を踏まえた自動運転車の開発の必要性について，インターネット調査の結果から述べている。

（3）競争政策上の問題
　これまで取り上げて来た問題点は政治的な問題としての議論も必要となる問題点である。一方でより直接的で具体的な経済活動での問題についても議論が

すでになされている。2017（平成29）年に公正取引員会が中心となり，「データと競争政策に関する検討会　報告書」（公正取引委員会・競争政策センター，2017）が発表された。この報告書では，よりデータの価値が経済競争上，重要となる中で，価値あるデータの不当な収集や囲い込みなどの行動が起こった場合に，企業間の自由な経済競争が妨げられる可能性があるために，そうした事態に対して，現状の独占禁止法の適用のあり方や，競争政策上の論点を整理することを目的として，検討会が行われ，取りまとめられたものである。議論された事例のなかでも，例えばある市場支配力がある企業が取引先企業に対して，業務提携等で得られた新たなデータを強制的に自らに帰属させるといった行動のような，これまでの公正取引委員会で規制を行ってきた不当な企業行動に近い事例などもあるが，そのほかにも現状の公正取引委員会で監視してきた企業行動の判断をより難しくする事象が多々発生することが懸念されている。

　例えば，企業結合の判断では，これまでは実際の市場における支配力を合併後の市場シェア等から判断をすることができた。しかしデータの重要性が高まることは，合併する企業同士のその後のデータの利活用まで含めて，合併の判断を行う必要がでてくる。実際に欧州委員会やアメリカ連邦取引委員会ではすでにいくつかの IT 企業（Google, Microsoft, Facebook など）を中心とし，データの利活用を含めた合併審査の前例が存在する。

　またデータ取引に関しても，報告書では企業が自ら収集，集積したデータを開示するかどうかは事業者の自由であるとしつつも，データの有無が致命的に当該市場の参入に影響を与える場合には独占禁止法の適用範囲になる可能性を指摘しており，データ取引に関しての何らかの指針や方策が必要である可能性も示唆している。

　このため，データの利活用によって，どのように市場や企業のパフォーマンスに影響を及ぼし，どのように市場構造や最終的な市場パフォーマンス（価格形成など）に影響するか，AI の特性を考慮した経済学的な考察がこうした競争上の問題にはより重要な役割を果たすと考えられる。

4 AI が与える影響のさまざまな分析の試み

　本章ではこれまで AI という革新的な技術に対して，どのように日本が対応すべきなのか，国際競争という観点と，AI 自体の導入に際しての社会が対応すべき問題について議論をしてきた。現在の AI の進歩は今後の私たちの社会にさまざまな不確定要素をもたらすとともに，その開発はすでに激しい国際競争が起きており，今後も続くことが想定される。しかし一方で AI の社会への普及は日本で発生，深刻化しているさまざまな問題を解決するという大きな期待も持てる。そのため，いかに現状の AI 開発に対する社会的な対応の遅れを解消するとともに，今後の AI 開発のなかでも，現実社会に対する応用機会を見つけ，キャッチアップするとともに，社会応用に必要となるそのほかの技術開発にも貢献できるような，他の国とは異なる AI 開発・普及のあり方を模索する必要性がある。そのためにも，AI が普及，発展することにより，現状想定される社会で発生する問題，さまざまな社会制度との関係性を明らかにする試みが経済学的，法学的に重要な課題となる。

　本書では，実際の AI の開発や社会普及のあり方の現状や将来についてより詳細に述べるとともに，これまで議論をしてきた今後予想される AI に関連した問題や AI 普及のための方策に対する提言も含め，さまざまな観点からの研究成果を示す。

　第Ⅰ部では，これまで述べてきたように日本における AI の企業での実際の活用やその課題についての議論を行っている。第1章では AI や ITC の進展によって発生する労働問題を中心に，国内外の AI や ITC に関しての各国の動向をもととした今後の社会政策のあり方について議論を行っており，第2章では AI がなぜ日本の企業に十分に取り入れられていないのか，その要因について考察をしている。第3章では企業レベルだけでなく，都市のスマート化に対する適応に関しても，その可能性や現状の議論を行っている。

　第Ⅱ部では将来的な AI に関する問題において具体的にその法学的な考え方

序　章　人工知能は私たちの社会・経済にどのような影響を与えるのか？

のあり方や個別事象の法的な解釈のあり方などの議論を行っている。具体的には AI の利用をめぐる法のあり方について考えるための統一的な視点について第4，5章では議論されており，第6章では具体的な事例として，ドローンによる事故等に対する賠償を想定した現在の法学的解釈を行っている。

　第Ⅲ部の第7，8章では現状，開発が進んでいる自動運転車を事例に，自動運転車の今後の需要動向および普及による影響について分析をしている。具体的には第7章では全国規模のアンケート調査をもとに，消費者の自動運転車に対する潜在需要を推計し，さらに支払意思を傾向別にグループ化することによって，どのようなタイプの消費者が自動運転車の購入に積極的か，消極的かを明らかにし，日本における自動運転車の普及の条件を分析している。さらに第8章では，将来の自動運転車普及に伴う自動車走行距離の変化を同様にアンケート調査から推計し，温室効果ガスの排出増加など外部的な問題の発生可能性について分析を行っている。

　第9，10章においては，AI のような技術が普及した際の生産活動や労働問題などへの影響について分析している。例えば第9章では IT の利用と企業のマークアップの定量的な関係を分析し，IT の利用が企業の生産活動に及ぼす影響を明らかにする試みを行っている。マークアップの高さは市場支配力の変化，及びそれに伴う産業構造に大きな影響を与えるため，今後の日本の競争戦略上重要な示唆を与える分析といえる。また第10章では AI 普及に伴う，失業と経済格差の発生可能性について，労働経済分野における理論モデルを基礎とした解釈および分析を行っている。第11章では AI 導入後のわれわれの社会生活の変化として，労働時間の減少による生活の豊かさの変化を題材に，AI によって私たちの生活自体にどの程度の良い側面があるのか，幸福度の観点から分析をしている。今後の労働需要の低下が，人々の生活に与える影響について，アンケート調査をもととした幸福度と労働との関係性を分析し，AI 普及後の働き方の変化による人々の生活の豊かさへの影響について検証を行っている。

　第Ⅳ部では，IT 技術を題材に，世の中でも重要と認識があるにもかかわらず，革新的な技術が普及しない要因について議論を行うとともに，具体的な普

13

及に影響する要因についての分析や，AI技術開発の要因についても分析を行った事例を示す。第12章ではこれまでの研究を総括し，IT化を事例に画期的な技術があったとしても，その普及が十分に進まない原因についてレビューを行うとともに，AI普及における政策的示唆を示している。第13章では同様に，IT技術の普及要因として近年，経済学的に議論されている労働規制との関係性に着目をし，具体的に日本における労働規制変化による技術導入・普及の影響に関して分析を行っている。最終章となる第14章では，各国における人工知能技術の特許取得数の変化が，どのような要因によって変化しているのか，分析を行っており，今後の日本における人口知能関連技術のあり方に示唆を与える内容となっている。

　各章の内容からわかるように，この序章で述べてきたAI導入後の社会経済の変化に伴う問題や効果の具体的な検証を多面的に行っており，具体的な影響にも言及している研究内容も含まれている。そのため本書の議論や研究成果が，今後の政策的議論にも一定の貢献ができると考える。

●参考文献

Autor, D. H., F. L. Katz., and B. A. Krueger (1998) "Computing inequality: have computers changed the labor market?", *The Quarterly Journal of Economics*, 113, 1169-1213.

Black, S. E., and L. M. Lynch (2001) "How to compete: the impact of workplace practices and information technology on productivity", *The Review of Economics and Statistics*, 83, 434-445.

Bonnefon, J. F., A. Shariff and I. Rahwan (2016) "The social dilemma of autonomous vehicles", *Science*, 352, 1573-1576.

Frey, C. B., and M. A. Osborne (2017) "The future of employment: how susceptible are jobs to computerisation?", *Technological Forecasting and Social Change*, 114, 254-280.

科学技術・学術政策研究所 (2015)「第10回科学技術予測調査　分野別科学技術予測」。

経済産業省 (2016)「我が国の産業技術に関する研究開発活動の動向——主要指標と調査データ　第16版」http://www.meti.go.jp/policy/economy/gijutsu_kakushin/te

ch_research/aohon/a16zentai.pdf。

経済産業省（委託先：みずほ情報総研）（2016）「IT ベンチャー等によるイノベーション促進のための人材育成・確保モデル事業　事業報告書　第 2 部」, http://www.meti.go.jp/policy/it_policy/jinzai/27FY/ITjinzai_fullreport.pdf。

公正取引委員会・競争政策センター（2017）「データと競争政策に関する検討会　報告書」http://www.jftc.go.jp/cprc/conference/index.files/170606data01.pdf。

日本経済新聞社（2017）「Innovation roadmap2030-AI・IOT 変わる世界，米中印の 3 強に（ニッポンの革新力）」『日本経済新聞』朝刊，23ページ（2017/11/01 掲載記事）。

第 I 部

AI の企業での活用とその課題

第1章
人工知能等が雇用に与える影響と社会政策

岩本晃一・波多野文

1 本章の内容

　2013年9月，オックスフォード大学のフレイとオズボーンは，米国において10〜20年内に労働人口の47％が機械に代替されるリスクが70％以上という推計結果を発表し（Frey and Osborne, 2013），それを契機として，世界中で「雇用の未来」に関する研究ブームが発生した。日本はそうした研究ブームとはほとんど無縁で，メディアが47％という数字を取り上げ，人々の不安を煽ってきた。47％という数字は本当か？　という疑問が，本調査研究に取り組み始めた動機である。事実に基づいた科学的で冷静な議論が必要である。本章では，以下の4点を述べる。

　第1点目は，これまで世界中から数多くの論文等が発表され，いくつかの点が解明され，またコンセンサスが得られた内容である。現在，研究ブームはピークを越え，世界はそこから得られた対策に乗り出しつつある。これまで発表された論文等の特徴を3つ挙げると，1つ目は，科学者の良心に従い，責任を持ってぎりぎり予測可能な約20年先程度までを議論の対象としていることである。さらにそのはるか先のどのような技術が出現するかわからない時代の空想物語を前提とした議論は見当たらない。2つ目は，論文等では，AI やロボットといった言葉は見当たらず，「自動化（オートメーション）」という言葉でほぼ統一されていることである。すなわち西洋文明のなかで暮らしている人から見れば，過去，現在，未来を通じて一貫して流れている「技術進歩」とは，

第Ⅰ部　AIの企業での活用とその課題

「自動化」であり，IT，AI，ロボットなどは，そのなかの一部の概念でしかない。3つめは，AIは人間の雇用を奪うか，といった2極対立的な議論が主要テーマとなっているのは日本だけの特徴であり，論文等では，「自動化」が進めば，「雇用の未来」はどうなるか，という「雇用の質」「雇用の構造問題」として課題設定されている。

　第2点目は，「雇用の未来」の課題を，国として最も深刻に捉え，政府主導で取り組んできたのがドイツである。ドイツ人も私と同じ疑問を持ったようだが，調査研究の規模において日本の比ではない。ドイツ政府は，「労働4.0（Arbeiten 4.0，Work 4.0）プロジェクト」を実施してきた。「独り勝ち」と言われるほど強力な経済力を生み出している製造業分野で，もし第2の「ラッダイト運動」が起きれば，経済は壊滅的になるという恐怖がドイツ人の脳裏を横切ったのだと思う。今から約200年ほど前に英国で起きたラッダイト運動は，いまでも欧州の人々の脳裏に生々しく残り，語り継がれていると思われる。そのドイツも，2016年11月，「白書：労働4.0」を発表し，調査分析は一段落ついた。いまは具体的な対策に乗り出している段階である。こうしたドイツの動向を述べる。

　第3点目は，筆者が，日本企業の現場を訪ね歩き，日本型雇用の下で新技術がどのような形で導入されつつあるか，現地調査した内容である。また，2017年8月，約1万社を対象にアンケート調査も実施した。そうした日本企業の動向も述べる。

　第4点目は，以上の調査研究の結果，導出される政策である。

　かつて土木現場では多くの労働者が使役させられたが，いまでは建設機械が人間を苦役から解放した。自動車，飛行機，パソコン，スマホといった人間の能力をはるかに超えた機械の出現は，人間の生活を豊かにした。人間は，火という危険なものを制御し，使いこなすことで生活を豊かにしてきた。そういった術のことを「技術」と呼ぶ。その人間の営みは今後とも続くだろう。

第 1 章　人工知能等が雇用に与える影響と社会政策

2　これまでの研究のレビュー

（1）仕事の自動化が雇用に及ぼす影響

　AI 等が普及し，多くの仕事が自動化されることが，これからの雇用にどのような影響を与えるのか。この問題については，アメリカ，ドイツなどで盛んに研究がなされている（Autor, 2015; Frey and Osborne, 2013; Lorenz et al., 2015; OECD, 2016）。これらの研究の端緒となったのが，Frey and Osborne（2013）の研究である。彼らは，機械学習やビッグデータによるパターン認知の進展により，これまで機械には代替されないと考えられてきた非ルーティン作業の仕事も，機械が担う可能性が高まっていることを指摘した。そして，O*NET というアメリカの職業データベースに基づき，アメリカに存在する職業一つひとつについて，その職業がどの程度機械に代替されにくい性質を持っているかを数値化し，各職業の自動化可能性を算出した。非ルーティン作業も含めたモデルをもとに，「社会的知能」「創造性」「知覚と操作」を，機械が人間の仕事を代替する上でのボトルネックとなる変数としてモデルに組み込み，2010年のアメリカの全雇用の代替可能性を算出した。その結果，アメリカの職業の約47％は，今後10〜20年のうちに自動化可能性が70％を越える可能性があることが推計された（図1-1，図1-2）。

　Frey and Osborne（2013）が発表された後，これに追随するように多くの研究機関から仕事の自動化によって雇用が将来的に増加するのか，減少するのか，また，どのような職種が機械に置き換わりやすいのかを検討したレポートが発表された。いくつかのレポートでは，自動化により労働者がこなすタスクは変化するが，Frey and Osborne（2013）の予測するほど極端な雇用の減少は生じないと予測している。例えば，Arntz et al.（2016）は，労働者がこなす仕事は多くの場合さまざまなタスクに細分化されるため，職業ごとに自動化可能性を推計するのではなく，タスクごとに検討し，各職業に還元して考えるべきだと主張した。彼らは，タスクベースで OECD 加盟国（21ヵ国）の職業の自動化可

21

第Ⅰ部　AIの企業での活用とその課題

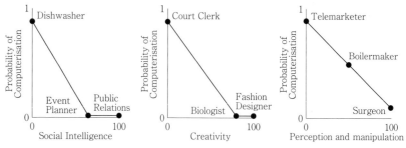

図1-1　機械が人間の仕事を代替する上でのボトルネックとなる変数の略図
出所：Frey and Osborne (2013).

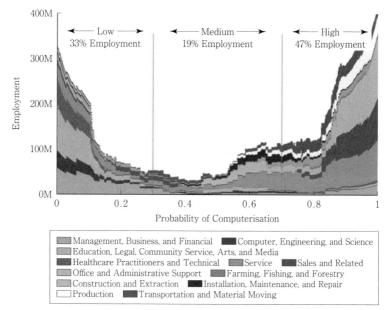

図1-2　2010年のアメリカの全職業の機械化可能性の分布
出所：図1-1と同じ。

能性を推計した場合，自動化可能性が70％を超える職業はわずか9％であることを報告した。彼らの報告では，最も自動化される職業のシェアが高いオーストリアでは12％，シェアの低い韓国では6％である（**図1-3**の上の部分）。そして，大半の職業は，自動化可能性が50％程度の職業，すなわち，職業を構成す

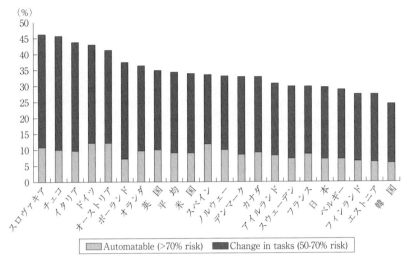

図 1-3 自動化リスクが高・中程度の職業に就いている労働者の割合
出所：OECD（2016）．

るタスクのうち，半分程度が自動化され，残りの半分は従業員が自らこなすようなタイプの職業である（図1-3の下の部分）。OECDレポートでは，彼らの研究結果に基づき，自動化による雇用の大幅な減少は生じないが，多くの仕事は自動化により仕事内容が変化する可能性が高いため，労働者は仕事内容の変化に適応する必要があると指摘している（OECD, 2016）。

自動化に伴う生産性の向上によって，新たな雇用が創出されるとの見方もある。ボストン・コンサルティング・レポート（Lorenz et al., 2015）では，ドイツの産業労働が，2014年から2025年にかけて自動化によりどのように変化するかを，自動化の普及率と自動化による売り上げの年平均成長率をもとに予測した。この分析から，売り上げの年平均成長率が1％，自動化の普及率が50％の段階で，35万人の雇用が新たに創出されるという結果が得られている（Lorenz et al., 2015）。ただし，分野によって雇用の成長が見込めるかどうかが異なる点に注意が必要である。同レポートによると，労働の自動化・機械化の普及によって雇用の増加が期待されるのはITやデータインテグレーション分野，研究開発，ヒューマンインターフェース関連分野である。これに対し，生産や品

第Ⅰ部　AIの企業での活用とその課題

質管理，メンテナンス関連の職種は雇用の減少が見込まれる。

　Bessen（2016）も，ボストン・コンサルティング・レポートと同様に機械化による雇用の増加と減少が同時に生じるとする結果を報告している。Bessen（2016）は，コンピュータを頻繁に利用する職種は業務の自動化度合いが高いと仮定し，各職種・産業内で労働者がコンピュータを利用する頻度を独立変数として，産業全体の職業別雇用需要の単純モデルを構築した。その結果，コンピュータを利用する職種は利用しない職種に比べて雇用成長率が高い（標本平均で1.7％の増加）ことが明らかになった。ただし，雇用の成長と同時に雇用の代替効果も存在し，同一産業内にコンピュータを利用する別の職業がある限り，雇用成長率は低下する傾向があることも明らかになった。これは，その産業内において，コンピュータを使用しない職業が，コンピュータを使用する職業に代替されるということが生じるためである。そのため，コンピュータによる雇用の増加は雇用の代替効果に相殺され，年間0.45％の成長に抑えられる。コンピュータを使いこなす技術を習得できるかが，この先仕事を失うかどうかに影響する可能性がある。

　以上をまとめると，仕事の自動化が雇用を奪うのか，創出するかは，Frey and Osborne（2013）が予測したほど極端な事態には陥らないとする見方の方が多い。Arntz et al.（2016）は，テクノロジーが実際にどこまで実用化されるかと，研究者が述べる可能性には乖離があること，労働者が新たなテクノロジーを学ぶことで，自動化に関連する新たな仕事に適応できる可能性が十分にあることを考慮した上で自動化と雇用の未来を考える必要があるとしている。ただし，教育レベル間の格差が増大し，低スキルの労働者に対する教育訓練や時間のコストがテクノロジーの進歩を上回る可能性があることも同時に指摘している。また，機械が苦手とする相互作用，環境に対する反応の柔軟性，適応力，問題解決能力は，Google の自動運転や人工知能の Watson など，環境の整備や機械学習によって着実に機械化の試みが進められていることも事実である（Autor, 2015）。雇用創出を予測するレポートでも，基本的にはすべての職業で雇用が伸びるわけではなく，雇用が増える業種と減る業種が出現するとい

第１章　人工知能等が雇用に与える影響と社会政策

う結果を報告している。具体的には，自動化技術を提供する業種（IT，データインテグレーション，研究開発分野など）は雇用が増大するが，製造，物流，品質管理，メンテナンス，製紙・印刷業などは雇用が減少することが見込まれている。ドイツの労働・社会政策省がまとめた White Paper Work 4.0（2016）でも，同様の見通しがなされている。また，IAB レポート（Wolter et al. 2016）は，ルーティン作業が機械に代替されることで，サービス業の職業構造も変化する可能性があると指摘している。それゆえ，過度に楽観視せず，状況の変化に対応する準備が必要になる。

（2）仕事の自動化に伴う職業構造の変容

　自動化によって影響を受けるのは，雇用の増減だけではない。ボストン・コンサルティング・レポートが指摘するように，雇用の増加は職種による。それにより，労働者を取り巻く雇用状況も変化する。OECD レポートは，労働の自動化により雇用が高スキルの仕事と低スキルの仕事に二極化すると指摘している（OECD, 2016）（図 1 - 4）。すなわち，専門的な技能を必要としない低スキルの仕事と技能を要する高スキルの仕事は需要が高まるが，中程度のスキルを要する仕事の需要は低下する。このような雇用の二極化は，2000年代前半から2010年代後半にかけてすでに生じており，中程度のスキルを要する雇用はこの20年で減少している。OECD レポートでは，高次の問題を解決する認知技術は機械による置き換えリスクは比較的少ないとしているが，Autor（2015）は，中スキルの仕事で生じた雇用の減少が，2007～2012年にかけてより専門的な高スキルを要する仕事にも広がっていることを指摘しており，機械技術の進展がどの程度のスキルを要する仕事まで影響を及ぼすかは不明確である（図 1 - 5）。

　また，職種だけでなく，雇用形態も二極化する可能性がある（OECD, 2016）。具体的には，インターネットの普及により，労働者，製品，タスクのマッチングが効率的になされることで，労働者の雇用形態が流動化する可能性がある。近年，ソーシャルコミュニケーションを行う場やデジタルマーケットプレイス

第Ⅰ部　AIの企業での活用とその課題

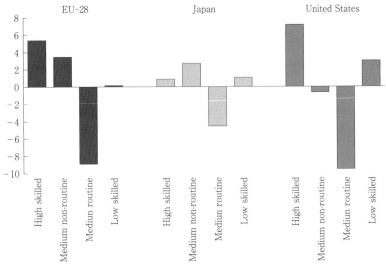

図1-4 EU，日本，米国の被雇用者割合の変化（2002～2014年）

出所：図1-3と同じ。

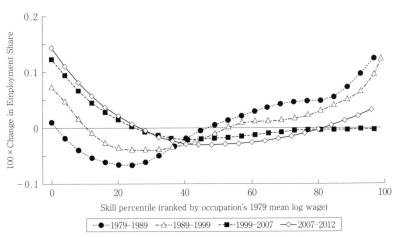

図1-5 1979年から2012年にかけての職業能力別にみた雇用割合の変化

出所：Autor (2015).

を提供するプラットフォーム（Facebook, Twitter, eBay など）に加え，Uber（ウーバー）や Airbnb（エア・ビー・アンド・ビー）などの中間プラットフォーム，Amazon Mechanical Turk や Upwork などのクラウドワーキングプラットフォームが発展している（White Paper Work 4.0, 2016）。中間プラットフォームやクラウドワーキングプラットフォームでは，プラットフォーム提供企業が複雑なタスクを細分化して労働者に割り当てる。労働者はより単純化された，安価な労働を請け負うことになり，キャリアアップにも弱くなる。また，労働者とプラットフォーム提供側の企業に明確な雇用関係がないにもかかわらず，パフォーマンスの評価基準が細かく規定されており，労働者の自由が実質的に制限されやすいなど，雇用形態の安全性の問題も指摘されている（White Paper Work 4.0, 2016）。このような，プラットフォーム・ビジネスに従事する労働者は，雇用関係のある仕事を一種類だけこなすのではなく，主たる仕事に加えて別の収入源も持っていたり，非正規雇用の収入源を複数持っていたりするなど，雇用形態が流動化する。

　もちろん，このような多角的労働者が，この先労働市場にどのような影響を及ぼすかは，現時点では明らかでない。しかし，正規雇用と非正規雇用の二極化は，高所得，低所得という給与形態の二極化を招くおそれがある。このような非正規タイプの労働形態は，通常の法定労働時間，最低賃金，失業保険などが，単一の雇用関係によってモデル化されているため，多くの OECD 国家で保護の対象になりにくい。このような公的サービスも，今後は労働の流動化に対応し，保護が及びにくい労働者への対応を検討する必要がある。

　Autor（2015）は，供給の弾力性の観点から，低スキルの労働と高スキルの労働に生じる賃金や労働者の供給の変化について検討している。高スキルの労働者は，大学や大学院での高等教育を要する。それゆえ，高スキルの職業を求めて教育を受けている間，人材の需要に対して供給がすぐに増加することはない。このことが，結果として IT 関連の高スキル人材の需要をさらに高めることになる。これに対し，低スキルの労働は教育が必須の高度なスキルを伴わないため，他分野から労働者が流入しやすく，生産性が高まっても単価が低くな

第Ⅰ部　AIの企業での活用とその課題

る傾向があるために賃金の上昇は抑制されやすい。つまり，雇用は高スキル・低スキルの労働の需要の上昇という形で二極化するが，賃金は高スキル労働でのみ上昇し，低スキルの労働では上昇しない。

The Annual Report（米国経済白書）（2016）では，インターネット利用環境の格差を是正する必要も指摘されている。同レポートの調査では，ブロードバンドの普及率が10％上昇すると，一人あたりの所得の伸び率は0.9から1.5％上昇するとの指摘があり，さらにインターネットの利用率が高ければ所得が高くなり，逆に利用率が低いと所得も低くなることが明らかになっている。インターネットを利用できないと，就職活動やその他のサービス，教育面でさまざまな不利益を被る可能性があり，これらの情報格差を縮小する必要がある。

自動化による雇用の増減には，他にも教育レベルや賃金水準との相関が指摘されている。Frey and Osborne（2013）は，平均年収や教育レベルが低いほど置き換えリスクが高くなると指摘している。同様の指摘は他のレポートや研究においてもなされている（Arntz et al., 2016; OECD, 2016）。教育レベルが低い労働者は，低スキル・低収入の仕事に従事していることが多く，彼らの仕事は機械への置き換えリスクが高い傾向にある。

（3）労働者に求められる仕事内容の変化

これまでに指摘した通り，仕事が自動化されることにより，労働者に求められる能力が変化する可能性がある。OECD レポートは，自動化のリスクが比較的低い職業であっても，その職業を構成するタスクの多くは自動化が可能であり，労働者はこれらのタスクの変化に適応する必要があると指摘している。同様の指摘は World Economic Forum（WEF）レポート（2016）でもなされている。多くの産業で，社会的スキル（感情のコントロール力やコミュケーション能力）に加え，IT リテラシーやコンピュータを操作するための認知能力，情報処理能力が中核的スキルとして必要になる。これに伴い，採用活動にも影響が生じる。需要が高まるコンピュータ・数理関係や建築・工学関係，その他の戦略的・専門的職業は，人材獲得の競争が高まり，状況は2020年までにより悪化

第 1 章　人工知能等が雇用に与える影響と社会政策

する可能性がある（World Economic Forum, 2016）。特に，雇用の需要が高まるとされる高スキルの職業は，人材育成に時間がかかる。さらに，近年ではテクノロジーが変化するスピードが速いこともあり，育成がより困難なため，需要の高まりに対して供給が追いつかず，競争はより困難になることが予測される。

White paper Work 4.0（2016）では，このような仕事内容の変化が労働者の職業人としての成長を阻害する可能性も指摘されている。たとえば，労働の機械化により，人間の担当するタスクが過度に簡素化されれば，労働者の問題解決能力が衰える要因になり得る。反対に，自動化が人間の仕事をより複雑化させる可能性もある。いずれの事態においても，人間の仕事に新たな精神的ストレスが追加される可能性がある。熟練の労働者が必要とする知識や経験を損なうことなく運用可能な人工知能が必要である。

また，技術の進展により，労働者が働く時間や場所にも変化が生じることが予想される（White paper Work 4.0, 2016）。情報通信技術の進展により，自宅や職場の外で仕事を遂行することが容易になる。性別に関係なく仕事を持ち，家事をこなすことが一般的になる中で，労働時間や職場の流動化はより進むことが予想される。ただし，それに伴い仕事とプライベートの境界が曖昧になるといった懸念もある。また，企業側は労働時間の流動化にコスト削減や業務の効率性，スタッフの利用可能性の向上を期待するのに対し，労働者は時間に対する決定権の保持とワーク・ライフ・バランスの向上を期待している。それゆえ，両者の利害を慎重にすり合わせ，制度化する必要がある。

（4）自動化への対策

上記のように，技術革新に伴う仕事の自動化は，雇用の需要や労働者の仕事内容，雇用形態に至るまで，さまざまな影響が指摘されている。これらの変化に対応し，労働者の生活水準をいかに保つか，自動化の恩恵を企業が最大限享受するにはどのような対策が必要かについても，先行研究において議論と提言がなされている。ここでは，人材管理，雇用への対策についてレビューしていく。

29

第Ⅰ部 AIの企業での活用とその課題

① 人材管理・雇用への対策

重要な点は，人材管理，採用，労働者の教育といった，働き方に関連する分野の対策である。WEF レポート（2016）は，今後訪れる採用難に対応するには，①人事機能の刷新，②データ分析の活用，③多様性への対処，④流動的な勤務形態や人材プラットフォームの活用が必要であると提言している（World Economic Forum, 2016）。人事機能の刷新とデータ分析の活用は，要するに人材管理や評価をデジタル化し，より効率的な人材管理や労働計画の実現を目指すべきとする主張である。上述の通り，労働の自動化・機械化により需要が高まる人材は，需要の高まりに対して人材の供給がすぐには増えないことが予想される。そのため，人事部門はこの問題に早急に対処することが求められている。WEF レポートが提案する解決策は，これまでの評価手法や管理手法にデータ分析を取り入れ，供給される人材の傾向と企業が求めるスキルのギャップに焦点をあてる新たな分析ツールを構築することである。そして，この新たな分析ツールから，イノベーションや人材管理戦略につながる洞察を供給することである。

また，データによる人材管理は，多様性への対処にも応用できる。人材不足への対応には，多様な労働力の受入も必要になる。性別，年齢，人種，性的嗜好などは多様性を取り扱う上でよく知られている問題だが，データを用いた人事評価を行うことで，無意識にもつ偏見を除外した採用が可能になる。流動的な勤務形態や，外部の人材プラットフォームを活用することも，人材不足への対策として重要である。インターネット技術の進歩によって，遠隔での業務管理も容易になっている。仕事をする場所にこだわらず，フリーランサーや独立した専門家と共同することも視野に入れる必要がある。

ボストン・コンサルティング・レポート（Lorenz et al., 2015）は，現雇用に対する再教育を対策として掲げている。上述の通り，技術の進展によって，労働者が今までこなしていたタスクが変化し，意思決定や問題解決能力など，より水準の高い，幅広いスキルが求められるようになる。そのため，彼らに対して，現場教育（拡張現実を利用し，あたかも現実場面で作業しているような環境の中

30

第 1 章　人工知能等が雇用に与える影響と社会政策

で学習する，熟練労働者の作業観察など）と座学を組み合わせた，より実践的な場面で役立つ能力が身につくような再教育が必要となる（Lorenz et al., 2015）。これに伴い，再教育のための時間，教育へのモチベーションや意味を保証することも重要になる。再教育は，少子高齢化社会への対策にもなる。ライフサイクルを通して，現雇用の大規模な再教育が必要である（World Economic Forum, 2016）。

　White Paper Work 4.0（2016）においても，教育，特に，職業訓練の重要性が強調されている。このレポートでは，モバイルコンピュータやオンライン上のリソースを利用する上で必要な知識（デジタルリテラシー）をはじめとする，どのような職業にも共通する基礎的なスキルが重視されている。また，専門能力の開発と，ライフコースを通じて能力・技術を磨くための体系的な援助と，すべての労働者がそれらの援助にアクセスする機会を確保する必要性が指摘されている。ドイツの労働・社会政策省では，労働者の雇用され続ける権利（仕事を得るための職業ガイダンスや訓練を受ける権利）を保護するために，失業保険を"雇用保険"へと発展させ，それに合わせた制度面の整備が計画されている。

②　プライバシー問題・労働者の健康問題への対策

　White paper Work 4.0（2016）では，労働の自動化・デジタル化に向けて，労働者の雇用や教育機会の確保，プラットフォーム・ビジネスで弱い立場になりやすい労働者や起業家をはじめとする自営業者の保護といった対策に加え，ビッグデータ活用によって生じるプライバシー問題への対処，働く場所・時間の多様化や労働環境の変化による労働者の健康問題への対処といった，他のレポートではあまり触れられていない問題が議論されている。以下，White paper Work 4.0（2016）でまとめられているプライバシーと健康問題に関する議論を紹介する。

　労働を自動化し，労働者や消費者の行動をデータ化し，事業に利用することは，企業に労働の効率化や消費の行動予測といった利益をもたらす。しかし，それと同時に，労働者や利用者のプライバシーや自由が侵害される危険性や，データから誤った予測がなされたり，消費者の好みや行動が操作されやすく

なったりする可能性もある。位置情報や生体データといったあらゆるデータがクラウド上で管理されるということは，人々の行動がデータを所有する側から監視される危険性がある。それゆえ，政府がデータの利用・所有をどこまで許可するかといった規制を行う必要がある。ただし，この規制によってもともと得られるはずの利益が損なわれることがあってはならない。データ利用の目的によって制限の強さを変えるなど，さまざまな方策が考えられるが，今後も調査を重ね，何をどこまで許容するかを検討する必要がある。また，デジタル化による労働内容の変化によって，労働者がより精神的なストレスにさらされる機会が増えることが予想される。さらに，労働者が自分のライフスタイルに合わせて働く時間や場所を選択できるようになることは，労働者の生活の質を高めることにつながる反面，仕事と余暇の境界が曖昧になってオーバーワークにつながるなど，かえって健康面に悪影響を及ぼす可能性もある。そのため，雇用する側は，これまで以上にコンプライアンスに責任を持ち，労働者と労働時間や場所についてしっかりと議論できるようにする環境を整える必要がある。

労働者の健康を守るための調査研究・制度の整備も必要となる。流動的な勤務形態が労働者の健康を促進するのか，それとも阻害するのか，仕事内容の変容が健康にどのような影響をもたらすのかを明らかにするために，研究を重ねる必要がある。また，労働者の健康に対するリテラシーを高めることも重要である。

（5）まとめ

以上，インダストリー 4.0 や労働の自動化と雇用の関係を扱った研究を概観し，自動化が労働者を取り巻く労働環境や雇用環境にどのような影響を及ぼすか，企業が自動化にどのように対応すべきかをまとめた。労働の自動化が雇用を創出するか，仕事を奪うのかについては，主張内容の細かい部分に違いはあるものの，大半の研究が，機械化により雇用が減少する職種もあるが，増加する職種もあるため，全体としては増加の方向に変化するとしている。自動化の影響は，これまで機械には困難とされてきた，柔軟性や相互作用を求められる

第 1 章　人工知能等が雇用に与える影響と社会政策

仕事にも及ぶ可能性はあるが，現実社会に適用されるには技術的・倫理的ハードルも存在する。過度に悲観的にならず，自動化に向けた労働者の再教育や，新たな技術を使いこなすための対策を用意する方が現実的であると思われる。実際に，ここで挙げたレポートの多くが，労働者の再教育を今後の重要な課題としている。

　自動化によって機械に置き換わりやすいのは，ルーティン作業や，事務の補助業務に代表される中程度のスキルを要する仕事であるという見方が一般的である。そして，管理職や商取引，俳優や科学者など，創造性や意思決定を伴う職業はリスクが低いとの見方がある（Frey and Osborne, 2013）。しかし，医師の仕事や金融関係の仕事が機械によって一部自動化された事例はすでにいくつか存在しており（Stewart, 2015），厳密にどの職業が置き換わり，どの職業が置き換わらないかといった共通理解は得られていない。ただし，教育水準が低くてもこなせる仕事や，賃金水準の低い仕事が，機械に置き換えられやすいことは複数の研究で指摘されている（Arntz et al., 2016; Frey and Osborne, 2013; OECD, 2016）。高い置き換えリスクにさらされた労働者をいかに再教育するかは，自動化と雇用の未来に対応するために，政府や企業が共同して取り組むべき課題であるといえる。

3　世界的なコンセンサスが得られた内容

（1）スキル度と雇用との関係

　「雇用の未来」に関する主要論文等の数は恐らく100本を超えていて，細かいものまで含めれば数百本の可能性がある。そのなかで，フレイとオズボーンは，世界的な研究ブームの先陣としての役割は評価できるものの，その推計値は最も極端な値となっている。2016年10月，マイケル・オズボーン准教授が来日した際，筆者から「どのような意図，いかなる前提で試算したのか」と質問したところ，同准教授から「技術的な可能性を示しただけ，雇用増の部分は一切考慮していない」との回答が返ってきて，拍子抜けした。ここで同氏が言った

33

第Ⅰ部　AIの企業での活用とその課題

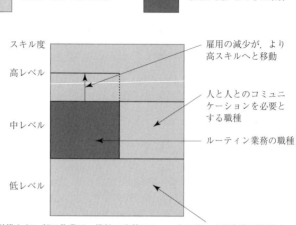

図1-6　雇用が増加又は減少した職業

出所：筆者作成。

「技術的な可能性を示しただけ」とは，例えば自動運転技術が実験室レベルでも開発されると，その瞬間に世界中の全ての運転手が100％機械に代替される可能性があるということである。

　これらの論文等の分析結果により，過去の動向についてはほぼ世界的なコンセンサスができあがっている。その内容は以下の通り。第一に，スキル度が中レベルの雇用が失われ，スキル度が低・高レベルの雇用が増加している。第二に，雇用が失われる境界が，より高スキルへと移動している（例えば，弁護士事務所での法律検索，会計事務所での経理処理，証券会社での株取引）（図1-6）。

　こうした技術進歩の影響を受けた雇用の変化は，先進国での経済格差拡大の要因の一つとされている。『通商白書2017』は，「IMFでは，1980～2006年の先進国20カ国，新興国31カ国により構成される51カ国を対象にジニ係数の変化に関する要因分解を行った結果，『格差に対する影響が最も強いのは技術革新』と結論づけている。すなわち先進国の経済格差拡大の主な要因は技術革新（IT投資）である」と述べている。

第1章　人工知能等が雇用に与える影響と社会政策

　スキル度が中レベルの職のうち，雇用が減少しているのは，「ルーティン業務の職」である。例えば，最近進行している事例としては，①コールセンターにおいて，女性オペレーターが人口知能に，②証券会社において，株トレーダーが人工知能に（高速取引と呼ばれている），③弁護士事務所において，過去の判例検索が人工知能に，④会計事務所において，定型的な経理処理が人工知能に，⑤証券アナリストは，企業の決算発表を人工知能が読んで図表を作成，⑥病院において，過去の症例を学習，患者の検査結果を見て病名と治療を医師に助言，などがある。

　ルーティン業務は，ロジックに基づいているので，プログラム化が容易である。人間がその業務を行ううえで，高い能力を要求され，訓練に時間を要する業務であっても，ルーティン業務あれば，機械に代替される可能性が高い。一方，中レベルの職の中でも「人と人とのコミュニケーションを要する職」の雇用は，増えている。

　スキル度が低レベルの雇用が増えていることに疑問を持たれる方もいると思うが，一部の重労働などは，機械で代替されつつあるものの，人間全体を機械で100％代替するまでには至っていないので，仕事量が増えるに従って，雇用数も増えている。例えば，トイレやビルの清掃員は，清掃に用いる道具は機械化が進んで重労働から解放されつつあるが，トイレやビルが増えるに比例して雇用者も増えている。しかし，スキル度が低レベルの業務は，機械が人間を100％代替する日は「いつか必ず」来るので，その日を境に雇用が減少に転じるだろうとされている。

（2）国別動向と企業競争力

　雇用の変化を国別に見ると（図1-4），米国が最も変化が大きく，恐らく技術進歩の変化に雇用も合わせた結果なのだろうと思われる。米国において大きな経済格差拡大が発生しているのもうなずける。一方日本の雇用変化は小さい。雇用の現状維持の傾向が強く，機械で代替できる部分で人間が働いていたり，高スキル人材を養成していない。技術進歩に対して雇用状態が追従していない

35

第 I 部　AI の企業での活用とその課題

ため，生産性低下，企業競争力低下を招いている。その背景には，雇用を企業内で守ろうとするため，機械化による効率化よりも人間による非効率な仕事を温存している可能性がある。それは，企業のイノベーションの足を引っ張り，米国企業などとのグローバル競争に負ける要因の一つになっている可能性がある。技術進歩を阻害しない「働き方改革」が求められる。

　人間を機械に置き換えた結果，企業競争力が高まり，売り上げが増え，総雇用者数は増えるかもしれない。雇用者を守るために，技術が進歩しているにもかかわらず，旧態依然とした雇用形態を存続させた結果，生産性が落ち，企業競争力が落ち，リストラせざるを得ない状況に至ることもある。すなわち，機械に雇用を奪われることを心配している間に，機械化の進んだ外国企業に負けて大規模リストラになってしまう方がもっと悲惨である。工業統計を見ると，グローバル競争の結果，過去30年間で日本から電機機械産業がほぼ失われてしまったことがわかる。いま日本経済を唯一支えている自動車産業にもし何かあれば日本経済はどうなるのだろうか，と思うとぞっとする。自動車産業は，今後10〜20年，電気自動車化，AI 搭載，3 次元プリンターなどの大きな構造変化に対応しなければならず，数多くの部品サプライヤーのうちどこまでが対応し，生き残っていけるかわからない。

（3）プラットフォーム・ビジネスの下での雇用

　ここ数年来，米国を中心として，例えば，Uber や Airbnb のようなプラットフォーム・ビジネスと呼ばれるビジネス形態により発生するさまざまな経済現象を分析する「プラットフォーム・エコノミー」と呼ばれる新しい経済分析の分野が出現している。雇用との関係で重要な点は，プラットフォーム・ビジネスの下層で働く人々は，低賃金で不安定な雇用に陥り，やがて AI の普及により，機械に置き換わっていく，とされている点である。欧米では，運転手を主に移民が担っているので，自動運転車が普及して移民の仕事が失われると，欧米でさらに社会が不安定化する。欧米における AI による雇用への影響の深刻さは，日本の比ではない。

一方，新技術が導入されると，それまでは労働市場に参加出来なかった人が新たに労働市場に新規参入できるケースもある。例えば，パソコンやスマホに慣れた若者は，油まみれの工場の中で働くことはできないかもしれないが，一日中，パソコンに向かってアプリを開発することはできる。このように，失われる雇用ばかりに気を取られるのでなく，逆に，これまでの技術の下では働けなかった人々が，新たな技術の下で労働市場に参入できる，という現象も見逃してはならない。

（4）将来推計のまとめ

それでは，将来の推計値に関する論文等の結果をまとめてみたい。

①スキル度が高レベル：過去の傾向がそのまま延長され，雇用増が継続する。

②スキル度が中レベル：ルーティン業務は機械に代替されるという過去の傾向が延長され，雇用減少が継続する。かつ雇用が失われる境界が，よりスキル度が高レベルの職に移動する。「人と人とのコミュニケーションを必要とする職」の雇用は増える。

③スキル度が低レベル：技術進歩により，人間の作業が機械に代替される割合が次第に増え，やがていつの日か，全ての作業が100％機械に代替するときが必ず来る。その日を境に雇用が増加から減少に転じる。

④成長する新しいビジネスモデルの下での雇用およびその周辺産業での雇用：増加する。

⑤職業別に見ると，雇用が最も減少するのは製造現場である。かつてフォード生産方式が作られたとき多くの作業員が働いていたが，いまでは1本の生産ラインに数人しかいない。その傾向がそのまま延長される。

以上，雇用の減少と増加のスピードや計測の時間軸断面などの選び方によって研究者ごとに異なる推計値が現れる。このように将来の雇用の姿を推計することがほぼ可能となったため，世界は，次の段階として，将来に備えた対策に手をつけつつある。

第Ⅰ部　AIの企業での活用とその課題

4　ドイツの動向

（1）「労働 4.0」プロジェクト

　次に「雇用の未来」に政府主導で真剣に取り組んできたドイツの動向をご紹介したい。ドイツは製造業を主力産業とし，その国際競争力強化を目指してインダストリー4.0プロジェクトに取り組んでいる。ドイツでは，伝統的に労働組合が強い力を持っているため，雇用問題は，ドイツの産業競争力を大きく左右しかねない重大な問題である。

　ドイツは2013年4月，全自動無人化工場を目指すインダストリー4.0構想を発表した。そのわずか5カ月後に，フレイとオズボーンの論文が出されたため，あるドイツ人専門家によれば，「国内は一種のパニック状態になった」という。こうした状況に最も敏感に反応したのは，ドイツ金属労働組合（IG メタル）と労働組合を支持基盤とする連立政権与党の社会民主党である。IG メタル出身で社会民主党の労働社会省アンドレア・ナーレス大臣は，「労働4.0」プロジェクトを立ち上げた。

　ドイツ政府は，ZEW 研究所に委託し，フレイとオズボーンの説を，同じ前提の下で検証させたところ，米国は47％でなく9％，ドイツ12％だった。2つの試算が大きく異なる主な理由は，ある「職（job）」の「仕事（work）」を多くの「作業（task）」に分解し，一つひとつの「作業（task）」が，いつ機械に代替されるか，という検証を行い，全ての「作業」が100％機械に代替されるときに「職」が代替されるという，より緻密な試算を行ったから。

　また，ドイツ政府労働社会省 IAB（仕事・雇用）研究所は，2016年12月，2025年において，ドイツ国内で失われる雇用が1460万人，創出される雇用が1400万人とほぼ同数であるとの推計を発表した（図1-7）。また，デジタル化が直接導入されない分野であってもデジタル経済化の影響を受けて，雇用が顕著に増えることを示した。この推計値はドイツ政府の決定版ともいえるものである。また，IAB はデジタル化が進んだ企業を対象に調査し，人間も仕事も

38

第1章　人工知能等が雇用に与える影響と社会政策

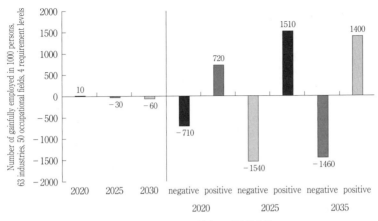

図1-7　IABによる将来の雇用推計値

出所：Wolter et al., (2016).

高い柔軟性が要求されるようになっていること，デジタル化が進んだ企業ほど，高いコミュニケーション能力や対人能力を持った人材を求めているという調査結果も発表した。

　また，フラウンホーファーIAO（労働）研究所は，「現時点では，将来を見通すことは極めて難しく，われわれは推計値は出さない。推計値の数字がどうあれ，技術の進歩に対応できない人は失業する可能性がある。最も重要なことは，職業再訓練を充実化させ，失業を低く抑えることである。」との見解を発表した。現時点では，将来のデジタルビジネスモデルは，まだまだ見通すことが難しく，新しい技術を現実的に実用化できるまでの時間は，費用対効果が見合うようになるまでの時間や古い機械設備と入れ替える時間，さらに今まで使い続けてきた機械設備でできるのなら，どうして入れ換えないといけないのか，という反対意見も出ることなどを考えると不確定要素が多すぎるという理由である。

　IGメタルは，ドイツが国際競争力を維持するにはインダストリー4.0の推進は不可欠である。もしドイツの製造業が競争力を失えば，組合員が解雇されることになり，そうした事態には至ってはならない。だが，組合員の雇用を守

39

第Ⅰ部　AIの企業での活用とその課題

るため，新しい技術の下でも働けるよう，職業訓練所を充実せよと訴えてきた。

　そして，2016年11月，労働社会省は，これまでの議論の集大成である「白書：労働4.0」を発表し，ドイツにおける議論は山を越えた。あるドイツ人専門家によれば「今は雇用問題について冷静な議論が出来る環境にある」という。

（2）データサイエンティストの育成

　ドイツでは，ミュンヘン工科大学，ミュンヘン大学，ミュンヘン専門大学の3大学において，2016年からデータサイエンティストを養成する修士課程が設置され，第4次産業革命を牽引するリーダー人材の育成が開始されている。その修士課程を終えた若者は，2018年から社会に出て働き始める。そうした専門的な教育を受けた若者が社会に出て働き始めると，日本とドイツの差はますます開いていく，と予想される。これら3大学の教授会で，第4次産業革命を牽引するリーダー人材の育成が必要であるとの議論が始まったのは，ドイツがインダストリー4.0構想を発表した2013年4月の直後からであり，日本よりもかなり早い段階から議論が始まっていたことになる。

　米国では，すでにデータサイエンティストを養成する修士課程が70以上存在する。大学によって，インターンシップに力を入れる大学，社会人向けにオンラインで受講できる授業を充実させている大学など，それぞれ特色がある。例えばカーネギーメロン大学では，グーグル，アマゾンといった世界的な大企業がインターンシップの場を提供しており，学生は16～20カ月間という長期にわたって実地での訓練を受けることができる。また，例えばノースウエスタン大学では製造業向けのデータサイエンスコースが用意されているなど，多様なキャリアプランに合わせて学習課程を選択できる環境が整っている。これらのカリキュラムがすでに運用されているという点，AIなどの先進技術の開発を世界に先駆けて行っている大企業が実践的トレーニングの場になっているという点で，人材育成は日本よりもかなり進んでいるといえる。新しく養成コースを作る，といった段階をとうに過ぎ，現在は，どの大学が優れたカリキュラムを提供しているかを，フォーブスの記者などがランキングにして紹介している。

40

5 日本の現場の動向

　次に日本の現場の動向をご紹介したい。雇用慣行，雇用制度，雇用政策等は各国により大きく異なっているので，日本は，新技術の導入に対応する雇用環境が，ドイツとも米国とも異なっているのではないか，との思いで，現場を訪問し，インタビューを重ねてきた。日本では新しい技術が現場に本格的に導入され，かつ実績が出ている大企業製造業はまだ十数社程度しかないので，1社ずつ訪問し，日本の動向を調査した。

　調査結果を総括すれば，今の日本では，人口減少・少子高齢化により現場の熟練作業員が不足し，その労働部分を機械が代替する，または多品種少量生産が増え，人間への負荷が増しているため，人間を「エンパワー」するために，新技術が現場に導入され，現場も歓迎するという形態で導入されている。1990年代，日本は工場の機械化，自動化，省力化投資が盛んだったが，今は，機械（人間）に得意な作業は機械（人間）に任せようとの空気があり，それは「人と機械の調和」と呼ばれている。ある会社の幹部は「当社の IoT のコンセプトは，『人が中心』である」と強調した。企業の競争力の根源である熟練作業員を大切にしたいという思いが込められている。これが「日本型 IoT」と言えよう。

　以上は大企業製造業の動向であった，日本企業全体の動向を把握するため，当研究所では，2017年8〜10月，約1万社を対象にアンケート調査を実施した。IoT 導入に伴う雇用変化の質問について回答のあった213社のうち，雇用増43社，雇用減34社だった。中身を見ると，雇用増は専門職・技術職が最も多く，彼らを管理する「管理職」と彼らを支える「事務職」も増えている。雇用減は事務職が最も多いとの結果であった。日本全体の傾向からいえば，専門職・技術職を大切にし，ルーティン業務の事務職を削減する方向で IoT が導入されつつあると言える。他の回答との相関をとると IoT 導入が進んでいる企業ほど雇用が増えているという各種論文で予想された方向と逆方向に進んでいる。

第Ⅰ部　AIの企業での活用とその課題

6　導出される社会政策

　これまでに述べた世界の論文の調査分析結果や日本におけるアンケート調査
結果から，必然的に導出される今後取るべき対策を挙げる。

①第4次産業革命という新しい時代を牽引し，世界とのグローバル競争に勝
　つためのリーダーの育成である。ドイツでは，ミュンヘン工科大学やミュ
　ンヘン大学でデータサイエンテイスト修士課程を出た若者が，企業のなか
　で幹部となり，やがて役員となって，企業を牽引することになるだろう。

②人間でなければできない仕事を担う人材の育成である。具体的には，過去
　の前例を「学習」し判断するといった過去の前例の延長線上にある判断や
　ルーティン業務はAIに代替されていくので，①過去に前例のない事柄や
　新しい創造的な仕事，②デジタル機器を使いこなして，データ分析をした
　り，科学的な経営のサポートをする人材，③コミュニケーション能力・対
　人能力を持った人材，が，今後，必要とされている。大きな変革の時代に
　あっては，過去の前例や経験だけで将来を議論できなくなってくる。そも
　そもそうした業務はAIに代替可能な業務なので，そこは機械に任せて，
　新しい未知の時代を切り開くスキルを持った人間が必要になってくる。

③日本は現場の熟練作業員を大切にしてきた歴史があり，今，現場に導入さ
　れつつある新システムも，彼らを最大限活かす内容となっている。現時点
　での新システムは「見える化」を実現し，そのデータを見て対策を考える
　ところは依然として熟練作業員が担っている。だが過去の前例を学習し，
　データを見て判断するといった過去の前例から推測できる作業は，やがて
　AIに代替される。現在，熟練作業員が担っている業務の多くがAIに代
　替される日はすぐそこまで来ている。ドイツでは，ものづくりの現場を支
　えてきた熟練作業員をどうするのか，深刻な問題として捉えられている。
　ドイツでは，新しい技術が導入された際，これまでの古い技術の下で働い
　ていた労働者の雇用を守るため，新しい技術の下で働けるよう，再教育・

42

再訓練する必要性の認識が高まっている。日本でも，熟練作業員が働く意欲を持っているところに，代替可能な AI が出現してきたら，一体，どうするのか，考えておかないといけない。

④アンケート結果からも，銀行金融では事務部門の解雇が進んでいることが明らかとなった。銀行金融では，雇用が増えることはなく，常に削減の方向である。世界の論文等が予想している「ルーティン業務の事務職」の削減は，雇用者のなかで最もボリュームが大きいだけに，再雇用のあり方が大きな課題であろう。

⑤IMF が指摘しているように，IT 投資は，経済格差を生み出す最も大きな要因だが，イノベーションは企業競争力の源泉なので，格差を防ぐためにイノベーションを止めることは本末転倒である。IT 投資を通じてイノベーションを図りながら，そこから生じる格差を縮小させるために，税による富の再配分をどうするか，考えないといけない。各国のジニ係数の所得再配分の前後および時間的推移を見ると，米国は，所得再配分前に大きな格差があるが，再配分機能が弱く，かつ格差が時間的に拡大している。ドイツは，再配分前は大きな格差があるが，再配分機能が強く，格差が縮まっているものの，時系列的にみれば，格差は拡大している。日本は，時間的に格差はほとんど変化しないものの，再配分がほとんど機能せず，格差がそのまま残っている。

最後に，「雇用の未来」の問題は，人口減少・少子高齢化問題とよく似ている。日本の急速な人口減少・少子高齢化は，30〜40年前からかなりの高い精度で予測されていた。資金的に余裕のあるうちから手を打つべきだと良識派は主張してきたが，そうした声はかき消され，目の前に危機が訪れるまで，日本人は手を打たずに，ここまで来た。「雇用の未来」は，数多くの調査分析により，将来の姿はある程度予想され，必要な対策もほぼ明らかになった。今度こそ現実の危機に直面する前に，今から真剣に取り組まないと，日本という船はますます沈没するだろう。

第Ⅰ部　AIの企業での活用とその課題

●参考文献

Arntz, M., T. Gregory, and U. Zierahn (2016) "The Risk of Automation for Jobs in OECD Countries: A Comparative Analysis", *OECD Social, Employment and Migration Working Papers*, 2(189), 47-54.

Autor, D. H. (2015) "Why Are There Still So Many Jobs? The History and Future of Workplace Automation", *Journal of Economic Perspectives*, 29(3), 3-30.

Bessen, J. (2016) "How Computer Automation Affects Occupations: Technology, jobs, and skills", (15).

Frey, C. B., and M. A. Osborne (2013) "The future of emplyment: how susceptible are jobs to computerization? Oxford University Programme on the Impacts of Future Technology", *Technological Forecasting and Social Change*, 114(C), 254-280.

Lorenz, M., M. Rüßmann, R. Strack, K. L. Lueth, and M. Bolle (2015) "Man and Machine in Industry 4.0", *Boston Consulting Group*, 18.

OECD (2016) "Automation and Independent Work in a Digital Economy", *POLICY BRIEF ON THE FUTURE OF WORK* (Vol. 2).

Stewart, H. (2015) "Robot revolution: rise of "thinking" machines could exacerbate inequality", *The Guardian*. Retrieved from https://www.theguardian.com/technolo gy/2015/nov/05/robot-revolution-rise-machines-could-displace-third-of-uk-jobs.

The annual report of the council of economic advisers (2016) *Economic report of the president*（米国経済白書）.

Wee, D., R. Kelly, J. Cattel, and M. Breuing (2016) *Industry 4.0 after the initial hype: Where manufacturers are finding value and how they can best capture it*, McKinsey Digital.

White Paper Work 4. 0 (2016) Federal Ministry of Labour and Social Affairs, November, 2016.

Wolter, M. I., Mönnig, A., Hummel, M., Weber, E., Zika, G., Helmrich, R., Maier, T., Neuber-Pohl, C. (2016), Economy 4.0 and its labour market and economic impacts: Scenario calculations in line with the BIBB-IAB qualification and occupational field projections, *No 201613, IAB-Forschungsbericht from Institut für Arbeitsmarkt- und Berufsforschung* (IAB), Nürnberg [Institute for Employment Research, Nuremberg, Germany].

World Economic Forum (2016) *The future of jobs: Employment, skills and workforce strategy for the fourth industrial revolution.* Geneva, Switzerland.

Working Group (2013) *Recommendations for implementing the strategic initiative INDUSTRIE 4.0*, Final report of the Industrie 4.0 Working Group, April 2013.

通商白書（2017）経済産業省通商政策局，2017年6月。

第2章
なぜ多くの企業が AI を経営に活用できないのか

松田尚子[1]

1　企業がイノベーションを取り入れる3つの要因

（1）AI 経営とは何か

「AI を経営に活かしたい」。恐らく多くの企業がそう考えているにもかかわらず，なぜ多くの企業が AI を経営に活用しないのだろうか。AI 経営はなぜ難しいのだろうか。

AI の活用は，画像認識や自動応答ロボット等どのような機能であったとしても，必ず性能向上のためのビッグデータ解析を伴う。つまりビッグデータの活用は，企業にとっては AI の活用の入り口であると言える。そこで本章では，AI を活用する経営の中でも特に，人工知能の分野の一つである機械学習（machine learning）などデータサイエンスを用いてビッグデータを解析し，それを経営判断に用いる企業経営について述べることとする。ビッグデータを経営に活用することで，経営者は事業を測り分析しその結果をすぐに企業の意思決定に活かし，より良い業績につなげることができる。AI を活用する経営は，多くの企業や公的機関で今後も普及するだろうと言われている（Lazer et al., 2009）。

もちろん江戸時代の懸場帳のように，近代以前から企業が集めたデータは経営判断の材料として用いられてきた。しかしビッグデータを用いた解析は精度が高く，企業に追加的な経済価値をもたらし得る（Wu and Brynjolfsson, 2015）。

---

(1)　本章は全て独立行政法人経済産業研究所における筆者個人の研究成果であり，所属機関の見解ではない。

第Ⅰ部　AI の企業での活用とその課題

実証研究でも，ビッグデータ解析をバリューチェーンに組み込んでいる企業はそうでない企業と比較して5～6％生産性が高く（McAfee et al., 2012），また生産性成長率が3％高いことが明らかになっている（Tambe, 2014）。

　例えば世界最大のホテルチェーンであるマリオット・インターナショナルは，宿泊客に提供する料金の最適化に長年取り組んできた。10年前の時点で利用頻度の高い顧客に対し，他のライバルホテルより安くかつマリオットも利益を得られる最適価格を提案する手法を確立していた。最適価格の提案精度はさらに上がり，宿泊収入は10％近く改善したと言われている（Davenport, 2006）。つまり宿泊客が払おうとする最大限度の金額を，個々の宿泊客の傾向に合わせて的確に提案することで，ホテルの収入が増加する。これは顧客データと過去の膨大な提案価格と各顧客の提案価格受け入れ/非受け入れの実績データの丁寧な解析の成果である。また世界的な石油・エネルギー関連企業であるシェブロンは，採掘場所の候補となる箇所について，それぞれ50テラバイト以上の地質データを収集している。1回で1億ドルのコストがかかる試験的採掘はこれまで5回に1回しか成功しなかったが，このデータ解析により3回に1回成功するようになった（Kiron et al., 2012）。

（2）日本企業の AI 経営の現況

　では，日本企業の現況はどうだろうか。森川（2016）の日本企業約3000社に対するアンケートによれば，28％の企業が AI の活用は経営に対してプラスであると考えているにもかかわらず，ビッグデータを「既に経営に利用している」のは全体の3％に過ぎず，40％は活用方法が「よく分からない」と回答している。[2] また野村総合研究所（2015）のアンケートでも，国内の売上高上位1000社の日本企業のうち，ビッグデータの活用を「既に行っている」のは5％，「導入・検討予定は無い」のは44％である。[3] 一方 IBM と MIT が2010年に行っ

---

(2)　「ビッグデータを利用しているか」という質問に対して，「既に利用している」「利用したい」「関係がない」「よく分からない」の4つの選択肢から1つを回答。
(3)　ビッグデータに関連するデータマイニング，非構造化データベース，IOT，人↗

48

第**2**章　なぜ多くの企業がAIを経営に活用できないのか

たグローバル企業1,000社へのアンケートでは，20％の企業がビッグデータの活用の導入を検討していた（LaValle et al., 2011）。

　このように一部の日本企業はAI経営を望ましいものと捉えているにもかかわらず，ほとんどの企業で実現には至っていない。

（3）技術経営学モデル

　技術経営は経営学の一分野で，技術を人材や金融資本と同様に経営資源の一つとして捉え，技術を効果的に活用してどのように経営すれば良いかを考える学術分野である。単に工場ラインをいかに効率的に稼働させるかといった生産管理の分野から，イノベーションをどのように起こすか，技術をいかに事業化するのかといった戦略的・組織的な課題まで幅広い範囲を扱う（延岡，2006；丹羽，2006）。本章ではこの技術経営の考え方に従って，AI経営はなぜ多くの企業にとって難しいかを考える。

　新しい技術，すなわちイノベーションを企業が取り入れる現象は，技術経営では「イノベーション拡散モデル（Innovation Diffusion Model）」（Rogers, 1983）や「技術・組織・環境モデル（Technology-Organization-Environment Model）」（Tornatzky et al., 1990）と呼ばれるフレームワークで説明されてきた。本章のAI，ビッグデータ解析も，イノベーションの一つである。

　ここでは後者のモデルに基づき，イノベーションが企業に取り入れられるかどうかの決定要因を，a）取り入れられる側の技術要因，b）取り入れる側の組織要因，両者を取り巻く c）外部要因の3つに分類する。具体的には，a）は技術の利益へのつながりやすさ，使いやすさ（例えば互換性），b）には人材の量や質，経営体制，企業規模，c）には政府の政策や競合企業の動向などが含まれる。Schilling（1998）が指摘する通り，イノベーションが経営に取り入れら

　工知能・機械学習の各分野について，「新技術への関心と取り組み」を問うている。回答は「導入済み（導入推進中）」「導入を検討中」「今後検討したい」「導入・検討予定はない」の4つから1つを選択。本章ではこの4つの分野に関する回答を平均している。

第Ⅰ部　AIの企業での活用とその課題

れるかどうかは，企業の要因だけで決まることでもなく，かといって企業とは関係のないランダムな結果でもないのである。

1990年代以降，これらの要因を説明する研究が盛んに行われてきた。1990年代以降，IT 関連の技術に関するだけで，クラウドコンピューティング（Oliveira et al., 2014），BtoB の電子商取引（Chong et al., 2009），RFID（Wang et al., 2010）等の取り入れの実証研究が行われてきた（詳しくは Oliveira and Martins, 2011; Fichman, 1992 を参照のこと）。

本章では，a）〜c）の３つの要因について日本企業の課題を論じる。第２節では，技術的要因としてビッグデータ解析特有の解析結果を経済的価値に結びつける難しさについて述べる。企業はこのような技術的課題に対応できる人材を必要としているが，AI の取り入れに貢献するデータサイエンティストと彼らを指揮する経営人材はともに不足している（第３節）。また第４節では，データサイエンティストが存分に活動できる柔軟な組織体制の必要性を述べる。これらの内的要因に加え，第５節では外的要因として，政府による AI 取り入れのための政策や個人情報保護の動きを整理する。

先に述べた通り，企業がイノベーションを取り入れる要因はさまざまだが，本章ではこの技術経営モデルに基づいて，第２節においてビッグデータ解析の技術的要因，第３節において企業に関する要因のうち人材，続いて第４節で企業に関する要因のうち経営体制，第５節において外的要因のうち特に政策について論じ，第６節において総論を述べることとする。

2　技術要因

（1）ビッグデータとは何か

第１節で述べた通り，いくつかの世界的企業はビッグデータ解析により，経営課題を解決している。一般的には以下の５つを実現するとされている（Akter and Wamba, 2016）。

①経営の透明性を上げ，脆弱性に対応する

第**2**章　なぜ多くの企業がAIを経営に活用できないのか

②新しい顧客ニーズを見つける

③顧客行動を分類し，個々の顧客に応じたサービス・製品を提供する

④労働者の判断を代替/補助する

⑤新しいビジネスモデルや製品を開発する

　このような経済的価値を実現するために，ビッグデータ解析は最初の課題である。本節では，AIの技術的な側面から企業が経営に活かす難しさについて論じる。

　まず「ビッグデータ」とは何だろうか。ビッグデータは，Volume，Variety，Velocity，Veracity の4つのVで説明される。Volume とは文字通りデータの量が大きいことである。例えば世界の携帯電話サービス契約数は2015年時点で約79億台であり（矢野経済研究所，2016），われわれはその全ての端末からデータを得ることができる。もちろんデータは大きければ大きいほど良い訳ではなく，手に入れたデータが分析したい現象を正しく代弁する代表性があり（representative），また偏りが無くランダムに取得されたデータであることも重要である（Boyd and Crawford，2012）。

　Variety はデータの種類の多さを表す。ビッグデータには，さまざまなデータ提供者からのさまざまな形式と内容のデータが含まれる。例えば，売買取引，信用，広告，人事，工場，映像，音声，教育，医療，SNS，などのデータの種類があり，当然この種類によってデータ形式はさまざまである。例えばスーパーで，顧客の購買データ，天候，メディア情報などをつなげることで，商品の品ぞろえや在庫量を最適化することができる。

　Velocity とは，即時性である。例えば世界最大のソーシャルネットワークサービスである facebook には2017年時点で世界中から1時間あたり5800万人のアクセスがある（Facebook，2018）。つまり1時間で5800万人という高い頻度で SNS のデータが生成されており，このデータを利用者のアクセスと同時に取得し集計することが可能である。このように即時性の高いデータを入手し解析することができれば，例えば消費者の行動を予測して商品をすぐに入れ替えることができる。このようなデータ解析は，従来型の同時性がなく過去にス

51

第Ⅰ部　AI の企業での活用とその課題

ビッグデータ活用の工程

データサイエンティストの役割

経営人材の役割

図 2-1　ビッグデータ解析を活用するプロセス

出所：筆者作成。

トックされたデータを解析して経営判断に用いる方法とは異なる価値を作りだすことができる（Davenport et al., 2012）。

最後の Veracity は正確性を示している。ビッグデータ解析は，常に全てのデータを網羅し100％正しい結果を出せる訳ではないが，常にデータの中から価値のある情報を見つけることを目指している（Liu et al., 2016）。

このような特性を持ったデータについて，データ解析を行うデータサイエンティストは，分類問題，最適化，クラスタリング，テキストマイニング，協調フィルタリング等の方法で，図 2-1のデータ収集から解析結果までの過程を行ったり来たりしながら，解析を進める。ビッグデータ解析の技術的難しさは，この「行ったり来たり」に隠されている。

（2）ビッグデータ解析を経営課題解決に結びつける難しさ

得られた解析結果を用いて，企業は最終的に経営課題の解決につなげる。しかしビッグデータ解析が経営上の優先課題と合わない，または経済的な合理性を満たしていないことは珍しくなく，このような場合は経営課題解決につながらない。

ビッグデータ解析が経営課題と合わない場合とは何だろうか。データ探索か

---

(4) これらの手法について詳しくは，Provost and Fawcett（2013），Rossant（2014），Grus（2015）を参照のこと。

第2章　なぜ多くの企業がAIを経営に活用できないのか

ら解析結果を出すまでのプロセスでは，予測精度や計算時間短縮など機械学習に基づく明確な方針がある。しかし予測精度や計算時間は何通りもの組み合わせがある。この複数の組み合わせのどれを優先するかは，経営課題と直結して決断されるべきである。

　例えばECサイトで商品の推薦のための精度を上げ推薦商品ページのページビューが増えたとしても，購買行動にはつながらず精度が経済的価値を生まないといったことが考えられる。この場合ページビューを増やすのではなく，ページを見た人の購入確率を上げる方が利益率が上がるのであれば，それを早く認識する必要がある。一方で旅行先を映像を見ながら探すサイトを開発するとしよう。この場合は，すぐに行きたい旅先を見つけられるように推薦することよりも，旅先を見つけるためにユーザーが何回もサイトを訪れて旅先を探す体験を増やすことの方がサイト運営上望ましいと判断されることがある。これは早く旅先を見つけることより，ユーザーの旅行への期待感やサイトに滞在している時間を長くする方が，ユーザーにとっての満足度が高くなり利益につながるからで，この場合も推薦の精度を上げることだけに重点を置くのは誤りである。

　ビッグデータ解析が最も重要な経営課題を解決しない形で開発されるケースは，Googleでさえも起きている。過去のGoogleのインフルエンザ流行予測は，罹患率の予測に注力しすぎるあまり，季節外れのインフルエンザ流行を全く予測することができなかった（Lazer et al., 2014）。季節外れの流行予測は，地震や心筋梗塞と同様，発生は稀ではあるが価値の高い予測の一つである。Googleにとっての経営課題はユーザーに価値の高い情報を提供することであり，季節外れの流行予測は罹患率の予測と同じかそれ以上の価値がある。しかし後者の予測精度向上に気を取られすぎ，前者が発生し得ることを見落としていた。このように，ビッグデータ解析を経営課題解決に結びつけることは世界最先端の企業にとってさえ容易ではない。

　次にビッグデータ解析が，経営上利用価値の無い場合についてである。一つは解析結果が複雑すぎて人に理解不能ということが起こり得る。理解不能で

53

第Ⅰ部　AIの企業での活用とその課題

あっても予測さえできてれば良いという場合もあるが，例えば天気予報の場合には気象予報士が理解できない予報は経済的価値につながらない（McGovern et al., 2014; Rudin and Wagstaff, 2014）。また犯罪予防のためにビッグデータを利用する場合，被害が発生する確率を正しく予測できても，被害の発生しそうな場所，時間帯といった人間が理解できる情報を解析から抽出できない場合には，犯罪予防に役立てることはできない（Menon et al., 2014）。このような場合には，予測精度を上げても経営課題解決に結びつかない。[5]もう一つの例は，企業でのビッグデータ解析の利用が高額すぎて実現できない場合である。オンラインのターゲット広告のケースのように，検証用のデータで適切な広告表示ができるようになったとしても，ターゲットとなる顧客を見つけるために必要なデータセットの量が大きすぎて高額な場合は，入手できない場合もある。（Perlich et al., 2014）。

　このようにデータ解析の最後のプロセスで結果が経営課題解決につながらないことは珍しくない。しかしこのような難しさを克服すれば，ビッグデータ解析を取り入れる企業が得られる価値は大きく，第1節（1）で述べた通り企業の成長率で1年に数％の違いが生じることになる。

　次の第3節と第4節では，イノベーションを取り入れる組織的要因として，人材と経営体制を考える。

---

(5)　これらの予測精度や計算時間の測定の根拠となる機械学習という学術分野は，新しいアルゴリズム・モデル・理論の発見を目指すが，データについて理解を深めることに意義を見出すことは少ないと言われている（Rudin and Wagstaff, 2014）。例えばユリの花ときのこの映像を判別する機械学習の性能を向上させても，植物学に対する貢献について考察されることは極めて稀であるなどの例がある（Wagstaff, 2012）。データ解析の意思決定は機械学習に大きく依存しているため，ビッグデータ解析が経営上の優先順位と合わないという状況は，このような機械学習の学術的性質と無関係ではない。

3　人　材

（1）データサイエンティスト

　人材について本章では，データサイエンティストと経営人材に分けて論じる。これらの人材が果たすべき役割は異なるからである。

　図2-1でデータサイエンティストは，「データ収集」「データクリーニング」「データ探索」「モデル適用」を分担する。一方経営人材は，最初の「経営上の課題発見」と最後の「経営上の課題解決」を担い，プロセスの真ん中に位置する部分を担う必要は無い。「解析設計」と「解析結果」の2つのプロセスは，経営人材とデータサイエンティストが協力しながらすすめるプロセスである。どちらの人材が不足しても，図2-1のプロセスを完遂することはできず，企業はAIを経営に取り入れることができない。

　データサイエンティストの技能は，統計学の理解，計算機科学の理解とスキル，課題発見・問題解決能力の3つから成る（Dhar, 2012）。統計学とは，機械学習を含むデータ解析に用いられる確率論，分布，仮説検証などである。計算機科学は，データ構造やプログラムコードのアルゴリズムの理解の基礎となる。またPythonなどのプログラミング言語やHadoopなどの大規模データの分散処理ソフトフレームワークを使いこなすスキルにもつながる。最後の課題発見・問題解決能力は，データ解析の目的にあった解析を行う能力であり，本章では経営人材にも求められる技能と考えている。第2節（2）で述べたビッグデータ解析を経営課題に結びつける能力とも言える。

　Googleのチーフエコノミストである経済学者のハル・バリアンは，「1920年代にはラジオ，50年代には自動車，90年代にはデジタルに関することが学生にとって不可欠な知識であったように，2010年代後半からはAIが学生にとっての不可欠な知識となる」と述べている（Varian et al., 2004）。しかしマッキンゼーの試算によれば，米国では14〜19万人のデータサイエンティストと150万人のデータサイエンスを理解する経営人材が不足する（Manyika et al., 2011）。

第 I 部　AI の企業での活用とその課題

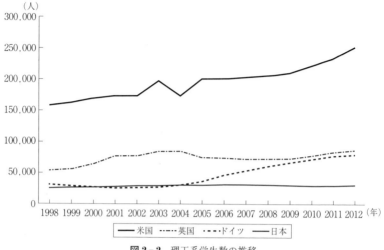

図 2-2　理工系学生数の推移
出所：OECD 統計局（http://stats.oecd.org）より筆者作成。

　日本でも，人材不足は深刻である。データサイエンティストのほとんどは，大学で理工系を専攻している。図 2-2 の通り，日本で理工系を卒業した学生数は 90 年代後半に比較して微増しただけである。この中で特に数学と統計学専攻の学生は 2012 年の時点で米国 27,000 人，英国 10,000 人，ドイツ 15,000 人であった。日本について OECD のデータが存在しないが，日本で初めてのデータサイエンス学部が 2017 年 4 月にやっと滋賀大学で開設されたことを考えても，10,000 人には満たないであろう。そのため AI を取り入れたい日本企業は，この稀少なデータサイエンティストを取り合うことになる。

　データサイエンティストのほとんどが理工系学部の出身者であると前述したが，さらに細分化して見てみると，学術分野はさまざまである。図 2-1 のデータ解析の工程は工学，生物学，医学，経済学等多くの学術分野でほぼ共通している。しかし学術分野が異なるとそれぞれの工程で解析の方針が異なることがある。例えば金融工学で，特定の日の特定の企業の株価を予測したい時には，企業の財務状況・他の企業の株価動向・天候など，どの要因が株価に大きく影響するかという問題より，要因の組み合わせを変えてさまざまな予測モデ

第2章　なぜ多くの企業がAIを経営に活用できないのか

ルを組み立て，最も正しく株価を予測できるモデルを選び出すことに主眼が置かれる。しかし，経済学で同じデータを見る場合，モデル全体のあてはまりより，上に述べたどの要因が最も大きく株価に影響するかの方が重要となる。学術分野の違いによるデータ解析方針の違いについて筆者の経験で言えば，工学では収集したデータに欠損値があれば，欠損値を推定してあてはめ，データの総数を落とさずに推計に用いることがある。一方で経済学の場合に欠損値を推定値と置き換えることは稀である。工学はそもそも人工物を対象とする学問であるのに対し，経済学は経済という人間の営みを対象とする学問であるため，後者はその営みを推定することで，推定の上に推定を重ねることを忌避している。

　このようにデータ解析には解析する者の流儀が多くあり，この流儀によって実は全く異なる結果が導かれ得る。Leek and Peng (2015) はデータを経営に用いる場合には，この解析方法を担当するデータサイエンティストの学問的流儀によって決めるのではなく，データの性質や解析の目的にもっと適切に合わせることで，解析結果が経営にもたらす利益をはるかに大きくすることができると指摘している。スタンフォード大学のアンドリュー・ナグは，世界的なオンライン教育コンテンツ提供サイト，Coursera（コーセラ）の共同創業者でもあり，バイドゥのチーフサイエンティストを務めていたこともある。彼もビッグデータ解析のそれぞれのステージにおける戦略を選ぶ難しさを指摘し，コーセラにおいてビッグデータ解析マネージメントに関する教育コンテンツを自ら提供している。彼はそのコンテンツの中で，データ探索の過程では，データの量を増やす，データの範囲を広げる，データを落とす，機械学習の手法を変更する等さまざまな方向性があり，これらを早く正しく選択することは，経験豊富なデータサイエンティストでも簡単ではないと指摘している (Ng, 2017)。

　このように適切な戦略をデータに合わせて選ぶことのできるデータサイエンティストは需要に比べて明らかに不足している。図2-3はデータサイエンティストに対する英語圏と日本における注目度をGoogle検索数で測ったグラフである。期間は2004～2017年までで，月単位のGoogle検索数の相対値を示

第Ⅰ部　AIの企業での活用とその課題

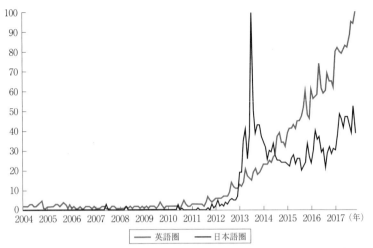

図2-3　日本語圏と英語圏におけるデータサイエンティストに対する注目度
出所：google trends（https://trends.google.co.jp/trends/）のデータより筆者作成。

している。期間中最も検索された月の検索数を100としており，検索数の絶対数は世界で検索されている英語圏の方が多い。データサイエンティストへの需要はweb上での検索数（注目度）とイコールではないが，世界の英語圏における注目度は2012年以降一貫して増え続けているのに対し，日本におけるデータサイエンティストの注目度は，2013年半ばに急増した後落ち着いているように見える。

（2）経営人材

次に経営人材についてである。経営人材の仕事は，データサイエンスの取り入れに際し，成果と限界を見定め，明確なゴールを設定し，取り入れの成功にコミットし，データサイエンスの成果がデータサイエンティスト以外の労働者に受け入れられるよう支援することにある。図2-1で言えば，企業の商品やサービスの責任者として，ビッグデータ活用の最初のステージである経営課題の発見と解析設計，そして最後のステージである解析結果の検証と課題解決を担う。解析設計と結果の検証においては，専門家であるデータサイエンティス

第2章　なぜ多くの企業が AI を経営に活用できないのか

━━■□コラム□■━━━━━━━━━━━━━━━━━━━━━━━━━━━━━━━━

AI 経営における経営人材の役割

AI 経営における経営人材の役割について，ここでは Uber のケースを考えてみ[6]
よう。

Uber はビッグデータを活用し，タクシー産業という分野で新しい事業を創出した。運転手と乗客の位置情報の把握，需給バランス予測，決済のオンライン化，目的地までの料金の事前表示などが機械学習により自動化されている。従来型のタクシー業者と比べると，待機車両コスト不要，無線による配車担当者や運転手を管理[7]
する管理部門の人員が少なくて済む点でビジネスモデルが異なる。

もし従来型のタクシー業者の経営人材が上記のような自動化を導入する場合，まず AI の開発・導入費用を，想定される利益とのバランスを考慮しながら決定することが最初の仕事になる。導入後も，自動化を反映して契約運転手数，配車数，稼働率の調整が必要になる。自動化については，一意的な解がある訳ではない。それぞれの項目について自動化が企業の利益や顧客との長期的な信頼関係の構築，労使関係などにどのように影響し，総合的に見て企業の解決したい経営課題と合致しているか日々確認し，検証するのが経営人材の役割である。

仮に自動化により，月次利益を上げるために，運転手の稼働率を引き上げる提案がなされたとする。この提示は，短期的には月次利益を押し上げるが，長期的には稼働率が高すぎて運転手が疲弊してしまい，かえって企業の信用を失うということもあり得る。このとき経営人材は，乗客のクレームの内容，リピート率，次回の利用までの期間の長さなども新しくデータとして取り入れ，経営課題解決のため再度解析過程のやり直しを指揮する必要がある。

━━━

(6) Uber を運営するウーバー・テクノロジー社は，米国サンフランシスコ市で2009年に創業された。現在世界70カ国・地域の450都市以上で自動車配車ウェブサイトおよび配車アプリを提供する。乗客が現在地の位置情報を使って自動車の配車をUber 経由で運転手に依頼すると，今乗客を乗せたい運転手のリストが Uber を経由して乗客に配信され，乗客はそのリストから運転手を指名して迎えに来てもらい乗車する。運転手はタクシードライバーのこともあれば，自家用車を運転している場合もある。事前に料金設定しカード決済される仕組みや，乗客による運転手の評価が公開されることで，乗客には白タク被害を避ける，タクシーが捕まらない場合の代替手段にできるなどのメリットがある。運転手には，空いている時間で自家用車でもお金を稼ぐことができる，タクシー会社にマージンを取られないなどのメリットがある。

第Ⅰ部　AI の企業での活用とその課題

トの提案が経営課題解決につながるか検証し，つながらない場合にはデータ解析工程をどこまで戻ってやり直すか決定する。図 2 - 1 のデータ収集，クリーニング，データ探索，モデル適用を自ら行う必要は全く無く，コードを書く必要も無い。

　このようにデータサイエンティストを指揮できる経営人材は日本では稀少である。まず日本の主要企業の経営者のうち理工系学部出身者は，ここ半世紀一貫して約 3 割に過ぎない（田中・守島，2012）。本章で議論している経営人材は経営者のみではなく執行役員や管理職クラスを含むが，それでも理工系学部出身者が少ないことに変わりない。また理工系学部出身者であっても，卒業時点から情報技術に関する知識がアップデートされていなければ，文系学部出身者と同様にビッグデータ解析への理解度は高くない。アップデートしようにも，機械学習の教育コンテンツは，主に理工系の学生向けに国内外で開発されている。それらは大学院レベルの確率論や数学が含まれており，ほとんどの企業の経営人材にとって最初の敷居が高い。また大学・大学院で実用的に用いられる（Rossant, 2014; Grus, 2015）などは，理工系学生によるデータ解析のために，自らコードを書いてデータを実装しなければ，書かれている内容を理解することは難しい。

　このように経営人材に適した教育コンテンツが十分に開発されていないことは，教科書・書籍にとどまらず大学講義やオンライン教育においても同様である。現在のところ，米国ではデータ解析を指揮する経営人材の育成には，企業の実際のデータを使った企業内オン・ゴーイングトレーニングが有益と言われており，装飾品ブランドのティファニーなどで実施されている（Shah et al., 2012）。

---

(7)　日本のタクシー配車企業の車両稼働率は70〜80％と言われ，残りの車両は整備または慢性的な運転手不足により車庫で待機している。待機中も駐車場代や車両整備費が必要である。

4 経営組織

　これまで組織的要因の人材について述べたが，次に経営組織について述べる。

　まず AI を経営に取り入れるには，経営組織の変革を伴う（Bresnahan et al., 2002; Somers and Nelson, 2001）。AI 経営の入口であるビッグデータ解析は問題構造の複雑性や不確実性が高いがために，その問題の解法には，ヒューリスティックな推論論理の導入が不可欠である（野城，2016）。例えばモデルを活用して対象となる事象を説明する場合に，良い初期値を仮定できる工学的直観力が必要で，この推論プロセスを実行できる柔軟性・適応性が組織に求められる。同様に世界最大級のビジネス特化型ソーシャルネットワークサービスである Linkedin を例に，データサイエンティストは自由にデータで実験できる環境が提供されるべきだとも言われている（Davenport and Patil, 2012）。実験的環境では，演繹的でなく帰納的な仮説検証をデータを用いて繰り返せることが重要である（Constantiou and Kallinikos, 2015）。なぜならビッグデータの活用は，必要なコードを時間をかけて書けば出来上がるという従来の IT 製品の生産方法ではなく，実験と検証を繰り返す研究的性質が強いからである（Provost and Fawcett, 2013）。優秀なデータサイエンティストであるほど，データ解析上の挑戦や好奇心に重きを置くので，このように実験が許される組織は，優秀なデータサイエンティストの確保という観点からも理想的である（Davenport and Patil, 2012）。

　さらに企業内の意思決定方法の変更が必要である。データから導き出される「正しい結論」は，これまで多くの企業内で尊重されてきた企業の幹部による「直感的結論」と異なる場合がある。このような場合に前者を優先することが原則で，「直感的結論」を支えるためにデータを用いるようなことをすれば，AI を経営に活かすことに失敗する（McAfee et al., 2012）。22 のグローバル企業で働く500人に対して行われたアンケート結果によれば，企業内の意思決定の際に「データを最優先する」「直感を最優先する」「データを優先しながら，他

第Ⅰ部　AIの企業での活用とその課題

の意見も聞く」の3つの選択肢のうち，社員の38％，経営者層の50％しか，最も望ましい3番目の選択肢を選ばなかった。しかし3番目を選択する社員の割合が最も高かった企業は，他の企業に比べて24％も生産性やマーケットシェア等から成る業績総合スコアが高いことがわかった (Shah et al., 2012)。関連して，データサイエンティストの所属は総務部門ではなく，商品やサービスの開発部門に置かれることが望ましい (Davenport and Patil, 2012)。これらの部門は総務部門より「正しい結論」が採用されやすい傾向にあるからである。

　組織の意思決定のあり方に加えて，必要なデータを入手し続けられる体制を確保することも重要である（小西・本村，2017）。産業技術総合研究所が過去に企業と共同研究で取り組んだ28件の AI によるサービス向上プロジェクトを調べたところ，データ解析によるサービスの改善が企業での実用化に至るかどうかは，必要なデータの確保が鍵となることが分かった。具体的には，プロジェクトの目標を達成する制御可能な変数が観測データに落とし込めること，データが低コストで集積できること，業務プロセスの一部に組み込まれる形でデータ収集を持続できること，データで得られた知見を元に結果をさらにデータとして追加し，経営課題の解決が図られたかどうか確認できることにある。

　このようにビッグデータを取り入れる体制を整えると同時に，データサイエンティスト以外の社員がデータ解析の結果を受け入れて働くことができるかどうかも重要である。Lee et al. (2015) は Uber と Lyft の従業員インタビューから，ビッグデータを解析に基づいた価格や配車提案に対する運転手の反応について分析した。結果は，提案内容の説明性が確保され，運転手の感情にも合わせた提案が望ましいことがわかった。長年の勘を頼りにする経験豊かな運転手は，データ解析による提案を受け入れがたいと感じていたからである。

　このように AI を経営に取り入れるためには，実験の繰り返しを許す柔軟な環境と，データから得られる結論を上手に消化し，データを継続的に活用でき

---

(8)　2012年にサンフランシスコにて創業された配車サービスを提供企業。Uber 同様に，同社に雇用された運転手ではなく一般の人が自家用車を運転し，人々を目的地に送り届ける。

第**2**章　なぜ多くの企業が AI を経営に活用できないのか

る経営組織が求められる。

5　外的要因

　これまで企業が AI を取り入れる要因として，AI の技術的要因，企業側の人材と経営組織という 2 つの要因について論じてきた。本節では 3 つ目の要因として，技術，企業以外の外的要因を挙げる。具体的には，同一産業の他の企業や取引先企業が AI を取り入れるかどうか，また政策や社会環境にも影響を受けることが知られており，これらを外的要因と呼んでいる（Oliveira and Martins, 2011）。

　企業による AI の取り入れに影響を及ぼし得る政府による規制や制度は，本章でカバーできる範囲をはるかに超える大きなテーマである。本節では議論の入り口として，企業によるデータ活用の制度問題を例に挙げる。

　内閣総理大臣を議長とする日本経済再生本部は，2016年 6 月に「日本再興戦略 2016」を発表している（日本経済再生本部，2016）。この中で，AI 技術が実現する第 4 次産業革命[9]を支援するために進めるべき 6 つの方針の一つとして，「企業や組織の垣根を超えたデータ利活用プロジェクト等の推進とセキュリティの確保」が挙げられている。続いて「未来投資戦略 2017」（首相官邸，2017）ではさらにこの方針が具体化され，ビッグデータについてサプライチェーン上の国内外の複数企業にまたがる国際的実証の開始，これらの成果を踏まえたデータ記述フォーマットの国際標準提案，企業間のデータの利用権限に関する契約ガイドラインの活用推進，データの不正取得を禁止する不正競争防止法の改正などが提案された。これらの政策により，今後国内企業によるビッグデータの活用が進むことが期待されている。

---

(9)　蒸気という新しい動力が出現した第 1 次産業革命，電気と石油による大量生産が実現した第 2 次産業革命，コンピュータによる自動化が実現した第 3 次産業革命に続き，さまざまなモノがインターネットにつながり，それを AI が制御するようになることを日本政府は「第 4 次産業革命」と呼んでいる。

第Ⅰ部　AIの企業での活用とその課題

　また外的要因としてもう一つ，2005年に施行された「個人情報保護法」の問題を挙げておきたい。個人情報保護法は，個人情報を「生存する個人に関する情報であって，当該情報に含まれる氏名，生年月日その他の記述等により特定の個人を識別することができるもの」と定義している。同法は，このような個人情報の利用目的を特定する，適正に取得する，利用目的を通知することを定めている。しかし同法の制定により，企業によっては，同法抵触を恐れるあまりデータ活用が進まないという事態が起きた。2015年にはこの問題に対処するため，匿名加工データの第三者提供に関する手続きが明確化された。ビッグデータ解析は企業内で完結することは少なく第三者提供は避け難いため，この制度は企業によるビッグデータ活用を後押しするものと考えられる。

6　未来を創る

　本章では，企業がAIを経営に活かすかどうかを決定する要因として，技術，組織（人材，経営体制），外的要因の3つを述べた。AIを経営に活かすためには，データ解析の目的や意義と解析手法の両方を深く理解した上で行うことが不可欠である。企業はこれを実現するためにAIを理解するデータサイエンティストと経営人材の確保に迫られる。また確保した人材が，データ解析結果を経営課題解決につなげられるように，意思決定方法を変え，柔軟な経営組織を作りだすことが必要である。日本政府によるAI政策や制度的取組みも，間接的にではあるが企業のAI技術の取り入れに影響を与えている。

　最初の疑問である「なぜ多くの企業がAIを経営に活用できないのか」に答えれば，多くの企業において本章で述べたイノベーションを取り入れる要因がまだ満たされていないということになる。

　もちろんこれまでの議論は，過去のデータに基づいた先行研究に依拠しており，今後も同じ法則があてはまることが保証されている訳ではない。AIの技術的進歩はさらに進み，人間に代わる汎用的能力をもつAIや生物に近い適応能力を持つ人工生命の開発も進むのではないかと言われている。このような技

術進歩にも耐え得る AI 経営の指針はあるのだろうか。本章の結びとして，計算機科学の第一人者であるアラン・ケイの言葉を引用したい。

"The best way to predict the future is to invent it" 「未来を予測する最も優れた方法は，未来を創り出すことだ」(Greelish, 2013)

これまで述べたような AI 技術の取り入れのための要件が満たされ，多くの企業が経営課題解決を AI によって実現できることを祈りたい。

謝辞 本研究成果について，独立行政法人経済産業研究所におけるファカルティーフェロー馬奈木俊介九州大学教授主催による「人工知能が経済に与える影響」研究会で議論させて頂いた。研究会の参加者の方々に心より感謝を記したい。

●参考文献

Akter, S. and S. F. Wamba (2016) "Big data analytics in E-commerce: a systematic review and agenda for future research", *Electronic Markets*, 26, 173-194.

Boyd, D., and K. Crawford (2012) "Critical Questions for Big Data", *Information, Communication & Society*, 15(5), 1-5.

Bresnahan, T. F., E. Brynjolfsson, and L. M. Hitt (2002) "Information technology, workplace organization, and the demand for skilled labor: Firm-level evidence", *Quarterly Journal of Economics*, 117(1), 339-376.

Chong, A. Y. -L., K. -B. Ooi, B. Lin, and M. Raman (2009) "Factors Affecting the Adoption Level of C-Commerce: an Empirical Study", *The Journal of Computer Information Systems*, 50(2), 13-22.

Constantiou, I. D., and J. Kallinikos (2015) "New Games, New Rules: Big Data and The Changing Context of Strategy", *Journal of Information Technology*, 30(1), 44-57.

Davenport, T. H. (2006) "Competing on Analytics", *Harvard Business Review*, 22 (January), 5-20.

Davenport, T. H., P. Barth, and R. Bean (2012) "How big data is different", *MIT Sloan Management Review*, 54, 1-43.

第Ⅰ部　AIの企業での活用とその課題

Davenport, T. H., and D. J. Patil (2012) "Data scientist: the sexiest job of the 21st century: meet the people who can coax treasure out of messy, unstructured data", *Harvard Business Review*, 90 (October), 70–77.

Dhar, V. (2012) "Data Science and Prediction", *Communications of the ACM*, 56(12), 64–73.

Facebook（2018）「facebook 第 4 四半期及び2017年報告書」https://investor.fb.com/investor-news/press-release-details/2018/Facebook-Reports-Fourth-Quarter-and-Full-Year-2017-Results/default.aspx（2018年 4 月 3 日取得）。

Fichman, R. G. (1992) "Information Technology Diffusion: A Review of Empirical Research", *Proceedings of the 13th International Conference of Information Systems*, 195–206.

Greelish, D. (2013) An Interview with Computing Pioneer Alan Kay. Time Inverviews. *Time*. http://techland.time.com/2013/04/02/an-interview-with-computing-pioneer-alan-kay/（2018年 4 月 3 日取得）。

Grus, J. (2015) *Data Science from Scratch*. O'reilly & Associates Inc.（菊池彰訳（2017）『ゼロからはじまるデータサイエンス──Python で学ぶ基本と実践』オライリージャパン。)

Kiron, D., R. Shockley, N. Kruschwitz, and G. Finch (2012) "Analytics: The Widening Divide", *MIT Sloan Management Review*, 53(2), 1–22.

LaValle, S., E. Lesser, R. Shockley, M. S. Hopkins, and N. Kruschwits (2011) "Big Data, Analytics and the Path From Insights to Value", *MIT Sloan Management Review*, 52(2), 21.

Lazer, D., D. Brewer, N. Christakis, J. Fowler, and G. King (2009) "Life in the network: the coming age of computational social science". *Science*, 323(5915), 721–723.

Lee, M. K., D. Kusbit, E. Metsky, and L. Dabbish (2015) "Working with Machines: The Impact of Algorithmic and Data-Driven Management on Human Workers", In *In Proceedings of the 33rd Annual ACM Conference on Human Factors in Computing Systems*, 1603–1625.

Leek, J. T., and R. D. Peng (2015) "Statistics: P values are just the tip of the iceberg", *Nature*, 520(7549), 612.

Liu, O., W. K. Chong, K. L. Man, and C. O. Chan (2016) "The Application of Big Data Analytics in Business World", *Proceedings of the International MultiConference of*

Engineers and Computer Scientists, 2, 16-18.

Manyika, J., M. Chui, B. Brown, J. Bughin, R. Dobbs, C. Roxburgh and A. H. Byers (2011) "Big data: The Next Frontier for Innovation, Competition, and Productivity", *McKinsey Global Institute*, (May).

McAfee, A., E. Brynjolfsson, T. H. Davenport, D. Patil, and D. Barton (2012) "Big data: the management revolution", *Harvard Business Review*, 90(10), 61-67.

McGovern, A., D. J. Gagne II, J. K. Williams, R. A. Brown, and J. B. Basara (2014) "Enhancing Understanding and Improving Prediction of Severe Weather through Spatiotemporal Relational Learning", *Machine Learning*, 95(1), 27-50.

Mckersie, R. B., and R. E. Walton (1991) "Organizational Change", In S. M. S. Morton (Ed.), *The Corporataion of the 1990s: Information Technology and Organizational Transformation*. Oxford University Press.

Menon, A. K., X. Jiang, J. Kim, J. Vaidya and L. Ohno-Machado (2014) "Detecting Inappropriate Access to Electronic Health Records Using Collaborative Filtering", *Machine Learning, 95*(1), 87-101.

Ng. A. (2017) Structuring Machine Learning Project. Coursera. https://www.coursera. org/learn/machine-learning-projects（2018年4月3日）。

Oliveira, T., and M. Martins (2011) "Literature review of Information Technology Adoption Models at Firm Level", *The Electronic Journal of Information Systems Evaluation*, 14(1), 110-121.

Oliveira, T., M. Thomas, and M. Espadanal (2014) "Assessing the determinants of cloud computing adoption: An analysis of the manufacturing and services sectors", *Information and Management*, 51(5), 497-510.

Perlich, C., B. Dalessandro, O. Sitelman, T. Raeder, and F. Provost (2014) "Machine learning for targeted display advertising: Transfer learning in action", *Machine Learning*, 95(1), 103-127.

Provost, F., and T. Fawcett (2013) *Data Science for Business*. O'Reilly Media Inc.

Rogers, E. M. (1983) *Diffusion of Innovations* (3rd ed.). The Free Press.

Rossant, C. (2014) *IPython Interactive Computing and Visualization Cookbook*. Packt Publishing Ltd.（菊池彰訳（2015）『IPython データサイエンスクックブック——対話型コンピューティングと可視化のためのレシピ集』オライリー・ジャパン。）

Rudin, C., and K. L. Wagstaff (2014) "Machine Learning for Science and Society",

Machine Learning, 95(1), 1-9.

Russel, S., D. Dewey and M. Tegmark (2017)「堅牢かつ有益な人工知能のための研究優先事項」『人工知能』32(5), 643-652。

Schilling, M. A. (1998) "Technological Lockout: An Integratice Model of The Economic and Strategic Factors Driving Technology Success and Failure", *Academy of Management Review*, 23(2), 267-284.

Shah, S., Horne, A., and J. Capella (2012) "Good Data Won't Gurantee Good Decisions", *Harvard Business Review*, 90(4).

Somers, T. M., and K. Nelson (2001). "The Impact of Critical Success Factors across the Stages of Enterprise Resource Planning Implementations", In *Proceedings of the 34th Hawaii International Conference on System Sciences* 8016.

Tambe, P. (2014) "Big Data Investment, Skills, and Firm Value", *Management Science*, 60(6), 1452-1469.

Tornatzky, L. G., M. Fleischer and A. K. Chakrabarti (1990) *Process of Technological Innovation*. Lexington Books.

Varian, H. R., Farrell, J., & Shapiro, C. (2004). The economics of information technology: An introduction. Cambridge University Press.

Wagstaff, K. (2012) "Machine Learning that Matters", *Proceedings of the 29th International Conference on Machine Learning*, 529-536.

Wamba, S. F., S. Akter, A. Edwards, G. Chopin, and D. Gnanzou (2015) "How "big data" can make big impact: Findings from a systematic review and a longitudinal case study", *International Journal of Production Economics*, 165, 234-246.

Wang, Y.-M., Y.-S. Wang, and Y.-F. Yang (2010) "Understanding The Determinants of RFID Adoption in The Manufacturing Industry", *Technological Forecasting and Social Change*, 77(5), 803-815.

Wu, L., and E. Brynjolfsson (2015) *The Future of Prediction: How Google Searches Foreshadow Housing Prices and Sales*. (G. Avi, S. M. Greenstein, and C. E. Tucker, Eds.). University of Chicago Press.

小西葉子・本村陽一（2017）「AI技術の社会実装への取り組みと課題——産総研AIプロジェクトから学ぶ」『RIETIポリシーディスカッションペーパーシリーズ』17-NaN-12。

首相官邸「未来投資戦略2017——Society 5.0の実現に向けた改革——」https://

www.kantei.go.jp/jp/singi/keizaisaisei/pdf/miraitousi2017_t.pdf。

田中一弘・守島基博（2012）「戦後日本の経営者群像」『一橋ビジネスレビュー』52
(2)，30-48。

日本経済再生本部（2016）「日本再興戦略2016」http://www.kantei.go.jp/jp/singi/kei
zaisaisei/pdf/2016_zentaihombun.pdf。

丹羽清（2006）『技術経営論』東京大学出版会。

延岡健太郎（2006）『MOT［技術経営］入門』日本経済新聞社。

野村総合研究所（2015）「ユーザー企業のIT活用実態調査」。

森川正之（2016）「人工知能・ロボットと企業経営」『RIETIディスカッションペー
パーシリーズ』16J005。

野城智也（2016）『イノベーション・マネジメント——プロセス・組織の構造化から
考える』東京大学出版会。

矢野経済研究所（2016）「携帯電話の世界市場に関する調査」。

第**3**章
持続可能なスマートシティ実装[(1)]

小倉博行・馬奈木俊介

1 スマートシティの社会実装に向けて

　国連が「持続可能な開発のための 2030 アジェンダ (SDGs)」として採択した 17 の目標は，都市がかかえる経済問題，社会問題，環境問題を同時に解決し，かつ産学官民の各ステークホルダーが社会イノベーションを実現するための次世代ビジネスモデルである。

　本章では，**表3-1**に示すわが国そして世界が抱える社会的・構造的課題目標を解決するための実施手段〈目標⑰（1）（2）〉となる「持続可能なスマートシティ実装評価方法」について，群馬県中之条町実証実験の事例（CO_2 削減の社会価値と節電＝ネガワット発電の経済価値を同時に実現）を示しながら具体的に検討する。

　人々が豊かに幸せに（＝スマートに）暮らすためのわが国と世界が抱える社会的・構造的課題や社会ニーズは，「新産業構造ビジョン」（経済産業省産業構造

---

(1)　本章は，2017年3月に採録された経営情報学会論文誌特集号（テーマ：人と IT との共創）研究ノート，小倉博行・馬奈木俊介・石野正彦「人と IT と企業との共創による持続可能なスマートシティ実装評価方法——中之条電力実証実験の事例を用いたサーベイ」『経営情報学会誌』25(4)および2017年5月に電子情報通信学会ソフトウェアインタプライズモデリング (SWIM) 研究会に発表した『小倉博行・馬奈木俊介・千村保文・石野正彦「経済・社会・環境が持続可能なスマートシティ構築・運用のための評価手法の研究（その3——"システムズアプローチ"による都市問題の解決」『信学技報 IEICE Technical Report』などをもとに加筆したものである。

第Ⅰ部　AIの企業での活用とその課題

表3-1　持続可能な開発のための2030アジェンダ（SDGs）抜粋

番号	目　標	内　　容
①	貧　困	あらゆる場所のあらゆる形態の貧困を終わらせる
⑦	エネルギー	すべての人々の，安価かつ信頼できる持続可能な近代的エネルギーへのアクセスを確保する
⑨	イノベーション	強靭（レジリエント）なインフラ構築，包摂的かつ持続可能な産業化の促進及びイノベーションの推進を図る
⑪	都　市	包摂的で安全かつ強靱（レジリエント）で持続可能な都市及び人間居住を実現
⑫	生産・消費	持続可能な生産消費形態を確保する
⑬	気候変動	気候変動及びその影響を軽減するための緊急対策
⑰	実施手段	実装方法（Method of Implementation：MOI），グローバルパートナーシップ 　(1)　2017年までに，情報通信技術等の実現技術の利用を強化 　(2)　2030年までに，持続可能な開発の進捗状況を測るGDP以外の尺度を開発・展開

出所：United Nation A./70/2.1（2015）。

審議会，2016）などを参考にすると，1）少子高齢化，2）災害対応，3）エネルギー・環境制約，4）貧富の格差，5）水問題，6）地方の人口減少，7）食糧問題，8）その他（交通渋滞問題，都市への人口集中問題，住民ニーズの多様化，情報格差問題など），に整理することができる。

　このような国や都市の開発を評価する方法として，2015年9月に開催された国連総会において，持続可能な開発目標（Sustainable Development Goals: SDGs）（United Nation A./70/L.1, 2015）が採択されている。ここでの「持続可能な開発（発展）」は，国連「ブルントラント委員会」（1987）が「将来世代が彼らのニーズを満たす能力を損なうことなしに，現在世代のニーズを満たすこと」と定義しており，これは日本の環境基本法でも「循環型社会」の考え方の基礎となっている。また，国際標準化機構（International Organization for Standardization: ISO）では"スマートシティ"における"スマートさ"の定義として，上記の国連「ブルントラント委員会」の定義を引用した，ISO"経済・社会・環境の持続可能性"規格開発の指針（ISO Guide 82, 2014）を策定して，都市サービス

と生活の質の評価指標（ISO 37120, 2014）や都市インフラ性能の評価指標（ISO TS 37151, 2015）などの個別指標（国際標準）を提供している。

　一方で，Dasgupta（2004, 2007）は，上記の国連「ブルントラント委員会」の「持続可能な開発（発展）」の定義を，「現在から将来までの人々の福祉（Human Well-Being：人間の生活の質）がいつの時点においても減少しないことを把握した上で，経済発展が持続可能か否かを判定する基準とは，人工資本，人的資本，自然資本などの資本資産（Capital assets）とそれを活用する制度（Institutions）を合わせた『生産的基盤（Productive base）』が１人あたりで見て増加しているか否かである」ことを示した。この経済理論に基づいた持続可能な開発の三側面（経済・社会・環境）を調和させる統合指標として，国連環境計画（UNU-IHDP and UNEP, 2012/2014）は包括的な富＝新国富＝に関する評価指標（Inclusive Wealth Index: IWI）を提供している。

　また，Porter and Kramer（2011）は，「Creating Shared Value: CSV（共有価値の創造）」という論文の中で，「企業の事業活動こそが近年の社会問題，環境問題，経済問題を解決するものであり，企業が社会価値（福祉）と経済価値（インセンティブ）の双方を追求することが次世代の資本主義が目指すべき姿だ」と論じている。

　以上述べたように，国連が2030年までの持続可能な開発目標（SDGs）として採択した社会課題を解決するためには，IT を活用して人々の福祉を維持・向上させる，持続可能なスマートシティの標準的な実装評価方法の整備が急務となっている。都市に暮らす人間の生活の質（福祉）を計測・評価する指標は，都市サービスと生活の質の評価指標（ISO 37120）や都市インフラ性能の評価指標（ISO TS 37151）などの個別指標（国際標準）と，経済だけでなく社会や環境を含めた三側面を調和させる新国富指標（包括的富指標：IWI）のような統合指標とを両立させることが必要である。

　本章では，スマートシティの評価指標や実装モデルに関する国内外の開発動向のレビューを踏まえ，経済・社会・環境の課題を同時に解決する生産的基盤を用いて，スマートシティの幸福度指標である資本フロー個別指標（SDGs, ISO

第Ⅰ部　AIの企業での活用とその課題

37120, ISO TS 37151）と持続可能性指標である IWI とが両立する評価方法を検討する。さらに，人と IT と企業との共有価値の創造による持続可能なスマートシティ実装評価モデルの具体的な実施例について考察する。

2　スマートシティの実装評価方法に関する開発動向

（1）政府機関におけるスマートシティ実装評価方法の開発動向

　内閣府（2015）では，2030年頃にわが国の目指すべき社会を「超スマート社会（Society 5.0）＝スマートシティ」と定義している。さらに，IoT，ビッグデータ，人工知能（AI）などの出現により，日本の産業構造・経済社会に変革をもたらす第4次産業革命が到来しており，2030年の経済産業省「新産業構造ビジョン」（2016）をベースとした，2020年の名目 GDP 600兆円に向けた成長戦略（内閣府 2016）も発表されている。筆者らは，「人工知能に関連する産業化に需要がどの程度あるのか，研究開発やビジネスへの投資の可否，政策の関与余地について明らかにすることを目的とし，今後の自動化関連の政策の方向性を提言する」活動[2]を行ってきた。

　また，総務省情報通信政策研究所が担当している「AI ネットワーク化検討会議」（2016）では，AI ネットワーク化が社会にもたらす影響に関連し，(1) AI ネットワーク化の進展が社会にもたらす影響を評価するための指標，(2)豊かさや幸せを評価するための指標に関し，次のような検討の方向性を整理している。

◆豊かさや幸せを評価するための指標としては，GDP などの経済統計には限界がある。

◆GDP などの経済統計だけではなく，非金銭的，非市場的な要素も考慮に入れることができるような指標の設定に向けて検討を進めることが望まれる。

---

[2]　経済産業研究所「人工知能などが経済に与える影響研究」研究会，2016-2017年，http://www.rieti.go.jp/jp/projects/program/pg-06/022.html

そして，豊かさや幸せに関連する評価指標の例として，より良い暮らし指標（Better Life Index: BLI），国民総幸福量（Gross National Happiness: GNH），経済的福祉指標（Measurement of Economic Welfare: MEW），人間開発指数（Human Development Index: HDI），デジタル経済・社会指標（The Digital Economy and Society Index: DESI），および潜在能力アプローチなどの「幸福度指標」（**表3-2**参照）を挙げている。

さらに，科学技術振興機構研究開発戦略センター（JST/CRDS）（2016）は，「実体定義レンズ（ソフトウェアプログラムの1種）により動的に構成される機能のエコシステム（生態系）として"Software Defined Society"を定義」している。これらは多段階に組み合わせることができ，機能以外の要件（Information security, Privacy protection, Safety, Resilience: 非機能要件）についても，実体定義レンズによって組み合わせることで，要求するサービスに応じてセキュリティの強度を利用者が選択するといったことが可能になる。また，科学技術振興機構研究開発戦略センター（JST/CRDS）（2016）が提案する「超スマート社会の実装コンセプト"Software Defined Society"（REALITY 2.0）」の世界では，「超スマート社会の実現に向けたヒトや集団の行動原理の理解，社会適用の受容性の検討が必要となる」としている（**図3-1**参照）。

"Software Defined Society"を適用すれば，機能コンポーネントを目的に応じて動的に組み合わせ，多様なサービスを構築することが可能となる。例えば，人流・物流やヘルスケア・介護といったサービスで提供されている機能を，非常時には防災・減災という，変化する状況に合わせて，組み替えてシステムを構築するということが可能である．これによって，大規模災害など当初からの想定が難しく，また逐次変化する要求にも対応できる防災・減災のシステムを構築することが可能となる。具体的な適用例として，災害時の情報捕捉技術の確立により，発災地域に存在するデバイスとそこから得られるデータを一時的に共有可能な状態にし，動的にそれらを組み合わせることで被災地の情報を即座に取得することにより，失見当期（災害直後に情報が入らない混乱期）の短縮の実現が挙げられる（**図3-2**参照）。

第 I 部　AI の企業での活用とその課題

表 3 - 2　豊かさや幸せ（幸福度や持続可能性）に関連するスマートシティ評価指標の整理

指標の名称	関連機関／開発者	主な評価軸（要因または指標）	指標の目的／開発方法	指標の性質	測定尺度
より良い暮らし指標（BLI：Better Life Index）	経済協力開発機構（Organisation for Economic Cooperation and Development: OECD）	暮らしの11分野の指標群：①住居，②所得，③雇用，④コミュニティ，⑤教育，⑥環境，⑦政治，⑧健康，⑨生活満足度，⑩安全，⑪ワークライフバランス	幸福度指標	フロー指標	効用
国民総幸福量（GNH：Gross National Happiness）	ブータンジグミ・シンゲ国王	4 本柱（持続可能で公平な社会経済開発，環境保護，文化の推進，良き統治）のもと，9 分野（心理的な幸福，国民の健康，教育，文化の多様性，地域の活力，環境の多様性と活力，時間の使い方とバランス，生活水準・所得，良き統治）にわたり 72 の指標。	幸福度指標	フロー指標	効用
経済的福祉指標（MEW：Measurement of Economic Welfare）	Nordhans and Tobin	GNP（国民総生産）を基本に，最終支出項目の再分類，耐久消費財などの資本サービス・余暇活動や家事労働などの非市場生産活動の帰属計算，生活環境の悪化・不快度の計算により修正。	幸福度指標	フロー指標	所得
人間開発指数（HDI：Human Development Index）	国連開発計画（United Nations Development Programme: UNDP）	長寿（出生時平均余命），知識（成人識字率，総就学率），人間らしい生活水準（一人当たり GDP）の 3 分野。	幸福度指標	フロー指標	所得
デジタル経済・社会指標（DESI: The Digital Economy and Society Index）	欧州委員会（European Commission: EC）	接続性（つながりやすさ，接続速度など），人的資本（デジタル技術の活用スキルで測定），インターネット利用度（デジタルコンテンツの消費，オンラインバンキングなどインターネットを利用した各種サービスの利用状況），デジタル技術の統合（企業活動にどれだけデジタル技術が活用されているか），デジタル公共サービス（電子政府，特に市民によるオンラインでの行政サービスの利用可能性）の 5 大項目，13小項目のもとに 33 の指標。	幸福度指標	フロー指標	効用
潜在能力アプローチ	Sen, Amartya Kumar	所得や効用ではなく，ある人が資源を利用して達成することのできる機能（例：移動する，文字を読む，健康を保つ，社会生活に参加する）の集合（実現可能な選択肢の幅）により，福祉や自由を評価するアプローチ。	幸福度指標	フロー指標	潜在能力
持続可能な開発目標（SDGs）	国際連合（United Nations）	国連の2016年から2030年までの国際目標として定められた17の目標からなる個別指標 社会課題解決のための 17 の目標は，次世代ビジネスモデルであり，かつ産学官民の各ス	幸福度指標（国連の2030年までの国際目標として定	フロー指標	効用

76

		テークホルダーが社会イノベーションを実現するための個別具体的な行動計画である。	められた個別指標）		
都市サービスと生活の質の評価指標（ISO 37120）	国際標準化機構（International Organization for Standardization: ISO）	経済，教育，エネルギー，環境，ファイナンス，火事と緊急事態への対応，ガバナンス，健康，レクリエーション，安全，避難所，廃棄物，通信，交通，都市計画，廃水，水及び公衆衛生，環境という 17 のテーマについて，計100種類の指標。	幸福度指標（都市を統一された指標で比較するために定められた個別指標）	フロー指標	効用
スマートな都市インフラ性能評価指標（ISO TS 37151）	国際標準化機構（ISO）	都市インフラに適切な評価指標を決定するための原則と要件を規定した技術仕様書 住民（社会）・都市運営者（経済）・環境の三視点を含むインフラ性能評価指標。	幸福度指標（持続可能な都市インフラ性能を評価する個別指標）	フロー指標	効用
グリーン経済指標 Green NNP/NDP[(1)] 調整国民純生産/国内純生産：Adjusted NNP/NDP	各国政府 国連環境計画（United Nations Environment Programme: UNEP）	グリーン経済とは，環境上のリスクや生態系上のリスクを大きく減少させながら，人間の幸福や社会的公正を高める経済である。それは，低炭素であり，資源効率的であり，社会的包摂的である。グリーン経済においては，炭素排出や公害を減らし，エネルギーと資源効率を高め，生物多様性と生態系サービスのロスを防ぐような公共投資及び民間投資によって所得と雇用の成長が促される。	持続可能性指標 従来の経済理論指標の修正	フロー指標	所得（消費＋投資）
ジェニュイン・セービング（Genuine Savings: GS）調整純貯蓄 Adjusted Net Saving[(2)]	世界銀行（World Bank）	福祉の源泉であるストックに着目してその変化を測定。経済指標として従来計測されてきた人工資本ストック（GDP），教育や健康といった人的資本ストック，環境や資源といった自然資本ストック，その他福祉に貢献しうる有形無形資本すべてを包括。	持続可能性指標 新しい経済理論指標の創造 ※不完全な資本の代替可能性を仮定する（臨界自然資本の概念）	フロー指標	貯蓄（投資）
新国富指標（IWI）Inclusive Wealth*2：包括的富，包括的投資 Comprehensive Wealth, Comprehensive Investment	国際連合（United Nations）		持続可能性指標 新しい経済理論指標の創造 ※完全な資本代替可能性を仮定する	ストック指標	包括的富，富の変化

注：対応する経済理論上の概念
　(1)　国連の統計部門による環境・経済統合勘定（System of Integrated Environmental-Economic Accounting: SEEA）の開発をその標準化とみなすことができる。
　(2)　上記網掛けの 3 つの経済の持続可能性指標のうち，真に経済の持続可能性指標だと言えるのは後の 2 つだけである。
出所：小倉・馬奈木・石野（2017）。

第Ⅰ部 AIの企業での活用とその課題

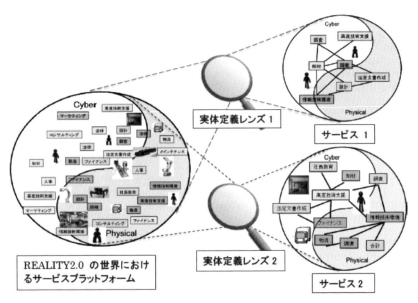

図3-1 JST'超スマート社会'のデザイン REALITY 2.0 "Software Defined Society"
出所：科学技術振興機構研究開発戦略センター（JST/CRDS）(2016), 2頁。

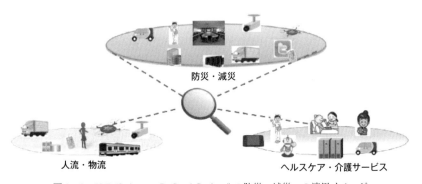

図3-2 JST "Software Defined Society" の防災・減災への適用イメージ
注：災害時の情報捕捉技術の確立による失見当期（災害直後に情報が入らない混乱期）短縮の実現。
出所：科学技術振興機構研究開発戦略センター（JST/CRDS）(2016), 22頁。

第**3**章　持続可能なスマートシティ実装

　さらに，IT による経済効果を予想することは従来行なわれてこなかったが，JST/CRDS の黒田ら（2015）が「ICT/IoT に係る科学技術政策の社会的・経済的影響の評価を目的とした多部門相互依存一般均衡モデルの構築」において新たな試みを始めている。

（2）産業界におけるスマートシティ実装評価方法の開発動向

　筆者（小倉）が参画する電子情報技術産業協会（JEITA）スマート社会ソフトウェア専門委員会（2016, 2017）では，産業界の立場から，「超スマート社会」の実現のため，ソフトウェアに関する具体的な技術戦略，施策について調査・検討し，国際競争力のある日本発のスマート社会コンセプトモデルを提言する活動を行っている。社会を支える産業インフラは，長期的な計画に基づき，設計，構築，運用がなされてきたが，近年発生している想定が困難な大規模災害やテロの発生，インフラの老朽化や技術革新による既存インフラの陳腐化，少子高齢化による労働人口の不足により，産業インフラを効率的かつ低コストで安全に維持，運用することが課題となっている。そこで JEITA では，社会インフラ分野のソフトウェアを中心とした情報利活用基盤を整備し，IT を活用した災害に強い「安全・安心・快適・便利」な社会システムの構築のため，スマート社会を実現するための「社会インフラ情報の利活用基盤モデル：I-model = The Capital I-model」を開発した。ここで，I-model の「I-」は社会インフラを意味する "Infrastructure" の頭文字で，情報系シンボルを表す「i-」と区別し，大文字（Capital）の「I-」で表記し，「キャピタル・アイモデル」と称す。あわせて "Capital" は「社会インフラ "資本"」も意味する。JEITA I-model は，超スマート社会（＝スマートシティ）の標準的な実装方法のモデル（Reference Architecture Model）として，筆者（小倉）が英訳して日本（JEITA）から，IT 分野の国際標準化を担う ISO/IEC JTC 1 のスマートシティ研究グループ報告書（ISO/IEC JTC 1/SG 1, 2014）に寄稿した。あわせて，JEITA スマート社会ソフトウェア専門委員会では，ビジネスの視点から，社会インフラへの IT 利活用による社会課題解決策を検討し，JEITA ソフト

79

第 I 部　AI の企業での活用とその課題

ウェア事業戦略専門委員会と連携，スマート社会を実現するプロセス（コトづくり，モノづくり）も含めたビジネスモデルである「社会インフラ分野の情報利活用モデル」"JEITA I-model" を提案している。つまり，JEITA I-model は機能層，情報層，通信層，都市のインフラ層（機器・設備層）の 5 階層からなるスマート社会の参照アーキテクチャモデル（2 次元モデル）である（**図 3-3 参照**）。

　さらに，JEITA スマート社会ソフトウェア専門委員会（2016, 2017）では，産業インフラのハードウェア上で柔軟な構成変更が可能なソフトウェアにより社会インフラを構築する "Software Defined Society /Infrastructure"（JEITA I-model）の概念に基づき，「超スマート社会（＝スマートシティ）の実現に向けた IT 分野の最新動向」について調査検討を進めている（**図 3-4 参照**）。

　以上で述べた "Software Defined Society" と類似のコンセプトは，Canadian Business Journal（CBJ）[3] においても，"Welcome to the Software Defined Society" という記事が紹介されている。ここでは，米 Uber 社などがけん引するライド共有（自動車の相乗り）サービスのような「共有（シェア）経済」を実装するコンセプトとして "Software Defined Society" を位置づけている。本章では，米 Uber 社のライド共有サービス，米 Airbnb 社の民泊サービス，Bitcoin（software-defined currency），Pokémon GO（software-defined game）などの経済エコステム（＝business ecosystem, digital ecosystem ＝「共有経済」）を発展させ，低炭素社会実現や災害対応などの新たな価値創出が可能な "人と IT（人工知能など）と企業とが共創する経済・社会・環境エコシステム（生態系）"（＝「共有社会」）の実現を検討する。この「共有社会」を実現するためには，人工知能などの新たな IT の社会インフラ情報系『I-ソフトウェア』（デジタル世界）のビジネスと社会インフラ系『I-ハードウェア』（現実世界）のビジネスとを統合したソフトウェアによる「共有社会」＝ "Software Defined Society /Infrastructure" への資本主義の新たな展開が必要となる。

　また，JEITA 社会インフラ分野の情報利活用モデル「The Capital I-model」，

（3）　http://www.cbj.ca/welcome-to-the-software-defined-society/, Oct. 2015.

第3章 持続可能なスマートシティ実装

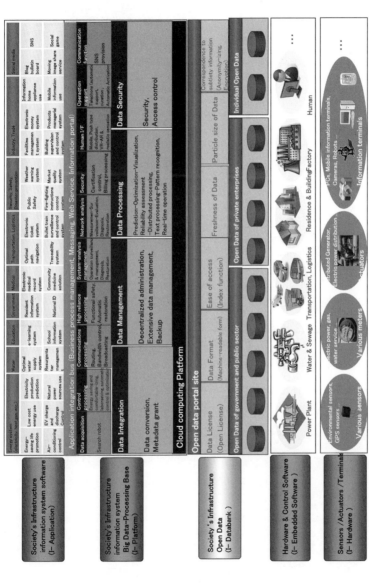

図3-3 スマート社会の参照アーキテクチャモデル "The Capital I-model"（2次元モデル）

出所：ISO/IEC JTC 1/SG 1 (2014).

第Ⅰ部　AIの企業での活用とその課題

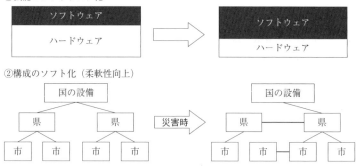

図3-4　JEITA "Software Defined Society" の概念

注：'超スマート社会'を具体的に実装するための手法として，さまざまな国でスマートの検討・実証が進められている。JEITA スマート社会ソフトウェア専門委員会では，CPS（Cyber Physical System）・IoT の高度化や，人工知能技術の進化により，多くの社会インフラやデバイスなどが環境に応じて最適な構成をとることが可能とする概念 "Software Defined" を提唱。国内外で進められているスマートシティの検討やプロジェクトは，この "Software Defined" を具体化するものである。
出所：電子情報技術産業協会（2016）。

「共有経済」および「共有社会」は，商務流通情報分科会での「CPS/データ駆動型社会」[4]として整理できる。つまり，各企業は，製品・サービス，技術，顧客，事業（基盤）といった「資本資産」（＝生産的基盤）を「現実（Real）世界」で保有しており，それを"IoT"（モノのインターネット）に活用できる。IoT は，機器やエッジ[5]を利活用し現実世界の多様なデータを収集する。そこから得られたビッグデータを AI で見える化・分析・対処し，社会価値へと変えていくことで，あらゆるモノがネットにつながる IoT ビジネスをもたらす。各企業は，現実世界の社会インフラ資産『I-ハードウェア』のデータ収集（Real⇒Digital: IoT），ビッグデータの蓄積・解析（Digital⇒Intelligence: AI），および現実世界へ制御・サービス（Intelligence⇒Real）することにより，現実（Real）世界の「資

---

(4) Cyber Physical System の略。デジタルデータの収集，蓄積，解析，解析結果の実世界へのフィードバックという実世界とサイバー空間との相互連関．ドイツが掲げる第 4 次産業革命（Industry 4.0）は概念としては同義であるが，実際には製造プロセスにおける取組が中心。

(5) エッジの定義：機器とクラウドとの間に位置し，機器を制御する機能，またはクラウドとの間でデータ処理を行う機能を有するレイヤー。

第3章 持続可能なスマートシティ実装

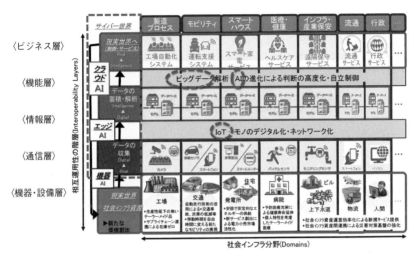

図3-5 経済産業省「CPS/データ駆動型社会」が提唱するIoTビジネスモデル
注：IoTイノベーション，異なる分野の機器をつなげて新たな価値創出を行う参照アーキテクチャモデル（2次元モデル）である。JEITA社会インフラ分野の情報利活用モデル（JEITA Capital I-model）との関係を示す。
出所：経済産業省「CPS/データ駆動型社会」（2015）をもとに筆者作成。

本資産」＝社会インフラ資産を活用して新たな価値創出（イノベーション：社会価値＋経済価値）を行う（図3-5参照）。

（3）人とITと企業との共創（＝共有価値の創造）

Porter（2011，2014）は，「スマートシティなどのIoT時代の複合システム（System of systems）の競争戦略」について論じるとともに，「Creating Shared Value: CSV（共有価値の創造）」の論文の中で，「企業の事業活動こそが近年の社会問題，環境問題，経済問題を解決するものであり，企業が社会価値（福祉）と経済価値（インセンティブ）の双方を追求することが次世代の資本主義が目指すべき姿だ」と論じている。Porter（2011）は，「バリューチェーンの生産性を再定義する：調達」の事例として，スイスの世界的食品会社「ネスレ社」の稼ぎ頭の一つで，2000年以来，年30％成長を続けているカプセル式コーヒー「ネスプレッソ」を挙げている。ネスプレッソは，コーヒー農家，消費者を始

第Ⅰ部　AIの企業での活用とその課題

めとするすべてのステークホルダーにとって長期的にポジティブな価値を創造していこうというCSVの概念のもと,「The Positive Cup」という持続可能性の取り組みを進めている。CO$_2$削減を実現する事業展開にも取り組み,豆からカップまですべてにおいて持続可能なコーヒーを目指している。

　さらに,第2節(1)や第2節(2)で述べた"Software Defined Society/Infrastructure"の低炭素社会の実現や防災・減災への適用の場合,大規模災害など当初からの想定が難しく,社会的費用の増大に対する経済的な考察を超えて,倫理的な判断を要求されるので,そのための客観的な評価基準が必要となる。あわせて,社会価値と経済価値の双方を創出する事業モデルの構築が必要である。一方,わが国におけるスマートシティ(=スマートコミュニティ=低炭素社会の実現)は環境を守るための社会的大義(政策主導)が出発点であり,補助金を活用しながら技術実証からビジネス実証が進められてきた。最近は,IoT,AIなどがトレンドとなっているが,これらはスマートシティを実現するための手段である。

　そこでこれからは,スマートシティの実証から実装に向けた「地域エネルギー」(地方自治体が主体となって構築する再生可能エネルギー・自立分散型エネルギーシステム)の事業モデルの構築が必要である。「地域エネルギー」事業モデ[(6)]

――――――――――

(6)　わが国におけるスマートシティ(=スマートコミュニティ)は低炭素社会への移行を合言葉にスマートグリッド技術研究から始まったが,東日本震災を契機に大規模集中型エネルギーシステム(系統)の脆弱性が明らかになったことを受けて,電力供給の制約から地域単位で節電やピークカット,創エネに取り組む重要性が高まると同時に,災害に強い分散エネルギーシステムの必要性や再生可能エネルギー比率の拡大と出力変動の吸収など技術的に質の高いシステムへの移行の議論が急激に進展した。
　わが国のエネルギー消費は,2013年度の総発電電力量の中で,石炭=30.1%,石油・LPG=13.7%,LNG=43.2%,その他ガス=1.2%と約88%が化石燃料となっている。このため震災後,化石燃料輸入額は10兆円増加(2010年18兆円,2013年28兆円)しており,2014年度の原発停止後に伴う燃料輸入増加分(火力発電炊きまし費用)は3.7兆円と試算されている。つまり1日あたり100億円の国富の損失となっている。
　また,経済面では一次エネルギー価格の高止まりが,電力会社の経営を圧迫しており,電力システム改革の必要性,再生可能エネルギーの大量導入,エネルギー↗

84

第3章 持続可能なスマートシティ実装

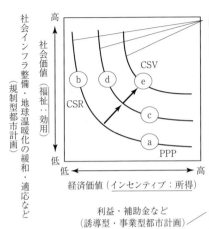

図3-6 人とITと企業との共創（＝共有価値の創造：CSV）

注：CSR：企業の社会的責任，PPP：プロダクト・ポートフォリオ・マネジメント，xEMS：Home/Building/Factory/Community Energy Management System, V2H：Vehicle to Home, EV：Electric Vehicle, ZEH：Net Zero Energy House, ZEB：Net Zero Energy Building
出所：小倉・馬奈木・石野（2017），名和（2015）をもとに筆者作成。

ル構築のための，都市開発事業（プロジェクト）は，その都市の総合計画や基本計画と整合性を保ちつつ，企業側が国や自治体の補助金などのインセンティブを受けることが可能になると同時に，公共側が対応しなくてはならない社会インフラ整備，地球温暖化の緩和・適応などの公益（福祉）事業と歩調をあわせて行う共益（＝共有価値の創造）の考え方が必要である。人とITと企業との共有価値の創造（CSV）の概念に基づく，「地域エネルギー」事業モデルのイメージを図3-6に示す。

スマートシティを実現するためには，公民パートナーシップによる事業スキームを複数案検討する必要がある。事業モデルは都市開発プロジェクトに参

＼活用の効率化が喫緊の課題となっている。
　しかしながら，企業活動や投資の面から魅力のない地域は取り残される危険性があるため，地方自治体自らが事業主体となって，あるいは，ファイナンス者として公有地や公共建物を活用した再生可能エネルギーの創出を行う状況が増加していくものと思われる。このような地方自治体が主体となって構築する再生可能エネルギー・自立分散エネルギーシステムを「地域エネルギー」と呼んでいる。

第Ⅰ部　AIの企業での活用とその課題

加する都市（地方自治体）も含めた各主体が，WIN-WIN の関係で，経済メリットが得られ共存しあえる持続可能な事業モデルを検討する。例えば「コンセッション方式」は，民間参入を促進する方策として公共側が設備を建設・所有し，この事業権を民間に付与した上で民間ノウハウによって効率的に運営し，投資資金を回収していく事業スキームである。

図3-6において，都市開発プロジェクトは，事業実施に向けた事業収支の検討を行う。まず内部収益率（ Internal Rate of Return: IRR）等の検討を行い，都市開発プロジェクトにおける現在から将来までの効用（Utility）の割引現在価値を計算する。次に当該都市開発プロジェクトのハードルレート（割引率）を決定し，「IRR＞ハードルレート」となれば投資する。

3　共有価値創造による持続可能なスマートシティ　　実装評価モデルの検討

（1）新国富指標＝包括的富指標（IWI）の導入

内閣府「第5期科学技術基本計画（答申）」（2015）において，「超スマート社会（Society 5.0）とは，（中略）『人々に豊かさ』をもたらすことが期待される」と定義されている。

本節では，上記の「人々の豊かさ」＝人々の福祉（Human Well-Being：人間の生活の質）の理念として「持続可能な開発（Sustainable Development）」という考え方を採用し，現在から将来までの人々の福祉（人間の生活の質）を計測するために，国連環境計画（UNU-IHDP and UNEP, 2012/2014）が開発した「新国富指標＝包括的富指標（IWI）」という資本ストックの統合的な評価指標の導入を検討する。

まず最初に，「福祉」を計測する指標，つまり経済ストック（"持続可能性"）の指標「包括的富指標（IWI）」の理論的枠組について，UNU-IHDP and UNEP（2012, 2014），植田（2016），山口・佐藤・植田（2016），馬奈木・池田・中村（2016），**図3-7** および**表3-3** を引用して以下説明する。

第3章　持続可能なスマートシティ実装

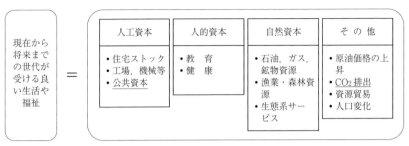

図3-7　福祉と富（各資本）の等価性

注：下線は中之条町実証実験の事例。
出所：小倉・馬奈木・石野（2017），馬奈木・池田・中村（2016）や山口・佐藤・植田（2016）をもとに筆者作成。

表3-3　経済の持続可能性に関する2つの資本アプローチとスマートシティ実装評価方法との関係

アプローチ	強い持続可能性	弱い持続可能性
経済学的アプローチ（資本アプローチ）（馬奈木ら，2015）	福祉の源泉であるストックに着目してその変化を測定。経済指標として従来計測されてきた人工資本ストック（GDP），教育や健康といった人的資本ストック，環境や資源といった自然資本ストック，その他福祉に貢献しうる有形無形資本すべてを包括。	
持続可能性指標（統合指標）	世界銀行が提供するGenuine Savings	国連環境計画が提供する新国富指標＝包括的富指標
資本の代替可能性	不完全な代替可能性を仮定する（臨界自然資本の概念）	完全な代替可能性を仮定する
資本の補完性	補完性を考慮する	補完性を考慮しない
環境容量	考える	考えない（部分的に）
理論的な背景	生態経済学（進化経済学）	主流派経済学（新古典派経済学）：経済成長論，厚生経済学，資源経済学，環境経済学
指標の単位	物量，物量と金銭のハイブリッド	金銭
経営学的アプローチ（Porter, 2011）	共有価値の創造（Creating Shared Value: CSV）―社会価値（福祉）と経済価値（インセンティブ）の双方を追求する―	
会計方法	代数的多元簿記＝代数的会計記述言語（出口，2015），ブロックチェーン（分散型元帳）	複式簿記（BS/PL）による都市公会計（フロー効果とストック効果の複式簿記）
IT経営評価方法	人と汎用AI（人工知能法）のガバナンスアセスメント	ITガバナンスアセスメント，（ビッグ）データガバナンス，AIガバナンスの国際標準化

第Ⅰ部　AIの企業での活用とその課題

工学的アプローチ （システムズアプローチ） (Chales et al., 2011)	人とIT（人工生命等）と企業と自然との共創 〈生物学的アプローチ〉	人とIT（人工知能等）と企業との共創 "Software Defined Society/Infrastructure" 〈物理学的アプローチ〉
System of systems (INCOSE, 2015)	汎用AIを利活用した複雑系システム実装	IoT, Bigdata, AIを利活用したCPS（Cyber Physical System）実装
人工知能AI (伊庭, 2013)	"強いAI"（全脳エミュレーション）：私の作っているのは知能そのものである	"弱いAI"（全脳アーキテクチャ）：知的で賢い機械を作りましょう
人工生命AL (伊庭, 2013)	"強いAL"〜科学的目的：既存の生命より深い理解，特に生命にとって基本的な属性の理解	"弱いAL"〜工学的目的：一般的な適応能力を持った人工物の生成

注：国連の「持続可能な開発のための2030アジェンダ（SDGs）」（UN A/70/L. 1, 2015, pp. 27-28 " Goal 17: Technology. Data, monitoring and accoutability"）には，
　　【目標17】実装方法（Method Of Implementation: MOI），グローバルパートナーシップ
　　・2017年までに，ICT等の実現技術の利用を強化
　　・2020年までに，非集計型データの入手可能性を向上
　　・2030年までに，持続可能な開発の進捗状況を測るGDP以外の尺度を開発・展開
　　という記述があるので，2016年から2030年までの持続可能なスマートシティ実装評価方法を検討するという本章の目的から，「弱い持続可能性」アプローチの「新国富指標（IWI）」について検討する。新国富指標（IWI）は，理論的正当性，実践的一貫性，会計的透明性を備えた都市政策の評価指標である。
出所：小倉・馬奈木・石野（2017）。

　「持続可能な開発目標（SDGs）（UN A/70/L. 1, 2015）や国連『ブルントラント委員会』（1987）が目指す社会の究極の目標は，これから先の人々の良い生活，すなわち現在から将来の人々の福祉（Well-being）を維持・向上することである。それを表す指標として最近国内外で議論が活発化している国民の"幸福度指標（Happiness Index）"が考えられる。ただし，一人ひとりの幸福は社会の究極の目標といえるかもしれないが，それは良い生活や福祉の結果である。そのため，政策よりも，一人ひとりが社会や人間関係の中で経済活動を行い，生きがいを持てるかどうかに左右されてしまう。むしろ，良い生活や福祉そのものではなく，それらにつながる経済活動を行うための基盤がどうなっているかが，福祉の指標になりうることが考えられ，現在から将来の人々が良い生活を送るためには，その基盤が減らないようにすることが必要条件となると考えられる。UNU-IHDP and UNEP（2012, 2014）では，この良い生活を送るための『基盤

が減らないこと』を『持続可能な開発（発展）』の指標とし，この基盤（生産的基盤）のことを新国富（包括的富：Inclusive Wealth）と呼ぶ。この考え方の最大の長所は，正確に測れば，基盤たる新国富（図3-7の右側の枠）が，現在から将来までの世代が受け取る福祉（図3-7の左側の枠）に等しくなるということにある』。

「まず，現在から将来までの効用の割引現在価値（IRR）を『（世代間）福祉』と定義する。この福祉は，効用に寄与するあらゆる資本（人工資本，人的資本，自然資本等）の関数でもある。したがって，社会にとっての各資本の価値であるシャドー価格[7]さえ正しければ，重みづけした資本を足し合わせることで，福祉を測れる。この資本を足し合わせたものは，『包括的富』，『新国富』などと呼ばれる。この包括的富が減っていないことを持続可能な発展（開発）と定義することができる。従来の富の概念が金銭的な富だとすると，それに加えて，人的資本や自然資本，そして場合によっては社会の中の人間関係，いわゆるソーシャル資本（キャピタル）や制度も含めるべきである。どこまで含めるべきかという判断基準は，人々の良い生活や福祉を生み出す経済活動に必要な資本かどうか，ということである。個別の資本を足し合わせた包括的富は，全体としてのバランスを見るという意味で優れた指標であると考えるが，裏を返せば個別の資本が減少していても見逃される危険があるということでもある。この点は，表3-3の右側に示すように資本間の代替可能性を認める「弱い持続可能性」の指標に過ぎないとして批判されることが多い。例えば，東日本大震災では多くの尊い命が犠牲になっており，津波による被害が大きかったために行方不明者も多い。こうした人命の喪失のみならず，容易に「代替」できるものではない。したがって包括的富の増分がこの損失を上回ることは，被災地の

---

(7) ある資本資産のシャドー価格とは，それが一単位増えた時に，人間の福祉に貢献すると思われる部分である。例えば，河川流域は，人の健康に対して，水を浄化する生態系サービスをもたらしてくれることで知られている。こうした河川流域のシャドー価格は，保全される流域面積が追加的に増えた分が，福祉に，ここでは健康を構成する要素にもたらす純便益（便益からプロジェクトにかかる費用を差し引いたもの）である。

第Ⅰ部　AIの企業での活用とその課題

社会経済が持続可能であるためのあくまでも最低限の必要条件として考える」。

　以上で説明した経済学の理論的枠組に基づいて，本章本節では新国富指標＝包括的富指標（IWI）の導入を以下検討する。このため，表3-3に，経済の持続可能性に関する2つの資本アプローチと新たなIT（人工知能および人工生命等）を利活用したスマートシティ実装方法（経営学・工学的アプローチ）との関係を整理した。一方で，国連の「持続可能な開発のための2030アジェンダ（SDGs）」（UN A/70/L.1, 2015, pp. 27-28 "Goal 17: Technologies, Data, monitoring and accoutability"）には，

　目標⑰　実装方法（Method Of Implementation: MOI），グローバルパートナー
　　　　　シップ

- 2017年までに，情報通信技術等の実現技術の利用を強化
- 2020年までに，非集計型データの入手可能性を向上
- 2030年までに，持続可能な開発の進捗状況を測るGDP以外の尺度を開発・展開

という記述があるので，「2016年から2030年までの持続可能なスマートシティ実装評価方法」を検討するという本章の目的から，以下表3-3（右側）に示す「弱い持続可能性」アプローチの「包括的富指標（IWI）」について検討する。

　"持続可能性指標（Sustainable Index）"としての新国富指標（Inclusive Wealth Index: IWI（包括的富指標））は，経済の持続可能性を測る指標＝経済が持続可能な発展の経路上にあるか否かを知るための指標であり，「人工資本」のみならず，「自然資本」や「人的資本」を含む国レベルまたは都市レベルの「資本資産ストックの価値」の会計を行うことができる。包括的富指標（IWI）は，資本アプローチに基づいており，すべての資本の間に完全な代替性を仮定（弱い持続可能性アプローチ）して金銭単位で表現される。スマートシティ実現のためには，人とITと企業との共有価値の創造（CSV）が必要である。都市の公会計上の投資効果ROI（ROE: Return On Equity + ESG: Environment, Social, Governance）と各企業会計上のROI（ROE+ESG）とのマッチングを図るための効果的，効率

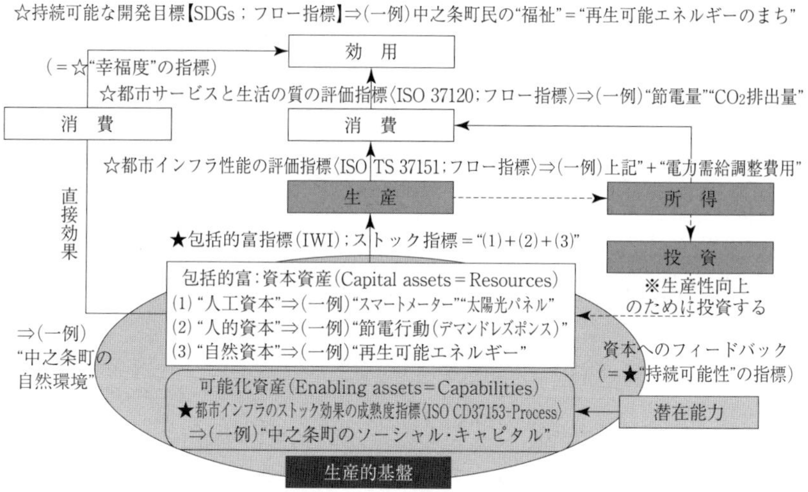

☆持続可能な開発目標【SDGs；フロー指標】⇒(一例)中之条町民の"福祉"="再生可能エネルギーのまち"

効用

(=☆"幸福度"の指標)

☆都市サービスと生活の質の評価指標〈ISO 37120；フロー指標〉⇒(一例)"節電量""CO_2排出量"

消費　消費

☆都市インフラ性能の評価指標〈ISO TS 37151；フロー指標〉⇒(一例)上記"+"電力需給調整費用"

直接効果

生産　所得

投資

※生産性向上
のためには投資する

★包括的富指標(IWI)；ストック指標="(1)+(2)+(3)"

包括的富：資本資産(Capital assets＝Resources)
(1)"人工資本"⇒(一例)"スマートメーター""太陽光パネル"
(2)"人的資本"⇒(一例)"節電行動(デマンドレスポンス)"
(3)"自然資本"⇒(一例)"再生可能エネルギー"

⇒(一例)
"中之条町の
自然環境"

資本へのフィードバック
(=★"持続可能性"の指標)

可能化資産(Enabling assets＝Capabilities)
★都市インフラのストック効果の成熟度指標(ISO CD37153-Process)
⇒(一例)"中之条町のソーシャル・キャピタル"

潜在能力

生産的基盤

図3-8　スマートシティの経済学モデル（包括的富＝新国富論の想定する資本フローと資本ストック）〈富生成の三資産モデル：A three-capital model of wealth creation）」
出所：小倉・馬奈木・石野（2017），UNU-IHDP and UNEP（2014）をもとに筆者作成。

的かつ受容可能な政策の評価方法が求められる。包括的富指標（IWI）は，理論的正当性，実践的一貫性，会計的透明性を備えた都市政策の評価指標である。

すなわち**図3-8**に示すように，包括的富指標（IWI）は，経済学者による持続可能な開発の解釈であり，世代を通じて福祉（効用）が減少しないようにする。この目標を達成するために，福祉（効用）は主に消費から発生するので，世代を通じて消費の可能性を減少させないようにして，前の世代から受け継いだ生産的基盤を損なわずに次の世代に引き渡すようにする。

ここでいう生産的基盤（Productive base）は，①資本資産（Capital assets）と②可能化資産（Enabling assets）から構成される。①資本資産の資本概念は従来よりも拡張され，効用の発生に関連する全ての資本を含んでおり，人工資本（人工知能など IT も含む）のみならず，自然資本や人的資本も考慮する。さらに，資本概念の拡張にあわせて，投資概念も拡張される。投資には，資本蓄積につながる全ての活動を含む。一方で②可能化資産は，資本の利用の仕方を決める「社会―環境のプロセス」であり，知識，制度および社会関係資本（ソーシャル

キャピタル）などの潜在能力である。ただし，実証的推計においては，これらの
②可能化資産の価値は（①資本資産の価値に含まれているので）独立に計算しない。

つまり，都市の生産的基盤は，スマートシティの実現手段（Enablers）であ
り，都市の構造的，文化的，技術的，人的な資源である経営資源（Resources），
およびソーシャルキャピタルなどの潜在能力（Capabilities）から構成される。

（2）福祉の構成要素（人々の幸福度）と決定要因（都市の持続可能性）

サステイナビリティの経済学を追求してきた Dasgupta（2004, 2007）は，福
祉を構成要素と決定要因とに分類して考える。福祉の構成要素とは，経済発展
の結果として得られた生活の質そのものを指し，幸福，自由あるいは健康と
いった内容をもつものである。これに対して福祉の決定要因とは，生活の質を
決める財・サービスをつくり出す生産的基盤のことである。つまり，人間の生
活の質（福祉）を計測する指標は，経済フロー（「幸福度」の指標）と経済ストッ
ク（「持続可能性」の指標）の両面を考える必要がある。ここで，経済フロー
（「幸福度」）の指標が，持続可能な開発目標（SDGs），都市サービスと生活の質
の評価指標（ISO 37120）および都市インフラ性能の評価指標（ISO TS 37151）で
あり，経済ストック（「持続可能性」）の指標が，包括的富指標（IWI）である。

国連の「持続可能な開発のための 2030 アジェンダ（SDGs）」である都市の
社会問題を解決するため，国際標準化機構（ISO）では，ISO "経済・社会・環
境の持続可能性"規格開発の指針（ISO Guide 82, 2014）を策定して，都市サー
ビスと生活の質の評価指標（ISO 37120, 2014）や都市インフラ性能の評価指標
（ISO TS 37151, 2015）などの個別指標（国際標準）を提供している。

表3−4に示すように，都市サービスと生活の質の評価指標（ISO 37120,
2014）は，交通，都市計画，上水道，下水道と公衆衛生，廃棄物，エネルギー
と電気（節電等），通信と WiFi，経済，ファイナンス，教育，健康，レクリ
エーション，ガバナンス，火事と緊急事態への対応，安全，避難所，環境：一
人あたりの温室効果ガス（CO_2 排出）等という 17 のテーマについて，計100種
類の指標を提供している。都市の指標化を推進している World Council on

第**3**章 持続可能なスマートシティ実装

表 3-4 都市資本のフロー個別指標とストック統合指標との関係整理
（下線は中之条町実証実験の事例）

スマートシティの評価指標	資本フロー個別指標（幸福度指標）			資本ストック統合指標（持続可能性指標）
	都市全体の評価指標		都市インフラ性能の評価指標	都市全体の評価指標
経済・社会・環境の持続可能な開発の評価指標	持続可能な開発目標（SDGs） ※国連の2016年から2030年までの国際目標として定められた17の個別指標（目標）	都市サービスと生活の質の評価指標（ISO 37120） ※都市を統一された指標で比較するために定められた17の個別指標	スマートな都市インフラ評価指標（ISO TS 37151） ※持続可能な都市インフラ性能を評価する14の個別指標（ニーズ）	包括的な富指標（IWI） ※国や都市の持続可能性を測る統合指標 （経済が保有する資本資産に関する投資政策のための指標）
対象とする都市のマネジメント領域	国や都市経営者視点でのポートフォリオマネジメント ⇒投資の最適化 （ROE+ESG）	都市経営者（首長）視点でのポートフォリオ，マネジメント ⇒投資の最適化 （ROE+ESG）	各都市インフラ運営者（道路局長，上下水局長など）視点でのプログラム，マネジメント ⇒戦略目標とベネフィットの達成	国や都市経営者視点でのポートフォリオ，マネジメント ⇒投資政策（資本蓄積政策）の最適化 （ROE+ESG）
経済持続可能性（Economic sustainability）	都市経営者の視点 ⑥水・衛生：水と衛生の利用可能性と持続可能な管理 ⑦エネルギー：現代的エネルギーの利用と持続可能な管理 ⑧経済成長と雇用：持続可能かつ包括的経済成長，適切な雇用 <u>⑨インフラ，産業化，イノベーション：回復力のあるインフラ，持続可能な産業化，イノベーションの推進</u> ⑪都市：持続可能な都市・住居 ⑫生産・消費：持続可能な消費と生産	都市経営者の視点 ・交通，都市計画，上水道，下水道と公衆衛生，廃棄物，エネルギーと電気（節電等），通信とWiFi，経済，ファイナンス	都市インフラ経営者/事業者の視点 ・経営効率，経済性（節電等），性能情報可用性，保守性，回復力	人類がつくり出した人工資本 ・住宅ストック ・工場，機械等 <u>・公共資本</u>
社会持続可能性（Social sustainability）	生活者の視点 ①貧困：あらゆる場所のあらゆる形態の貧困を終わらせる ②飢餓：飢餓の撲滅，食糧安全保障，栄養摂取，持続可能な農業 ③保健：健康的な生活と福祉 ④教育：包括的・公平・高質な教育，生涯学習の機会 ⑤ジェンダー：ジェンダー平	生活者の視点 ・教育，健康，レクリエーション，ガバナンス，火事と緊急事態への対応，安全，避難所	生活者の視点 ・可用性，利用可能性，値ごろ感，安全性とセキュリティ，サービス品質	労働や知力を表す人的資本 ・教育 ・健康

第Ⅰ部　AIの企業での活用とその課題

	等，女性・女子エンパワーメント ⑩不平等：国内，各国間の不公平の是正 ⑯平和：平和的包括的な社会 法の支配，有効かつ有用な制度			
環境持続可能性 (Environmental sustainability)	環境視点 ⑬気候変動：気候変動への対応 ⑭海洋資源：海洋・海洋資源の保全と持続可能な利用 ⑮陸上資源：陸域生態系の保護・回復，持続可能な森林管理，砂漠化阻止，生物多様性の損失の阻止	環境の視点 •微粒子＆微粒子物質濃度，一人当たりの温室効果ガス排出：CO_2，窒素＆二酸化硫黄等	環境の視点 •資源の有効利用，気候変動の緩和（CO_2等），汚染防止，生態系の保全	未来にわたり価値のある商品やサービスのフローの基になる自然資本 •石油，ガス，鉱物資源 •漁業・森林資源 •生態系サービス
その他	⑰実施手段：実装方法（MOI）の強化，グローバルパートナーシップ	—	—	調整項目 •原油価格の上昇 •CO_2排出 •資源貿易 •人口変化

出所：小倉・馬奈木・石野（2017），馬奈木ら（2015），馬奈木ら（2016），ISO 37120（2014），ISO TS 37151（2015），UN A/70/L.1（2015）をもとに筆者作成。

City Data（WCCD）は世界の各都市から ISO 37120 の基づくデータを収集し，国際標準指標で都市比較ができるオープンデータポータルとして公開している，また ISO 37120 は，インドにおけるスマートシティ推進のスマートシティ成熟度モデルの評価指標としても使われている。[8]

　同様に表3-4に示すように，日本が幹事国として主導する都市インフラ性能の評価指標（ISO TS 37151, 2015）は，経営効率，経済性（節電等），性能情報可用性，保守性，回復力，可用性，利用可能性，値ごろ感，安全性とセキュリティ，サービス品質，資源の有効利用，気候変動の緩和（CO_2排出），汚染防止，生態系の保全という14の都市インフラ・ニーズを規定する国際規格であ

---

(8) Shaping New Age Urban Systems Energy, Connectivity & Climate Resilience Evaluating Urban Resilience efficacy in emerging concepts Applying the SCMM to the new ISO Sustainable Cities Standard and the Union Government's Smart City Concept Note Benchmarks, http://sblf.sustainabilityoutlook.in/file_space/SBLF%20 Summit%20Presentations%202014/FINAL%20Smart%20Cities%20MI%20Template. pdf

る。ISO 37153「都市インフラ成熟度モデル（Community Infrastructure Maturity Model: CIMM」（ISO 37153, 2018）は，ISO TS 37151 を活用して将来世代のニーズを満たすために行う都市インフラの継続的改善活動の成熟度（段階的発展レベル）を評価する規格である。

上記の ISO 国際標準ならびに第2節で述べた政府機関や産業界が検討している評価指標は，いづれも都市に暮らす人々の豊かさや幸せ＝人々の福祉（人間の生活の質）の測定尺度（metrics）として，都市サービスの「効用（Utility）」，「所得（Income）」，「潜在能力（Capabilities)」を計測することを提案している。しかし，これらの評価指標は日常の都市活動からのフロー（＝資本ストックの変化）のみを考慮したものであり，都市の経済ストック（資本ストック）の蓄積を理解するために重要である経済理論を考慮していない。

経済や社会の発展度合いを測る尺度としての国内総生産（Gross Domestic Product: GDP）の限界や豊かさに対する意識の変化などを背景に，GDP を補完する指標の必要性が国際的に議論されている。特に最近では，表3-2に示す通り，「幸福度」や「持続可能性」などの広範な観点から，経済協力開発機構（Organization for Economic Cooperation and Development: OECD）のより良い暮らし指標（Better Life Index: BLI），国連環境計画（United Nations Environment Programme: UNEP）のグリーン経済指標，世界銀行のジェニュイン・セービング（Genuine Savings: GS）および本節（1）で導入した包括的富指標（IWI）など，国際機関が主体となった実践的なより構造化された指標を志向する取り組みが増えている。また，こうした取り組みの前提として，自然資本や資源生産性などの指標上の取り扱いについても蓄積がなされているほか，国連においても，環境・経済統合勘定（System of Environmental-Economic Accounting: SEEA）の中核枠組みが国際基準として合意された。さらに，2015年9月に開催された国連総会において，国連の2016年から2030年までの持続可能な開発目標（SDGs）（UN A/70/L. 1 2015）が採択されている（馬奈木ら，2015）。

本節では，都市の「持続可能性」を評価するために，上記で述べた経済理論に基づいた長期にわたる都市レベルの包括的資本ストックの評価指標を導入す

る。すなわち，本節（1）で導入した新国富指標＝包括的富指標（IWI）を，国レベルの資本ストックの分析に加えて，包括的な都市レベルの資本ストックの分析（実証的推計）に用いて，IWI を都市の将来計画策定に利用する。都市や地域の包括的富指標（IWI）に焦点をあてた資本ストックの分析研究としては，世界の都市交通分野の計測研究（Tamaki et al., 2016），日本の都市における防災分野の計測研究（Tanikawa et al., 2014），宮城県における包括的富の計測研究（山口・佐藤・植田，2016），および米国の州レベルにおける自然資本・人的資本・生産資本の計測研究（UNU-IHDP and UNEP, 2012）などがある。

また Fujii and Managi（2016）は，包絡分析法（data envelopment analysis: DEA）によって，IWI を用いた日本の 20 政令指定都市の包括的な都市の資本ストックの分析研究を行っている。Fujii and Managi（2016）が提供する DEA モデルを用いることにより，資本ストック蓄積の面での対象都市の相対的な優位性，効率性，優先度および規模の変化を評価することが可能となり，資本フローの変動を決定する要因を特定することができる。都市計画者は，これらの結果を組み合わせ，資本ストックの効率的な利用をしている基準都市との相対比較によって，対象都市の資本投資の意思決定を行うことができる。

さらに，九州大学都市研究センター（馬奈木，2015）では，都道府県レベルや市区町村レベルでの包括的富指標（IWI）の計測研究を行っている（例えば，東京都の自然の価値と CO_2 損失の推移，東京都下の市区町村の CO_2 ストックなど）。

（3）都市の幸福度（資本フロー個別）指標と持続可能性（資本ストック統合）指標との両立

本節では，本節（1）と本節（2）の（環境経済学者の）議論を踏まえ，国連や国際標準が提供する，人々の幸福度を測る資本フロー個別指標（SDGs, ISO 37120, ISO TS 37151）と都市の持続可能性を測る包括的資本ストック統合指標（IWI）との相互補間関係を整理する。そして，これらの都市資本のストック統合指標とフロー個別指標とを両立させる都市インフラ会計（複式簿記）による評価方法を検討する。都市の社会インフラ整備の効果は，消費の連鎖効果を創出する

第3章 持続可能なスマートシティ実装

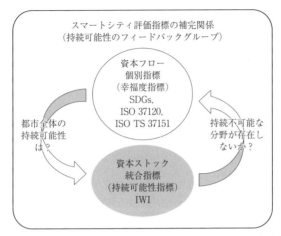

図3-9 都市資本のフロー個別指標（幸福度指標）のストック統合指標
（持続可能性指標）とが両立する評価方法
出所：小倉・馬奈木・石野（2017），馬奈木ら（2015）をもとに筆者作成。

フロー効果と資産価値を創出するストック効果に分けられる（内閣府，2012）。

表3-4に示すように，国連が提供する都市の「持続可能性指標」である，包括的富指標（IWI）と持続可能な開発目標（SDGs）は，ともに持続可能な開発の経済・社会・環境の三側面を基軸としているが，ストック指標かフロー指標かの違いがある。また，国際標準である都市サービスと生活の質の評価指標（ISO 37120）と都市インフラ性能評価指標（ISO TS 37151）も，ともに持続可能な開発の三側面を基軸とする個別指標（フロー指標）であるが，対象とする都市のマネジメント領域が異なる。SDGs，ISO 37120，ISO TS 37151 などのダッシュボード型の指標は，フロー指標中心の個別指標＝プロセス指標（Key Performance Indicators: KPIs）である。一方で，包括的富指標（IWI）などの資本アプローチによる富や持続可能性に関する統合指標（ストック指標）＝成果指標（Key Goal Index: KGI）の整備が国際的アジェンダになっている。

以上で述べた都市資本のフロー個別指標とストック統合指標とを両立させる相互補完関係を図3-9に示す。

表3-5に示す個別指標と統合指標の課題・限界を踏まえて，持続可能な発

第Ⅰ部　AIの企業での活用とその課題

表3-5　都市資本のフロー個別指標とストック統合指標の特徴

スマートシティの 評価指標の特徴	資本フロー 個別指標 （幸福度指標） SDGs, ISO 37120, ISO TS 37151	資本ストック 統合指標 （持続可能性指標） IWI
情 報 量	多 い	単 一
訴求力・メッセージ性	低 い	高 い
結果に基づく評価の実施 （対象全体）	困 難	容 易
結果に基づく評価の実施 （個別分野）	容 易	困 難
都市間の相対的比較	困 難	容 易
持続可能性の多面性・複 雑性の反映（評価項目の 必要十分性）	可 能	発展途上
世代内衡平性や世代間衡 平性の反映	限界あり	考 慮
特定の（自然）資本の不 可逆性の反映	可 能	限界あり

出所：小倉・馬奈木・石野（2017），馬奈木ら（2015）をもとに筆者作成。

展にむけ指標を有効に活用するためには，個別指標（分野別の状況把握に優れるが，総体としての評価が難しい）と統合指標（評価資本項目の不足や，個別分野が非持続可能になる可能性）においてフィードバックループをつくり，それぞれを補完する関係を有機的に作り出すことが望ましい。図3-9に示すような個別指標と統合指標の間の有機的関係を構築するためには，データ・変数の共通性や利用可能性に関する検討を深める必要がある。持続可能なスマートシティ開発プロジェクトにおける評価指標の役割は迅速かつ適切な意思決定（自治体や企業の経営判断）を助けることにある。さらに，SDGs, ISO 37120, ISO TS 37151，IWIなど世界的な持続可能性指標に関する議論をリードするこれらの指標の間で，このような補完的な関係が構築されるならば，今後の国際的な議論がより円滑に進むことが期待される。

　本節では，これらの評価指標を両立させることを可能とし，かつ持続可能な

スマートシティを計画，構築，運用および利用するための評価方法の検討を行う。わが国では複式簿記・発生主義による新公会計制度が導入され，国や地方公共団体の財務諸表の作成が進められており，貸借対照表の項目として都市インフラ資産の価値評価が必要となってきている（小松，2014）。そこで，社会資本（①人工資本，②人的資本，③自然資本）の効率的な管理への活用を行う「都市インフラ会計」，つまり公会計のサブシステムとして，都市インフラ整備に関するストック統合指標（IWI）とフロー個別指標（SDOs, ISO 37120, ISO TS 37151）とを両立させ一体的に管理するのが都市インフラ会計（複式簿記）である。都市インフラ会計（複式簿記）を採用することによって，フロー効果（需要創出効果による都市インフラ分野横断の価値連鎖）とストック効果（整備効果による経済・社会・環境のシステム階層全体の持続可能性「エコシステム」）に対するアカウンタビリティ向上（ストックの状況，税金の有効活用）及び戦略的都市インフラ管理（効果的な投資計画，リスク管理）を評価することができる（溝口・荒井，2004）。

（4）都市 OS・IoT プラットフォーム

筆者が参画した国際電気標準会議（International Electrotechnical Commission: IEC）のスマートシティ白書（IEC White Paper, 2014）作成プロジェクトでは，都市を，社会インフラの稼動運用を行うシステムの集合体（Operating Systems: OS）と捉え，社会インフラの稼動運用データをビッグ＆オープンデータ的に処理して，稼動運用効率の改善や社会全体のエネルギー効率の改善などを実施することにより，社会インフラがスマート化するものとして提言した（図3-10 参照）。さらに IEC スマートシティ白書では，都市ニーズは多様であるが，「都市開発における主要な経済，社会及び環境の 3 つの持続可能性の柱は同じ」であると提言した。

都市 OS（都市インフラの Operating System）については，スペイン・バルセロナ市や九州大学 COI が提案している。

バルセロナ市は，EU により Capital of Innovation（イノベーション都市）に選定され，スマートシティエキスポ世界会議を毎年開催するなど，先進的な都市

第Ⅰ部　AIの企業での活用とその課題

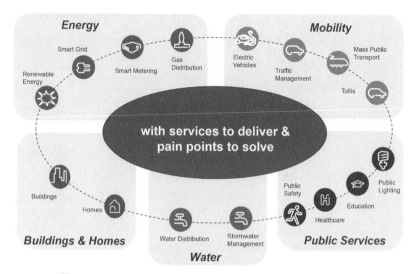

図 3-10　The Operating Systems making a city's infurasturauctere
注：IEC スマートシティ白書（2014年11月発行）
出所：IEC White Paper (2014).

として評価がなされている。現在，バルセロナ市では，スマート交通信号や遠隔介護サービス，電気自動車に関するプロジェクトからユビキタス公共 Wi-Fi まで100以上のスマートシティ関連プロジェクトが進められている。スマートシティを支える情報基盤として構築された City OS（都市 OS）は，オープンソースのセンサプラットフォーム「Sentilo」や他の都市関連の情報システム，ソーシャルネットワーク等から都市に関わる多様なビッグデータを収集し，サイロ化された都市課題の解決に寄与することを目的としている（図 3-11 参照）。

　九州大学共進化社会システム創成拠点（九大 COI）が提案する都市 OS は，自治体単位で導入されることが想定されており，自治体間九大 COI が都市 OS ネットワークで結ばれることにより，都市間でのデータ共有・サービス共有が可能となる。小規模な自治体については，近隣の大都市からサービスの提供を受けることで，行政負担を削減したり，サービスの格差を解消したりすることができる。また，災害時には，都市 OS ネットワークを利用することで，他自治体のサービスによる代替なども可能となる（図 3-12 参照）。

第3章 持続可能なスマートシティ実装

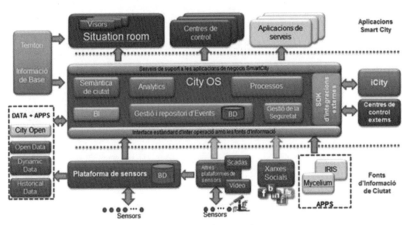

図3-11 バルセロナ市（スペイン）の City OS
出所：バルセロナ市ホームページ。

図3-12 九大 COI が構築する都市 OS のコンセプト
出所：松尾・安浦（2016）。

（5）人とITと企業との共創による持続可能なスマートシティ実装評価モデルの検討

本節（4）で述べた「都市OS・IoTプラットフォーム」を含む，人とITと企業との共創による持続可能なスマートシティを社会実装するためには，都市の生活者，政策立案者，事業主体，構築者および運営者などの各ステークホルダーが，都市の全体像を俯瞰して理解して迅速な意思決定ができるわかり易い標準的な「実装モデル」や「評価指標」の整備が必要である。特に都市開発事業（プロジェクト）の当事者である自治体や企業は，このような「スマートシティ実装評価モデル」を参照して，都市の全体像の中での当該プロジェクトの位置づけを確認し，適切な評価指標を用いて迅速な経営判断を行うことが可能となる。

上記の利用目的に合致する「スマートシティ実装評価モデル」の標準化は，全体アーキテクチャを構築し構成部分が連携するように標準化を進める「システムズアプローチ（System of systems）」（de Weck et al., 2011; INCOSE, 2015）が効果的である。現在各標準化機関が，スマート化技術の相互運用性確保やスマートシティの構築・評価に使われるシステム標準を目指して開発を始めている。システムズアプローチは，システムの全体設計を行うにあたり，システムの発注者（ユーザー）が，どのような機能・用途を求めているか，その考え方を整理するためのアプローチ手法の一つであり，手持ちのシーズで何ができるかといった，ボトムアップの従来のアプローチとは異なる。そして，このシステムズアプローチの手段として，ユーザーや各ステークホルダーのニーズを整理する際に作成するものがユースケース（具体的な実施例）等になる。最近の欧米の企業では，システムズアプローチを用いてさまざまなビジネス展開が図られている。

つまりシステムズアプローチは，スマートシティのユースケース（具体的な実施例）を分析・評価して標準化への要求事項をアーキテクチャモデルにマッピングして不足する標準を明らかにし，標準全体を整備していく手法である（中根・上野・小倉・山本，2015）。特に，CEN-CENELEC-ETSI（2014）が提供す

第3章　持続可能なスマートシティ実装

る電力分野向けに「システムズアプローチ」を適用した3次元のスマートグリッド標準アーキテクチャモデル（Smart Grid Architecture Model: SGAM）が参考になる。スマートシティの標準的な実装方法（Reference Architecture）のモデルとしては，ドイツ提案（DIN-DKE, 2014-2015）の SCIAM（Smart City Infrastructure Architecture Model）がある。これは SGAM を参考にして作成した3次元モデルである。SCIAM は SGAM と比較すると，相互運用性の階層（Interoperability Layers, 意味軸）とシステム階層（Zones, 空間軸）はほぼ同じであるが，社会インフラ分野（Domains, 時間軸）を社会インフラ産業全体に拡張したモデルとなっている。ここで，日本提案の JEITA "The Capital I-model"「社会インフラ分野の新情報利活用モデル」（図3-3）は，EA（Enterprise

---

(9) IEC（国際電気標準会議）が推進するシステム規格の標準的な実装モデル（Reference Architecture Model）は，Domains, Layers（設備機器，通信，情報，機能，事業），Zones/Enablers の三次元モデル（時間軸，意味軸，空間軸）であり，SGAM（電力 TC8, 57, SyC Smart Energy），RAMI 4.0（産業オートメーション TC65, SyC Smart Mamufacturing），AALAM（積極生活支援 SyC AAL: Active Assisted Living），SCIAM（スマートシティ SyC Smart Cities），低圧直流給電システム SyC LVDC が検討されている。（SyC: System Committee）これまで IEC（Systems Resource Group; SRG）では SyC Smart Energy ベースでシステムズアプローチ（Systems Approach）を検討してきたが，SyC AAL や SyC Smart Cities 等他の SyC にも適用できるかどうかの検証を行う段階に入ってきている。

(10) JEITA では社会インフラを表すため大文字の "I" を使って，5階層からなる "I-model"（キャピタルアイモデル）を提唱。国土強靱化，環境問題，過密都市問題への対応など，課題先進国の我が国における社会インフラへの IT 利活用による課題解決策を検討している。
【2011年度】社会インフラ系4階層 IT モデル I-model を提案
【2012年度】I-データバンク層を加えた5階層モデルとして I-model 2.0 を提案
【2013年度】I-（ビジネス）プロセスモデルを加え，I-model 3.0 を提案
【2014年度】I-（ビジネス）プロセスモデルを具体化し，I-model 3.1 を提案
一方で情報技術（IT）の国際標準化を担う ISO/IEC JTC 1（合同専門委員会1）もスマートシティの専門組織を設置して検討を進めており，スマートシティ研究グループ報告書（ISO/IEC JTC 1/SG 1, 2014）において，スマートシティの複数のアーキテクチャモデルが列挙され，ドイツ提案：スマートシティ・インフラのアーキテクチャモデル〈SCIAM〉と合わせて，日本提案の「社会インフラ分野の新情報利活用モデル」JEITA "I-model" が，英語版では "The Capital I-model" として敢えて "The Capital" が付加されて Annex に記載された。ここで，I-model ↗

103

第Ⅰ部　AIの企業での活用とその課題

Architecture）層（Zachman, 1987）（府省 EA, 2006）（自治体 EA, 2007）に「I‐ハードウェア（Infrastructure‐Hardware）」層を「社会インフラ分野（Domains）」軸として追加した詳細化2次元モデルとして整理されている（ISO/IEC JTC 1/SG 1, 2014）。SCIAM は、スマートシティを構成する「I‐ハードウェア」要素をコンポーネント層にプロットし、「I‐ソフトウェア（Infrastructure‐Software）」層、つまり各「I‐ソフトウェア（ビジネス、ファンクション、インフォメーション、コミュニケーション）」層のコンセプトに応じた各要素のつなが

　＼の「I‐」の "Capital" は「社会インフラ "資本"」も意味するものとして強調されて説明されているので、上記では敢えてスマートシティ研究グループ報告書（ISO/IEC JTC 1/SG 1, 2014）に掲載された英語版 "The Capital I‐model" を掲載した。
　なお、オリジナルの日本語版 "I‐model" については JEITA ソフトウェア事業戦略専門委員会（前川隆昭委員長）「JEITA I‐model 2.0（キャピタルアイモデル）の公開について」、2013年。http://home.jeita.or.jp/cgi-bin/page/detail.cgi?n=581&ca=1 を参照されたい。

[11]　EA（Enterprise Architecture）は、IT システムの標準的な実装方法（Reference Architecture）である。ISO/IEC/IEEE 42010:2011（Systems and software engineering — Architecture description）によると、"アーキテクチャとは、コンポーネント（構成要素）、コンポーネント間および「環境」との「関係」、またその設計と進化の指針となる原理に体現された「システム」の基本「構造」であると定義されている。
　EA は、わが国の政府情報システムに係る相互運用性フレームワーク、技術参照アーキテクチャモデルとなっているものである。
　EA は、組織全体の業務とシステムをモデル化したアーキテクチャ（参照アーキテクチャモデル）だけでなく、アーキテクチャを管理するための仕組み、業務とシステムの現状から "あるべき姿" への移行計画、組織のビジネス戦略と個々のシステムの目的を一致させる、いわゆるITガバナンスの仕組みなどを意味する。
　中央省庁、地方自治体及び企業等の経営組織（Enterprise）が取り組んでいる業務・システム最適化計画（EA）の参照アーキテクチャ・モデルは、ビジネス・アーキテクチャ（BA：政策・業務体系）、アプリケーション・アーキテクチャ（AA：適用処理体系）、データ・アーキテクチャ（DA：データ体系）、そしてテクノロジ・アーキテクチャ（TA：技術体系）の4つに大別できる（AA, DA, TA の3つをまとめて「ITアーキテクチャ」と総称する）。
　政府情報システムの調達を進める際に、予算化する段階で「構成図」を描き、計画段階でこの「構成図」を参考に全体の整合を確保する「全体アーキテクチャ」を定め、このアーキテクチャに基づいて要件定義することを EA フレームワークでは推奨する。

第3章 持続可能なスマートシティ実装

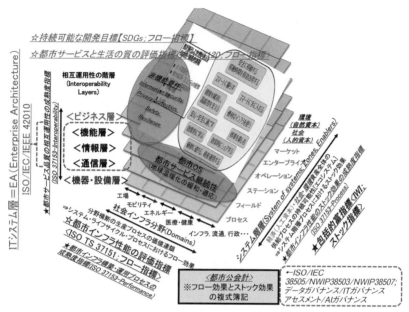

図 3-13 持続可能なスマートシティ実装評価モデル（SCSDAM）〈3次元モデル〉：
A Smart City System of systems model / Smart Grid inspired 3D model
出所：経済産業省産業構造審議会（2016），CEN-CENELEC-ETSI（2014），DIN-DKE（2014-2015）などをもとに筆者作成。

り（標準）を明確にする手法である。

本節では，上記 SCIAM のシステム階層（Zones, Enablers）＝経済（プロセス，フィールド，ステーション，オペレーション，エンタープライズ，マーケット：人工資本）に，「社会（人的資本）」と「環境（自然資本）」のシステム階層を追加した「持続可能なスマートシティ実装評価モデル（Smart Cities Sustainable Development Architecture Model: SCSDAM）」を検討する。SCSDAM は，以上述べてきた各評価指標（SDGs, ISO37120, ISO TS37151, IWI）および都市公会計を用いて，経済・社会・環境の三側面の資本ストックを統合的に評価できるスマートシティの実装評価モデルである。**図 3-13** に持続可能なスマートシティ実装評価モデル（SCSDAM）を示す。

図 3-13 に示す SCSDAM は SCIAM のシステム階層〈空間軸〉の「経済

第Ⅰ部　AIの企業での活用とその課題

（人工資本）」に，「社会（人的資本）」と「環境（自然資本）」を追加した都市環境
システム空間全体を俯瞰する持続可能なスマートシティ実装評価のための3次
元モデルである。

　表3-4に示すように，図3-13で追加した労働や知力を表す「人的資本
（Human Capital）」は，教育，健康，人口，技能などの「社会の持続可能性を評
価する資本ストック統合指標」〈持続可能性指標：新国富指標（IWI）〉を計
測・評価する。同時に，都市に暮らす生活者の幸福度は，可用性，利用可能性，
値ごろ感，安全性とセキュリティ，サービス品質といった「持続可能な都市イ
ンフラを評価する資本フロー個別指標」〈幸福度指標：都市インフラ評価指標
（ISO TS37151）〉，ならびに教育，健康，レクリエーション，ガバナンス，火事
と緊急事態への対応，安全，避難所といった「持続可能な都市サービスを評価
する資本フロー個別指標」〈幸福度指標：都市サービスと生活の質の評価指標
（ISO 37120）〉を計測・評価する。そして，①貧困削減，②飢餓の撲滅，食糧安
全保障，栄養摂取，持続可能な農業，③健康的な生活と福祉，④包括的・公
平・高質な教育，生涯学習の機会，⑤ジェンダー平等，女性・女子エンパワー
メント，⑩国内，各国間の不公平の是正，⑯平和的包括的な社会法の支配，有
効かつ有用な制度，といった「持続可能な都市の福祉を評価する資本フロー個
別指標」【幸福度指標：持続可能な開発目標（SDGs）】を計測・評価する。

　また図3-13において，ISO 37153「都市インフラ成熟度モデル（Commu-
nity Infrastructure Maturity Model: CIMM」（ISO 37153, 2017）は，将来世代
のニーズを満たすために行う都市インフラの継続的改善活動の成熟度（段階的
発展レベル）を評価する規格である。本提案規格に基づいて，対象都市インフ
ラの段階的評価・目標設定・改善を実施する。具体的には，都市インフラ
（Domains）の「効果（Performance）」，複数インフラを相互活用した「相互運用
性（Interoperability）」および経済・社会・環境のシステム階層（Zones,
Enablers）における都市インフラの計画・開発・運用の組織的活動「プロセス
（Process）」の3つの側面の成熟度を評価する。この都市インフラ評価の三側面
のうちの「プロセス（Process）」成熟度評価指標は，都市インフラの計画・開

第**3**章　持続可能なスマートシティ実装

発・運用プロセスに寄与する可能化資産（Enabling assets）＝潜在能力（Capabilities）であり，包括的富（IW）の資本資産の価値に含めて計算する（図3-8：「生産的基盤」参照）。さらに，ISO/IEC 38505：データガバナンス，ISO/IEC NWIP38503：IT ガバナンスアセスメント，ISO/IEC NWIP38507：AI ガバナンス，も現在開発が進められている国際規格である。

　図3-13において，フロー効果は，公共投資により生産，雇用および消費などの経済活動が派生的に創出され，経済全体が拡大する効果のことである。フロー効果，つまり，需要が供給を生む数年単位の短期的効果は，社会インフラ分野（Domains）を横断した生産プロセス（ライフサイクル）の価値連鎖（バリューチェーン）により，経済の規模・範囲が拡大する。このようなフロー効果によって，社会インフラ分野（Domains）横断の生産プロセスの価値連鎖を実現することができる。

　一方，ストック効果は，社会資本が整備され，それらが機能することによって継続的に得られる効果のことであり，経済活動における効率性・生産性の向上が図られたり，市民生活における衛生環境の改善，防災力の向上，快適性やゆとりが創出されたりする効果のことである。ストック効果，つまり，供給が需要を生む数十年単位の長期的効果は，事業者（＝企業）の活動が主体となる経済効果（人工資本）に加えて，生活者（＝人）の活動が主体となる社会効果（人的資本），自然の活動が主体となる環境（自然資本）のシステム階層まで含めた地球資源のサプライチェーン全体のストック効果を持つエコシステムを実現する。このようなストック効果により，経済・社会・環境のシステム階層（System of systems: Zones, Enablers）全体の供給プロセスの持続可能性〈エコシステム〉を実現することができる。

4　エネルギー・環境制約問題への実装評価モデルの適用事例
──中之条電力「一般家庭の節電行動調査（デマンドレスポンス実証実験）」

　本節では，エネルギー・環境制約問題に対する地球温暖化（気候変動）の緩

第 I 部　AI の企業での活用とその課題

和策の事例研究として，地域エネルギーの事業モデル構築に先駆的に取り組んでおられる群馬県中之条電力「一般家庭の節電行動調査（デマンドレスポンス実証実験）」を取り上げ，地域エネルギー事業分野への3節で検討した実装評価モデル（SCSDAM）や各評価指標（SDGs, ISO37120, ISO TS37151, IWI）の適用事例について考察を行う。

　群馬県の北西部に位置する中之条町は，温泉で有名な草津町に隣接し，同町にも四万や沢渡といった古くから知られる温泉がわき出る。森林が町の面積の8割以上を占め，農林業と観光が産業の柱となっている自然資本ストックが豊かな町である。その中之条町は，2013年6月に「再生可能エネルギーのまち中之条」宣言を行い，同年8月に全国初の自治体中心の新電力「一般財団法人中之条電力」を設立して，「地域エネルギー」（地方自治体が主体となって構築する再生可能エネルギー・自立分散型エネルギーシステム）のビジネスモデルの構築に取り組んでいる。

　一方で経済産業省・資源エネルギー庁は2016年9月，「ネガワット取引に関するガイドライン（2015年3月策定）」を改訂した。[12]「ネガワット調整金」の計算方法の例示の他，ベースライン（Base Line: BL）（＝節電要請（デマンドレスポンス，Demand Response: DR）がなかった場合の想定電力消費量）の算定方法を変更[13]

---

[12]　経済産業省では，2017年中に予定されているネガワット取引市場の創設に向けて，「ネガワット取引に関するガイドライン」（2015年3月策定）を改定した。市場創設により，今後，ネガワット取引が活発化していくことが期待される。需要家が節電した電力量（ネガワット）に対し電力会社が対価を支払う「ネガワット取引」に関するガイドラインは，ネガワット取引の普及に向け，ネガワットの量の評価方法など，取引の実務において重要となる事項について指針を示したものになる（出典：http://www.meti.go.jp/press/2016/09/20160901003/20160901003.html）。
　　ネガワット（節電）とは，節電や再生可能エネルギーの自家消費により生じる電力需要の減少分
　　ポジワット（発電）とは，再生可能エネルギーの発電などにより系統へ逆潮流する電力のことである。

[13]　ベースライン（Base Line: BL）の算定方法は，標準BL（High 4 of 5）＝直近5日のうち需要の多い4日の平均（※土曜，日曜，祝日の場合は，直近3日のうちの2日）。
　　（追記）

第3章 持続可能なスマートシティ実装

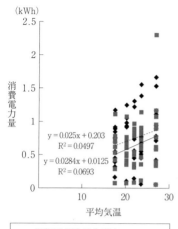

	DR 期間 消費電力量 (kWh)	標準 BL 電力量 (kWh)
平均	0.643	0.757
分散	0.124	0.133
観測数	60	60
ピアソン相関	0.579	
仮説平均との差異	0	
自由度	59	
t	−2.669	
P(T<=t)片側	0.0049	
t 境界値片側	2.391	
P(T<=t)両側	0.0098***	
t 境界値両側	2.662	

t-検定(有意水準 1%)***

図3-14 夏季 DR 実施日における気温と節電行動との関係（2015年8月5日～9月26日）
出所：小倉・馬奈木・石野（2017）。

して，取引の実態に合わせるとともに，一般家庭などの小口需要家のネガワットを集める事業者も参入しやすくした〈一定条件下で，複数の需要家をグループ化して，グループ全体のベースラインを設定することも許容〉。このような「ネガワット取引に関するガイドライン」を含む経済産業省・資源エネルギー庁が進める電力自由化に向けて，中之条電力では，DR の有効性について検証を行うため，町民の一般家庭からモニターを募って，2015年度に9カ月間に渡って以下の「一般家庭の節電行動調査（DR 実証実験）」を実施した。

(1) 夏季 DR 実証結果（**図3-14**参照）

「夏季は，消費電力量と気温との間には正の相関関係がある」にもかかわ

↘ 本章本節におけるベースライン（BL）は，簡易的に，平日直近4日の平均，または休日を除く平日直近3日のうちの需要の多い2日の平均にて算定した。
　標準 BL（High 4 of 5）に基づき正確に計算すると，夏季 DR 削減率＝14.8％（本書本節15.0％），冬季 DR 削減率＝11.6％（本書本節7.4％）となる。

109

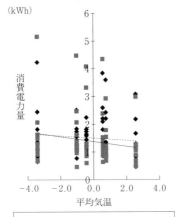

図3-15 冬季DR実施日における気温と節電行動との関係（2016年1月13日〜3月11日）
※1 　y＝−0.0421x＋1.5114　R^2＝0.0113
※2 　y＝−0.0839x＋1.3936　R^2＝0.027
出所：小倉・馬奈木・石野（2017）。

らず，

「DR実施日には一般家庭が15.0％削減の節電効果（利益）およびCO_2削減効果を出している」

夏季DR節電量＝DR期間3時間の平均節電量（kWh）＝0.12kWh＝(0.76−0.64) kWh／世帯（1回のDRあたり）

夏季CO_2削減量＝64g／世帯（1回のDRあたり）

(2) 冬季DR実証結果（**図3-15**参照）

「冬季は，消費電力量と気温との間には負の相関関係がある」にもかかわらず，

「DR実施日には一般家庭が7.4％削減の節電効果（利益）およびCO_2削減効果を出している」

冬季DR節電量＝DR期間3時間の平均消費電力量（kWh）＝0。12kWh＝(1.52−1.40) kWh／世帯（1回のDRあたり）

冬季 CO_2 削減量＝64g／世帯（1回の DR 当たり）

　以上の中之条電力 DR 実証実験の結果，エネルギー地産地消を指向する地域の新電力においては，地域住民が地域の公益性（共有価値創造）のために節電行動を行うという「潜在能力（Capabilities）＝ソーシャル・キャピタル」（丸田ら，2008；櫻橋ら，2014）が高いことを実験データとともに実証することができた。本 DR 実証結果に基づき，中之条電力（山本政雄 代表理事）は，2015年11月に小売電気事業を担当する「株式会社中之条パワー」（山本政雄 代表取締役）を設立され，2016年9月から低圧の一般家庭向け電力供給を開始しており，

---

(14)　群馬県中之条町「一般家庭の節電行動調査」（2015年度）

【概要】地産地消型地域新電力（中之条電力）において，卸市場からの外部調達電源をなるべく使わず，地産地消エネルギーの利用率を高める手段としてデマンドレスポンス（DR）が有効であることを検証。

【成果】地域新電力における低圧需要家向けサービスノウハウの先取り

　低圧需要家（モニター家庭12軒）に対する DR 要請時（夏季5回，冬季6回）の詳細な行動パターンを把握。

　"エネルギー地産地消への貢献という面での参加者の動機づけ"が節電の成果に影響しているのではないかという仮説について，地域の潜在能力（Capabilities）の一つであるソーシャル・キャピタルという観点で以下考察する。

　ソーシャル・キャピタルとは，"人々の協調行動を活発にすることによって社会の効率性を改善できる，信頼，規範，ネットワークといった社会組織の特徴"と定義される。ソーシャル・キャピタルが人々の省エネ行動に及ぼす影響を分析した丸田ら（2008）は，省エネ行動とソーシャル・キャピタルとの間には正の関係があることを実証した。これは市民が省エネ行動を起こす行為は，社会厚生（＝福祉）のためといったソーシャル・キャピタルと関係性が強いことを示している。そして丸田ら（2008）は，"省エネ行動は環境意識から誘発されるが，その環境意識は地域への信頼と正の相関があることが分かった"。としている。これらを今回の中之条町実証実験結果にあてはめると，以下の仮説が立てられる。

　「住民と地域コミュニティーとの結びつきが強い地域においては，エネルギーの地産地消，地域エネルギー事業といった公共利益に対する貢献という観点への関心が強く，節電といった個人の生活を自ら抑制するような行動であっても受け入れられやすい傾向がある。エネルギー地産地消，地域での産業・雇用創出，地域の災害対策などを指向する地域エネルギー事業においては，DR が事業推進上の有効なツールとなりうる可能性が高い」。

　また，櫻橋ら（2014）は，東京都世田谷区二子玉川周辺地区を対象とした，ソーシャル・キャピタルと節電行動の関係を実際の節電履歴データを取得・分析した研究を行っている。

第Ⅰ部　AIの企業での活用とその課題

「住民と共に成長していきたい」と意気込んでおられる。2017年11月現在「株式会社中之条パワー」も３期目に入り，順調に小売電気事業を進めておられる。

　本実証実験の結果に第３節で検討した持続可能なスマートシティ実装評価モデル（SCSDAM，図3-4）を適用すると，中之条町が抱える経済・社会・環境の課題【SDGs；⑦⑨⑪⑫⑬】を同時に解決するための【SDGs；⑰】の生産的基盤（図3-8）を用いて，CO_2削減の社会価値と節電＝ネガワット発電の経済価値を同時に実現していることが分かる。また，個別指標と統合指標との両立（スマートシティ評価指標の補完関係／持続可能性のフィードバックループ，図3-9）については，まず「持続不可能な分野が存在しないか？」は，資本フロー個別指標（幸福度指標）：【SDGs；⑦⑨⑪⑫⑬】，〈ISO37120：エネルギーと電気（節電等），一人あたりの温室効果ガス排出：CO_2〉，〈ISO37151：経済性（節電等），気候変動の緩和（CO_2等）〉を用いて都市事業（地域エネルギー事業）の計画を行う。次に「都市全体の持続可能性は？」は，資本ストック統合指標（持続可能性指標）〈IWI；公共資本（スマートメーター，デマンドレスポンス），CO_2削減〉を用いて，複式簿記（都市インフラ会計）による都市開発事業（地域エネルギー事業プロジェクト）の計画・運用を行う。

　本実証実験の結果，エネルギー地産地消を指向する地域の新電力においては，地域住民が地域の公益性（共有価値創造）のために節電行動を行うという中之条町民の潜在能力（Capabilities）であるソーシャル・キャピタル＝可能化資産（Enabling assets），すなわち中之条町が保有する資本ストックである人的資本＝資本資産（Capital assets）（図3-8参照）を，新たなITである人工資本＝公共資本（スマートメーター，デマンドレスポンス）を用いて効率的に利用することにより，「夏季15.0％」「冬季7.4％」の「節電」および「CO_2削減」のフロー効果があることを定量的に実証することができた。

5　経済・社会・環境が持続可能なスマートシティの実装評価モデル

　本章では，スマートシティの評価指標や実装モデルに関する国内外の開発動

112

第3章 持続可能なスマートシティ実装

向の広範囲かつ包括的なレビューを踏まえて、経済・社会・環境の課題を同時に解決する生産的基盤（図3-8）を用いた、スマートシティの幸福度指標；資本フロー個別指標（SDGs, ISO 37120, ISO TS 37151）と持続可能性指標；包括的資本ストック統合指標（IWI）とが両立する評価方法を検討した（図3-9）。さらに、人とITと企業との共有価値の創造（CSV, 図3-6）による持続可能なスマートシティ実装評価モデル（SCSDAM, 図3-13）を検討し、群馬県中之条町におけるエネルギー・環境制約問題への適用事例（図3-14, 15）について考察した。

　従来のITを活用した都市の経営評価モデル（EA）と今回検討した新たなITを活用した都市の経営評価モデル（EA＋IWI＝SCSDAM）との比較およびその有効性を**表3-6**（右側）に示す。

　持続可能なIT活用都市開発事業（プロジェクト）における評価指標の役割は迅速かつ適切な意思決定（自治体や企業における投資などの経営判断）を助けることにある。表3-6（右側）における個別指標と統合指標とが両立する評価方法（会計方法）は、都市開発プロジェクトにおける現在から将来までの効用の割引現在価値を計算する。つまり、都市開発プロジェクトは、事業実施に向けた事業収支の検討を行う。まず内部収益率（Internal Rate of Return; IRR）等の検討を行い、都市開発プロジェクトにおける現在から将来までの効用（Utility）の割引現在価値を計算する。次に当該都市開発プロジェクトのハードルレート（割引率）を決定し、「IRR＞ハードルレート」となれば投資する。

　また、本章で検討したスマートシティ実装評価モデル（SCSDAM）は、第4節で示した中之条町におけるエネルギー・環境制約（＝地球温暖化の緩和）問題への適用事例研究（実証実験結果）から、災害対応（＝地球温暖化の適応）問題や交通渋滞問題などの他の都市問題解決への有効的適用の発展性（応用展開）が考えられ、今後さらなる事例研究を進めていく所存である。

　超スマート社会（Society 5.0）は、日本政府や経団連などの機関が社会課題の解決と未来創造を見据えた成長戦略の柱と位置づける「コンセプト提案」であり、各種センサを搭載した機器がインターネットにつながるIoTによりもた

113

第Ⅰ部　AIの企業での活用とその課題

表3-6　スマートシティのIT経営評価モデルの比較および有効性

スマートシティの実証評価項目	従来のIT経営評価モデル（EA）	新たなIT経営評価モデルの有効性（EA＋IWI＝SCSDAM）
評価指標	資本フロー個別指標（幸福度指標）のみ 【SDGs：⑦⑨⑪⑫⑬】 〈ISO37120：エネルギーと電気（節電等），一人当たりの温室効果ガス排出：CO_2〉 〈ISO37151：経済性（節電等），気候変動の緩和（CO_2等）〉	左記指標と資本ストック統合指標（持続可能性指標）の両立 【SDGs：⑰】 〈IWI：公共資本（スマートメーター，デマンドレスポンス），CO_2削減〉
会計方法	単式簿記 （経済フローのみの会計）	複式簿記 （資本フローと資本ストックとを一体で計算する都市インフラ会計：スマートシティにおける現在から将来までの効用の割引現在価値を計算する）
相互運用性の階層〈意味軸〉	ITシステム層と社会インフラ層毎の個別評価	ITシステム層と社会インフラ層とを統合評価
社会インフラ分野〈時間軸〉	社会インフラ分野毎に個別評価	社会インフラ分野全体を統合評価
資本資産のシステム階層〈空間軸〉	人工資本のシステム階層毎に個別評価	人工資本・人的資本・自然資本のシステム階層全体を統合評価

注：下線は中之条町実証実験の事例（図3-7，表3-3参照）
出所：小倉・馬奈木・石野（2017），自治体EA（2007），府省EA（2006），Zachman（1987）。

らされた新たな資源である（ビッグ）データを利活用し，サイバー空間と現実空間を融合させ，社会全体の最適化を行うものである。また，Society 5.0の実現に向けては，新技術の開発だけではなく，法律や制度の改訂といった法制面も含めた対応が必要となる（図3-16）。一言でまとめると，"Society 5.0はSDGsが達成された社会"である。課題先進国であるわが国がSociety 5.0を世界に先駆けて実現し，世界各国に発信することで，各国の直面する課題へのソリューションを提供し，また世界の持続的な成長にも寄与できる（山西，2017）。

今後，"Society 5.0 for SDGs"コンセプト実現に向けたデータ利活用ビジネスモデルの検討，および具体的な都市開発プロジェクトにおける経済・社会・環境の資本フロー・ストックのIoTデータ計測・分析，および都市の評価指標のIoTを利活用したデータによる実証を行うことにより，スマートシティ

第3章 持続可能なスマートシティ実装

図3-16 Society 5.0の世界〜Society 5.0 for SDGs
出所:「Society 5.0の実現——SDGsが達成された社会を目指して」2017年9月 山西健一郎〈日本経済団体連合会 副会長／未来産業・技術委員長（前三菱電機会長）〉.

参照アーキテクチャ SCSDAM や各種評価指標（SDGs, ISO 37120, ISO TS 37151, ISO 37153, GDP, IWI）の有用性を検証していくことで，「実証に基づく，都市の政策立案」（Evidence Based Policy Making: EBPM）に役立つようにしたい。

謝辞　本章作成にあたり，（一財）中之条電力代表理事／（株）中之条パワー代表取締役の山本政雄氏及び三菱電機（株）の丸井一也氏より，中之条電力「一般家庭の節電行動調査（実証実験）」のデータや資料をご提供いただいた。また，（国立研究開発法人）科学技術振興機構研究開発戦略センターシステム・情報科学技術ユニット（JST/CRDS）の方々や（一社）電子情報技術産業協会（JEITA）スマート社会ソフトウェア専門委員会の千村保文委員長（沖電気工業（株））ほかの方々に貴重な議論と資料をご提供いただいた。さらに，本章のもととなる参考文献「小倉・馬奈木・石野（2017）」について，共著者である文教大学 石野正彦教授，ならびに（一社）経営情学会論文誌査読委員の方々に貴重なコメントをいただいた。参考文献「小倉・馬奈木・千村・石

115

第Ⅰ部　AIの企業での活用とその課題

野（2017）」などについて，（一社）電子情報通信学会ソフトウェアインタプライズモデリング（SWIM）研究会の方々に貴重なコメントをいただいた。あわせて，（一社）日本経済団体連合会の方々や九州大学共進化社会システム創成拠点（COI）の松尾久人氏に資料等のご提供をいただいた。

　ここに感謝の意を表する。

●参考文献

CEN-CENELEC-ETSI Smart Grid Coordination Group (2014) "SG-CG/M490/H_ Smart Grid Information Security".

Dasgupta, Partha (2004) *Human Well-Being and the Natural Environment*, Oxford University Press, Paperback edition.（植田和弘監訳（2007）『サステイナビリティの経済学／人間の福祉と自然環境』岩波書店。）

Dasgupta, Partha (2007) *Very Short Introductions: Economics*, Oxford University Press.（植田和弘監訳（2008）『一冊でわかる　経済学』岩波書店。）

de Weck, O. L., D. Roos, C. L. Magee and C. M. Vest (2011) *Engineering Systems*, The MIT Press.（春山真一郎監訳（2014）『エンジニアリングシステムズ──複雑な技術社会において人間のニーズを満たす』慶應義塾大学出版会，212-214。）

DIN-DKE (2014-2015) "THE GERMAN STANDARDIZATION ROADMAP SMART CITY" (2014 Ver. 1.0) (2015 Ver. 1.1).

Fujii, H., and S. Managi (2016) "An Evaluation of Inclusive Capital Stock for Urban Planning", Ecosystem Health and Sustainability.

IEC White Paper (2014) "Orchestrating infrastructure for sustainable Smart Cities", pp. 3-4, 26.

INCOSE (2015) "Systems Engineering Handbook: A Guide for System Life Cycle Processes and Activities", clause 2.4.

ISO 37120 (2014) "Sustainable development of communities‐Indicators for city services and quality of life".

ISO 37153 (2018) "Smart community infrastructures‐Maturity model for assessment and improvement".

ISO Guide 82 (2014) "Guidelines for addressing sustainability in standards".

ISO/IEC JTC 1/SG 1 on Smart Cities (2014) "N86/N87, Report on standardization needs for Smart Cities‐ Annexes", "Annex A. Smart City Models", "Annex C. The capital I-model".

ISO TS 37151 (2015) "Smart community infrastructures ― Principles and require-
ments for performance metrics".

Porter, M. E., and M. R. Kramer (2011) "Creating Shared Value", *Harvard Business
Review*.（DIAMOND HBR 論文（2014）「経済的価値と社会的価値を同時実現する
共通価値の戦略」。）

Porter, M. E., and J. E. Hepplelmann (2014) "How Smart, Connected Products Are
Transforming Competition", *Harvard Business Review*.（DIAMOND HBR 編集部
（2015）「IoT の衝撃：第 3 章　IoT 時代の競争戦略」『ハーバード・ビジネスレ
ビュー』ダイヤモンド社，29-62頁。）

Tamaki, T., H. Nakamura, H. Fuji and S. Managi (2016) "Efficiency and emissions from
urban transport: application to world city level public transportation", *Economic
Analyusis and Policy*.

Tanikawa, H., S. Managi, and C. M. Lwin. (2014) "Estimates of lost material stock of
buildings and roads due to the great East Japan earthquake and tsunami", *Journal
of Industrial Ecology*, 18, pp. 421-431.

United Nations, A/70/L.1 (2015) "Transforming our world: the 2030 Agenda for
Sustainable Development", pp. 19-23, 26-28.

UNU-IHDP and UNEP (2012) "Inclusive Wealth Report 2012 / Measuring progress
toward sustainability", pp. 69-86.（武内和彦監修（2014）『国連大学　包括的「富」
報告書――自然資本・人工資本・人的資本の国際比較』明石書店。）

UNU-IHDP and UNEP (2014) "Inclusive Wealth Report 2014: Measuring progress
toward sustainability", pp. 15-44.

UN-WCED: World Commission on Environment and Developmen (1987) "The
Brundtland Report / Our Common Future", p. 43.（国連・環境と開発に関する委員
会（通称「ブルントラント委員会」）編（1987）「地球の未来を守るために」，福武
書店。）

Zachman, J. A. (1987) "A Framework for Information Systems Architecture," *IBM
System Journal*, 26(3).

伊庭斉志（2013）『人工知能と人工生命の基礎』オーム社，22頁，152-154頁，158頁。

植田和弘（2016）「序章　持続可能な発展から見た被害評価」植田和弘編『大震災に
学ぶ社会科学　第 5 巻　被害・費用の包括的把握』東洋経済新報社。

第Ⅰ部　AIの企業での活用とその課題

小倉博行・馬奈木俊介・石野正彦（2017）「人とITと企業との共創による持続可能なスマートシティ実装評価方法——中之条電力実証実験の事例を用いたサーベイ」『経営情報学会誌』25(4)。

小倉博行・馬奈木俊介・千村保文・石野正彦（2017）「経済・社会・環境が持続可能なスマートシティ構築・運用のための評価手法の研究（その3）〜"システムズアプローチ"による都市問題の解決〜」信学技報 IEICE Technical Report。

科学技術振興機構研究開発戦略センター（JST /CRDS）（2016）「JST/ CRDS-FY2015-SP-02：IoTが開く超スマート社会のデザイン——REALITY 2.0」1-14頁，21-25頁。

黒田昌裕・池内健太・原泰史・土谷和之・尾花尚也（2015）「ICT/IoTに係る科学技術政策の社会的・経済的影響の評価を目的とした多部門相互依存一般均衡モデルの構築」日本経済学会 2015 年度秋季大会。

経済産業省商務流通情報分科会（2015）「情報経済小委員会中間取りまとめ（概要）：CPS/データ駆動型社会」2頁。

経済産業省産業構造審議会（2016）「新産業構造ビジョン〜第4次産業革命をリードする日本の戦略〜」15-37頁，42-47頁。

小松幸夫（2014）『公共施設マネジメントハンドブック——「新しくつくる」から「賢くつかう」へ』日刊建設通信新聞社，86-92頁。

櫻橋淳，神武直彦，石谷伊左奈，三鍋洋司，西山浩平，石寺敏，後藤浩幸（2014）「ソーシャル・キャピタルと節電行動の相関に関するスマートフォンを用いた実証——二子玉川駅周辺地域での節電プロジェクトを中心に」情報処理学会デジタルプラクティス，5(3)，189-195頁。

自治体EA（2007）「業務・システム刷新化の手引き（改訂版）」総務省。

総務省情報通信政策研究所（2016）「AIネットワーク化検討会議報告書2016」概要，13-17頁。

出口弘（2015）「IoE時代のもの・サービスの生産支援システム——代数的多元簿記に基づく自律分散協調型システムとして」経営情報学会 2015年秋季全国研究発表大会。

電子情報技術産業協会（2016）「JEITA スマート社会ソフトウェア専門委員会——スマート社会実現に向けたユースケース調査・検討報告」i-v，1-56。

電子情報技術産業協会（2017）「JEITA スマート社会ソフトウェア専門委員会——IoT，AIを活用した'超スマート社会'実現への道／世界各国の政策と社会基

盤技術の最新動向」インプレス。

内閣府（2012）「日本の社会資本 2012」，224-230頁。

内閣府（2015）「総合科学技術・イノベーション会議（第14回）」第5期科学技術基本計画（答申）の概要，1頁。

内閣府（2016）「日本再興戦略 2016」。

中根和彦・上野幾朗・小倉博行・山本正純（2015）「スマートコミュニティ／シティの国際標準化」『三菱電機技報』89(7)，51-54頁。

名和高司（2015）『CSV 経営戦略——本業での高収益と，社会の課題を同時に解決する』東洋経済新報社，1-7頁，11-17頁，273-277頁，307-311頁。

府省 EA（2006）「業務・システム最適化指針（ガイドライン）」各府省情報化統括責任者（CIO）連絡会議決定。

馬奈木俊介（2015）「九州大学都市研究センター講義資料『新国富指標導入の提案』」。

馬奈木俊介・小嶋公史・蒲谷景・粟生木千佳・松本郁子・岡安早菜・佐藤正弘・佐藤真行・鶴見哲也・溝渕英之（2015）「『高質で持続的な生活のための環境政策における指標研究』最終研究報告書」環境省「環境経済の政策研究・第Ⅱ期（平成24年度〜平成26年度），79-80頁，82頁。

馬奈木俊介・池田真也・中村寛樹（2016）『新国富論——新たな経済指標で地方創生』，岩波ブックレット。

丸田昭輝・松橋隆治・吉田好邦（2008）「市民の社会的属性・社会信頼度が省エネ行動に及ぼす影響の分析——ソーシャル・キャピタルによる分析」環境情報科学論文集，Vol. 22，297-302頁。

松尾久人・安浦寛人（2016）「九大 COI が構築する都市 OS のコンセプト」IEICE Technical Report。

溝口宏樹・荒井俊（2004）「社会資本の管理に会計的視点を取り込んだインフラ会計の構築に関する研究」国総研アニュアルレポート，No. 3，24-27頁。

山口臨太郎・佐藤真行・植田和弘（2016）「第9章　包括的富アプローチによる被害の把握」植田和弘編『大震災に学ぶ社会科学　第5巻　被害・費用の包括的把握』東洋経済新報社。

山西健一郎（2017）「Society 5.0 の実現〜SDGs が達成された社会を目指して〜」日本経済団体連合会　講演資料。

第Ⅱ部

AI に関する法的課題

第4章
AIの法規整をめぐる基本的な考え方

森田　果

1　AIの法規整の機能的分析

　ディープラーニング技術の発達などによるAIブームの再来に伴い，さまざまなAIの開発が進行している。それと同時に，AIを開発する企業の間では，AIの利用によって事故が発生した場合には，何らかの責任を負わなければならなくなる可能性があり，そのようなリスクに対してどのように対処すればよいのか，が新たな懸念として浮上してきている。もし，AIの利用によって事故が発生したならば，AIの開発企業が当該事故について無制限に責任を負わされるかもしれないという懸念から，AIの開発に萎縮効果が生じてしまう恐れもある。しかるに，現在までのところ，AIの利用に際して発生した事故について，AIの開発企業がどのような法的責任を負うかについて十分な検討がなされてきておらず，法ルールが不明確になっている状況にあるため，AIの開発企業は，純粋な意味での法的リスクに加えて，法的不確実性という意味での法的リスクをも引き受ける形になっている。このような状況は，わが国のAI産業の発展に対し，好ましくない影響を及ぼす可能性もある。

　このような状況に対する一つの対応は，AIの開発・利用について，現行法のさまざまな規定を前提として，どのような法的帰結が導かれるのかを緻密に検討し確定していった上で，現行法の適用によっては問題があるとされた局面については，個別の法改正・立法を提案することで問題を克服していくことであろう。実際，わが国の重要な産業の一つである自動車産業において問題に

123

第Ⅱ部　AIに関する法的課題

なっている自動運転については，このようなアプローチが今まさに行われつつある。⁽¹⁾自動運転をめぐる法ルールが明確になれば，場合によってはたとえば保険（責任保険）を購入するなどして自動車メーカーやAI開発企業は法的リスクに対処することができるし，現行法に不十分な点があれば，それを改正していけばよい。

　しかし，AIが利用される場面は，自動車の自動運転だけではない。それ以外のさまざまな場面においても，AIは利用されており，開発されている。たとえば，船舶の運航においても，AIを搭載して障害物を自動で回避するようなシステムの開発が目指されているし，工場内で活動する産業用ロボットについても，AIによる自動的な経路探索などの機能の付加が目指されている。あるいは，ドローンにAIを搭載して，自動で荷物を運んだり遠隔地の情報を収集してきたりすることも考えられるし，新製品の開発や投資判断をAIに委ねるようなシステムの開発も行われている。

　これらの多様なAIの利用局面について，個別に現行法ルールの適用状態を検討し，その上で望ましい法ルールのあり方を検討していくことは，──最終的にはそれが必要な作業であるにしても──必ずしも効率的な作業方法ではないし，場合によっては，利用局面毎に異なるロジックに基づいた，ばらばらの法ルール設計がなされてしまうかもしれない。そのような事態の発生を避け，現行法ルールの適用状態の検討を効率的に行っていくためには，多様なAIの利用局面における，法ルールのあり得べき姿について統一的な視点を有しておくことが望ましいであろう。

　AIの利用をめぐる法ルールのあり方について考えるための統一的な視点としては，いわゆる法の経済分析（法と経済学）と呼ばれる手法を活用することが有益である。法の経済分析は，法ルールが何らかの政策目的を実現する手段

---

(1)　たとえば，法律雑誌であるジュリスト2017年1月号は，自動運転についての特集を組んでおり，そこでは，池田（2017），藤田（2017），窪田（2017），小塚（2017），金岡（2017），後藤（2017）が，自動運転をめぐるさまざまな法律問題について詳細な検討を行っている。また，藤田編（2018）も参照。

として実効的に機能するかどうかを経済学を活用して分析していくものであり，多様な AI の利用局面を通じて統一的な視点——機能的な分析——を導入するのに適しているからである。[2]

本章の構成は，以下の通りである。まず，第2節において，AI の利用による事故としてどのような状況が想定されるかを列挙した上で，本章がそれらのうちどのような場合を特に取り上げて検討の対象とするかを明らかにする。次に，第3節において，本章が検討するような問題設定において，どのような法ルールの設定が望ましいかという一般的な問題を，法の経済分析の視点から検討する。その上で，第4節において，第3節における検討を AI の文脈に当てはめた場合，どのような法ルールが望ましくなるかを明らかにした上で，現行の日本法に対する評価を加える。最後に，第5節において結論を述べる。

2　分析のための状況設定

（1）AI の利用がもたらすさまざまな問題

AI の利用は，社会に対してさまざまなベネフィットをもたらすことが期待されているものの，AI の動作は100％完全ではない。時には誤作動を起こすこともあり，そのような場合には AI の利用によってさまざまな損害がもたらされてしまうこともある。

たとえば，AI を搭載した自動運転車が，AI の誤作動によって交通事故を発生させてしまった場合，誰がどのような責任を負うのだろうか。一口に AI の誤作動といってもさまざまな状況があり得る。AI が交通状況に関する判断を間違えて，誤った判断を行ってしまい，交通事故を惹起させてしまうというシナリオの他にも，AI が自らのコントロールを超えた状況であると判断して運

---

(2) 筆者は，2015年10月に開催された The 58th International Institute of Space Law (IISL) Colloquium (Jerusalem) において，GPS に代表されるような衛星測位システム（GNSS）によって発生する事故についてどのような責任ルールを設けることが望ましいのかについて行った経済分析を報告した（Morita, 2015）。本章は，同報告において行った分析を AI という形で応用したものと位置づけることができる。

第Ⅱ部　AIに関する法的課題

転者にコントロールを戻そうとしたところ，運転者が気づかずに交通事故に至ってしまう，というシナリオもあり得るだろう。さらには，AIの設計時には想定されていなかったような非常に稀な状況が発生し[3]，AIが判断できなくなって交通事故に至ることもあるかもしれない。

　自動運転車と類似した問題としては，AIを搭載したドローンが引き起こす事故もあり得る。例えば，ドローンを利用した遠隔地の撮影や荷物の運搬を行おうとしたとする。ところが，途中でドローンに搭載されたAIが判断を誤って墜落し，対物損害あるいは対人損害を引き起こした場合，誰がどのような責任を負うのだろうか。

　自動運転車やドローンとは異なった状況としては，AIを利用した医薬品開発事業のようなシナリオも考えられる。新しい医薬品の開発のために，AIを利用してどのような化合物が医薬品としての効果を持ちそうかを探索するようなシステムがあったとする。製薬メーカーがAI開発メーカーに対して，このようなシステムの利用を委託する契約を結んだところ，AI開発メーカーの設計したAIにプログラミング上のミスがあり，医薬品として効果の持たない化合物の組み合わせばかり提示し続ける結果となったため，この製薬メーカーが競合メーカーとの新薬開発競争において不利な立場に立たされてしまった。このような場合，AI開発メーカーは製薬メーカーに対して何らかの責任を負うのだろうか。

　同様の問題は，AIの利用者が，AIの開発者に対し，AIを活用した何らかの作業を委託したところ，当該AIが当初に期待されたパフォーマンスを実現

---

(3)　例えば医薬品の開発のような状況においては，処置群と対照群を比較し，処置群の方が平均的に一定の数値に改善が見られることをもって，当該医薬品には一定の効果があると評価することができる。これに対し，自動運転の場合は，そのような「平均値」に着目することよりもむしろ，「あり得る危険な状況」をできるだけ多く想定してテストしていくことが必要になる。しかるに，そのような状況を事前に100％網羅することは，不可能である。時間をかけてより多くの状況をテストすればするほど，事前にカバーされなかった状況は減っていくけれども，それをゼロにすることはできないのが一般的であろう。医薬品の開発においても副作用の探索過程はこれに近い。

第4章　AIの法規整をめぐる基本的な考え方

できなかった場合に，常に発生し得る。たとえば，ある企業が，企業内の人事評価システムの開発を AI メーカーに依頼したところ，当該 AI メーカーが開発した人事評価システムが当初見込み通りの精度を発揮することができず，従業員の間に人事評価に対する不満が高まってしまった，といったような事態が発生するかもしれない。

　あるいは，現時点ですでに利用されているテクノロジーとしては，AI に基づいた投資アドバイザリー契約（いわゆるロボアドバイザー）がある。個人投資家が，自らの属性に関するいくつかの情報を提供すると，さまざまな投資情報を蓄積した「賢い」AI が，自動的にその個人投資家に最適な投資内容をカスタマイズしてアドバイスし，さらには実行してくれるようなサービスである。ところが，AI に「学習」させるために入力してあった情報に間違いがあり，結果として AI が当該投資家にとっては不適切な投資アドバイスを行い，そのまま投資を実行し，最終的に当該投資家に損失が発生したとしよう。このような場合，AI に基づく投資助言サービスを提供している企業は，当該投資家に対して何らかの責任を負うのだろうか。

（2）法的問題としての整理

　以上に見てきたようなさまざまな状況は，法的に見れば，自動運転車やドローンの場合のように，AI に基づいて機能している機器が，当該機器の製造者・利用者以外の第三者に損害を与えるような場合と，医薬品開発・人事評価システム・投資アドバイザリーの場合のように，AI に基づいたサービスの利用者自身が損害を被るような場合とに大別される。両者のうち，後者のように，AI に基づいたサービスの利用者自身が損害を被るようなケースにおいては，目新しい法律問題は発生しない。

　たとえば，医薬品開発に AI を利用するサービスの場合であれば，製薬メーカーと AI 開発メーカーとの間で事前に契約を締結しておくことによって AI の誤作動に基づくリスクの効率的な分配を実現することができる。どのような実物アレンジメントが望ましいのかについては，契約理論の示唆を活用できる。

127

第Ⅱ部　AIに関する法的課題

たとえば，AI 開発メーカーにとって AI の誤作動によって製薬メーカーに発生する損害を負担するだけのリスク負担力がないのであれば（相対的にリスク回避的であるのならば），AI が万が一誤作動するようなことがあっても AI 開発メーカーは責任を負わないとする免責特約を合意しておくことが合理的になるかもしれない。他方で，そのような免責特約が存在していては，AI 開発メーカーにモラルハザード（AI 開発メーカーが，十分に高性能な AI サービスを提供しない）が発生すると製薬メーカー側が危惧するのであれば，成功報酬を使ったインセンティヴメカニズムを組み込むことも一案だろう。AI に基づく人事評価システムの場合も同様に，人事評価システムを提供する AI メーカーと当該システムの利用企業との間でさまざまな合意をしておくことによって，両者の間で合理的なリスク配分が可能である——独占禁止法などの問題が発生する可能性は措くとして。

　もっとも，AI の具体的な動作状況の細部はしばしばブラックボックス化されているため，当該システムの動作結果が不適切なものとなっていることの原因が，AI の設計ミスや誤作動にあるということを，利用企業の側が立証することが困難な場合が多いかもしれないし，あるいは逆に，当該システムの動作結果が適切なものとなっている場合であっても，それが AI が適切に作動した結果としてそうなったのか，あるいは，偶然そのような結果が導かれているに過ぎないのかを，AI メーカーの側が立証することが困難な場合があるかもしれない。このように，当事者の努力水準をうまく観察したり検証したりすることができないような場合には，契約上の明示的なインセンティヴスキームではなく，業界内のレピュテーションのような契約外のシステムに依拠した方が望ましい場合があるかもしれない。

　AI に基づく投資アドバイザリーサービスの場合も，やはり同様である。投資助言サービス提供企業側からすると，投資がうまく行くか行かないかは多数の要因によって決定されてくるから，AI に基づく助言にしたがった投資をした結果，損失が出た場合にだけ，投資家の側から損害賠償請求されてはたまらない。そこで，投資助言サービス提供企業は，投資の結果損失が出ても，自ら

は責任を負わない旨の免責特約を組み込むことになるだろう。しかし，免責特約の効力を全面的に認めてしまうことは，投資助言サービス提供企業と投資家との間の関係が，ちょうど消費者契約におけるそれと類似している場合には，投資助言サービス提供企業が一方的に有利な契約条件を押し付ける結果になるケースもあり得る。また，免責特約がなくとも，投資家の側で，投資助言 AIに設計ミスがあったとか，学習情報のアップデートが怠られていたといったような，投資助言サービス提供企業の義務違反（過失）を基礎づけるような事実を立証することは困難であると予想されるから，パターナリスティックな観点から投資家の一定の保護が必要になるかもしれない。ただ，だとしてもこの問題は，従来から，金融商品取引法や消費者契約法などによって取り扱われてきた問題であって，AI の導入によって新たな論点が発生するわけではない。

　以上のように，AI を利用したサービスの利用者において，AI の誤作動などに起因する損害が発生する場合については，基本的には当事者間の契約による対処で足りる。したがって，どのような契約メカニズムが望ましいのかは，最適契約のあり方をめぐる経済学・法学における研究など，既存のさまざまな知見に基づいて検討すれば足り，法改正を必要とするような新たな法的問題は発生しない。

　これに対して，AI を利用したサービスに基づく損害が，AI の開発者・AI搭載機器の製造者・AI の利用者以外の第三者において発生するような，自動運転車やドローンのような類型においては，異なる考慮が必要である。この状況は，AI の利用によって外部性が発生している状況であり，法ルール（あるいはそれ以外のメカニズム）を直接に利用して，当事者に適切なインセンティヴを設定する必要がある。当事者が，事故が発生する前の交渉・契約を通じて，当事者たちにとって最適なアレンジメントを自発的に実現することが不可能だからである。しかるに，既存の法ルールが，AI という，これまで想定されていなかった新たな状況について，最適なインセンティヴの設定を行えているかどうかは明らかではない。そこで，本章では，この問題を検討対象として設定する。

　AI の利用がもたらす外部性を考えるにあたっては，複数の当事者を想定す

第Ⅱ部　AIに関する法的課題

ることが必要である。まず第一に，AIを開発するAI開発企業の存在が考えられる。次に，AI開発企業によって開発されたAIを搭載した機器・サービスを製造・提供する企業の存在が考えられる。これを，AI機器製造企業としよう。AI開発企業とAI製造企業とは，別の企業であることもあれば，同一企業が両者の地位を兼ねることもあるだろう。そして，AI製造企業によって製造・提供された機器・サービスを利用する，AI利用者の存在があり，最後に，AI機器・サービスの利用によって損害を受けた被害者（第三者）が存在することになる。以下では，このような状況設定を前提にして，望ましい法ルールのあり方を検討していく。

3　外部性への法による対処

　特定の行為がもたらす外部性を法ルールによってコントロールしようとするとき，いくつかの手段が存在する。一つは，政府が行為者に対して一定の内容の行為を直接に命じ，それが達成されない場合には刑罰・行政罰などのサンクションを発動するタイプの法ルールである。この直接規制タイプの法ルールには，刑法や業法規制などが含まれる。次に，被害者から行為者に対する私人間の損害賠償を通じて行為者にインセンティヴを与える法ルールである。この損害賠償法タイプの法ルールには，不法行為法や製造物責任法が含まれる。最後に，税法を使って行為者に対してインセンティヴを設定することも考えられる。以下では，AIのもたらす問題への法規整のあり方を検討する前提作業として，これらの法ルールがどのような形で外部性に対処しているのかを概観する。[4]

（1）損害賠償法

　まず，損害賠償法が果たす機能から見ていきたい。行為者の特定の行為が外部性をもたらしている場合，当該外部性を放置したままでは，行為者に社会的

---

(4)　以下の整理について一般的には，シャベル（2010）を参照。

第4章　AIの法規整をめぐる基本的な考え方

に最適な意思決定をするインセンティヴがない。そのような場合においても，当該外部性によって被害を受けた第三者から，その被害分を損害賠償として行為者に対して請求することを認めることによって，行為者に，自らの行為によって発生した外部性を内部化させることができる。このように，損害賠償法の基本的な機能は，行為者に対して，自らの行為によって発生した外部性を損害賠償責任という形で内部化させることで，社会的に最適な意思決定をするようなインセンティヴを設定することにある。

　もっとも，損害賠償法のこのような外部性の内部化機能は，常に適切に（十分に）機能するわけではなく，さまざまな要因によってその実現は妨げられる。まず第一に，行為者が，自らの行為によって発生した外部性を完全に内部化させるためには，被害を受けた第三者が自らの受けた損害を行為者に対して損害賠償請求し，さらにはその請求が認められることが必要であるが，それは必ずしも常に現実的であるわけではない。被害者が，加害者を発見し，加害者を提訴し，さらには，加害者が損害を引き起こしたことを立証することには，相当のコストがかかるから，被害者が加害者に対し損害賠償責任を常に追求できるとは限らない。たとえば，加害者が多数存在して外部性を発生させているような場合，全ての加害者を把握し，提訴することは困難だし，さらに，仮に提訴できたとしても，個別の加害者と外部性との間の因果関係を立証することはいっそう難しいことが多いだろう。あるいは逆に，被害者が多数存在し，かつ，被害者一人ひとりの損害額が小さいような場合にも，被害者は加害者を提訴するインセンティヴを持たないことが多いだろう。

　このように，行為者の引き起こした外部性が100％内部化され得ないような場合においては，行為者は，社会的な観点からすると最適ではない意思決定——過小な注意水準・過大な行動水準——を選択するインセンティヴを持つこ

───────────

(5)　もちろん，法ルールがこのような問題点を無視しているわけではない。たとえば，個別の加害者と外部性との間の因果関係を立証することは必ずしも必要はなく，加害者の共同行為と外部性との間の因果関係さえ立証できればよい（共同不法行為）とか，疫学的因果関係さえ立証できればよいとするなど，さまざまな形での問題克服が図られてきている。

第Ⅱ部　AIに関する法的課題

とになる。このような場合には，損害賠償法の基本的機能だけに頼っていては
適切なインセンティヴ設定ができないことになるから，何らかの修正が必要に
なる。たとえば，因果関係や損害の立証が難しいのであれば立証責任を軽減し
たり転換したりする手法が考えられるし，加害者の発見確率が低いのであれば
発見確率の逆数に相当する損害賠償を認める懲罰的損害賠償が考えられるし，[6]
一人ひとりの損害額が小さくて提訴インセンティヴがないのであればクラスア
クション制度の利用も考えられる。さらに，損害賠償法による対処では不十分[7]
というのであれば，後に見るように，刑法や業法規制などの直接規制や税法に
よるインセンティヴ設定の利用も考えられよう。

　損害賠償法が適切に機能しない第2のシナリオとしては，いわゆる bank-
ruptcy-proof/judgment-proof の問題がある。すなわち，損害賠償法において
は，加害者は自ら所有する財産から損害賠償を支払うことになるから，損害賠
償額が自らの財産額を超えた場合，自らの財産額以上を支払う必要はなく（破
産申立すればよい），自らが所有する財産額を上限としての責任しか負わない。
特に，法人が外部性をもたらしている場合，法人は自ら保有する財産以上の責
任は負わない（いわゆる有限責任）のが原則である。[8]この場合には，行為者は，
自らの行為が引き起こす外部性を100％内部化しないことになるから，やはり，
社会的に最適なレベルとは異なった意思決定をするインセンティヴが存在する
ことになる（モラルハザード）。

　このようなモラルハザードが発生しやすいのは，行為者の保有する財産が少
ない場合だけではない。外部性の規模に比較して行為者の保有する財産が相対
的に小さい場合であれば同じロジックが妥当するから，外部性の規模が大きな
場合についてもモラルハザードが妥当しやすい。典型例の一つが，原子力発電
所の事故である。原子力発電所が事故を起こした場合，その外部性の規模は甚

---

(6)　ただし，日本法においては未だ，懲罰的損害賠償は正面からは導入されていない。

(7)　日本法においては，適格消費者団体による差止請求，および，特定適格消費者団
　　体による損害賠償請求という形で，部分的に導入されている。

(8)　合名会社のような無限責任の法人形態を採用している場合であっても，最終的に
　　は無限責任社員自身の財産が賠償責任負担可能額の上限を決定することになる。

132

第4章　AIの法規整をめぐる基本的な考え方

大なものになる可能性があり，そのような場合の損害賠償責任は，一企業の負担可能な金額ではなくなってしまう。そうすると，事故発生を抑止するための適切なインセンティヴを持たないモラルハザードが生じる危険性が出てくる（Ramseyer 2012）。

このような bankruptcy-proof/judgment-proof 問題に対する一つの対処策は，保険の利用である。特に，類型的に危険性の高い行為については，強制保険制度を導入することによって，行為者が損害賠償責任を履行できるように確保することも考えられる。たとえば，自動車における自賠責保険制度や，米国のOil Pollution Act of 1990（OPA）などは，その典型例である。ただし，保険の利用によって損害賠償責任について保険会社から保険金が支払われるというだけでは，行為者は自らの行為によって発生した外部性のコストを負担しない結果になるから，やはりモラルハザードが発生してしまう。このようなモラルハザードは，社会的に望ましくないだけでなく，保険金支払が増加し保険料も値上がりする結果になることから，保険会社にとっても望ましくない。そこで，保険契約においてはしばしば，行為者が適切なインセンティヴを持つように仕組むメカニズムが取り込まれている。少額免責制度や等級制度などがその例である。保険が利用される場合には，損害賠償法ではなく，むしろこれらの保険契約上のインセンティヴメカニズムが，行為者に社会的に適切な意思決定を促すためのメカニズムとして機能していることになる。

bankruptcy-proof/judgment-proof 問題に対するもう一つの対処法は，直接規制を利用することで，行為者に対して社会的に最適な行動をとることを命じることである。原子力発電所の場合であれば，原子炉等規制法（核原料物質，核燃料物質及び原子炉の規制に関する法律）が，原子炉について一定の安全基準をクリアすることを求めている。このような直接規制によって，社会的に望ましい安全性をもった原子炉が設置されることを確保しようとしているわけである。

bankruptcy-proof/judgment-proof 問題と性質の類似した問題として，現行法制度上，外部性の代理変数として機能する「損害」額の正確な算定が困難な場合がある。これは，「損害」を金銭に換算した上で損害賠償責任として加害

133

者に対して請求するという構造を損害賠償法が有していることに由来する。たとえば，精神的損害をどのようにして金銭評価するかには，困難がつきまとう。また，生命侵害についても——経済学的に生命の価値を推定することはもちろん可能であるけれども——，その正確な金銭評価は難しい。現在の損害賠償法においては，「損害」の金額は被害者の側が立証責任を負っており，かつ，基本的には損害の個別項目の算定を積み上げていくという方式が採用されているため，金銭換算できるような形で立証できない場合には，「損害」額は外部性の一部についてだけのものとなる。このように外部生の過小評価がシステマティックに発生する場合には，やはり，行為者にモラルハザードが発生して社会的に最適な意思決定が実現できない。

この問題に対する対処法もやはり，bankruptcy-proof/judgment-proof 問題の場合と同様に，直接規制を活用することで，行為者に対して社会的に最適な行動を直接要請することである。実際，生命侵害を招くリスクの高い類型の行為においては，しばしば直接規制が活用されている。たとえば，食品衛生法，医薬品医療機器等法（医薬品，医療機器等の品質，有効性及び安全性の確保等に関する法律），建築基準法などはいずれも，一定の安全性を達成することを直接求める内容の法規制になっている。これらはいずれも，生命・健康に対する被害が類型的に予想される分野である。

損害賠償法が適切に機能しない第3のシナリオとしては，双方的注意（bilateral care）のケースが挙げられる。これまでに本節で見てきた事例はいずれも，一方的注意（unilateral care）のケースであった。すなわち，問題となっている外部性が，一方の行為者（加害者）の行動のみに起因して発生している場合には，発生した外部性を全て当該行為者に損害賠償責任として内部化させることによって，当該行為者の行動の社会的に適切なコントロールが可能となる。これは，当該行為者の過失の有無にかかわらず損害賠償責任を帰属させる損害賠償ルールであり，厳格責任ルールあるいは無過失責任ルールと呼ばれる。

これに対し，問題となっている外部性が，一方の行為者（加害者）の行動のみに起因して発生するのではなく，双方の行為者（加害者・被害者）の行動に起

因して発生しているような双方的注意の場合においては，厳格責任ルールを採用することは望ましくない。厳格責任ルールによっては，外部性が全て加害者に内部化されるのに対し，被害者は外部性を何ら内部化しないから，被害者の側に適切な行動をとるインセンティヴが発生しないからである。たとえば，加害者である自動車と被害者である歩行者の間で発生する交通事故を考えてみよう。被害者である歩行者がどのような注意水準を採用しようとも加害者が無条件に損害賠償責任を負担するという厳格責任ルールの下では，歩行者が赤信号を無視して交差点を横断したり，高速道路を歩行していたりしていたような場合であっても，自動車運転者は責任を負うことになる。これでは，歩行者が，交通事故を起こさないために適切な注意をするというインセンティヴが失われてしまうのである。

これに対し，加害者が特定の注意水準（過失水準）を達成した場合には損害賠償責任を負わなくてよいという過失責任ルールの下では，加害者が過失水準を上回る注意水準をとった場合には，被害者が損害（外部性）を自ら負担しなくてはならなくなるから，被害者は外部性を発生させないように注意するインセンティヴを持つ。そして加害者は，過失水準が過剰に高くないことを前提として，過失水準を上回る注意水準を採用するインセンティヴを持っているから，加害者が過失水準をちょうど上回る注意水準を実現し，被害者は外部性の発生を回避する注意水準を実現する，という状況がナッシュ均衡となる。したがって，過失水準として設定される注意水準が，加害者に要求される社会的に最適なレベルの注意水準である限り，過失責任ルールは，加害者についても被害者についても，社会的に最適な行動をとるインセンティヴを与える法ルールとなる。

同様の帰結は，寄与過失つきの厳格責任ルールにおいても達成できる。寄与過失とは，被害者が特定の注意水準（過失水準）を達成できていなかった場合には，加害者の損害賠償責任が免除される法ルールである。過失水準が，被害者において社会的に最適なレベルに設定されているのであれば，被害者は，ちょうど過失水準を上回る注意水準を採用するインセンティヴを持つから，加害者も自分が損害賠償責任を負担することを前提に社会的に最適な注意水準を

第Ⅱ部　AIに関する法的課題

採用することがナッシュ均衡となる。

　このように，過失責任ルール，あるいは，寄与過失つきの厳格責任ルールは，双方的注意のケースであっても社会的に最適なインセンティヴの設定を実現することができるが，いくつか注意点がある。まず，過失責任ルール・寄与過失つきの厳格責任ルールによって行為者が適切なインセンティヴを持つためには，裁判所による過失水準の設定が適切になされなければならない。例えば，裁判所が，社会的に適切な水準よりも低い水準に過失水準を設定してしまった場合，加害者（過失責任ルールの場合）・被害者（寄与過失つきの厳格責任ルールの場合）は，過小な注意水準しかとらないことになる。したがって，裁判所が，適切な過失水準を設定できるような情報・能力を有していることが，これらの損害賠償法ルールの適切な機能のためには重要な要素となる[9]。

　もう一つの注意点は，これらの損害賠償法ルールの下では，過失によってインセンティヴを与えられる側の行為者（過失責任ルールの場合の加害者，寄与過失つきの厳格責任ルールの場合の被害者）について，行為水準をコントロールすることができない，という点である。すなわち，事故が発生する蓋然性をコントロールする要素としては通常，どれくらい注意深く行為するかという注意水準と，どれくらい頻繁に行為するかという行為水準との2つの要素が考えられる。厳格責任ルールの下では，行為者は，注意水準の増加と行為水準の低下に伴うコストと損害賠償責任額の期待値の低下によるベネフィットとを比較して，自らに最適な行動を決定し，それが社会的に最適な意思決定となる。しかるに，過失という判断枠組みは，これら2つの要素のうち，注意水準だけに着目するものである。このため，過失によって責任の有無を判断される側の当事者は，過失ありと認定されないような注意水準さえ実現していれば，行為水準のレベルが責任の有無に関係しなくなってしまうので，社会的に適切な行為水準を採用するインセンティヴを持たない。行為水準をコントロールするインセンティ

─────────────

[9]　そのような期待は，必ずしも正当化されるものではない。たとえば，わが国の裁判所の判断にはバイアスが存在することを指摘するものとして，Ramseyer（2015）を参照。

ヴを持つのは，ほかの当事者全てが過失水準を超える注意水準を尽くしていた場合に残余的な責任を引き受ける当事者のみである。それゆえ，社会的に最適な意思決定の実現において行為水準のコントロールが重要な場合には，過失に基づく判断枠組みでは不十分だということになる。

　以上に見てきたように，損害賠償法は，外部性のコントロールの基本的なツールでありながらも，いくつかの点において必ずしも十分にその機能を発揮できない。そのような場合には，損害賠償法以外の法的手段，さらには，法ルール以外のメカニズムを活用することで，損害賠償法の目指すべき外部性の内部化機能を補完していく必要がある。

（2）直接規制

　以上に見てきたように，損害賠償法を通じた外部性の内部化は，bank-ruptcy-proof/judgmentproof 問題がある場合や，現在の損害賠償法の下では「損害」額を適切に評価できないような類型の外部性が発生する場合については，必ずしも適切に機能しない。行為者が，自らの行為に起因して発生した外部性の全てではなく一部しか内部化せずに意思決定するので，モラルハザードが生じ，過小な注意水準あるいは過大な行為水準を採用してしまうからである。

　これに対し，刑法や業法規制のような直接規制であれば，このような損害賠償法の弱点を克服できる可能性がある。行為者に対し，一定の行為・注意水準・行為水準をとることを求め，もしも行為者が当該行為・注意水準・行為水準をとらなかった場合には，刑罰やさまざまな行政処分——課徴金・業務停止命令・免許取消など——といったサンクションを発動する。このようなサンクションの下で，行為者は，損害賠償法を通じては必ずしも十分に実現できなかった，社会的に最適な意思決定をするインセンティヴを持つことになる。

　もっとも，このようなメリットがある直接規制ではあるが，こちらも必ずしも万能ではない。直接規制の問題点は，規制内容を決定する立法府・行政府が，社会的に最適な規制内容のあり方を決定するための十分な情報を必ずしも有しておらず，間違った内容の規制を設定してしまう危険性がある点である。すな

第Ⅱ部　AIに関する法的課題

わち，損害賠償法ルールの下であれば，裁判所が損害額さえ適切に評価できれば，後は行為者が，外部性の発生の抑止のために必要なコストと，外部性（＝損害賠償責任）の発生の蓋然性とを評価して，社会的に最適な意思決定を行うことを期待できる。これらの意思決定に必要な情報は，行為者自身が有しているからである。これに対し，立法府や行政府が直接規制の内容を設定する際には，さまざまな関係者から，それらの者が保有する私的情報を取得した上で，社会的に適切な規制内容を決定する必要がある。

　直接規制の内容を決定する立法府・行政府に，規制内容の決定に必要な情報が必ずしも十分に存在していないことが多いことから，直接規制の内容は，しばしば「必要最小限度」の内容にとどめられることがある。これは，過剰な規制を設定することによって，行為者の行為を過剰に抑止してしまうことを避けようと考えられているからである。しかし，そのような形での規制内容の決定は，もちろん，行為者の意思決定を社会的に最適なレベルから逸脱させてしまうから，社会的なコストを発生させる。

　直接規制についてはほかにも，法ルールをエンフォースする主体である行政府が，エンフォースのインセンティヴを必ずしも十分に有さない，という問題点もある。損害賠償法ルールの場合であれば，法ルールをエンフォースするのは，外部性による被害者自身であり，被害者は，損害賠償法を通じて自らが被った損害の塡補を求めて，加害者に対して責任追及していくインセンティヴがある。これに対し，直接規制をエンフォースするのは，行政府であり，外部性によって被害を被った被害者自身ではない。このため，行政府を通じた直接規制のエンフォースについては，損害賠償法の場合と異なって，適切なレベルでのエンフォースがなされることが期待できない，というエージェンシー問題が存在することになる。

（3）税　　制

　税制もやはり直接規制と同様に，損害賠償法を通じた外部性のコントロールが適切に行えない場合において，損害賠償法を補完する機能を果たす。著名な

第4章　AIの法規整をめぐる基本的な考え方

ものとして，いわゆるピグー税がある。加害者が多数存在しているがゆえに，被害者が加害者を特定して一人ひとり提訴していくことが困難な状況の典型例としては，自動車の排気ガスなどを通じた大気汚染のような環境損害がある。この場合，加害者は無数に存在しているから，その全てに対して，損害への寄与部分を明らかにして損害賠償責任追及訴訟を提起していくことは，非現実的である。このような場合に，自動車税あるいはガソリン税のような形で，自動車あるいはガソリンの利用に対して一定のサンクションを設定すれば，自動車の利用者に対して，社会的に最適なインセンティヴを設定できる可能性がある。

　もっとも，税制を通じた外部性のコントロールにも，直接規制とよく似た限界がある。すなわち，社会的に最適なインセンティヴを設定できるような課税額を決定するのは，立法府・行政府である。しかるに，立法府・行政府には，社会的に最適なインセンティヴの設定のために必要な情報を収集できるとは限らない。また，課税をめぐっては，しばしば徴税コストが発生することも，限界としてあげられよう。[10]

　以上に見てきたように，外部性をコントロールするための法ルールにはさまざまなものがあり，それぞれ一長一短がある。このため，それぞれの状況において最適な法ルールを（修正しつつ）活用することで，できるだけ社会的に望ましいインセンティヴの設定が実現できるように工夫することが重要である。

4　AIのもたらす外部性への対処

　では，第3節で見たようなさまざまな法ルールを，AIのもたらす外部性への対処に，どのように活用していくのが望ましいだろうか。第2節で見たように，AIをめぐる法律問題にはさまざまな状況が考えられるが，AIの開発者あるいはAI搭載機器・サービスの製造・販売者と，AI利用者の間での法律関

---

(10)　もっとも，徴税コストが，損害賠償法ルールの場合の裁判制度の維持運営コストや，直接規制の場合の刑務所運営コスト・業務停止命令に伴うコストなどに比べて大きいとは，必ずしも言えないであろう。

139

第Ⅱ部　AIに関する法的課題

係については，両者間の契約によって効率的なリスクの配分が通常は実現されることを期待することができ，独占禁止法などを除くと新たな法的問題は特段生じない。もちろん，利用者の属性によっては，パターナリスティックな保護が発動する可能性があるものの，これも古くからある法的問題の焼き直しに過ぎず，AIだからといって新たな考慮が必要となるわけではない。

そうすると，AIの利用が，AI開発者，AI搭載機器・サービスの製造・販売者，AI利用者以外の第三者に外部性をもたらす場合について，どのような法的問題が発生するかを検討することになる。もっとも，AIの利用の外部性の抑止について，税制が活用されるという状況は未だ想定しがたい。[11]そこで以下では，直接規制によるAIの外部性のコントロールのあり方，および，損害賠償法によるコントロールのあり方について見ていく。

（1）直接規制

まず，直接規制については，AIが搭載されている機器・サービスが一定の危険性を持つ類型のものである場合には，AIの登場以前から，直接規制が存在していることが多い。たとえば，自動車，航空機などについては，それが誤作動した場合には甚大な被害を生じさせる危険性があることから，直接規制が古くから導入されている。

もっとも，このような古くから存在している直接規制の多くは，AIの利用がそもそも前提とされておらず，AIの利用を念頭に置いた規定になっていない。このため，場合によっては，直接規制がAIの導入に対する障害になることもある。著名な例が，自動車の運行において運転者の存在を要求するジュネーヴ道路交通条約である。そのような場合には，当該直接規制を改正して，AIの存在を念頭に置いた規制体系に書き換えればよい。例えば，自動車の運行に運転者の存在が要求される趣旨が，責任の帰属主体として自動車運転の安

---

(11)　これは，AIの利用者＝（潜在的）加害者が多数の人に広く及ぶ，という状況に未だ至っていないからである。もし，そのような状況が実現されれば，税制を活用してAIのもたらす外部性をコントロールしていくことも一案となるだろう。

140

第4章 AIの法規整をめぐる基本的な考え方

全性を実現するインセンティヴを持つ主体を設定する必要があることにあるのであれば，運転者以外に，自動車運転の安全性をコントロールできる者の存在を要求するような形で，条約を改正すればよいことになる。

このように，直接規制については，既存の規制内容が AI の活用を阻害するものであるような場合には，その規制内容を法改正してしまえばよい。逆に，AI の導入によって，従来存在していなかった新たな機器・サービスが生まれ，しかも，それが直接規制による規制を必要とするほどに高い危険性を持つものであるような場合については，AI の開発者，AI 搭載機器・サービスの製造・販売者，AI の利用者に対して，安全性を実現するための適切なインセンティヴを設定するために，AI を搭載した機器・サービスをターゲットにした新たな直接規制を導入することが望ましくなる。例えば，ドローンの開発によって，従来なら航空機が飛行しなかったような空域についてもドローンが進入するようになってくると，既存の法規制では対処されてこなかった新たな危険性が発生することになる。このような危険に対応するためには，新たな直接規制の導入が必要になってくる。

（2）損害賠償法

前述したように，直接規制は，危険性の高い機器・サービスの類型毎に個別に法ルールが形成されており，それぞれの個別の法ルールの改正によって，AI の利用によって新たに発生する外部性に対処していくことが可能である。これに対し，損害賠償法ルールは，民法や製造物責任法に見られるように一般法であり，機器・サービスの類型毎に設定された特別法とは違って，機動的に改正していくことは予定されていない[12]。そこで，日本法における損害賠償法の一般法である，民法上の不法行為法と製造物責任法について，それらが AI の

---

[12] もちろん，自賠責法や原子力損害の賠償に関する法律のように，一定の類型についてのみ適用される，特別法としての損害賠償法も，いくつか存在している。このような分野については，個別的な法改正を通じて，社会的に最適な外部性の抑止のためのインセンティヴを設定していくことができる。

第Ⅱ部　AIに関する法的課題

利用がもたらす外部性の場面において，適切なインセンティヴを設定できているかどうかについて，検討してみよう。

　この点を考える前提として，第2節でも見たように，どのような状況を出発点にして検討を進めるか，整理しておこう。本章が考える設例においては，次の四者が当事者として登場する。

- AI の開発者
- AI 搭載機器・サービスの製造・販売者
- AI 搭載機器・サービスの利用者
- 被害者（第三者）

このような状況においては，被害者（第三者）が，まずは，AI 搭載機器・サービスの利用者に対して，自らの被った損害について不法行為に基づく損害賠償請求をすることになる。事故の発生が，AI の組込の仕方，あるいは，そもそも AI の設計に起因するのであれば，被害者は，AI 搭載機器・サービスの製造・販売者，あるいは，AI の開発者に対して，不法行為あるいは製造物責任に基づく損害賠償請求をすることになるだろう。また，仮に AI 搭載機器・サービスの利用者が被害者に対して第一次的に損害賠償責任を負担した場合であっても，もしも事故の原因が AI の組込の仕方，あるいは AI の設計にあるのであれば，AI の利用者は，AI 搭載機器・サービスの利用者および AI 開発者に対して，契約（明示的に契約されていなくとも信義則上の付随義務違反を追及することも考えられる）または不法行為にもとづいて求償請求していくことになるだろう。そうすると結局，AI の利用に起因する事故が発生した場合，被害者に発生した損害を負担することになるのは，AI の開発者，AI 搭載機器・サービスの製造・販売者，AI の利用者，のいずれかということになる。

　もちろん，実際にこれらの損害賠償請求あるいは求償請求の過程においては，事故の真の原因がどこにあるのかを確定することが難しいことが，しばしばあるだろう。特に，AI が高度化して，その内容がブラックボックス化していくと，事故の原因が AI の組込の仕方や設計上のミスにあることを被害者あるいは求償権者が立証していくことは，著しく困難になると予想される。そのよう

142

な場合において，立証責任を達成できないことを理由に請求棄却としてしまうと，損害賠償法を通じては適切なインセンティヴを設定できないことになってしまう。そのような事態を避けるためには，第3節(1)において述べたように，損害賠償法によるインセンティヴコントロールをあきらめて直接規制によるインセンティヴコントロールを目指すか[13]，あるいは，立証責任の転換などを通じた損害賠償法ルールの修正が必要になるだろう——実際，製造物責任法は，立証責任の転換を図っている[14]。以下ではさしあたり，立証上の困難はなく，当事者が真の責任の所在を適切に立証できる，といういわば理想的な状況を念頭に置いて検討を進める。

　では，以上のような設定の下で，損害賠償法を通じたインセンティヴ設定は，どのような形にすることが望ましいであろうか。第3節(1)において概観した損害賠償法の機能をめぐるさまざまなポイントのうち，AIのもたらす外部性のコントロールで特に問題となってくるのは，一方的注意・双方的注意の区分である。

　すなわち，もしも，100％完璧に動作するAIを開発し，機器・サービスに組み込むことが可能なのであれば，そのようなAIを開発し組み込むインセンティヴを，AIの開発者やAI搭載機器・サービスの製造・販売者に対して与えれば足りることになる。しかし，AIのもたらす外部性をコントロールする必要がある状況というのは，あり得るかもしれない偶発的事象に一つずつ対処していくことによってリスクを減らすことのできる状況である（前掲注(3)も参照）。しかるに，AIの開発にあたって，将来発生し得る全ての事象に対処することは，不可能（あるいは禁止的な高コストがかかる）である。ちょうど完備契約が現実には実現不可能なのと同様に，AIの動作は，不完備にならざるを得ない。そうすると，AIの利用に起因する事故というのは，AIを動作させるコン

---

(13)　ただし，技術水準の進化スピードを考えると，適切なレベルの直接規制を設定し続けることは，かなり困難な作業となることが予想される。

(14)　立証責任の転換は，製造物責任法のように立法によるほかに，裁判所が判例法を通じて変更することもあり得る。

第Ⅱ部　AIに関する法的課題

ピュータの動作不良のような機械的故障のような状況のほかにも，さまざまな要因によって発生し得ることになる。考えられる要因を列挙すると，以下のようになるだろう。

- AI 設計のミス，AI に学習させるデータの不足や偏り
- AI 搭載機器・サービスの AI 組込上のミス
- AI 利用者による誤使用
- AI 開発者が，AI 搭載機器・サービスの製造・販売者に対し，AI の性能の限界についての情報を，適切に提供しなかった
- AI 搭載機器・サービスの製造・販売者が，AI の利用者に対し，AI 搭載機器・サービスの性能の限界についての情報を，適切に提供しなかった

　これらの要因の特徴は，AI の利用に起因する事故は，一方的注意の事案ではなく，双方的注意の事案である，という点にある。すなわち，AI の利用に起因する事故を減少させるためにはまず，AI の開発者ができるだけ誤作動の蓋然性が少ないような AI を開発することが必要である（そのようなインセンティヴを持たせる必要がある）。その上で，開発された AI の性能の限界について，AI 開発者が，AI 搭載機器・サービスの製造・販売者に対して正確な情報を伝え，さらに，AI 搭載機器・サービスの製造・販売者が，AI の性能の限界を適切にカバーして AI の誤作動が事故に結びつく蓋然性を低下させるようなフェイルセーフシステムを組み込んだ機器・サービスを製造することが必要である（そのようなインセンティヴを持たせる必要がある）。そして最後に，AI 搭載機器・サービスの製造・販売者が，AI の性能の限界についての正確な情報を AI の利用者に伝えた上で，AI の利用者が，AI の性能の限界を踏まえた，当該機器・サービスの適切な利用を行わなければならない（そのようなインセンティヴを持たせる必要がある）。このように，AI の利用に起因する事故を抑止するためには，AI の開発者，AI 搭載機器・サービスの製造・販売者，AI の利用者の三者それぞれが，自らに可能な範囲で安全性を高める努力をし——というのは，安全性を高めるためにはその分コストがかかるので，コストとベネフィットが見合う以上に安全性を高める必要がない——，さらに，自らより「下流」に位置する

144

者に対して正確な情報を伝達することが必要である。AIの利用に伴う外部性は，三者それぞれの注意が必要な双方的（あるいは多面的）注意の事案なのである。

そうすると，三者全てに適切なインセンティヴを設定するためには，厳格責任ルールは適切ではないことになる。厳格責任ルールは，厳格責任を負う当事者だけに適切な注意水準（・行為水準）を選択するインセンティヴを与え，それ以外の当事者には何らのインセンティヴも設定しないからである。過失責任ルールのように，一定の注意水準を充足しなかった場合責任を追及する損害賠償法ルール，あるいは，寄与過失つきの厳格責任ルールのように，一定の注意水準を充足した場合には責任追及を否定するような損害賠償法ルールを採用した方がよいことになる。

では，過失責任ルールと，寄与過失つきの厳格責任ルールとの，いずれがより適しているだろうか。第3節(1)において整理したように，いずれが望ましいのかは，いくつかの要素によって決まってくる。

まず，全ての当事者が適切な注意水準を実現した場合に，最終的に責任を負担する当事者（残余的な責任を負う当事者）のみが，自らの行為水準をコントロールするインセンティヴを持つ。したがって，AIの開発者，AI搭載機器・サービスの製造・販売者，AIの利用者のいずれについて，その行為水準をもコントロールすることがより重要か，を比較することになる。多くの場合，AIの開発者についてその行為水準をコントロールする必要はなく，AI搭載機器・サービスの製造・販売者（製造量・販売量），および，AIの利用者（利用頻度）について，その行為水準をコントロールすることの方が，より重要な場合が多いだろう。そうすると，行為水準のコントロールという視点からは，後二者に残余的な責任を負担させる損害賠償法ルールが望ましくなることが多いだろう。

次に，過失水準の設定——さらには，損害額の算定——に関する裁判所の判断の正確性も，問題となる。AIの利用者が，AI搭載機器・サービスの製造・販売者から提供された，AIの性能限界に関する情報にしたがって適切にAIを利用したかどうかについて裁判所が審査する場合と，AIの開発者やAI搭載機器・サービスの製造・販売者が適切な努力水準（より安全なAIを開発する

145

第Ⅱ部　AIに関する法的課題

ためのコストとベネフィットの見合うレベル）をつくしたかどうかについて裁判所が審査する場合とでは，おそらく，後者の方がより難易度が高いことが多いであろう。そうすると，後者の点について裁判所に過失の有無の審査を求めると，裁判所が社会的に最適ではない過失水準を設定してしまう危険性が，前者の点について裁判所に過失の有無の審査を求めた場合に比べて，高まってしまう可能性が高い。したがって，過失判断に関する裁判所の過誤の危険性という観点からは，AIの利用者の過失の有無を判断した上で，AIの利用者に過失がなければ，AIの開発者やAI搭載機器・サービスの製造・販売者に責任を負わせるという，寄与過失つきの厳格責任ルールに相当する損害賠償法ルールが望ましくなることが多いだろう。なお，AIの開発者と，AI搭載機器・サービスの製造・販売者との間には，しばしば契約関係があること多く，両者の交渉力・情報収集能力にさほど格差もないことが多いと予想されるから，いずれが最終的に損失を負担するのかについては，両者の間の交渉に委ねることも合理的なことが多いであろう。

　さらに，第3節(1)では言及しなかった要素として，当事者のリスク選好，および，保険の購入のしやすさも，損害賠償法ルールの選択にあたっては重要な要素となる。前述したように，過失責任ルールと寄与過失つきの厳格責任ルールとでは，残余的な責任を負う当事者が異なってくる。このため，残余的な責任を負う当事者が，ほかの当事者に比べてリスク回避的であったり，あるいは，ほかの当事者に比べて保険を容易に購入することができなかったりする場合には，そのような損害賠償法ルールは望ましくない。よりリスク中立的であったり，保険を容易に購入できたりする当事者に残余的な責任を負わせた方が効率的になる。この視点からすると，AIの開発者，AI搭載機器・サービスの製造・販売者，AIの利用者のいずれがよりリスク中立的であり，保険を容易に購入できるかを，類型毎に判断して適切な損害賠償法ルールを選択していくべきである。[15]

────────────

(15)　例えば，自動運転車の場合で言えば，AIの開発者がベンチャー，AI搭載機器の製造・販売者が大手自動車メーカー，AIの利用者が一般個人，というケースが↗

146

第4章　AIの法規整をめぐる基本的な考え方

この点については，AI 開発者にベンチャー企業が多いような状況において
は，資力がないことから AI 開発者はよりリスク回避的であり，AI 開発者に
残余的な責任を引き受けさせるべきではない，という指摘がなされることがあ
るかもしれない。しかし，ここでの問題は，相対的なリスク選好および保険の
購入のしやすさである。したがって，AI 開発者よりも，第三者（被害者）や
AI の利用者に残余的な責任を負わせるべきだという結論をとるのであれば，
後者の方が相対的によりリスク中立的であるとか，あるいは，保険の購入に関
するバックアップが存在しているなどの事情が必要となろう。

（3）現行損害賠償法の検討

では，第4節（2）において見たような「望ましい損害賠償法のあり方」を，
現行の日本法は実現しているのだろうか。

まず，民法の不法行為法は，基本的に過失責任を採用している（民法709条）。
もっともこれは，第4節（2）において設定した状況を前提にすると，第三者
（被害者）が，ほかの当事者に対して損害賠償請求した場合の責任規定であり，
第三者以外の3つの当事者間でどのような分担になるのかは，共同不法行為
（民法719条）となるので，寄与部分に応じた連帯責任として処理される。

この場合，どの当事者がどれくらい事故に「寄与」したのかを裁判所が判断
することは，難しいことが多いだろう。第4節（2）において見たような，裁判
所による過失水準の判断と同じ問題となるからである。ただし，裁判所が，自
らの判断しやすい AI の利用者の過失部分を中心的に判断し，その上で，ほか
の当事者に残余的な責任を負わせる――「AI の利用者に過失がなかったので
あれば，それ以外の当事者によって事故が引き起こされたに違いない」と推定
する――判断構造を採用するのであれば，社会的に望ましい帰結が導かれるか
もしれない。

ただ，最初の不法行為の成否の段階，あるいは，寄与割合の判断の段階にお

＼多いから，AI 搭載機器の製造・販売者である大手自動車メーカーが残余的な責任
を引き受けるべきであろう。

147

いて，「過失」の有無を裁判所が間違う，あるいは，AIの利用による事故が少ない段階では，裁判所の判断に大きなぶれが生じてしまう，といった不確実性が介在する可能性も高い。このような不確実性は，当事者に萎縮効果をもたらす危険性がある。さらに，法的な不確実性が存在すると，損害賠償責任を塡補するための責任保険の設計において，保険会社が商品提供をためらうインセンティヴが発生する。いったん保険を販売した後に，当初の予定以上の保険金支払いを求められる結果となる可能性が出てきてしまうからである。

　第二に，不法行為法の特別法たる製造物責任法においては，製品に「欠陥」があった場合に当該製品の製造業者等が責任を負うものとされている（製造物責任法3条）。この「欠陥」には，製造上の欠陥・設計上の欠陥・指示警告上の欠陥の3種類の欠陥が含まれている。このうち，製造上の欠陥については，無過失責任であり，製造業者等の過失の有無にかかわらず製造業者等が責任を負うものとされている。これに対し，設計上の欠陥については，指示警告上の欠陥と組み合わされ，製品の設計上の危険性があったとしても，それを消費者に適切に指示・警告していれば，製造業者は責任を負わない，という過失責任的な判断枠組みが採用されている（米村，2008-2009）。

　これは，製造上の欠陥が，製造業者の注意水準の低さによって惹起される一方的注意の構造を持っているのに対して，設計上の欠陥・指示警告上の欠陥が，安全な製品を製造するという製造業者側の注意のみならず，製品の安全性についての情報を正確に伝達された上で消費者が指示警告通りに適切な注意を払って製品を利用する，という双方的注意の構造を持っているからである。この意味で，製造物責任法のシステムも，第4節（2）において検討した望ましい損害賠償法ルールの構造を基本的には有していることになる。もっとも，その場合の「過失」のあり方，あるいは，連帯責任を負う結果となる製造業者等の間における責任分担のあり方については，民法の不法行為法において指摘したのと同様の問題点が妥当する。

　なお，民法の不法行為法によるにしても，製造物責任法によるにしても，実際の過失判断においては，AIの利用の上流から下流にどのような情報提供

第4章　AIの法規整をめぐる基本的な考え方

――製造物責任法の用語に従うのであれば「指示警告」――がなされていたのか，という点も重要である（第4節（2））。多くの AI 開発者や AI 搭載機器・サービスの製造・販売者は，AI の利用を売り込むために，その性能の高さを宣伝しようとすることが多いであろう。しかし，性能の高さに関する情報の伝達に励むあまりに，AI の性能の限界についての情報を正確に伝達することを怠っていると，それは AI の利用の下流に位置する当事者に情報を適切に伝達できていなかったことになるから，過失を構成する蓋然性が高まることに注意しなければならない。もちろん，上流の当事者と下流の当事者との間に契約関係が存在し，上流の当事者の責任を免責あるいは制限する旨の合意を置いておくことは可能である。しかし，そのような合意も，第2節において述べたのと同様に，両者の間に消費者契約的な関係がある場合には，パターナリスティックな視点から，合意の有効性に制約がかかってくる可能性がある点には注意が必要である。

　以上のように，現在の日本の損害賠償法（民法の不法行為法と製造物責任法）は，基本的に望ましい損害賠償法ルールの枠組みを提供している。しかし，細かな点では不適切なルールとなっているかもしれないし，[16] 法的不確実性が残されている点では，保険会社，AI の開発者，AI 搭載機器・サービスの製造・販売者に対して萎縮効果をもたらす可能性がある。しかし，だからといって，AI 業界の育成のためという名目で，AI の開発者や，AI 搭載機器・サービスの製造・販売者に対する免責や責任制限を安易に導入してしまうと，かえってこれらの者に対し，社会的に適切なレベルのインセンティヴを与えることに失敗してしまうかもしれない。

　ただ，このことは，法ルールによるインセンティヴ設定のみに着目して場合の分析である。もし，法ルール以外によって社会的に適切なレベルのインセンティヴ設定が期待できるのであれば，法ルールによるインセンティヴの設定が過小であってもかまわない，ということにもなり得る。例えば，製品市場にお

⒃　たとえば，藤田（2017），窪田（2017），小塚（2017），及び藤田編（2018）を参照。

第Ⅱ部　AIに関する法的課題

ける競争や，事故を発生させるような製品を開発・製造した企業に対する「炎上」などの評判や社会的制裁が適切に機能しており，すでに適切なインセンティヴを設定しているというのであれば，インセンティヴ設定という観点からは，免責や責任制限が合理的となり得る場合があるかもしれない。しかし，そのような場合であっても，第三者（被害者）や AI の利用者が，保険を容易に購入できる（そして，実際に購入している）ということが必要であろう。

5　AI と法

　本章は，AI の発達が引き起こすかもしれないさまざまな法律問題のうち，特に，AI がもたらす外部性に対して法ルールがどのように対処すべきかを中心に行ってきた。AI をめぐる法的責任について不確実性があることが，AI 産業の発達に対して萎縮効果を及ぼすのではないかと懸念されることがあるものの，実際には，わが国の現行損害賠償法ルール（不法行為法および製造物責任法）は，社会的に望ましいと期待される法ルールの構造を基本的に採用している。AI を開発する企業も，AI を組み込んだ機器・サービスを製造販売する企業も，そのような機器・サービスを利用する者も，通常の社会的に最適な注意水準を尽くしていれば責任を負うことはないことが多いし，仮に責任を引き受ける帰結が導かれても，その責任の範囲は合理的なものにとどまるであろう。それゆえ，AI をめぐるさまざまな法的問題がまだ十分に明らかにされていないことを理由に，AI の活用をためらうことは，企業として合理的な意思決定とは言えないことが多いであろう。

　もっとも，本章で提示された分析枠組みは，あくまで基本的な考え方に過ぎず，AI が利用される個別の文脈に応じて，さまざまに修正しながら活用していくことが必要である。しかし，そのようなプリミティヴな分析枠組みであっ

⒄　私たちは，しばしば過度に楽観的であり，保険を過小にしか購入しない，というのは十分想定できるシナリオである。たとえば強制的な保険を設定するなど，バックアップが必要かもしれない。

ても，今後の個別の AI の利用分野に応じた，社会的に望ましい法ルールの発展に資することができれば幸いである。

謝辞 本章は，（独）経済産業研究所におけるプロジェクト「人工知能等が経済に与える影響研究」の成果の一部である。本章の執筆にあたっては，同プロジェクトの参加者からの有益な助言を得た。深く感謝申し上げる。

●参考文献

Morita, Hatsuru (2015) "An Economic Analysis of the Legal Liabilities of GNSS", https://ssrn.com/abstract=2675234.

Ramseyer, J. Mark (2012) "Why Power Companies Build Nuclear Reactors on Fault Lines: The Case of Japan", *Theoretical Inquiries in Law*, 13(2), 457-485.

―――― (2015) Second-Best Justice: The Virtues of Japanese Private Law, The University of Chicago Press.

池田裕輔（2017）「自動運転技術等の現況」『ジュリスト』1501号，16-22頁。

金岡京子（2017）「自動運転と民事責任をめぐるドイツの状況」『ジュリスト』1501号，44-49頁。

窪田充見（2017）「自動運転と販売店・メーカーの責任――衝突被害軽減ブレーキを素材とする現在の法律状態の分析と検討課題」，『ジュリスト』1501号，30-37頁。

小塚荘一郎（2017）「自動車のソフトウェア化と民事責任」『ジュリスト』1501号，38-43頁。

後藤元（2017）「自動運転と民事責任をめぐるアメリカ法の状況」『ジュリスト』1501号，50-55頁。

佐藤智晶（2015）「人工知能と法――自動運転技術の利用と法的課題，特に製造物責任に着目して」『青山法学論集』57(3)，27-42頁。

シャベル，S.（2010）『法と経済学』日本経済新聞社。

藤田友敬（2017）「自動運転と運行供用者の責任」『ジュリスト』1501号，23-29頁。

藤田友敬編（2018）『自動運転と法』有斐閣。

米村滋人（2008-2009）「製造物責任における欠陥評価の法的構造(1)(2)(3・完)」『法学』72(1)，1-33頁／73(2)，224-261頁／73(3)，400-445頁。

第5章
人工知能ビジネスの資金調達と法規制
――クラウドファンディングを中心に――

森田　果

1　さまざまな資金調達手法

　人工知能を活用したさまざまなビジネスを展開するための資金調達手法としては，すでに事業体制や資金調達体制の確立している既存企業については，伝統的なエクイティ（株式など）や負債（銀行借入，プロジェクトファイナンス，社債など）を活用した資金調達が可能であるし，それで十分な場合が多いであろう。これに対し，スタートアップ企業については，エンジェル投資家やヴェンチャー・キャピタルから資金を調達できればよいが，そのような主体からの資金調達が必ずしも十分にできなかった場合には，マーケットからの資金調達を試みる必要がある。もっとも，スタートアップ企業が，通常の株式発行や社債発行という形でマーケットから資金調達することは，金融商品取引法上のハードル，証券取引所が設定する上場基準のハードル，市場参加者の期待，といった点を考えると困難であり，伝統的な資金調達以外の手法による資金調達を図る必要が出てくる。そのような代替的な資金調達手法として近時，脚光を浴びているのが，クラウドファンディングと呼ばれるインターネットを通じた資金調達手法や，ICO（Initical Coin Offering）あるいはトークンセールと呼ばれる仮想通貨を利用した資金調達手法である。

　これらのうち，ICO においては，資金調達をもくろむ企業が，インターネット上で「トークン」などと呼ばれる独自の仮想通貨を売り出し，投資家はビットコインなどより普遍性の高い仮想通貨による出資を行うことでトークン

153

第Ⅱ部　AIに関する法的課題

を購入する。資金調達企業は，出資された仮想通貨を換金することで資金を調達し，投資家は，トークンを取引所で売買することによって出資を回収する。資金調達企業は，トークンの発行にあたって，調達した資金でどのようなプロジェクトを実施しようとしているかを記述したホワイトペーパーと呼ばれる事業計画書を公開し，投資家は，ホワイトペーパーに記載された情報を元に，資金調達企業の実施しようとしているプロジェクトの実現可能性や収益性を評価する。ICO における投資家は，このようなプロジェクトに由来するリスクと，仮想通貨の価格変動リスクとを引き受けることになる。

　ICO は，これまで利用されてきた株式を通じた IPO と違って，金融商品取引法の厳格な規制の適用を回避しようとしていること，および，国内の投資家のみならずインターネットを通じて世界中の投資家を相手に資金調達できることから，急速にその利用が拡大しつつある。しかし，ICO については，未だ(2017年10月末時点) わが国の法規制が整備されていない——もちろん，ICO に対する望ましい法規整のあり方 (たとえば，詐欺的な ICO に対してどのような規制が望ましいのか，資金調達後に発生したプロジェクトに関する新たな情報についてどのような適時開示規制が望ましいのか，インサイダー取引に対してどのような規制が望ましいのか，など) について検討することはできるけれども。

　そこで，本章においては，もっぱらクラウドファンディングに絞って，日本の法規制のあり方について概観していきたい。以下では，第2節において，日本におけるクラウドファンディングの歴史とクラウドファンディングの分類を概観した後，第3節以下において，さまざまなタイプのクラウドファンディングについて，どのような法規制が設定されているかを概観する。最後に，第7節において，クラウドファンディング事業とそれに対する法規制の将来について，簡単なコメントを加える。

154

第**5**章　人工知能ビジネスの資金調達と法規制

2　クラウドファンディングの歴史と分類

（1）日本におけるクラウドファンディングの歴史

　日本におけるクラウドファンディングの始まりは，「ソーシャルレンディング」あるいは「P2P（peer to peer）レンディング」と呼ばれるものである。たとえば，2007年にソーシャルレンディングの草分けの一つである maneo 株式会社が設立されているし，もう一つのソーシャルレンディングの草分けである AQUSH は2009年にそのサービスを開始している。

　これらソーシャルレンディングが2000年代後半にサービスを開始したのには，超低金利という，当時の社会的な背景が大きく影響している。日本の長期金利（10年物国債）は1997年に 2 ％を下回り，1999年 3 月に日銀がゼロ金利政策を導入した。2008年以降は，金融危機に伴って世界的に超低金利が拡大していった。このため，銀行預金という形では利子収入を得ることができなくなってしまい，個人投資家が，エクイティ投資ではないけれども，リターンがそれなりに確保できる投資先を探していた。他方で，小さな事業であって，銀行借入を受けることが必ずしも容易ではない事業家が，銀行以外の資金調達先を求めていた。このような状況において，インターネットの普及とともに，オンライン上で，個人投資家と小規模事業家の間のマッチングを行うソーシャルレンディングサービスが注目を集めたのである。ソーシャルレンディングサービスを利用することによって，個人投資家は，金利収入のほとんど期待できない銀行預金とは違って，数％の利回りを期待することができるようになったし，小規模事業家は，銀行からは調達できなかった資金を集めることができるようになった。

　このような形で始まった日本のクラウドファンディングは，2011年 3 月の東日本大震災によって大きな変容を見せることになった。東日本大震災によって，東北地方の第 1 次産業を中心としたさまざまな小規模事業が大きなダメージを

(1)　https://www.maneo.jp/
(2)　https://www.aqush.jp/

155

第Ⅱ部　AIに関する法的課題

受けた。これらの小規模ビジネスを復興させるにあたっては，破壊された機材や工場などを回復するなどのために資金が必要となったが，そのためには事業規模に比して大きな金額の資金調達が必要になることも多いし（機材や工場などの全てが津波によって破壊されてしまっていることが多いため），生産された製品の販売先も東日本大震災による生産の中断によって切り替えられて離れてしまっていることが多いため，事業からのリターンの見込みは厳しくなっていた。このため，銀行などの伝統的な金融機関がこれらの小規模ビジネスに対してその復興資金を供給するには，リスクが高すぎて難しかった。

　そこで，東日本大震災による被災地の復興を支援するために，クラウドファンディングを活用することによって資金調達を図ろうという動きが出現した。その中でも著名なサービスが，ミュージックセキュリティーズ⁽³⁾によるセキュリテ⁽⁴⁾である。ミュージックセキュリティーズは，そもそも音楽に関連したクラウドファンディングサービスであったが，東日本大震災を契機に，復興支援のためのクラウドファンディングサービスを開始し，メディアなどの大きな注目を集めるようになった。

　このように，東日本大震災からの復興という局面においてクラウドファンディングが社会の役に立つという社会的な認知が広まったため，復興支援以外にも，さまざまな目的でクラウドファンディングの活用が進んだ。たとえば，現在の日本において最大級のクラウドファンディングサービスの一つであるReadyfor⁽⁵⁾は2011年3月にサービスをリリースしているし，同様に有力なクラウドファンディングサービスであるCAMPFIRE⁽⁶⁾は2011年1月に設立されている。これらのクラウドファンディングサービスは，スタートアップ事業について，伝統的な資金調達手法度は異なる新たな資金調達手法を提供することになった。

---

(3)　https://www.musicsecurities.com/
(4)　https://www.securite.jp/
(5)　https://readyfor.jp/
(6)　https://campfire.co.jp/

第**5**章　人工知能ビジネスの資金調達と法規制

（2）クラウドファンディングの分類

　以上のように展開してきた日本のクラウドファンディングサービスであるが，それらはいくつかの種類に区分することができる。

　まず，第1のタイプは，贈与型クラウドファンディングである。JAPAN GIVING[(7)] や JustGiving[(8)] がこれに該当する。贈与型クラウドファンディングにおいては，資金拠出者は，自らのプロジェクト内容を開示して資金の提供を募る資金調達者に対して，一方的に資金を提供する（贈与する）だけで，何らかの金銭的あるいは物質的なリターンを得ることはない。資金調達者が資金拠出者に対して与えることができるのは，資金調達者のプロジェクトの実現を資金拠出者が援助した，という精神的な満足感だけである。このため，寄付型クラウドファンディングにおける資金調達は，ほかのタイプのクラウドファンディングに比べて難易度が高く，マーケットの規模も比較的小さくならざるを得ない。

　第2のタイプは，購入型クラウドファンディングと呼ばれるもので，日本においては，このタイプのクラウドファンディングサービスが最も普及していて規模も大きい。前述した，Readyfor や CAMPFIRE は，いずれも購入型クラウドファンディングである。近時話題となった例としては，『この世界の片隅に』の映画化などが Makuake[(9)] を通じて実現したことが知られている[(10)]。購入型クラウドファンディングにおいては，資金調達者は，資金拠出者に対して，資金拠出の見返りとしてプロジェクトが実現した際に得られる対価（物品のこともあればサービスのこともある）を提示する。資金拠出者は，資金調達者との間で，資金を拠出してプロジェクト実現の際の対価を購入するという売買契約あるいはサービス提供契約を締結することになる。資金拠出者としては，このような対価の受け取り，および，資金調達者のプロジェクトの実現を手助け

---

(7)　https://japangiving.jp/

(8)　https://www.justgiving.com/

(9)　https://www.makuake.com/

(10)　https://www.makuake.com/project/konosekai/;https://www.makuake.com/project/konosekai2/

157

第Ⅱ部　AIに関する法的課題

したという精神的な満足感を，出資に対するリターンとして獲得することになる。

　購入型クラウドファンディングがわが国において最も普及していることには，贈与型クラウドファンディングと違って，資金拠出者が物質的なリターンを獲得できること以外にも，理由がある。それは，購入型クラウドファンディングが，新たな商品やサービスについての，需要に関するパイロットサーベイ・マーケティングや広告としての機能も持つからである。

　すなわち，新たな商品やサービスを開発しようとする者が，購入型クラウドファンディングを活用して開発コストを調達しようとすると，どのくらい早く，そして，どのくらいの量の資金が調達されるかを観察することによって，将来，プロジェクトが実現して当該商品やサービスの開発が成功した場合に，どれくらいの需要が発生するかの判断資料に活用することができる。また，購入型クラウドファンディングサービスにおいて資金調達を行うこと自体によって，まだ未開発の商品やサービスに関する情報がクラウドファンディング業者のプラットフォームサイトに掲示されることになるから，当該商品やサービスの宣伝になるし，当該プロジェクトに資金を拠出した資金拠出者が，当該商品やサービスについての情報をSNSなどで拡散してくれることも期待できるから，さらなる宣伝効果が期待できる。

　第3のタイプは，金融型クラウドファンディングである。金融型クラウドファンディングにおいては，購入型クラウドファンディングと異なり，プロジェクトが実現した際に資金調達者から資金拠出者にもたらされるリターンが，金銭的利益となっている。金融型クラウドファンディングはさらに，金銭的リターンを提供する法形式が，消費貸借（ローン）であるか，株式であるかによって，融資型クラウドファンディングとエクイティ型クラウドファンディングとに分類できる。

　融資型クラウドファンディングは，資金拠出者から資金調達者に対してローンが提供されるクラウドファンディングである。日本においては，購入型クラウドファンディングについで人気があるクラウドファンディングサービスであ

158

り，前述した maneo や AQUSH のほか，SBI ソーシャルレンディングなども[11]これに該当する。前述したように，超低金利下の現在のわが国においては，銀行預金に比べてはるかに高い利回りが期待できることが，資金拠出者にとって，融資型クラウドファンディングが魅力的に映る原因である。また，融資型クラウドファンディングの中には，複数の融資先への投資を束ねることによってファンドを組成し，ファンドに対する融資を募る，ファンド型クラウドファンディングと呼ばれるタイプもある。

これに対し，エクイティ型クラウドファンディングにおいては，資金調達者から資金拠出者に対してもたらされるリターンは，ローンの元利金の返済ではなく，資金調達社の発行する株式となる。わが国においては，GoAngel など[12]がエクイティ型クラウドファンディングを展開している。エクイティ型クラウ[13]ドファンディングは，2014年の金融商品取引法改正によって実現しやすくなり，スタートアップ関連の弁護士や業者によって当時しばしば取り上げられたものの，後述（第7節参照）するように，わが国においてはさほど広まっていない。

クラウドファンディングは，以上のようなさまざまな類型に区分できるが，各クラウドファンディングプラットフォームは，これらの類型のうち一つだけのサービスを提供しているとは限らない。一つのプラットフォームが，複数の累計のサービスを提供していることも多い。

3 贈与型クラウドファンディングに対する法規制

贈与型クラウドファンディングは，資金拠出者に対する物質的あるいは金銭

---

[11]　https://www.sbi-sociallending.jp/

[12]　https://go-angel.com/

[13]　このほか日本クラウドキャピタル（http://www.cloud-capital.co.jp）もエクイティ型クラウドファンディングを運営している。なお，Crowd Bank（https://crowdbank.jp/）も，当初はエクイティ型クラウドファンディングへの進出をうたっていたものの，現在では融資型クラウドファンディングをもっぱら展開しているようである。

第Ⅱ部　AI に関する法的課題

的なリターンが存在せず，資金拠出者が得られるのは精神的な満足感というリターンだけであるから，資金調達者，および，両者の間のマッチングサービスを運営するクラウドファンディングプラットフォーム業者にとっては，最も資金拠出者を勧誘することが難しいタイプのクラウドファンディングである。このため，濫用される危険性も相対的に低く，ほかのタイプのクラウドファンディングとは違って，金融商品取引法・特定商取引に関する法律（特定商取引法）・貸金業法などの規制は，原則として課せられていない。

　もちろん，これは，業法上の規制が存在しないというだけのことであり，私法的な制約は当然に存在する。たとえば，資金調達者が虚偽の情報を提示することによって資金提供を勧誘したならば，資金調達者には資金拠出者に対する不法行為責任（民法709条）が成立するだろうし，そのような虚偽の情報に基づく勧誘にクラウドファンディングプラットフォームが助力していたならば，プラットフォームも不法行為責任を負うことになるだろう。

　贈与型クラウドファンディングにおいて，法的に問題となるのはむしろ，税法上の取り扱いであろう。クラウドファンディングプラットフォームを通じた資金拠出者から資金調達者への贈与は，寄附に該当するから，資金調達者が一定の条件を充足した場合には，資金拠出者において所得控除または税額控除を受けることができる。もっとも，これらの控除を受けるための要件を充足することは，必ずしも容易ではない。

　まず，資金調達者が認定 NPO 法人等に該当する場合には，認定特定非営利活動法人等特定寄附金控除として，税額控除を受けるか，あるいは寄附金控除として所得控除を受けることができる（租税特別措置法41条の18の２）。2017年９月30日現在，認定 NPO 法人として認定された法人は，日本全国で５万1728法人存在するが，認定を受けるための手続は必ずしも容易なものではなく，これから資金調達をしたいというスタートアップには使いにくいし，そもそも営利

⒁　ただし，特定商取引法上の規制については，後述する購入型クラウドファンディングについての記述も参照されたい。

⒂　https://www.npo-homepage.go.jp/about/toukei-info/ninshou-zyuri

目的の法人は認定 NPO 法人になることはできないため（特定非営利活動促進法
2条2項1号），人工知能を利用したビジネスのスタートアップには適さないだ
ろう。

　また，資金調達者が，公益社団法人や公益財団法人などである場合にも，資
金拠出者は，所得控除としての寄附金控除か，あるいは税額控除を受けること
ができる（租税特別阻止法41条の18の3）。しかし，公益性の認定を受けるための
ハードルは（公益社団法人及び公益財団法人の認定等に関する法律5条），認定 NPO
法人の場合よりもさらに高いから，人工知能を利用したビジネスのスタート
アップには，やはり利用しにくいであろう。

　このため，人工知能を利用したビジネスが，贈与型クラウドファンディング
を活用した資金調達をしようとしても，税法上の特典を資金拠出者に対して与
えることができないことが多い。この意味でも，人工知能ビジネスを実現しよ
うとする資金調達者にとって，贈与型クラウドファンディングが魅力的な資金
調達手段になるとは言いがたいであろう。

4　購入型クラウドファンディングに対する法規制

　続いて，現在の日本において最も普及している，購入型クラウドファンディ
ングに対する法規制について概観したい。購入型クラウドファンディングにお
いては，クラウドファンディングプラットフォームは，資金調達者と資金拠出
者の間のマッチングの場を提供する。資金調達者は，自らが調達された資金で
実現しようとしているプロジェクトと，プロジェクトが成功した場合に資金拠
出者に提供される物品やサービスについて説明し，資金拠出者は，プロジェク
トの内容および資金調達者からのリターンが魅力的だと評価した場合には，当
該プロジェクトに対して資金を提供する。クラウドファンディングプラット
フォームは，資金拠出者から出捐された資金を受け取り，手数料を徴収した上
で残額を資金調達者に提供することになる。もし，資金調達者によるプロジェ
クトが実現した場合には，プラットフォームは，資金調達者が約束していた物

品やサービスなどを資金拠出者に提供する。

このような購入型クラウドファンディングにおいては，理論的にはいくつかの法律構成が考えられる。まず，クラウドファンディングプラットフォームが，資金拠出者に対して，物品やサービスを販売（予約）するという法律構成を採用した場合を考えてみよう。この場合，クラウドファンディングプラットフォームは，物品やサービスの販売者として特定商取引法の規制に服することになる。特定商取引法は，通信販売・訪問販売など，消費者が害されやすい取引形態から消費者を保護するために設けられた法律であり，消費者保護のための一定の規制を販売業者に該当するクラウドファンディングプラットフォームに対して課している。

まず，クラウドファンディングプラットフォームは，広告の表示に関する規制（特定商取引法11条）に従い，一定の情報（事業者（プラットフォーム）の氏名・住所・電話番号，販売価格，送料，その他のコスト，返品に関する情報など）を資金拠出者に対して提供することが求められる。これらの情報提供にあたっては，不実広告あるいは誇大広告をしてはならない（特定商取引法12条）。また，あらかじめ承諾していない者に対して電子メール広告を送信すること（特定商取引法13条）や，顧客の意に反して契約の申込みをさせようとすること（特定商取引法14条1項2号）なども禁止されている。これらの規制に違反した場合には，行政処分がプラットフォームに対して課せられることになる（特定商取引法14条・15条）。

さらに，民事的な救済措置として，資金拠出者は，商品の引渡を受けてから8日以内であれば，契約の撤回や解除を行うことができる（特定商取引法15条の3第1項本文）。いわゆるクーリングオフである。もっとも，クラウドファンディングの場合，プロジェクトに対していったん拠出された資金が，事後的にクーリングオフによって取り戻されてしまうと，当初予定されていたプロジェクトを実行することができず，クラウドファンディングによって資金調達を行った目的が達成できなくなってしまう。そこで，クーリングオフの適用排除を明示することによって，クーリングオフを利用できないようにする（特定商取引法15条の3第1項但書）のが一般的ではないかと考えられる。民事的な救済

第**5**章　人工知能ビジネスの資金調達と法規制

措置としてはさらに，適格消費者団体による事業者の行為の差止請求（特定商取引法58条の19）もある。

　以上のように，クラウドファンディングプラットフォームが資金拠出者に対して販売しているものが，資金調達者がプロジェクトが実現した際に提供する物品やサービスであるという法律構成を採用した場合，プラットフォームが開示すべき情報は，これらの物品やサービスに関する情報になってくる。しかし，資金調達者と資金拠出者の間のマッチングサービスを提供するに過ぎないプラットフォームには，これらの物品やサービスに関する情報の正確性を担保することは難しいことが多いであろう。

　もちろん，大手のオンラインショッピングプラットフォーム業者（たとえばAmazon）のように，調査の上で情報の正確性を自ら担保するか，あるいは，情報が正確ではなかった場合には，自らがいったん購入者に対して保証を提供した上で，出品者に補填を求めるといった形で，情報の正確性を，購入者に対して保証する，という事業戦略もあり得るだろう。しかし，未だ発展途上のクラウドファンディング事業においては，プラットフォームが，そこまでの情報収集能力あるいは財務力を持っているとは限らない。また，プラットフォームが，資金拠出者に対していったん保証を提供した上で，資金調達者に対して求償を求めるというシステムは，プラットフォームが資金拠出者について保証を提供することになるし，当初のプロジェクトの成功条件などについての判別をプラットフォーム自身が評価することは必ずしも容易ではないこと[16]を考えると，クラウドファンディングに適した事業形態とは言えないと考えられる。

　そこで，もう一つの法律構成が考えられることになる。クラウドファンディングプラットフォームが販売あるいは提供するのは，資金調達者が提供する物品やサービスではなく，資金調達者と資金拠出者との間の間のマッチングの機会であり，資金調達者が提供する物品やサービスは，資金調達者から資金拠出者に販売されるのだ，という枠組みを採用するのである。この場合，プラッ

---

[16]　小塚・森田（2018）にいう，「決済の当事者」に対する「決済機関」の位置づけを参照されたい。

第Ⅱ部　AIに関する法的課題

トフォームが負担する法的責任は大きく減少する。そして，そのようなリスク分配のあり方は，前述したような，各当事者のリスクコントロール能力を考慮に入れれば，非効率なものになるとは限らず，一定の効率性が認められよう。

5　融資型クラウドファンディングに対する法規制

　融資型クラウドファンディングは，クラウドファンディングプラットフォームを通じてマッチされた資金提供者が資金調達者に対して資金を貸し付け，プロジェクトが実現した場合に資金調達者が利息を付して資金を返済するという形のクラウドファンディングである。もっとも，わが国に登場した融資型クラウドファンディングは当初，資金提供者と資金調達者とを個別にマッチングする形態を採用していたものの，現在では，個別のマッチングを行うのではなく，資金提供者が利率（リターン）とリスクとの特定されたファンドに対して出資を行い，クラウドファンディングプラットフォームが，当該リターン・リスクにマッチすると評価した事業者に対して資金を貸し付け，その弁済金をもって出資者への返済に充てる，という「ファンド型」クラウドファンディングの形式を採用するのが一般的になっているようである。

　元来，P2P レンディングにおいては，資金拠出者が，資金調達者がどのようなプロジェクトを実行しようとしているのかを評価し，信頼できると考えた場合には，当該プロジェクトに対して資金拠出を行うことを前提としていた。[17] 資金拠出者が資金調達者のプロジェクトを評価する際には，銀行など金融機関が融資先を評価する場合とは異なって，さまざまな資金拠出者が有する多様な知識・背景を活用することによって，より多面的なリスク評価が可能になる可能性がある。また，資金拠出者は，自らが資金を援助したプロジェクトの実現過程を観察することで，元利金の返済という金銭的なリターンを得るのみなら

---

(17)　詳細については，森田（2010）を参照。

第**5**章　人工知能ビジネスの資金調達と法規制

ず，「自分の出資したプロジェクトがこのように実現し，社会の役に立っているのだ」という精神的な満足感というリターンをも得ることができる。

　しかし，このような古典的な P2P レンディングのビジネスモデルにおいては，資金調達者のプロジェクト一つひとつに対して融資が成立することになるから，プロジェクトが不成功に終わって融資にデフォルトが発生するリスクはそれなりに高くなってしまい，一定割合でデフォルトが発生することを避けることは難しい。もちろん，融資型クラウドファンディングプラットフォームは，デフォルトが発生することをできるだけ回避するためにさまざまな手段を講じていたけれども，平均的な日本の投資家にとってはおそらく，エクイティ投資ではなく融資取引であるにもかかわらず，相当な確率でデフォルトが発生し得るという投資スキームは，受け入れられにくかったのであろう。このため，複数の資金調達者への融資をまとめたファンドを組成することで，分散投資によるリスク低下を図ったり，保証会社による保証を付したり，不動産担保を取得したりすることで，リスクの低下を図ったりする努力が行われるようになってきた。もちろん，このようなスキームでは，古典的な P2P レンディングに見られたようなメリットを十分に発揮することは難しく，クラウドファンディングといっても，伝統的な銀行業に近づいていくことになる。

　このように，融資型クラウドファンディングのスキームは，古典的な P2P レンディングから，元本割れリスクを低減したファンド型クラウドファンディングに移行してきているが，そこで使われている法律構成，および，法規制のあり方については，両者の間に大きな違いはない。そこで以下では，融資型クラウドファンディング・ファンド型クラウドファンディングの法的仕組み，および，法規制のあり方について概観していきたい。

　融資型クラウドファンディングにおいては，クラウドファンディングプラットフォームは，営業者として匿名組合（商法535条）を組成した上で，この匿名組合への投資を勧誘する。資金拠出者は，匿名組合に出資した上で，匿名組合

⒅　この点について詳しくは，森田（2010）を参照。

165

第Ⅱ部　AIに関する法的課題

員として利益の分配を得る。プラットフォームは，出資された資金から手数料を控除した上で，これを資金調達者に対して金銭消費貸借契約に基づいて貸し付け，元利金の返済を受ける。資金調達者のプロジェクトが成功裏に実現しなければ，元利金の返済は滞ることがあり得，そのような場合には，匿名組合員たる資金拠出者の得るリターンはマイナスになることもあり得る。

　このように，融資型クラウドファンディングといっても，資金拠出者と資金調達者の間で金銭消費貸借契約を成立させるのではなく，クラウドファンディングプラットフォームがいったん匿名組合を組成し，匿名組合の営業者たるプラットフォームが資金調達者との間で金銭消費貸借契約を締結する，という構成が採用されているのは，資金拠出者に貸金業法の規制が適用されることを回避するためである。

　すなわち，仮に，資金拠出者と資金調達者との間で金銭消費貸借契約を締結するという構成を採用した場合，プラットフォームを通じて資金拠出者が反復継続してさまざまな資金調達者に対して貸付を行っていると，「業として」金銭の貸し付けを行っていることになり，貸金業者としての登録が必要となってしまう（貸金業法2条1項・3条）。そこで，金銭の貸し付けを行っているのは，あくまで匿名組合の営業者であるクラウドファンディングプラットフォームであり，資金拠出者は，貸金業の営業には携わらない匿名組合員に過ぎないと構成することで，資金拠出者に貸金業法の規制が適用されることを回避しているのである。

　このように，資金拠出者には業法規制は適用されない構造になっているものの，クラウドファンディングプラットフォームには，2種類の業法規制が適用される。まず，プラットフォームは，匿名組合に対する出資を勧誘し，匿名組合という投資スキームを運用していることから，出資者たる資金拠出者を保護するために，金融商品取引法の規制が適用される。具体的には，プラットフォームは，第2種金融商品取引業者として，登録を受けなければならない（金融商品取引法28条2項2号・2条8項9号）。このため，1000万円の最低資本金，適切な事業体制の構築などが求められるほか，必要に応じて金融庁による監督

166

第**5**章　人工知能ビジネスの資金調達と法規制

に服することになる。[19]

　それと同時に，クラウドファンディングプラットフォームは，資金調達者に対して「業として」金銭の貸し付けを行っているため，資金調達者が過剰な借入を行ったり，苛烈な取立が行われたりしないように，貸金業法の規制が適用される。プラットフォームは，貸金業者としての登録を受けなければならず，借手である資金調達者に対してさまざまな情報開示が要求される。また，上限金利や貸出総額についての規制（総量規制）が適用されるし，内部統制体制を初めとする不正行為を行わないための事業体制の構築なども求められる。さらに，金融庁や都道府県の監督にも服することになる。

6　エクイティ型クラウドファンディングに対する法規制

　最後に，エクイティ型クラウドファンディングの仕組みと法規制について概観していきたい。

　エクイティ型クラウドファンディングにおいては，資金調達者は，株式発行を通じて資金調達を実現しようと努めることになる。クラウドファンディングプラットフォームは，資金調達者による株式発行の情報を，自己のウエッブサイトを通じて広告し，資金拠出者による投資を勧誘することになる。資金拠出者は，資金調達者のプロジェクトを観察し，プロジェクトの実現可能性などを評価して，出資するか否かを決断する。資金拠出者から十分な額の資金が拠出され，目標額に到達した場合には，クラウドファンディングプラットフォームは，出資された資金を資金調達者に提供する。その払込に基づいて，資金調達

---

[19]　融資型クラウドファンディングプラットフォームに対して，行政処分が発動された具体的な事例としては例えば，205年6月26日に証券取引等監視委員会から下された勧告（http://www.fsa.go.jp/sesc/news/c_2015/2015/20150626-3.htm に基づいて，同年7月3日に下された行政処分（http://kantou.mof.go.jp/rizai/pagekthp 032102500.html）がある。この事件においては，クラウドファンディングプラットフォーム CrowdBank を営む日本クラウド証券株式会社に対して，分別管理を適切に行っていない状況，および，顧客に対し必要な情報を適切に通知していないと認められる状況があったとして，業務停止命令および業務改善命令が下されている。

者は，資金拠出者に新たな株式を割り当てて発行することになる。資金拠出者が得られるリターンは，取得された株式に基づく配当や転売によるキャピタルゲインとなる。ただし，エクイティ型クラウドファンディングを通じて発行された株式は，証券取引所に上場されていないから，転売による換金は困難であるし，株式発行企業がスタートアップ企業である以上，配当もほとんど期待できない。

　融資型クラウドファンディングとと比較した場合，資金調達者としては，発行する証券が株式であるので，返済の必要がない——そうは言っても，融資以上の魅力的な期待リターンを提示できない限り，投資家は資金を拠出してくれないであろう——点がメリットであるし，資金拠出者にとっては，プロジェクトが成功すれば，融資以上の高いリターンを得られる可能性がある点にメリットが見いだされる。

　このようなエクイティ型クラウドファンディングは，2012年に成立した米国JOBS 法（Jumpstart Out Business Startups Act），特にその第３編によって，ヴェンチャー企業による資金調達を容易にするために比較的緩い規制の下で行えるようになったものである。このような米国の動きを受けて，わが国においても，ヴェンチャービジネスに関わる人々を中心に，エクイティ型クラウドファンディングを導入すべきだとの意見が強まった。当時の金融商品取引法を前提とすると，エクイティ型クラウドファンディングをわが国で実現するためには，クラウドファンディングプラットフォームは，金融商品取引業者としての厳格な規制が課せられる一方で，投資家の保護のために必要な規制が整備されていなかったのである。そこで，2014年の金融商品取引法改正（施行は2015年５月29日）によって，クラウドファンディングプラットフォームに対する規制緩和と，投資家保護の整備が図られることになった。

　2014年金融商品取引法改正は，まず，「電子募集取扱業務」を定義した（金融商品取引法29条の２　１項６号・２条８項９号，金融商品取引業等に関する内閣府令６条の２）。ここでは，ウェブサイトのみ，あるいは，ウェブサイトおよび電子メールを通じた有価証券の募集または私募を「業として」行うことが，電子募

集取扱業務として定義されている。このため，電話による勧誘や訪問による勧誘をした場合には，電子募集取扱業務に該当せず，通常の金融商品取引業者になってしまう。

そして，電子募集取扱業務を行う者は，一定の場合には，第1種金融商品取引業者・第2種金融商品取引業者としての登録を行う必要はなく，少額電子募集取扱業務としての登録を行えば足りる（金融商品取引法29条の4の2・29条の4の3）。「少額」と言えるためには，1年あたりの発行価額の総額が1億円未満であり，かつ，投資家1人あたりの払込額が50万円以下であることが必要である（金融商品取引法施行令15条の10の3）。このような少額の募集にあたっては，募集によって得られる手数料収入も小さいので，従来の金融商品取引業者に対して課せられる規制を全て遵守することになると，コスト倒れに終わってしまう。そこで，2014年改正法は，少額電子募集取扱業務のみを営む者に対しては，従来の規制を緩和することにしたのである。具体的には，上場有価証券を扱う第1種少額電子募集取扱業務（金融商品取引法29条の4の2）と，第2種少額電子募集取扱業務（金融商品取引法29条の4の3）とで規制内容は異なる。

まず，第1種少額電子募集取扱業務を行う第1種少額電子募集取扱業者については，次のような規制が適用される。最低資本金については，通常の第1種金融商品取引業者については，5000万円から30億円が要求されていたのに対し，1000万円で足りる。また，兼業規制や自己資本比率規制も適用されないし，金融商品取引責任準備金に加入する必要もない（金融商品取引法29条の4の2　4項・6項）。標識の表示などは不要になるが（金融商品取引法29条の4の2　5項），代わりにウェブサイト上に商号や登録番号などを掲載しなければならない（金融商品取引法29条の4の2　8項）。さらに，金融商品仲介業者への業務委託・公開買付事務・大量保有報告の特例報告を行うことができない（金融商品取引法29条の4の2　7項）。

次に，第2種少額電子募集取扱業務を行う第2種少額電子募集取扱業者については，最低資本金が500万円で足りる（従来の第2種金融商品取引業者は1000万円）。標識の掲載については，第1種少額電子募集取扱業者と同様に，標識を

第Ⅱ部 AIに関する法的課題

営業所に掲示する必要はなく，ウェブサイトに掲載することになる。従来の第2種金融商品取引業者については，そもそも兼業規制や自己資本比率規制はなかったので，少額電子募集であることによる規制緩和はごくわずかである。それ以外の従来の金融商品取引業者に課されていた規制——たとえば，適合性原則や損失補塡の禁止など——は，第1種，第2種を問わず，少額電子募集取扱業者にも適用される。

他方で，2014年改正前は，クラウドファンディングに応じて資金を拠出する投資家の保護が十分に図られていなかった。そこで，電子勧誘に関する規制が新たに整備されることになった。まず，投資家の投資判断に必要な一定の情報をウェブサイトに掲載しなければならない（金融商品取引法43条の5）。また，クラウドファンディングを行うのに適した業務管理体制の構築が求められることになった（金融商品取引法35条の3）。具体的には，コンピュータシステムの管理，資金調達者の事業内容のチェック，目標額に到達しなかった・超過した場合の処理に関する表示，8日間のクーリングオフ，資金調達後に資金調達者のプロジェクトの進捗状況についての情報提供がされるようにするための体制，などが求められている（金融商品取引業等に関する内閣府令70条の2）。

7 クラウドファンディング事業とそれに対する法規制の将来

以上に見てきたように，クラウドファンディングにはさまざまなタイプがあるし，それぞれに異なる規制が適用されている。それらの規制は，資金拠出者，場合によっては，資金調達者を保護するための規制であり，さまざまな当事者が安心してクラウドファンディングを利用することができるようにするためのルールだと言える。もっとも，実際に，クラウドファンディングが魅力的な資金調達あるいは投資の場となっていくためには，現行法の規制を越えたさまざまな要因が重要である。

まず，クラウドファンディングが資金提供者にとって魅力的に映るためには，資金提供者が資金提供をしてよかったと考えられるような魅力的な投資先が豊

第**5**章　人工知能ビジネスの資金調達と法規制

富に存在することが必要である。ここにいう魅力的な投資先とは，金銭的なリターンが魅力的な場合もあれば，投資先のプロジェクトの実現が資金拠出者に精神的な満足感というリターンを与えてくれる場合もある。どちらの場合であっても，クラウドファンディングプラットフォームに求められる作業は，単に魅力的な投資先を探してきてマッチングの場に提供することのみならず，投資先に関するさまざまな情報を——法規制によって要求される以上の情報をも——資金拠出者に対して提供していくことが必要である。また，望ましくない投資先が含まれていると，マッチングの場としてのクラウドファンディングのレピュテーション（評判）が低下してしまうから，望ましくない投資先が紛れ込んでこないように，スクリーニングを行うインセンティヴも，クラウドファンディングプラットフォームには存在する。

　他方で，資金調達者にとってクラウドファンディングが魅力的に映るためには，クラウドファンディングを利用した場合には，伝統的な銀行業のような金融機関を通じた資金調達よりも，よい条件で資金調達できることが必要となる。そのためには，資金調達者も，自らのプロジェクトに関する情報をできるだけクラウドファンディングプラットフォームおよび資金拠出者に提供するインセンティヴを持つ。[20]

　クラウドファンディングプラットフォームは，成立した資金調達から割合的な手数料を得ている以上，より多くの資金拠出者と資金提供者が自らのプラットフォームに集まるように競争するインセンティヴを持つ。現在までのところ，基本的には，このようなプラットフォーム間競争によるインセンティヴが効果的に働き，各クラウドファンディングプラットフォームは，より多くの情報を提供しようと努めているかのように見える。もっとも，資金拠出者や資金提供

---

(20)　もっとも，虚偽の情報や誇大な情報が提供された場合に，資金調達者あるいはクラウドファンディングプラットフォームがどのような責任を負うのかについては，必ずしも明らかではない。資金調達者が不法行為責任を負うことは明らかであろうが，資金拠出者による不法行為責任の追及は必ずしも容易なものではないし，クラウドファンディングプラットフォームが代位責任・監督責任的な形で責任を引き受けることになるかは，明らかではない。

171

第Ⅱ部　AIに関する法的課題

者から目が届きにくく，競争によるインセンティヴが働きにくいポイント——
たとえば分別管理の徹底の有無など——については，監督官庁によるモニタ
リングが必要になり続けるであろう。

　ただ，将来も現行法の規制が維持されるかは，明らかではない。仮に将来，
資金調達者の放漫経営や詐欺的なスキームが登場し，多数の投資家が損害を被
るような事態が発生した場合，監督官庁たる金融庁としては，資金調達者に対
する厳格なモニタリングを要求するような，厳しい規制を導入することを望む
ようになるかもしれない。そのような規制は，クラウドファンディング事業の
発達にマイナスの影響を及ぼしかねない。このため，多くのクラウドファン
ディングプラットフォームは，自主的に内部統制体制を構築しようとしてきて
いるし，日本証券業協会も自主規制を導入している。

　クラウドファンディング事業の将来について，もう一つ興味深いのは，エク
イティ型クラウドファンディングの将来である。2014年の金融商品取引法改正
の際には，ヴェンチャービジネスに関わる人々を中心に，エクイティ型クラウ
ドファンディング事業の必要性・重要性が強く主張されていた。しかし，エク
イティ型クラウドファンディングが，その後わが国において広く普及したとは
とても言いがたく，むしろ，さまざまなタイプのクラウドファンディングの中
で最も人気のないタイプになっている。日本経済新聞2018年2月28日記事は，
エクイティ型クラウドファンディングの「急増」を報ずるが，他のクラウド
ファンディングに比すると，非常に小さなマーケットでしかない。このような
エクイティ型クラウドファンディングの苦境は，わが国における融資型クラウ
ドファンディングの変容，すなわち，古典的な P2P レンディングからファン
ド型クラウドファンディングへの変容を考えれば，当然に予測できた事態だっ
たと言える。

---

(21)　監督官庁としては，「緩すぎる規制しか設定していないために消費者被害が発生
　　したのだ」とメディアに批判されることは，厳しい規制を導入する強力な動機にな
　　るであろう。

(22)　http://www.jsda.or.jp/shiryo/web-handbook/105_kabushiki/files/160216_crowd.
　　pdf

第**5**章　人工知能ビジネスの資金調達と法規制

すなわち，前述したように，古典的な P2P レンディングがわが国で事業を継続することができず，ファンド型クラウドファンディングへと変容していったのは，資金拠出者が，単一のプロジェクトから発生するリスク——とりわけ元本割れリスク——を引き受けることに抵抗があったからであったと想像される[23]。そのため，単一の資金調達者相手に資金を提供するのではなく，複数の資金調達者を組み合わせてファンドを組成することで，分散投資によるリスク低減を図ったファンド型クラウドファンディングへと変容していったのである。単一プロジェクトに依存するリスクは，エクイティ型クラウドファンディングにおいては，より致命的な形で発現する。

スタートアップ・ファイナンスは，多数の失敗したプロジェクトを生む。典型的なヴェンチャー・キャピタルは，多数の失敗したプロジェクトのうちに，ごくわずかに「大化け」したプロジェクトを見いだすことによって，投下資本の回収を目指すのである。そこでは，投資先の分散は必須の要素となる。これに対し，エクイティ型クラウドファンディングにおける資金調達者は，多くの場合，そのような分散投資は困難である。また，ヴェンチャー・キャピタルのように，転換社債などを活用することで，いざという場合にはヴェンチャー企業の経営に介入していくといった対応策をとることも難しい[24]。とりわけ，「有望」なスタートアップ企業は，めざといエンジェル投資家やヴェンチャー・キャピタルからの資金調達を受けられるであろうことを考えれば，エクイティ型クラウドファンディングの利用を希望するスタートアップ企業は，彼らのスクリーニングを通過することができなかった，（少なくとも平均的には）質の悪いプロジェクトになってしまうであろう[25]。資金調達者のポートフォリオには，

---

[23]　購入型クラウドファンディングにおいては，資金拠出者に対するリターンを，金銭ではなく，物品やサービスなど，非金銭的なものにすることによって，精神的な満足感というリターンにより着目しやすいように仕組むことで，本文で述べたポイントを克服している。それが，わが国において，購入型クラウドファンディングが最も普及している原因の一つであろう。

[24]　この点についてはたとえば，Kaplan and Strömberg（2003）を参照。

[25]　このほか，エンジェル投資家やヴェンチャー・キャピタルに頼らなければならなくなるほどの多額の資金は不要なプロジェクトも，エクイティ型クラウドファン↗

第Ⅱ部　AIに関する法的課題

マイナスのリターンをもたらすプロジェクトが枕を並べることになるだろう。

　そもそも，エクイティ型クラウドファンディングによって発行された株式は，上場されておらず——したがって有価証券報告書などを通じた情報開示もないし公認会計士による監査がなされているとも限らない——，売却による換金もできないから，投下資本の回収も値上がり益の追及も難しいことが多い。発行会社が，IPO を果たしたり，第三者に買収されたりする場合が，資金拠出者にとって唯一の投下資本回収のチャンスとなるが，そのような機会が訪れる可能性は決して高いものではない。エクイティ型クラウドファンディングは，贈与型に限りなく近い性質を持つと言えよう。

　このように見てくると，エクイティ型クラウドファンディングがわが国において普及してこなかったのは自然なことだと言える。比較法を行うにあたっては，法ルールが機能する社会的前提条件を明らかにした上で，それら前提条件が違う日本においては，外国の法ルールの機能がどのように変容するのかを考察することが必須の作業である。しかるに，2014年の金融商品取引法改正（のうち，エクイティ型クラウドファンディングに関わる部分）を後押しした人々は，この当然の原理を失念していたのであろう。エクイティ型クラウドファンディングの現在の苦境は，「外国法の輸入」の際にどのような作業が必要なのかを私たちに再認識させてくれていると言える。

　それと同時に興味深いのは，エクイティ型クラウドファンディングと類似した機能を持つ ICO が，盛んに利用され始めていることである。ICO のリスクも，エクイティ型クラウドファンディングと同様に高い。けれども，エクイティ型クラウドファンディングと ICO とで違うのは，対象となる投資家層である。エクイティ型クラウドファンディングにおいては，日本国内の小規模の投資家のみが対象となるが，ICO においては，世界中の投資家が対象となるし，一投資家あたりの投資額の上限も存在しない。日本国内の投資家を対象とするエクイティ型クラウドファンディングにおいては，前述したようなリスク

───────────

＼ンディングを利用することになるだろう。

第**5**章　人工知能ビジネスの資金調達と法規制

を好まない投資家との間のマッチングは困難であるのに対し，国外には多様な投資家が存在するから，投資家をマッチングすることが相対的に容易である。一見，類似したリスクを扱う資金調達手段であっても，投資家層という社会的前提条件が異なってくれば，その実効性が大きく異なってくるのである。

謝辞　本章は，（独）経済産業研究所におけるプロジェクト「人工知能等が経済に与える影響研究」の成果の一部である。本章の執筆にあたっては，同プロジェクトの参加者からの有益な助言を得た。深く感謝申し上げる。

●参考文献

Kaplan, Steven N., and Per Strömberg (2003) "Financial Contracting Theory Meets the Real World: An Empirical Analysis of Venture Capital Contracts", *The Review of Economic Studies* 70, 281-315.

小塚荘一郎・森田果（2018）『支払決済法──手形小切手から電子マネーまで（第3版）』商事法務。

森田果（2010）「ソーシャル・レンディングの機能──maneoの事例を題材に」『GEMC journal』3，50-71頁。

第**6**章

ドローンと法

──損害賠償の観点から考える──

佐藤智晶

1 移動革命と損害賠償ルール

本章では，ドローンに関連する損害賠償について，主に航空機等からの落下物に関する損害賠償の事例を参考にして，基礎的な情報を提供する。[1]日本経済再生本部の未来投資会議は，2017年6月9日に「未来投資戦略2017──Society 5.0 の実現に向けた改革──」を公表した。未来投資戦略 2017 の中には，移動革命の実現が謳われている。具体的にいえば，小型無人機（以下，「ドローン」）については，2018年に山間部等における荷物配送を実施し，2020年代には都市でも安全な荷物配送を本格化させるため，補助者を配置しない目視外飛行や第三者上空飛行など高度な飛行を可能とするための技術開発や制度的対応を進める，とされている。ドローンなどによる物流効率化と移動サービスの高度化が進むとすれば，それはまさに移動革命の実現と言えるだろう。他方で，ドローン自体の落下や，ドローンによって運送される荷物の落下に関する損害賠償をどのように考えるべきか，という大きな問題はある。[2]

---

(1) 本章は，佐藤智晶（2017）「航空機等からの落下物に関する損害賠償について──ドローンを含めて米国の事例を参考に」『青山法学論集』59巻2号65-85頁に加筆修正を加えたものである。

(2) ドローンの規制等については以下のような先行研究があるものの，損害賠償ルールについて言及するものを見つけることができなかった。例えば，寺田麻佑（2016）「新法解説 航空法の改正──無人航空機（ドローン）に関する規制の整備」『法学教室』426号，47-53頁；中崎尚（2015）「ドローン規制の現在」『NBL』1061号，26-30頁；矢吹多美子（2016）「ドローン（無人航空機）と保険業界──米国↗

第Ⅱ部　AIに関する法的課題

　ドローンに関連する損害賠償は，自動運転自動車に関連する損害賠償とは必ずしも同じように議論できないことに加えて，航空機等からの落下物に関する損害賠償とも異なる様相を呈する。これまで，AIの技術革新を背景に自動運転自動車などに関連する損害賠償については，いくつかの先行研究がすでに公表されている。自動運転自動車については，これまでよりも事故の確率が格段に減少する上に，いわゆる相互性のある世界を主に扱うことになることから，損害賠償の問題で懸念されているのはサイバーセキュリティなどの新しいリスクへの対応に過ぎない。他方，ドローンに関連する損害賠償では，むしろ事故の確率はドローンの利用拡大とともに上昇し得ることに加えて，航空機等からの落下物に関する損害賠償と同様に相互性のない世界を扱うことになる。すなわち，第三者はドローンによる被害を受ける可能性はあっても，通常の生活をしながらドローンが生み出す危険を回避することがそもそも難しい。航空機等の場合には運航に関する制限が大きいのに対し，ドローンの場合にはむしろさまざまなロケーションや場面で利用できることに意味があり，そのために航空機等以上のリスクが生まれる可能性がある。

　本章では，上記の背景を受けて，ドローンに関連する損害賠償について，主に航空機等からの落下物に関する損害賠償の事例を参考にして，基礎的な分析を行う。まず，日本法における議論の前提として，損害賠償の根拠となる法律を整理する。次に，日本や米国が批准していないものの，航空機等からの落下物に関する損害賠償に関係するローマ条約およびその後の展開について説明する。続いて，米国の状況を説明するとともに，米国以外の国々の主な動向について簡単にまとめる。次に，航空機等からの落下物に関する損害賠償については各州で対応が異なっているものの，米国では過失責任を採用する州が多く，他方，主要国である英国，フランス，ドイツ，オーストラリアなどが厳格責任であることを示す。加えて，ドローンに関連する損害賠償について，米国，英国，フランス，ドイツ，イタリア，カナダの状況を説明する。

―――――――――――――――――
　＼の事例を参考に」『損保送検レポート』117号，1-26頁。

178

第**6**章　ドローンと法

2　日本法における議論の前提

　日本には，航空機等からの落下物に関する損害賠償について特別の立法措置が講じられていない。ドローンは，航空法2条22項の「無人航空機」として扱われている。同条によれば，無人航空機とは，「航空の用に供することができる飛行機，回転翼航空機，滑空機，飛行船その他政令で定める機器であつて構造上人が乗ることができないもののうち，遠隔操作又は自動操縦（プログラムにより自動的に操縦を行うことをいう）により飛行させることができるもの（その重量その他の事由を勘案してその飛行により航空機の航行の安全並びに地上及び水上の人及び物件の安全が損なわれるおそれがないものとして国土交通省令で定めるものを除く）」と規定されている。

　ドローンの運航については，原則として，航空機の航行の安全に影響を及ぼすおそれのある空域や，落下した場合に地上の人などに危害を及ぼすおそれが高い空域において，無人航空機を飛行させる場合には，あらかじめ，地方航空局長から許可を受ける必要がある。

　また，飛行空域にかかわらず，夜間飛行，目視外飛行，ヒトやモノとの間に30メートルの距離を保たない飛行，イベント上空飛行，危険物輸送，物件投下を行う場合には，あらかじめ地方航空局長から承認を受ける必要が原則としてある。[3]

　さらに，航空法157条の4によれば，無人航空機について飛行の空域や飛行方法に違反した場合，50万円以下の罰金が科せられ得る。

---

(3)　航空法第132条の3によれば，事故や災害時に，国や地方公共団体，また，これらの者の依頼を受けた者が捜索又は救助を行うために無人航空機を飛行させる場合については，適用されない。なお，本特例が適用された場合であっても，航空機の航行の安全や地上の人等の安全が損なわれないよう，必要な安全確保を自主的に行う必要があることから，当該安全確保の方法として，以下の運用ガイドラインが定められている。国土交通省航空局（2015年）「航空法132条の3の適用を受け無人航空機を飛行させる場合の運用ガイドライン」を参照されたい。

第Ⅱ部　AIに関する法的課題

そうすると，原則に戻り，民法と製造物責任法などがドローンについて損害賠償を処理するための法律と言うことになる。民法709条によれば，ドローンを含む航空機等の運航者が，故意または過失によって地上にいる第三者の権利または法律上保護される利益を侵害した場合，これによって生じた損害を賠償する責任を負う。また，ドローンの運航者を使用している者は，民法715条に基づいて使用者責任を負う可能性がある。さらに，製造物責任法3条によれば，ドローンを含む航空機等の製造業者が引き渡した製造物の欠陥により他人の生命，身体または財産を侵害したときは，これによって生じた損害を賠償することになる。要するに，民法に照らせば，故意や過失がない場合，製造物責任法に照らせば，製造物に欠陥がない場合（または製造物をその製造業者が引き渡した時における科学または技術に関する知見によっては，当該製造物にその欠陥があることを認識することができなかった場合），運航者や製造業者に損害賠償責任は生じない。逆に言えば，被害者の損害は誰からも塡補されないことになる。[4]

また，ドローンを含む航空機等からの落下物に関する損害賠償では，原告が被告の故意や過失，そして製造物の欠陥の証明だけではなく，そもそもどの航空機等の落下物なのかを特定し，因果関係を証明する必要がある。部品等や氷を落下させる可能性のある航空機等が多ければ多いほど，その特定は困難を極める可能性がある。特に落下物が氷の場合，航空機等の識別は困難だと思われる。

3　1952年のローマ条約およびその後の展開

（1）1952年のローマ条約の概要

米国と日本は署名も批准もしていないものの，実は外国航空機による地上に

──────────

(4)　なお，航空機の製造事業者は，ほぼすべて外国企業だと思われるが，法の適用に関する通則法17条および18条に基づいて，日本の不法行為法や製造物責任法が海外の製造事業者にも適用されうる。また，製造物責任法は，製造業者のみならず，加工業者や輸入業者にも適用され得る。

いる第三者に対する損害の賠償については，1952年のローマ条約がある。[5] この条約は，1958年2月4日に発効しており，現在，49カ国が締約国となっている（ICAO，1952: 1）。言い換えれば，国際民間航空機関（ICAO）の全加盟国の25％程度しか，ローマ条約の締約国になっていない。

ローマ条約は，外国航空機によって損害を被った地上にいる人々に対して十分な損害賠償を保障するとともに，合理的な方法で損害賠償責任の範囲を制限して国際民間航空運送の発展を阻害しないようにするために締結された。[6] この条約の1条によれば，地上の被害者は，外国航空機または当該航空機からの落下物によって損害を被ったことを証明すれば，運航者の故意や過失の有無にかかわらず，損害賠償を受ける権利を持つ。損害賠償責任を負うのは，原則とし

---

(5) ローマ条約については，すでに先行研究が多数ある。たとえば，山崎悠基（1968）「1952年ローマ条約」『専修法学論集』5号，139-150頁；長尾正勝（1981）「1952年ローマ条約の改正について」空法22・23号，2587-2642頁；長尾正勝（1981）「ローマ条約——改正議定書対照訳文（資料）」『空法』22・23号，2679-2707頁；関口雅夫（1982）「1952年10月7日にローマで署名された外国航空機が地上第三者に引き起こす損害に関する条約を改正する議定書（1978年モントリオール議定書）（資料）」『政治学論集』15巻，107-135頁；山崎悠基（1983）「ソニック・ブームとローマ条約」『空法』24号2713-2739頁；関口雅夫（2003）「外国航空機が地上第三者に加えた損害に関する責任制度（ローマ条約）の研究(1)」『駒澤法学』3巻1号286-270頁；小塚荘一郎（2005）「航空機による第三者損害の賠償と補償(1)」『上智法学論集』48巻3・4号，21-34頁；小塚荘一郎（2005）「航空機による第三者損害の賠償と補償(2)」『上智法学論集』49巻1号，1-48頁；藤田勝利（2007）「地上第三者に対する責任」藤田勝利編『新航空法講義』信山社，207-229頁。なお，掲載ページの確認ができないものの，吉田照雄（1956）「航空運送人の責任に関するワルソー条約とローマ条約」と題する論稿が『損害保険研究』18巻2号から4号にかけて掲載されている。

(6) Convention on Damage Caused by Foreign Aircraft to Third Parties on the Surface. Signed at Rome, on 7 October 1952 (Rome Convention 1952) ("THE STATES SIGNATORY to this Convention, MOVED by a desire to ensure adequate compensation for persons who suffer damage caused on the surface by foreign aircraft, while limiting in a reasonable manner the extent of the liabilities incurred for such damage in order not to hinder the development of international civil air transport, and also CONVINCED of the need for unifying to the greatest extent possible, through an international convention, the rules applying in the various countries of the world to the liabilities incurred for such damage").

第Ⅱ部　AIに関する法的課題

て運航者である。もちろん，因果関係のない損害（外国航空機自体や航空機からの落下物の直接の結果によって生じた損害でないもの）や，適用される既存の航空管制関連法令を遵守した外国航空機が運航されたことだけで生じた損害は，賠償の対象から除外されている。

　また，運航者等が被害者の過失等（過失，その他の違法行為または不作為を含む）だけで損害が生じたことを証明した場合には，運航者等の責任は免除される。

　そして，過失が運航者等と被害者の間で競合した場合には比較過失の問題として扱われ，運航者等の損害賠償責任は，被害者の過失の分だけ減額されるのが原則である。

　加えて，2機以上の航空機が衝突して損害を生じさせた場合には，複数の運航者等が連帯して損害賠償責任を負うことになる。

　しかも，運航者等の故意行為や故意による不作為の場合（運航者の被用者の場合には雇用の範囲内の故意行為や故意による不作為の場合）を例外として，損害賠償額の制限が設けられている。具体的に言えば，死亡やその他の人身損害の場合には一人あたり50万フラン，その他については航空機の重さ（最大積載量から浮揚用ガスを使用した場合にはその重さを減じたもの）に基づいて，運航者が負う損害賠償責任が細かく制限される。

　なお，ローマ条約にはある締約国がその他の締約国で登録されている航空機の運航者等に損害賠償責任保険に入るように義務づけることができる，と規定している。

　以上のように，ローマ条約のアプローチは，過失責任主義の原則から明確に離れるものである上に，過失によって生じた損害については運航者の責任が制限されている点に特徴がある。

（2）その後の展開

　1952年のローマ条約は，締約国が増えないままの状況が続き，2009年に現代化された条約でも十分な支持を集められていない（Jennison, 2005）。ローマ条

約の締約国が予想通りに増えなかった理由としては，国際条約で統一的な枠組みを設ける緊急性に乏しかったため，と指摘されている（Jennison, 2005: 789, 794-795）。たとえば，ローマ条約の締約国でない国の中には厳格責任や過失責任を採用する国があり，運航者等の責任についても制限する国と制限しない国がある。しかしながら，どのようなルールを採用する国においても，ルール自体は比較的明確であるため，損害保険が機能しやすいという。しかも，被害者は地上にいる前提なので，航空機の落下または航空機からの落下物で被害が発生した場所で，損害賠償請求訴訟を提起するのが普通である。そして今後，テロなどで被害が発生する可能性は比較的稀である上，それ以外の被害の発生についても減少傾向にあるという。加えて，航空機の墜落の場合，パイロットが最大限の注意を払って市街地等へ墜落を避ける，という点も考慮に値する。さらに言えば，各国の裁判所で被害が救済されない，という事態を想像することが難しいという。損害保険会社によれば，2005年までに発生した被害はすべて救済されており，損害賠償されるべき事案で救済が否定された例はないという。むしろ，航空機の落下や航空機からの落下物に関する損害賠償で難しいのは被害者の認定と考えられており，航空機の落下や航空機からの落下物によって実際には損害を被っていない被害者からの訴訟が提起され得る点について，特に懸念が大きかった。

　ローマ条約の現代化は2000年にはじまり，一応2009年に結実したものの，条約が発効する目処は現時点で立っていない（Jennison, 2005: 789-796）。2000年にはスウェーデンの提案で，ローマ条約の現代化を議論するために，国際民間航空機関法務委員会がモントリオールで開催された。同法務委員会の承認を受けて，2001年の国際民間航空機関の総会では，現代化の議論が優先事項として承認され，現代化のための作業が進められた。そして，2002年3月にまとめられたテロ対応に関する国際民間航空機関総会の決議を間に挟んで，同事務局は2002年11月に，ローマ条約の締約国に対して現代化に向けた質問票による調査を実施した。調査票では，損害賠償責任の制限について各国の見解が大きく分かれていたものの，1999年のモントリオール条約に類似するスキームについて，

第Ⅱ部　AI に関する法的課題

約 3 分の 2 の賛成が示されていた。モントリオール条約のスキームとは，厳格責任を採用する一方で損害賠償額に上限を設けるものと，損害賠償額に上限を設けずに一定額までは運航者等の無過失責任，一定額以上は運航者等の過失の推定を認める，というスキームである（国土交通省，2003 年）。ただし，人身損害と財産損害について，両方ともこのスキームを適用するのかについては，各国の見解が分かれていたという。そして，調査票に回答した国々の 3 分の 2 は，地上損害の中に騒音を除く環境上の損害を含めるべきだと回答した。その後，国際民間航空機関総会では作業部会と特別部会（study group and special group）が設置され，法務委員会の支援も相まって，現代化の作業は鋭意進められた。さまざまな紆余曲折を経て，2009 年には一応の現代化が実現したものの，その内容は十分な支持を集められていない（Abeyratne, 2009; Stephen Dempsey, 2011: 17-18）。

　2009 年，国際民間航空機関は，「航空機によって第三者に生じた損害の賠償に関する条約」（Convention on Compensation for Damage Caused by Aircraft to Third Parties）および「航空機を含む違法な妨害行為による第三者に対する損害賠償に関する条約」（Convention on Compensation for Damage to Third Parties, Resulting from Acts of Unlawful Interference Involving Aircraft）を採択した（ICAO, 2009b; Centre of International Law, National University of Singapore, 2009）。前者が，テロに関係しない損害の賠償一般に関係する条約である（ICAO, 2009a; Faculty of Law, the University of Oslo, 2009）。航空機によって第三者に生じた損害の賠償に関する条約によれば，航空機の所有者ではなく運航者が，締約国の法に基づいて，航行中の航空機によって第三者に生じた損害について，厳格責任および過失責任を負うとされている。賠償の対象となる損害には，人身損害，財産損害，精神的苦痛，そして環境上の損害が含まれている。加えて，運航者が自らの無過失または第三者の過失を証明した場合のみ，損害賠償額には上限が設けられた。もっとも，同条約は未発効である。

184

4 米国の状況

興味深いことに，航空機の落下や航空機からの落下物に関する損害賠償責任は，多くの州で過失責任として扱われている（Roberts, 2017; Christopher Rapp, 2009; J. Plick, 1953: 123-124）。これは，1952年のローマ条約の立場とは相反する状況である。日本でも著名な空港を擁するニューヨーク州，ワシントン特別区，イリノイ州，カリフォルニア州，テキサス州，マサチューセッツ州，ジョージア州では，運航業者等に厳格責任を採用する州の制定法はなく，厳格責任を認めた判例も認められない（Shupe, J. Denny Esq. and G. W. Buhler, Esq., 2004）。

ドローンについては，ドローンが航空機に当たるのかどうかや，ドローンの利用が「異常に危険な活動」（ultra-hazardous activity）に該当しうるのかどうかについて，米国ではまだ裁判例がなく，第三者に対する損害賠償責任を扱った裁判例もない（American Bar Association, 2016: 13-20; Mathews, 2015: 597）。そのため，運航者等が厳格責任を負うのかは明らかではない。[7] もっとも，航空機の運航者等の損害賠償責任に照らしてみると，ドローンの利用についてもただちに厳格責任の対象になる，ということにはならないかもしれない。

米国において古くは，航空機の運航は「異常に危険な活動」として扱われており，厳格責任が適用され得るものと考えられていた。実のところ，不法行為法第1次および第2次リステイトメントでも，運航者と航空機の所有者がいわゆる厳格責任を負う旨の記載があった。そして，統一航空法（The Uniform Aeronautic Act）というモデル州法を採択していた23州では，リステイトメン

---

(7) フロリダ州，アイダホ州，ノースカロライナ州，オレゴン州，テネシー州，そしてテキサス州では，一定のドローンの使用について被害者が損害賠償請求する権利を認めている。たとえば，違法な監視を受けた場合などが好例である。しかしながら，地上の第三者に対する損害賠償責任一般については，まだ立法例がない模様である。なお，ユタ州では，最新の州制定法の法案（HB217）において，関連規則に違反した運航者が損害賠償責任を負うという内容を審議している模様である。American Bar Association (2016) p. 19 を参照。

第Ⅱ部　AIに関する法的課題

トと同じ見解が採用されており，ヒトまたは財産に対する全損害の賠償責任が
規定されていた。

しかしながら，このようなリステイトメントの見解はすでに多くの州で放棄
されているとされ，関連する“American Law Reporter”によれば，1945年ま
でに統一航空法を採用する州の数は18にまで減少している（Roberts, 2017; J.
Plick, 1953: 123-124）。

なお，現在，各州の制定法で明確に運航者等の厳格責任を規定している州と
してはデラウエア州（DEL. CODE. ANN. tit. 2 § 305），ニュージャージー州（NJ
Rev Stat § 6:2-7 (2013)）がある。

また，厳格責任ではないが運航者等の責任を推定する州としてはハワイ州，
ルイジアナ州（判例法），メリーランド州，ロードアイランド州，ウィスコンシ
ン州がある（Shupe, J. Denny Esq. and G. W. Buhler, Esq., 2004）。

以下では，日本でも著名な空港を擁するニューヨーク州，ワシントン特別区，
カリフォルニア州，イリノイ州，テキサス州，マサチューセッツ州，ジョージ
ア州の州法について，制定法上の規定の有無，厳格責任か過失責任なのか，そ
して過失推論則（Res Ipsa loquitur）の適用の有無について[8]，それぞれ確認する。

① ニューヨーク州

ニューヨーク州では，制定法（ニューヨーク州法典第14編航空機）において運
航者等の責任が規定されている。

NY CLS Gen Bus § 251 "Except as provided in subdivision three every
owner of an aircraft shall be liable and responsible for death occasioned or

---

[8] 過失推論則とは，原告が過失を証明できなくても損害賠償を得られる可能性を開
く法理である。過失推論則では，原告が過失行為または過失による不作為に関する
証拠をまったく提出できない場合であっても，原告の損害と原告を取り巻く状況に
よって実際には被告が過失によって損害を引き起こしたと判明する場合があり得る
ことを認める。もっとも，州によって適用は異なり，反証可能な過失の推定を認め
るところと，単純に陪審が過失を推定しても構わない，と扱うところがある。
Ludwig Kruk (1949); Pylman (2010); Editors (1949); Harper (1930) を参照。

injuries to person or property sustained, within or above this state, as a result of the use or operation of the aircraft in the business of the owner or otherwise, by any person using or operating the aircraft with the permission, express or implied, of such owner, in any case where the person using or operating the aircraft, or his estate, would be liable for such death or injuries."

　当該制定法では明確に規定されていないものの，関連判例によれば，ニューヨーク州では運航者等の責任は過失責任であると考えられている。[9]

　なお，航空機が自動車に落下した事案において過失推論則の適用を認めた事例がある。[10]

② ワシントン特別区

　ワシントン特別区については，関連する法令や関連判例を見つけることができなかった。運航者等が厳格責任を負うという法令や判例はなく，過失推論則を適用した事例も見当たらない。

③ カリフォルニア州

　カリフォルニア州では，州の制定法（公益企業法典（Public Utility Code）第9編航空）において，航空機の所有者や運航者等の責任が規定されている。関連する条文によれば，航空機の所有者等は，州の不法行為法に基づいて過失や違法な行為から生じた損害について責任を負うことになっている。関連判例によれば，航空機の所有者等の責任は過失責任であると考えられている。[11]

---

(9)　Guillen v Williams, 27 Misc. 2d 575, 212 N.Y.S. 2d 556, 1961 N.Y. Misc. LEXIS 3291 (N.Y. Sup. Ct. 1961); Nickleski v Aeronaves De Mexico, 34 Misc. 2d 834, 228 N.Y.S. 2d 963, 1962 N.Y. Misc. LEXIS 3389 (N.Y. Sup. Ct.), rev'd, 18 A.D. 2d 709, 236 N.Y.S. 2d 414, 1962 N.Y. App. Div. LEXIS 6275 (N.Y. App. Div. 2d Dep't 1962); Crist v Civil Air Patrol, 53 Misc. 2d 289, 278 N.Y.S. 2d 430, 1967 N.Y. Misc. LEXIS 1673 (N.Y. Sup. Ct. 1967).

(10)　Sollak v. New York, 1929 U.S. Av. Rep. 42 (N.Y. Ct. Cl., 1927).

(11)　Boyd v. White, 128 Cal. App. 2d 641, 276 P. 2d 92, 1954 Cal. App. LEXIS 1517 (Cal. App. 1954). See also Paul A. Peterson, Liability for Ground Damage from ↗

第Ⅱ部　AIに関する法的課題

なお，カリフォルニア州では，過失推論則が適用されうる。航空機が明らか
に低空を飛行して電線に接触して墜落した事例では，原審が破棄差し戻され，
電線と接触5秒前の違法な低空飛行の事実から運航者の過失を推論しても構わ
ない，と判示されている。[12]

Cal. Pub. Util. Code sec. 21404　"Liability of the owner or pilot of an
aircraft carrying passengers for injury or death to the passengers is
determined by the rules of law applicable to torts on the land or waters of
this state, arising out of similar relationships. Every owner of an aircraft is
liable and responsible for death or injury to person or property resulting
from a negligent or wrongful act or omission in the operation of the aircraft,
in the business of the owner or otherwise, by any person using or operating
the same with the permission, express or implied, of the owner."

Cal. Pub. Util. Code sec. 21405　"The liability of the owner of one aircraft to
the owner of another aircraft, or to operators or passengers on either
aircraft, for damage caused by collision on land or in the air, is determined
by the rules of law applicable to torts on land."

④　イリノイ州

イリノイ州については，州の航空法（Illinois Aeronautics Act）において（620
ILCS 5 §§ 1-82），航空機の落下や航空機からの落下物に関する損害賠償責任を
規定している箇所はない。ただし，関連判例によれば，運航者等の責任は過失
責任であるという前提が示されており，過失推論則の適用はあり得る。

＼Crashes or Forced Landings of Aircraft, 43 Cal. L. Rev. 309 (1955).

(12)　San Diego Gas & Elec. Co. v. U.S., 173 F. 2d 92 (9th Cir. 1949) (applying California law).

188

第❻章　ドローンと法

⑤　テキサス州

　テキサス州では，州の交通法典（Texas Transportation Code）に関連する規定
があるものの，損害賠償責任を定めているわけではない。緊急事態等を除いて，
何人も道路等に航空機を着陸させてはならず，着陸させた場合には罰金が科せ
られることになっている。

　関連判例によれば，テキサス州では運航者等の責任は過失責任とされている。[13]

　なお，過失推論則については航空機事故として適用される可能性はあるもの
の，地上への損害について適用した事例はまだない模様である。[14]

　　Tex. Transp. Code § 24.021　"(a) A person commits an offense if the
person takes off, lands, or maneuvers an aircraft, whether heavier or lighter
than air, on a public highway, road, or street except:

　　(1) when necessary to prevent serious injury to a person or property;

　　(2) during or within a reasonable time after an emergency; or

　　(3) as provided by Section 24.022.

　(b) An offense under Subsection (a) is a misdemeanor punishable by a fine
of not less than $ 25 and not more than $ 200.

　(c) The procedure prescribed by Section 543.003 applies to a violation of
this section."

⑥　マサチューセッツ州

　マサチューセッツ州法典では，損害賠償責任についての規定は置かれていな
いものの，運航に従事しているかどうかについての定義規定が置かれている。

　関連判例によれば，マサチューセッツ州では運航者の責任は過失責任とされ

⒀　Brooks v. United States, 695 F. 2d 984 (5th Cir. 1983).

⒁　U.S. v. Johnson, 288 F. 2d 40, 4 Fed. R. Serv. 2d 277 (5th Cir. 1961) (applying Texas
　　law). 本事案では，航空機が地上に墜落しているものの，人身損害や精神的苦痛の
　　賠償について争われている。

189

第Ⅱ部　AIに関する法的課題

ており，航空機事故一般についてさえ過失推論則を認めた事例はない。[15]

MASS. ANN. LAWS ch. 90, § 35(j) ""Operation of aircraft" or "operate aircraft", the use, navigation or piloting of aircraft in the air space over this commonwealth or upon any airport within this commonwealth. Any person who causes or authorizes the operation of aircraft, whether with or without the right of legal control, in the capacity of owner, lessee or otherwise, of the aircraft, shall be deemed to be engaged in the operation of aircraft."

⑦　ジョージア州

州制定法（ジョージア州法典第6編航空）によれば，航空機の落下等について，航空機の所有者の責任が州の不法行為法によるものと規定されている。関連判例によれば，運航者等の責任は過失責任とされている。[16]

なお，ジョージア州では航空機事故一般において，過失推論則の適用を認めた事例がまだない。[17]　もっとも，過失推論則の適用可能性がまったくないと判示されたわけではないことに留意が必要である。[18]　関連判例では，被告が複数いる事情や，被告が損害を発生させる状況を排他的に支配していたかどうかの立証が問題にされていることから，適用可能性は一応残されているものと考えられる。

GA. CODE ANN § 6-2-7. "The liability of owner of one aircraft to the owner of another aircraft or to pilots on other aircraft for damage caused by

---

[15]　Wilson v. Colonial Air Transport, Inc., 180 N.E. 212 (Mass. 1932).

[16]　e.g., Kimbell v. DuBose, 139 Ga. App. 224, 228 S.E. 2d 205 (1976); Southern Airways Co. v. Sears, Roebuck & Co., 106 Ga. App. 615, 127 S.E. 2d 708 (1962) を参照。

[17]　Ludwig Kruk (2017).

[18]　Morrison v. Le Tourneau Co. of Georgia, 138 F. 2d 339 (C.C.A. 5th Cir. 1943); Southeastern Air Service v. Crowell, 88 Ga. App. 820, 78 S.E. 2d 103 (1953).

190

collision on land or in air shall be determined by the rules of law applicable to torts on land."

5 米国以外の国々の主な動向

　主要な国々は，ローマ条約の締約国となっていないものの，運航者等の責任について厳格責任とするところが多い。たとえば，G7の中では，イタリアだけが現在もローマ条約の締約国である。カナダは一定の間だけ締約国であったものの，G7ではイタリアとカナダ以外の国が締約国になったことはない（ICAO, 1952）。ドローンに関連する損害賠償については，現在のところ特別の立法はない模様である。以下では，G7の中でイタリアと日本以外の国々に加えて，オーストラリア，スイス，オランダについてまとめる。

　英国では，民間航空に関する法律（Civil Aviation Act of 1982）の76条によって，運航者等が厳格責任を負うことになっている（Lawson, 2017）。ただし，運航者等は寄与過失の抗弁を提出することができる。運航業者等は，法的な義務はないものの，規制当局から運航許可を得るために損害保険に加入しているという。なお，英国では，航空管制に関する命令（Air Navigation Order of 1995）において航空機に関する一般的定義が示されておらず，すべての風船，凧，グライダー，飛行船，飛行機（水上飛行機，水陸両用，自走式のグライダー），ヘリコプターなどが「航空機」に含まれる。

　英国では，ドローンは「small unmanned aircraft, or unmanned aerial vehicles (UAVs)」と呼ばれている（Feikert-Ahalt, 2016）。ドローンの運航は，1982年の民間航空に関する法律と同法律に基づいて制定された2009年の航空に関する命令（Air Navigation Order 2009）に基づいて規制されており，英国では

---

(19)　イタリアでは，1952年のローマ条約とイタリア航海法（Italian Navigation Act）に基づいて，運航者等の地上にいる第三者に対する責任が規定されている。Masutti（2016）を参照。
(20)　以下の内容は，主に次の論稿による。Gates (2017); Jeroen Mauritz (2003): 119-141.

第Ⅱ部　AIに関する法的課題

関連法令に違反すると刑事罰に処せられる。また，2009年の航空に関する命令の第138条では，運航者が何人やいかなる財産を危険にさらすような不注意な運航をしてはならない，と規定している。そして，規制当局（Civil Aviation Authority, CAA）の指針によれば，ドローンについて他の同クラスの航空機と比較してヒトや財産に対してより大きな危険を生み出さないように安全や運航基準を満たさなければならない，と定めている。同意なしにドローンを使って撮影した場合，データ保護法（Data Protection Act）や監視カメラ運用規定（CCTV Code Practice）に抵触するおそれがある。

　なお英国では，ヒトや建物に接近しない場合，対価を得ていない運航について規制当局から事前の許可を求める必要がないとされている（Feikert-Ahalt, 2016）。損害賠償に関連して，20キログラムを超える大抵のドローンについては，運航のために保険をかけることが義務づけられている。最新の動向によると，250グラム以上のドローンについては，事前の登録と，安全性，データセキュリティ，プライバシーの規制についての講習が義務づけられるようになった模様である（UK Department for Transport, Civil Aviation Authority, Military Aviation Authority, Lord Callanan, 2017）。

　フランスでは，航空法典（Article L6131-2 of the Transport Code）によって，運航者等が厳格責任を負う（Sportes, 2017）。また，損害賠償額の上限はなく，運航者等が損害保険をかける法的な義務はない。不可抗力の抗弁は認められておらず，運航者等は寄与過失の抗弁を提出できるだけである（Sportes, 2017）。

　フランスでは，ドローンは，無人の航空機一般とされている。ドローンの運航については2016年1月以降，2つの命令（the Arrêté du 17 décembre 2015 relatif à l'utilisation de l'espace aérien par les aéronefs qui circulent sans personne à bord (Order of December 17, 2015, Regarding the Use of Airspace by Unmanned Aircraft) (Airspace Order), and the Arrêté du 17 décembre 2015 relatif à la conception des aéronefs civils qui circulent sans personne à bord, aux conditions de leur emploi et aux capacités requises des personnes qui les utilisent (Order of December 17, 2015, Regarding the Creation of Unmanned Civil Aircraft, the Conditions of Their Use, and the

Required Aptitudes of the Persons That Use Them) (Creation and Use Order)）に基づいて，特に民間のドローンが規制されている（Boring, 2016）。2つの命令ではドローンの製造，使用条件，運航許可を得る要件などが規定されており，気球や，高度50メートル未満で貨物等の重さが1キログラム未満の係留気球，ロケットなどは適用を除外されている。フランスでは，ドローンの使用目的（趣味や競技，試験，特定の活動の3つ）によって異なる規定が設けられており，特に商業活動を含む特定の活動（particular activities (activités particulières)）については飛行要件やパイロットの適格などが細かく規制されている。なお，過失によって飛行禁止区域で運航した場合，最大6カ月の拘留および1万5000ユーロの罰金に処せられる。故意に飛行禁止区域で運航した場合，最大1年間の拘留および4万5000ユーロの罰金に処せられる。飛行禁止区域で違法な撮影機器の使用をすると，最大1年以内の拘留および7万5000ユーロの罰金に処せられる。

　ドイツでは，オーストラリアと同じアプローチが採用されていて，運航者等は損害賠償額に上限のある形で厳格責任を負うことになっている（Urwantschky, et al., 2017）。ドイツでは，英国やフランスと同様に，運航業者等が寄与過失の抗弁を提出することができる。また，運航者等は，損害保険に加入する義務がある。ドイツにおける航空機の定義は広く，ヘリコプターなどさまざまなものが含まれている。

　ドイツの航空法（The German Air Traffic Act）によれば，規制対象となるドローン（unmanned aerial systems, UAS）は，趣味やレクリエーションの目的に使用されない無人航空機（unmanned aerial vehicles that are not used for hobby or recreational purposes）と定義されている（Gesley, 2016）。5キログラムを超える規制対象ドローンを運航する場合には，州の規制当局から許可を得なければならない。総じて言えば，空の安全や公衆の平穏に危険を生み出さず，データ保護やプライバシーに関連する規則が遵守される場合には運航が許可されるもの（the Common Principles of the Federation and the States for Granting a Permission to Fly for Unmanned Aerial Systems According to Section 16, para. 1, no. 7 of the Air Traffic Regulation (Common Principles)），許可にあたっては提出書類など

第Ⅱ部　AIに関する法的課題

を含めて規制当局に大きな裁量が認められている（Gesley, 2016）。許可は一般許可と事案ごとの許可に分かれており，後者は5キログラムから25キログラムの重量の規制対象ドローンについて求めることができる。

　カナダでは現在，原則として運航者等が過失責任を負うことになっている（Safran and Taksal, 2017; Dempsey, 2011: 17-18; Lauzon, 2009）。カナダでは，航空領域について連邦政府の専権が認められており，ドローン（unmanned air vehicles, UAVs, defined as "a power-driven aircraft, other than a model aircraft, that is designed to fly without a human operator on board"）については連邦の航空法（Aeronautics Act）と同法律に基づいて制定されている航空規則（Canadian Aviation Regulations, CARs）で規制されている（Ahmad, 2016）。また，刑法および地方自治体における不法行為法（たとえば，不法侵害やプライバシー）が，ドローンの運航に影響を及ぼしている（Ahmad, 2016）。カナダでは，35キログラムを超えるドローンの娯楽目的以外の運航については，規制当局（Transport Canada）から事前に特別の許可（Special Flight Operation Certificates, SFOCs）を得なければならない。特別の許可を受けずに運航した場合，個人に対しては5000カナダドル，法人に対しては2万5000カナダドルの罰金が科され得る。特別の許可を受けた際の条件に違反した場合，個人に対しては3000カナダドル，法人に対しては1万5000カナダドルの罰金が科され得る。さらに，危険な運航や他の航空機を危険にさらす運航については，刑法によって罰金と最大終身刑の処罰が設けられている。

　G7の国々以外については，たとえば，オーストラリアでは航空機による損害に関する連邦法（Damage by Aircraft Act of 1999）で，スイスでは基本的には航空法（Switzerland Federal Act on Aviation of 21 December 1948 (SR 748.0; the Aviation Act), §64）に基づいて，運航者等が厳格責任を負うことになっている（Hempel and Maritz, 2017）。なお，オーストラリアでは寄与過失の抗弁が認められていなかったが，2012年の改正で認められることになった（DLA Piper, 2012; Damage by Aircraft Act 1999, §§10-11A）。また，オーストラリアでは同年の改正で，物理的損害がない場合に精神的苦痛の損害賠償が否定されることに

なった（Damage by Aircraft Act 1999, §10）。

　オーストラリアでは2002年からドローンの規制がスタートしていたものの，2016年に関連規則（Part 101 of the Civil Aviation Safety Regulations 1998 (CASR)）が大幅に改定された（Buchanan, 2016）。商業目的の運航についても，重量が2キログラム未満のドローンについては，一定の要件を満たせば遠隔運転航空機免許の取得なしで可能とされている。重量が2キログラムから25キログラムのドローンについては，自分所有の土地の中であれば，レクリエーション目的のためであれば免許なしに運航が可能であるが，重量が25キログラムから150キログラムのドローンについては，レクリエーション目的であっても免許が必要とされ，重量が150キログラムを超えるドローンや，重量が2キログラムから25キログラムのドローンであっても商業目的の運航については事前に免許取得が必要となる。

　スイスでは，損害賠償額の上限が撤廃されており，運航者等は損害保険へ加入することが義務づけられている。ドローン（unmanned aerial vehicles, UAVs）の運航については，重量が30キログラムを超える場合や30キログラム以下でも人口密集地や直接視認できない飛行の場合，規制当局（Federal Office of Civil Aviation, FOCA）から事前の許可を得る必要がある（748,941 DETEC Ordinance of 24 November 1994 on Aircraft of Special Categories (VLK) of 24 November 1994 (as of 12 October 2017)）。

　オランダについては，運航業者等の責任は原則として過失責任とされている（Levine and Stolker, 1997: 61）。オランダでは，商業目的のドローン運航については免許と事前の許可を得ることが義務づけられている。重量が4キロ未満だと比較的容易な許可を申請することができる（Government of Netherlands, 2017）。

6　立法等の措置の必要性

　航空機等からの落下物に関する損害賠償については，航空機による第三者に対する損害の賠償責任の問題として長らく議論が続けられてきた。そして米国

第Ⅱ部　AIに関する法的課題

では，過失責任が主流であるのに対し，主要な国々の中には，ローマ条約の締約国となっていなくても，運航者等の責任について厳格責任とするところが多い。2009年には，民間航空機関において「航空機によって第三者に生じた損害の賠償に関する条約」が採択されているものの，同条約では1952年のローマ条約で採用されていた厳格責任のアプローチが放棄され，過失責任か厳格責任かの選択については締約国の法に委ねられている。

　歴史的に見れば，米国では航空機による第三者に対する損害の賠償については大きな議論になっていない。それは，被害の救済が必要ないという意味ではなく，むしろ被害の救済が各州の不法行為法で適切に図られており，事故の予防についても十分なインセンティブが生み出されていると考えられているからであろう。もちろん，デラウエア州とニュージャージー州において，運航者等に厳格責任を負わせていることは注目に値する。また，厳格責任ではないが運航者等の責任を推定する州として，ハワイ州，ルイジアナ州，メリーランド州，ロードアイランド州，ウィスコンシン州があることも，特筆に値する。

　ドローンに関連する損害賠償については，米国だけでなく欧州各国でも，まだ特別の立法措置は講じられていない。免許要件や事前の運航許可の条件が具体化されつつあり，その結果として，被害者側が運航者の過失を証明しやすくなっているものと思われる。事故の発生を減らすためには，主に行政規制や刑法が用いられており，特に免許要件や事前の運航許可に大きな役割が期待されている。現時点において，ドローンに関連する損害賠償ついて不法行為法の原則を大幅に変更する必要に迫られているわけではない，ということだろう。ただし，ドローンに関連する損害賠償では，ドローン自体の落下や落下物による被害に加えて，プライバシーの侵害や秘密の漏洩などの問題が含まれることから，ドローンの利用や規制の具体化について注視する必要がある（Mathews, 2015）。

7 損害賠償ルールの変更に伴う困難

　ドローンを含めて航空機等からの落下物に関する損害賠償は，不法行為法の基本原則に大きく関係するものであるからこそ，日本においても冷静かつ慎重な検討が必要である。確かに，被害者と運航者等の活動には相互性はなく，被害者がどれだけ注意しても，損害を軽減させる，ないし，回避することは極めて困難である。航空機だけでなくドローンについても，航行高度や重量によるものの，被害者の損害回避能力には限界があるだろう。そうだとすれば，被害者が損害を被った場合に，できる限り迅速かつ適切に損害を賠償してもらえることに加え，そもそも被害の発生をできる限り減少させるインセンティブを生み出すことが重要になる。しかしながら，過失責任主義や過失等と因果関係のある損害については不法行為者にすべて賠償させる，という不法行為法の基本原則を修正することで，航空機等からの落下物に関する被害者の救済を実現すべきかどうかについては，十分な議論が必要である。本稿では，米国だけでなく米国以外の国々についても，1952年のローマ条約以降の動向を簡単にまとめたものの，ドローンを含めて運航者等の責任について過失責任と厳格責任のどちらが優れているかについては，必ずしも決着しているわけではない。

　また，航空機等からの落下物に関する損害賠償について運航者等の厳格責任や責任の集中を新たに導入するとしても，併せて損害賠償額の上限を設けるのが望ましいのかどうか，そもそも日本国憲法上上限を設けることが可能なのかなどは，極めて難しい問題だと思われる。航空機等の運航以上に危険だと考えられる活動についてさえ，日本においては損害賠償額の上限が設定された例はないからである。

　移動革命の実現は，日本にとって重要な課題であるからこそ，想定されるリスクの増加に対して合理的な対策が検討され，必要に応じて適切に講じられる必要がある。航空機等からの落下物に関する損害賠償のあり方，とりわけドローンに関連する損害賠償は，そのような検討の一つに過ぎず，まだ懸念が顕

第Ⅱ部　AIに関する法的課題

在化していないものではあるが，諸外国の動向，特に米国の状況が少しでも参考になれば幸いである。

● 参考文献

Abeyratne, Ruwantissa (2009) "Liability for third party damage caused by aircraft-some recent developments and issues", Journal of Transportation Security, 2(3), 91-105, available at https://link.springer.com/article/10.1007/s12198-009-0031-6 (last visited on Nov. 1, 2017).

Ahmad, Tariq (2016) "Regulation of Drones: Canada", *The U.S. Library of Congress's Legal Reports*, in Apr. 2016, available at https://www.loc.gov/law/help/regulation-of-drones/canada.php (last visited on Nov. 1, 2017).

American Bar Association (2016) "DRONE ON! Emerging Legal Issues for Commercial Use of Unmanned Aerial Vehicles (UAVs): Will You and Your Clients Be Ready for the Invasion of American Airspace?", ABA Section of Litigation-- Environmental, Mass Torts & Products Liability Litigation Committees' Joint CLE, Jan. 2016, available at https://www.americanbar.org/content/dam/aba/administrative/litigation/materials/2016_joint_cle/1_drone_on__final_of_outline.authcheckdam.pdf (last visited on Nov. 1, 2017).

Boring, Nicolas (2016) "Regulation of Drones: France", *The U.S. Library of Congress's Legal Reports*, in Apr. 2016, available at https://www.loc.gov/law/help/regulation-of-drones/france.php (last visited on Nov. 1, 2017).

Buchanan, Kelly (2016) "Regulation of Drones: Australia", *The U.S. Library of Congress's Legal Reports*, in Apr. 2016, available at https://www.loc.gov/law/help/regulation-of-drones/australia.php (last visited on Nov. 1, 2017).

Centre of International Law, National University of Singapore (2009) "Convention on Compensation for Damage to Third Parties, Resulting from Acts of Unlawful Interference Involving Aircraft", available at https://cil.nus.edu.sg/wp-content/uploads/2017/08/2009-Convention-for-Damage-to-3rd-Parties-from-Acts-of-Unlawful-Interference-Involving-Aircraft.pdf (last visited on Nov. 1, 2017).

Christopher Rapp, Geoffrey (2009) "Unmanned Aerial Exposure: Civil Liability Concerns Arising from Domestic Law Enforcement Employment of Unmanned

第**6**章　ドローンと法

Aerial Systems", *North Dakota Law Review*, 85, 623-648.

Dempsey, Paul Stephen (2011) "Aircraft Operator: Liability for Surface Damage", Institute of Air & Space Law, McGill University, available at https://www.mcgill. ca/iasl/files/iasl/ASPL636-Surface-Damage-Liability.pdf (last visited on Nov. 1, 2017).

DLA Piper (2012) "Australia updates its aviation liability legislation", Aug. 30, 2012, available at https://www.dlapiper.com/en/australia/insights/publications/2012/08/ australia-updates-its-aviation-liability-legisla__/ (last visited on Nov. 1, 2017).

Editors (1949) "Recent Cases: Res Ipsa Loquitur in Airline Accidents", *University of Chicago Law Review*, 16(2), 14, available at http://chicagounbound.uchicago.edu/ uclrev/vol16/iss2/14 (last visited on Nov. 1, 2017).

Faculty of Law, the University of Oslo (2009) "Convention on Compensation for Damage Caused by Aircraft to Third Parties", available at http://www.jus.uio. no/english/services/library/treaties/07/7-01/icao_compensation. xml (last visited on Nov. 1, 2017).

Feikert-Ahalt, Clare (2016) "Regulation of Drones: United Kingdom", *The U.S. Library of Congress's Legal Reports*, in Apr. 2016, available at https://www.loc.gov/law/ help/regulation-of-drones/united-kingdom.php (last visited on Nov. 1, 2017).

Gates, Sean (2017) "Editor's preface", *Aviation Law Review, Edition 5*, Sep. 2017, available at http://thelawreviews.co.uk/edition/the-aviation-law-review-edition-5/ 1146574/editors-preface.

Gesley, Jenny (2016) "Regulation of Drones: Germany", *The U.S. Library of Congress's Legal Reports*, in Apr. 2016, available at https://www.loc.gov/law/help/regulation-of-drones/germany.php (last visited on Nov. 1, 2017).

Government of Netherlands (2017) "Rules for the commercial use of drones", available at https://www.government.nl/topics/drone/rules-pertaining-to-the-commercial-us e-of-drones.

Harper, Fowler V. (1930) "Res Ipsa Loquitur in Air Law", *Air Law Review*, 1, 278, available at http://digitalcommons.law.yale.edu/cgi/viewcontent.cgi?article=4522& context=fss_papers (last visited on Nov. 1, 2017).

Hempel, Heinrich and D. Maritz (2017) "Switzerland", *Aviation Law Review, Edition 5*, Sep. 2017, available at http://thelawreviews.co.uk/edition/the-aviation-law-review-edition-5/1146794/switzerland (last visited on Nov. 1, 2017).

199

第Ⅱ部 AI に関する法的課題

ICAO(1952) "Convention on Damage Caused by Foreign Aircraft to Third Parties on the Surface", Signed at Rome, on 7 October 1952, available at https://www.icao. int/secretariat/legal/List%20of%20Parties/Rome1952_EN.pdf (last visited on Nov. 1, 2017).

ICAO (2009a) "Administrative Package for Ratification of or Accession to the General Risks Convention", available at https://www.icao.int/secretariat/legal/Administra tive%20Packages/grc_en.pdf (last visited on Nov. 1, 2017).

ICAO (2009b) "Convention on Compensation for Damage to Third Parties, Resulting from Acts of Unlawful Interference Involving Aircraft", available at https://www. icao.int/secretariat/legal/List%20of%20Parties/2009_UICC_EN.pdf (last visited on Nov. 1, 2017).

J. Plick, James (1953) "Liability of Aircraft for Injuries to Innocent Parties on the Ground", *Cath. U. L. Rev.*, 3, 122.

Jennison, Michael (2005) "Rescuing the Rome Convention of 1952: Six Decades of Effort to Make a Workable Regime for Damage Caused by Foreign Aircraft to Third Parties", *Rev. dr. unif.*, 785-823.

Jeroen Mauritz, Adriaan (2003) "Liability of the Operators and Owners of Aircraft for Damage Inflicted to Persons and Property on the Surface", Shaker Publishing, at available at https://openaccess.leidenuniv.nl/bitstream/handle/1887/15342/proefs chrift%20Mauritz%202003.pdf?sequence=2 (last visited on Nov. 1, 2017).

Lauzon, Gilles (2009) "Re: Review of the Draft Unlawful Interference Convention and Draft General Risks Convention", Apr. 6, 2009, available at https://www.cba.org/ CMSPages/GetFile.aspx?guid=7621970a-49b7-4e58-b42f-b90e6c03b43a.

Lawson, Robert QC (2017) "United Kingdom", *Aviation Law Review, Edition 5*, Sep. 2017, available at http://thelawreviews.co.uk/edition/the-aviation-law-review-edition-5/1146796/united-kingdom.

Levine, David I. and C. J. Stolker (1997) "Compensation for Damage to Parties on the Ground as a Result of Aviation Accidents", *Air & Space L.*, 22, 60, available at http://repository.uchastings.edu/cgi/viewcontent.cgi?article=2329&context=facu lty_scholarship (last visited on Nov. 1, 2017).

Ludwig Kruk, Theresa (1949) "Res ipsa loquitur in aviation accidents", 25 A.L.R. 4th 1237.

第**6**章 ドローンと法

Mathews, Benjamin D. (2015) "Potential Tort Liability for Use of Drone Aircraft", 46 St. Mary's L. J. 573, available at http://www.stmaryslawjournal.org/pdfs/Mathews_ Step%2011_McKeown_Final_V2.pdf.

Masutti, Anna (2017) "Italy", *Aviation Law Review, Edition 5*, Sep. 2017, available at http://thelawreviews.co.uk/edition/the-aviation-law-review-edition-5/1146758/italy (last visited on Nov. 1, 2017).

Pylman, Daniel J. (2010) "Res Ipsa Loquitur in the Restatement (Third) of Torts: Liability Based upon Naked Statistics Rather than Real Evidence", *Chi.-Kent. L. Rev.*, 84, 907.

Roberts, K. J., (2017) "Tort liability of one renting or loaning airplane to another", 4 A. L.R. 2d 1306.

Safran, Laura M QC & P. Taksal (2017) "Canada", *Aviation Law Review, Edition 5*, Sep. 2017, available at http://thelawreviews.co.uk/edition/the-aviation-law-review-edition-5/1146644/canada (last visited on Nov. 1, 2017).

Shupe, J. Denny Esq. and G. W. Buhler, Esq. (2004) "Liability of Owners & Lessors of Aircraft", 2004 AIA Annual Conference, May 2, 2004, available at http://www. schnader.com/files/Publication/c179e7e7-266b-4f3b-bb17-08cc3df8b414/Preview/Pu blicationAttachment/6f396354-1bf6-4484-997d-08024d58028a/AIA_Conference_Pape r.pdf (last visited on Nov. 1, 2017).

Sportes, Carole (2017) "France", Aviation Law Review, Edition 5, Sep. 2017, available at http://thelawreviews.co.uk/edition/the-aviation-law-review-edition- 5/1146760/fr ance.

UK Department for Transport, Civil Aviation Authority, Military Aviation Authority, Lord Callanan (2017) "Drones to be registered and users to sit safety tests under new government rules", 22 July 2017, available at https://www.gov.uk/government/ news/drones-to-be-registered-and-users-to-sit-safety-tests-under-new-government-ru les (last visited on Nov. 1, 2017).

Urwantschky, Peter, R. Amann, C. Hess and M. Abate (2017) "Germany", *Aviation Law Review, Edition 5*, Sep. 2017, available at http://thelawreviews.co.uk/edition/ the-aviation-law-review-edition-5/1146761/germany (last visited on Nov. 1, 2017).

国土交通省（2003）「モントリオール条約──『国際航空運送についてのある規則の統一に関する条約』について」available at http://www.mlit.go.jp/kisha/kisha03/

第Ⅱ部　AI に関する法的課題

12/120926_2/01.pdf (last visited on Nov. 1, 2017).

未来投資会議（2017）「未来投資戦略 2017──Society 5.0 の実現に向けた改革（ポイント）」。

第Ⅲ部

AI の普及がもたらす影響

第*7*章

誰が自動運転車を購入するのか

森田玉雪・馬奈木俊介

1 問題の背景と研究目的

近年，自動運転自動車（自動運転車）の開発が急ピッチで進められるように
なり，ロボット・カーともいわれる，人が運転する必要のない完全自動運転車
の実用化が現実味を帯びてきた。自動運転車はもともと誘導可能な道路交通シ
ステムと組み合わせて利用するものとして開発されてきたものであり，個々の
自動車会社はアンチ・ロック・ブレーキ・システム（ABS）など部分的な性能
向上を目指してきたものの，人工知能がコントロールする自動運転車を実現さ
せることはそれほど近い目標ではなかった。自動運転車の実用化に向けた研究
を加速させたのは Google 社であるとされ，アメリカの国防高等研究計画局が
実施したロボットカーレース出場者の技術向上をみて2009年に Self-Driving
Car Project を立ち上げたという（井熊・井上編著，2017）。同社は2014年にはハ
ンドルのないコンセプト・カーを造り，自動運転のテスト走行を重ねた。同年
には中国のバイドゥがドイツのダイムラーと提携して実証実験を始め，2015年
にはダイムラーもコンセプト・カーを発表。さらに Uber，Apple，テスラ・
モータース，中国のアリババ，日本の DeNA，ソフトバンク，NTT ドコモな
ど，異業種からも含めて相次いで自動運転開発に参入している。**図7-1**のよ
うに，海外では2025年には乗員の介入を必要としないレベル4の自動運転（表

---

(1) 2016年に WAYMO が同プロジェクトを継承した。

第Ⅲ部　AIの普及がもたらす影響

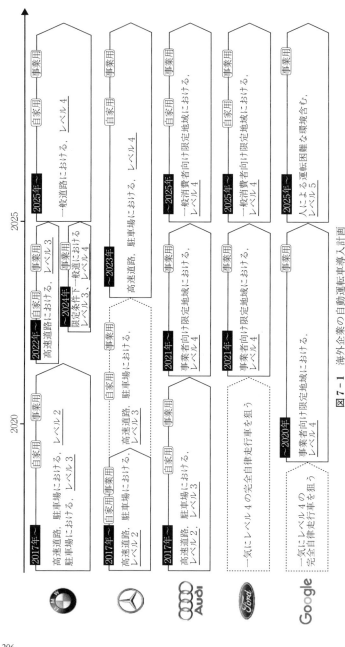

図7-1　海外企業の自動運転車導入計画

原注：Googleのロードマップは2016年11月時点の内容。同年12月より市場投入の実現性に鑑み投入した技術提供などの提携も合わせて推進
注：レベル4以降が、乗員の介入を必要としない自動運転である。レベルの意味は表7-4で説明する。
出典：自動走行ビジネス検討会（2017）35頁。

第**7**章 誰が自動運転車を購入するのか

7-4参照) を実用化させる目標である。

日本政府も2015年には「世界最先端 IT 国家創造宣言」を閣議決定し，「2018年を目途に交通事故死者数を2500人以下とし，2020年までに世界で最も安全な道路交通社会を実現する」ために「車の自律系システムと車と車，道路と車との情報交換等を組合せ，2020年代中には自動走行システムの試用を開始する」としている (内閣府，2015)。経済産業省製造産業局長と国土交通省自動車局長も自動走行ビジネス検討会を2015年2月に設置した。

今後自動運転車が急速に普及するとしたら，日本の消費者のうち，どのようなタイプの人が自動運転車を購入するのであろうか。本章では，大規模なインターネットアンケートを利用して，消費者の自動運転車に対する潜在需要を推計し，さらに支払意思の傾向別にグループ化することによって，誰が自動運転車の購入に積極的か／消極的かを明らかにする。これにより，日本における自動運転車の普及の前提となる条件を予測する。

2 先行研究

自動運転に関しては新聞・雑誌等で数多の特集記事が組まれているが，自動運転車の潜在需要を推計する先行研究は国内では目下わずかである。山本 (2016) は自動運転のシェアカーに関して，主に供給側から普及可能性のシミュレーションを行うと同時に，自動運転シェアカーに対する消費者意識を調査した。自動運転車が普及したら自分で所有したい人が55％，所有して貸したい人が13％，シェアカーで借りるだけにしたい人が32％であった。[2]

---

(2) 本研究ではシェアカーとしての利用を直接の研究対象としていないが，自動運転シェアカー (shared-autonomous vehicle, SAV) についての海外での研究として，Shoettle and Sivak (2015a) では，「帰宅」モードの完全自動運転車がシェアされることになれば，自動車保有率が低下し，個人の走行距離が長くなるとの結果を示し，Krueger et al. (2016) は，消費者が SAV を評価する重要なポイントとして，移動費用・移動時間・待ち時間を挙げ，Haboucha et al. (2017) は通勤に従来型の自動車・自家用の自動運転車・SAV のいずれを使うかを選択するとしたら，44％は従来型を選び，仮に SAV が完全に無料であったとしても SAV を利用したい↗

207

第Ⅲ部　AIの普及がもたらす影響

　海外では1990年代末には自動運転に関する調査が行われていたが，[3] 需要推計が相次いで行われるようになったのは2010年代に入ってからである。Bansal et al.（2016）はテキサス州での調査で，ネットワークにつながっている自動運転車（Connected autonomous vehicles, CAV）の部分的自動運転には3300米ドル，完全自動運転には7253米ドルの追加的な支払意思額（Willingness to pay, WTP）があるとした。金額は求めていないが，Payre et al.（2014）はフランスのアンケートで，運転する人の68％が完全自動運転車を受容し，特に混雑時や自動駐車，飲酒時の乗車が好まれていることを指摘した。Schoettle and Sivak（2015b）も運転する人の選好に注目しているが，ここでは完全自動運転車よりも部分的自動運転車，それよりさらに従来型の普通車が好まれる傾向を示した。König et al.（2017）は自動運転車のような急速な技術革新には人々の心理的抵抗が存在することを示した。

　自動運転車への選好を多国間で比較した文献として，Schoettle and Sivak（2014）や Kyriakidis et al.（2015）があるほか，Bazilinskyy et al.（2015）は112カ国のアンケートから，15文字以上の自由回答をクラウドソースを利用して分類し，自動運転に肯定的なコメントが否定的なコメントの約1.7倍あったことを示した。Hohenberger et al.（2016）は自動運転の利用意思が男性より女性のほうが低いことに注目して性差の分析を行っている。本章でも扱う燃料への選好を自動運転機能，音声認識，ネットワーク接続などへの選好と同時に聞いたアンケートの結果を示したのは Shin et al.（2015）であるが，本章の研究とは異なり，燃料についての設問と自動運転機能等についての設問は別の回答者に対して実施している。

3　調査概要

　本研究で実施したインターネットアンケートは，独立行政法人経済産業研

　＼人は75％にとどまったとしている。

(3)　Bekiaris and Brookhuis（1997）など。

第**7**章　誰が自動運転車を購入するのか

表7-1　インターネット調査の概要

	支払意思聴取方法	調査期間	サンプル数
プレテスト（1回目）	CVMとコンジョイントの2方式（半数ずつ）	2017年1月13日（金）〜1月16日（月）	1,483件（回収率 9.6%）
プレテスト（2回目）	コンジョイント方式	2017年2月23日（木）〜2月27日（月）	815件（回収率 11.3%）
本　調　査	コンジョイント方式	2017年3月16日（木）〜3月21日（火）	18,526件（回収率 12.6%）

出所：「自動運転車の潜在需要に関するWeb調査」2017年。

所の委託により株式会社日経リサーチと実施した（以下，「自動運転車の潜在需要に関するWeb調査」とする）。提携先を含む日経リサーチのインターネットモニターから，18歳以上69歳以下の男女を対象として，住民基本台帳の人口構成比に基づき送信数を設定した。調査手順は，モニターに参加案内メールを送信し，対象者が調査サイトにアクセスして回答するものである。

　本研究では，2回のプレテストを実施した（表7-1）。1回目のプレテストでは，まだ技術的に開発途上であり商品化されていない自動運転機能への支払意思を確認するため，手法として自動運転機能のみを回答者に提示して支払意思額を推計する仮想評価法（Contingent Valuation Method）を用いるべきか，あるいはエコカーか否かという他の属性との比較を含めて回答者に提示して支払意思額を推計する選択型コンジョイント（Choice-based Conjoint Analysis）を使うことが可能であるのかを判定した。結果として，選択型コンジョイントを採用し，2回目のプレテストで調査票の調整を行った。[4]

　コンジョイント分析用のプロファイル作成にはNgene ver. 1.1.2を利用した。また，潜在クラス分析にはNLOGIT ver. 6を，属性別特性をみるためのProbit分析にはSTATA ver. 15を，自由回答の分析にはSPSS Text Analytics for Surveys ver. 4を用いた。

──────────
(4)　選択の経緯については森田・馬奈木（2018）に詳述している。

209

第Ⅲ部　AIの普及がもたらす影響

4　回答者の属性

　回答者の属性のうち，男女比は54.2％対45.8％であり，2016年9月1日現在の人口比48.7％対51.3％と比較すると男性のほうがやや多い。アンケートのタイトルに「自動運転」とあるため，車への関心が高い男性の回答率が高かったものとみられる。図7-2にあるように年齢構成（左図）は20代が低めで50代が高めとなっているが，地域構成（右図）は概ね人口構成と近い。

　学歴と年収に関しては，インターネット調査全般に指摘される学歴・年収の問題が払拭されていない。図7-3に示すように，学歴（左図）では高卒までの比率が低く，大卒の比率が高い。特に年収（右図）は，400万円台未満の比率が少なく，500〜1000万円までの層の比率が高い。それでも，実際に自動運転車を購入する層は年収の高い層になることが考えられるため，今回の調査での対象者の偏りは大きな問題とはならないと判断している。

　以下，自動運転車に対する支払意思の推計で利用する消費者属性のうちいくつかを変数名（斜字体で示す）とともに紹介する。

・ガジェット好き

　回答者が電子機械（ガジェット）を好むかどうかは，人工知能を利用した心

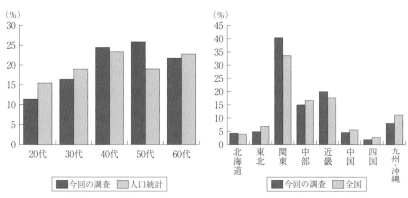

図7-2　回答者の年齢構成（左）と地域構成（右）

出所：「自動運転車の潜在需要に関するWeb調査」，総務省統計局「人口統計」。

第7章　誰が自動運転車を購入するのか

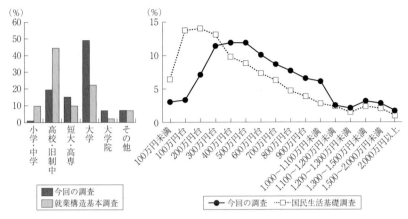

図7-3　回答者の最終学歴（左）と年収（右）

出所：「自動運転車の潜在需要に関するWeb調査」，厚生労働省「就業構造基本調査」「国民生活基礎調査」。

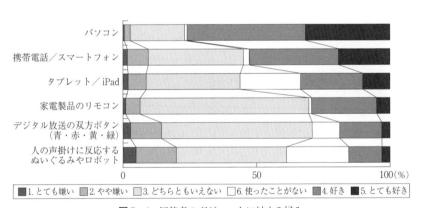

図7-4　回答者のガジェットに対する好み

出所：「自動運転車の潜在需要に関するWeb調査」。

臓部によって動く自動運転に対する選好を左右する要因であると考えられるため，回答者がガジェット好きであるかどうかを，図7-4に示す6項目で尋ね（複数回答），これらを合成して[5]ガジェット好きの変数を作成した。図7-4は，各項目の「好き＋とても好き」の比率から「やや嫌い＋とても嫌い」の比率を

---

[5]　選択肢番号6の「使ったことがない」を3「どちらともいえない」に含めて，回答者ごとに，すべてのガジェットへの回答を合計した値を変数とした。

211

第Ⅲ部　AIの普及がもたらす影響

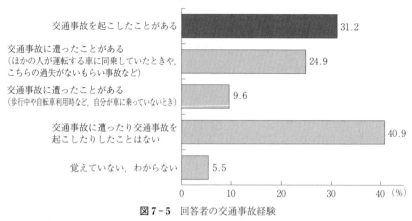

図7-5　回答者の交通事故経験
出所:「自動運転車の潜在需要に関するWeb調査」。

引いた値が大きい順に上から並べたものである。インターネット調査の影響もあってか，パソコンやスマートフォン，タブレット類が好まれる傾向にあるが，ロボットは「やや嫌い＋とても嫌い」が「好き＋とても好き」を上回っている。自動運転の人工知能がロボットに近くなると，あまり好まれない可能性もあろう。

・*事故を起こしたことがある*

　自動運転は交通事故を減らすことを目的として導入されることから，回答者の事故経験が自動運転車の選好に影響するとみられる。そこで，回答者の事故経験を尋ねた（図7-5，上方3項目は複数回答）。このうち，後述する計量分析で有意に影響が出たのは「交通事故を起こしたことがある」の選択肢であった。変数としての*事故を起こしたことがある*は，自分の過失のある事故を起こしたことがあるということを意味する。

・*自動運転で事故が減る*

　回答者が自動運転車に対して抱く信頼感，すなわち，「自動運転が導入されれば交通事故が減るであろう」という認識を持っているか否かも重要であると考えられる。「あなたは，国内のすべての自動車が完全に自動運転されるようになったら，交通事故は減ると思いますか」という問いに対して，まったくそ

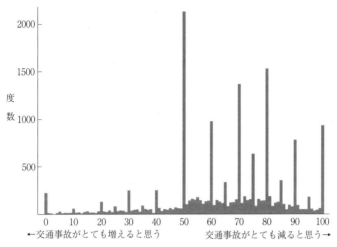

図7-6 自動運転で事故が減ると思うか
出所：「自動運転車の潜在需要に関するWeb調査」。

う思わない（0）～とてもそう思う（100）で回答してもらったところ，平均値が64.55（標準偏差21.75），中央値が68と平均的には事故が減ると思われているものの，どちらともいえないに相当する「50」の回答は13.9％，50未満の回答も15.4％あった（図7-6）。約3割の回答者は今のところ信頼感を持っていない状況である。

• *運転免許なし／運転好き*

免許の有無はもとより，免許を持つ人のなかでも自分で運転することが好きかどうかは重要である。Sivak and Schoettle（2015）は，米国では，自動運転車の導入で，これまで運転しなかった人が乗車するようになり自家用車の利用が最大11％増える可能性があると指摘している。彼らは日常的に運転している人の走行距離は大きく変わらないと推計したが，運転することそのものが好きな人は，自身の裁量の余地がなくなる自動運転車に乗車したくないのではないかと予測される。そこで，免許を持つ人に対して自分で運転することが好きか否かをとても嫌い～とても好きの10段階で尋ね，特に好きであると考えられる8～10に回答した回答者を*運転好き*に分類した。

第Ⅲ部　AIの普及がもたらす影響

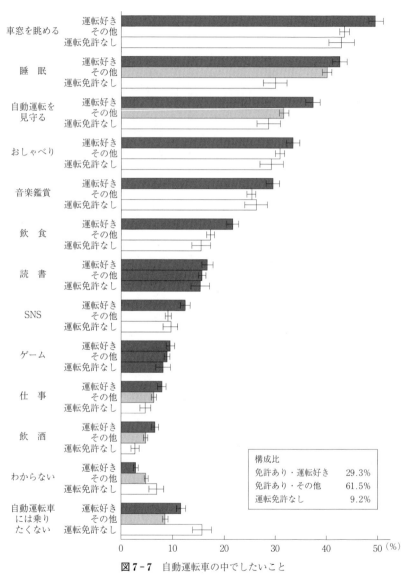

図7-7　自動運転車の中でしたいこと

注1：棒グラフ上の高低線（├──┤）は95％信頼区間をあらわす。
注2：各項目内で同色の棒は平均値に5％水準で有意差がないことを示す。
注3：複数回答であるが、「わからない」および「自動運転車には乗りたくない」は排他。
出所：「自動運転車の潜在需要に関するWeb調査」。

第7章　誰が自動運転車を購入するのか

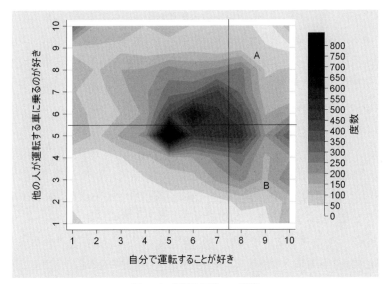

図7-8　運転と同乗への選好

注：各問10段階で回答した回答者数のクロス集計を等高線図で描いたもの。（1. とても嫌い〜10. とても好き）
出所：「自動運転車の潜在需要に関するWeb調査」。

この分類を利用して，「もしあなたが，ご自身で運転する必要がない自動運転車に1時間ほど乗るとしたら，乗車中の車内でどのようなことがしたいですか。安全な自動運転であることを前提にお答えください」という問いへの回答比率をグラフ化し，図7-7に示す。質問項目内で同色の棒グラフは統計的差がないことから，運転好きな人は比較的何かをやりたいと思う比率が相対的に高く，「わからない」を選択した人も少なかったことが分かる。

注目されるのは「自動運転車に乗りたくない」という選択肢への回答である。Sivak and Schoettle（2015）の結果から類推すると，免許のない人こそ自動運転車に乗りたいと考えそうであるが，逆に乗りたくない比率が高くなっている。また同じ免許を持つ人のなかでは，運転好きな人のほうがその他の人よりも自動運転車に乗りたくない比率が高く，自動運転車が普及すると運転好きな人が車離れをする可能性も示唆される。

この傾向は次の図7-8からも推測される。これは，免許を持つ人に対して，

第Ⅲ部　AIの普及がもたらす影響

自分で運転することのほかに，ほかの人が運転する車に乗ることが好きかどうかを聞き，回答者数の分布を示したものである。横軸の右側の領域A，Bが運転好きであり，そのうち領域A（46％）はほかの人が運転する車に乗るのが好き，領域B（56％）は嫌いである。領域Bのほうが濃度が高く，運転好きな人は自分自身で運転しない状況を好まないことが見て取れる。

5　自動運転車への支払意思額

　本節では，選択型コンジョイントで得た回答データから，はじめに多項ロジットモデルによって消費者の自動運転レベル及び燃料（ガソリン，ハイブリッド，電気）というオプションへの平均的な限界支払意思 MWTP を推計する。次に消費者の異質性を考慮して，回答の特徴から消費者を複数のクラスに分類した上で，クラス別の属性を明らかにする。各回答者には，各自の所属確率が最も高いクラスに所属するとして，各自に一つのクラスダミーを与える。さらに，プロビット分析により，それらのクラスに固有の要因を把握する。以下，理論を紹介したのちに，コンジョイントの提示内容を説明し，推計結果を示す。

（1）理　論

①　選択型コンジョイント分析

　今回の調査で利用する選択型コンジョイント分析とは，一般に，回答者に2～4種類程度の財またはサービスの例を複数回提示し，各回ごとに回答者自身が最も購入しても良いと思う財またはサービスの例を選択してもらい，その結果から支払意思額（Willingness to Pay: WTP）を推計するものである。財またはサービスは，価格，品質，提供方法などさまざまな属性が異なるものを組み合わせて提示される。分析者が組合せを工夫することにより，それぞれの属性に対して回答者がどれだけの効用を感じているかということを，限界効用として測ることが可能となる。そのためこの手法は，市場のない財に対する消費者の

選好を得るための「表明選好法」[6]の一種である。さらに，価格に対する限界効用を基準とすることで，その他の属性に対する限界効用を WTP という金銭価値として表現することができる。

　選択型コンジョイントの手法はマーケティング，環境経済学，医療経済学など幅広い分野で応用されている。コンジョイント分析を利用した先行研究は多数であり，例えば柘植ほか（2011）では，本章でも用いる潜在クラスモデルの分析がされている。ただし，自動運転車に関しては，筆者らの知る限り国内ではまだ潜在クラスモデルの分析が行われていない。

　選択型コンジョイントで集めたデータを分析する際に基本となる多項ロジット（Multinominal Logit, MNL）は次のようなモデルである。J 種類のプロファイルがあるとき，回答者 n がプロファイル j を選択したときの効用 U_{nj} は，実験者が観察可能な効用 V_{nj} と実験者が観察不可能な ε_{nj} とに分かれ，次式のように表される。[7]

$$U_{nj} = V_{nj} + \varepsilon_{nj}, \qquad i = 1, \ldots J \qquad\qquad \cdots\cdots(1)$$

ここでは，ε_{nj} を独立かつ同一な極値分布（i.i.d extreme value distribution）に従うとする。このとき，ε_{nj} の確率密度関数は

$$f(\varepsilon_{nj}) = \exp(-\varepsilon_{nj}) \cdot \left\{ \exp\left(-\exp(-\varepsilon_{nj}) \right) \right\}$$

となり，累積分布関数は

$$F(\varepsilon_{nj}) = \exp\left(-\exp(-\varepsilon_{nj}) \right)$$

となる。2つの極値分布関数の差がロジスティック分布をすることから，$\varepsilon_{nji}^{*} = \varepsilon_{nj} - \varepsilon_{ni}$ は以下のロジスティック分布に従う。

---

(6) これに対し，実際の市場におけるデータから選好を導き出す手法は顕示選好法と呼ばれる。

(7) モデルの詳細は Train（2009）を参照されたい。

第Ⅲ部　AIの普及がもたらす影響

$$F(\varepsilon_{nji}^{*}) = \frac{\exp(\varepsilon_{nji}^{*})}{1 + \exp(\varepsilon_{nji}^{*})} \qquad \cdots\cdots(2)$$

ある個人 n がプロファイル i を選択する確率は，

$$P_{ni} = \text{Prob}(V_{ni} + \varepsilon_{ni} > V_{nj} + \varepsilon_{nj} \quad \forall j \neq i)$$
$$= \text{Prob}(\varepsilon_{nj} < \varepsilon_{ni} + V_{ni} - V_{nj} \quad \forall j \neq i)$$

である。$\varepsilon_{ni} + V_{ni} - V_{nj}$ の累積分布関数は $\exp\big(-\exp\big(-(-\varepsilon_{ni} + V_{ni} - V_{nj})\big)\big)$ となるから，ε_{nj} が与えられれば i 以外のすべての j の選択確率は $P_{ni}|\varepsilon_{ni} = \prod_{j \neq i} \exp\big(-\exp\big(-(-\varepsilon_{ni} + V_{ni} - V_{nj})\big)\big)$ となる。ε_{nj} は未知であるため，これをすべての ε_{nj} について積分し（2）式の確率密度で加重すると，

$$P_{ni} = \int \big(P_{ni}|\varepsilon_{ni}\big) f(\varepsilon_{ni}) d\varepsilon_{ni}$$
$$= \int \Big(\prod_{j \neq i} \exp\big\{-\exp\big(-(\varepsilon_{ni} + V_{ni} - V_{nj})\big)\big\}\Big) \exp(-\varepsilon_{ni}) \cdot$$
$$\big\{\exp\big(-\exp(-\varepsilon_{ni})\big)\big\} d\varepsilon_{ni}$$

と求められるから，選択確率は

$$P_{ni} = \frac{\exp(V_{ni})}{\sum_j \exp(V_{nj})}$$

となる。ここで，観察可能な効用 V_{nj} がパラメータに関して線型であると仮定すると，プロファイル j の観察された変数のベクトル $\mathbf{x}_{nj}$ に対し，

$$V_{nj} = \beta' \mathbf{x}_{nj} \qquad \cdots\cdots(3)$$

という関係を与えることができ，この場合，

$$P_{ni} = \frac{\exp(\beta' \mathbf{x}_{ni})}{\sum_j \exp(\beta' \mathbf{x}_{nj})} \qquad \cdots\cdots(4)$$

とあらわされる。ここで β は，推定されるパラメータであり，限界効用を表している。

　推計を行う際には，「プロファイルを選択すると 1 ，選択しないと 0 」という二値変数を用いて，個人 n のプロファイル i の選択確率を $\prod_i (P_{ni})^{y_{ni}}$ （ただし，

y_{ni} は個人 n が i を選択すると 1，その他は 0 となる変数）という形で得る。N 人分の回答を用いるときは，

$$L(\beta)=\prod_{n=1}^{N}\prod_{i}(P_{ni})^{y_{ni}}$$

を最大化するような β を求めればよい。ただし，このままだと非線形であるため，対数をとった対数尤度関数（log likelihood function）$LL(\beta)$ を最大化するような β を求める。

$$LL(\beta)=\sum_{n=1}^{N}\sum_{i}y_{ni}\ln P_{ni}$$

選択実験においては，個人 n は V_{nj} および ε_{nj} を知っており，効用を最大化する選択を行うことができるものと仮定している。しかし，実験者が提示する変数は $\mathbf{x}_{nj}$ のみであり，回答者にとって ε_{nj} が既知であるかどうかを判別することはできない。

② 潜在クラスモデル

前項の多項ロジット（MNL）は誤差項に独立かつ同一な極値分布 i.i.d. を仮定していることから，選択実験の場合には「無関係な選択肢からの独立」（Independent of Irrelevant Alternatives, IIA）という条件を前提としなくてはならない。この IIA 条件は現実的には厳しすぎる条件である。この条件を緩和する推計方法がいくつか編み出されている。その一つがパラメータ β に確率分布を仮定する混合ロジットモデル（Mixed Logit Model: MLM）であり，もう一つが回答者の属性が潜在的なグループに分かれると仮定する潜在クラスモデル（Latent Class Model: LCM）である。本研究の分析では，クラス別に消費者の属性を明らかにするために LCM を用いた。

LCM は MNL を次のように拡張する。Q 種類の潜在的なグループが存在するとき，グループ q に属する個人 n がプロファイル i を選択する確率は

$$P_{ni|q}=\frac{\exp(\beta_{q}'\mathbf{x}_{ni})}{\sum_{j}\exp(\beta_{q}'\mathbf{x}_{ni})}, \qquad q=1\ldots Q \qquad\qquad \cdots\cdots(4')$$

である。個人がグループに属する確率は z を個人属性とすれば $\exp(\theta_{q}'\mathbf{z}_{n})/$

第Ⅲ部　AIの普及がもたらす影響

$\sum_{q=1}^{Q} \exp(\theta'_q \mathbf{z}_n)$（ただし $\theta_Q = 0$ とする）となるから，グループを考慮したときに個人 n がプロファイル i を選択する確率は(4″)で表される。

$$P_{ni} = \frac{\exp(\theta'_q \mathbf{z}_n)}{\sum_q \exp(\theta'_q \mathbf{z}_n)} \frac{\exp(\beta'_q \mathbf{x}_{ni})}{\sum_j \exp(\beta'_q \mathbf{x}_{ni})} \qquad q = 1 \ldots Q \qquad \cdots\cdots (4'')$$

　自動運転車は新しい技術であり，支払意思が回答者の属性によって大きく異なることが予想されるが，本研究では多くの属性についてグループ別の比較を行いたいため，事前に特定の属性を仮定せずに，事後的に決定されたグループにプロビット分析を施して，グループの特徴を把握する。

③　プロビット分析による属性の判断

　潜在クラスモデルでは各回答者に対してそれぞれのクラスに所属する確率が何％になるかを推計することができる。そこから，各回答者の所属確率が最も高いクラスを1としてその他のクラスを0とするダミー変数（ここではクラスダミーと呼ぶ）を作成する。各回答者はクラス数だけ存在するクラスダミーのうちのいずれかに属することになる。

　各クラスのクラスダミー＝1となる個人の特徴を把握する方法としては，潜在クラスモデルの推定時に個人の属性変数を考慮して同時に影響を見ることも可能であるが，⁽⁸⁾本研究では多くの属性についてその影響を検証するため，事後的にプロビット分析を用いる。

（2）コンジョイントの提示

　自動運転車自体の購入意思を尋ねると，想定する自動車本体への支払意思が人によって大きく異なってしまう（例えばある人がセダンを想定し，ほかの人がワゴン車を想定する場合など）。このような影響を排除するため，今回の調査では，まず回答者に，気に入った車種の「自動運転機能の付いていないガソリン車」を購入することにしたものと想定してもらい，その自動車にオプションとして自動運転機能をつけたり，電気自動車やハイブリッドに変えたり，という選択

---

(8)　扱うテーマは異なるが，森田・馬奈木（2013）では，アンケート調査において個人の属性を潜在クラスロジットモデルの中に直接組み込んで推計する手法をとった。

第**7**章　誰が自動運転車を購入するのか

表7-2　回答者に提示する属性の種類

自動運転レベル	燃　料	オプションの追加料金
自動運転なし	オプションなし （ガソリン車）	10万円
レベル3 （条件付き自動運転）	ハイブリッド車へ変更	20万円
		40万円
レベル5 （完全自動運転）	電気自動車へ変更	60万円

出所：「自動運転車の潜在需要に関するWeb調査」。

をしてもらう設定にした。提示する属性の種類は**表7-2**の通りであり，あらかじめ自動運転なしとオプションなし（ガソリン車）の組合せを除外した上で，D最適法によって8種類の組合せを6ブロック作成し，各個人に8組ずつ提示した。

　質問文は次の通りである。

　　あなたが自動車を買うことにしたとお考えください。

　いま，販売店で気に入った型の自動車を選んだところ，それが「自動運転機能のないガソリン車」だったとします。

　ここでディーラーが，オプションとして新しい自動運転機能の追加と燃料の変更を提案し，オプション料金を示してきたとします。

　　これから画面に出るA，B，2つのオプションを比べて，あなたはどちらのオプションをつけますか。表示される代金は，本体価格を別にしたオプションだけの価格です。また，どの燃料も燃費は同じであると考えてください。

　　オプションをつけないで，自動運転機能のないガソリン車のまま買いたい場合は「どちらのオプションもつけない」を選んでください。

　全部で8組出てきます。

　　なお，オプション料金を支払う場合，その金額がほかの買物には使えなくなることを考えてお答えください。

　続けて**図7-9**のような組合せが種類を変えて1人あたり8回提示される。自動運転のレベルは回答者には馴染みがないことから，表の上に簡単な説明文が毎回表示されるようにした。ここでのレベル3およびレベル5は米国自動車

221

第Ⅲ部　AIの普及がもたらす影響

技術会（Society of Automotive Engineers: SAE）による**表7-3**の定義をもとに記述したものである[9]。

（3）推計結果

① 交差効果を含む限界支払意思額

　多項ロジットモデルによる推計結果は**表7-4**の通りである。上段は，それぞれの属性を独立とみなした「主効果のみ」の推計で，下段が自動運転と燃料の交差効果を考慮した推計である。

　表7-4から求めた限界支払意思額（MWTP）は**図7-10**となる。上段が交差効果を考慮しない値，下段が交差効果を考慮した値で，いずれも自動運転機能のないガソリン車に対する金額である。交差効果を考慮しない場合，自動運転機能のない車にレベル5を追加するWTPは20.0万円と，レベル3を追加するときの9.2万円の約2倍である。先行研究で触れた Schoettle and Shivak (2015b) では日常的に運転する人を対象としていたため，自動運転機能が低い方が好まれていたが，運転しない人も含む今回の調査では，運転者がかかわらなくて済む完全自動運転車のほうが人気が高いことが示された。燃料面では，ガソリン車からハイブリッドへ変えるときのWTPは8.5万円であるが，電気自動車へ変えるときのWTPは-5.2万円となった。日本のメーカー各社が電気自動車に注力しはじめたにもかかわらず，電気自動車の人気は高くなさそうである。ただし，交差効果を含めた下段の結果から考察されるように，電気自動車であっても自動運転機能が付く場合にはレベル3で10.3万円，レベル5になると22.8万円のWTPがあり，自動運転機能なしの場合だけが-12.5万円と負のWTPになっている。ガソリン車が電気自動車になるだけでは買い替え需要につながりにくそうであるが，自動運転機能との組合せがあれば購入される可能性がある。ハイブリッド車は，必ずしも自動運転機能を搭載しなくても

---

(9)　レベル5で運転免許がない人だけでも乗れるか否かは，現在は定められていないが，自動運転に馴染みのない回答者の理解を容易にするために，あえて，「運転免許がない人だけでも乗れる」と記述した。

第7章 誰が自動運転車を購入するのか

まだ実用化されていない新しい自動運転機能には自動運転の度合いに応じてレベル3〜レベル5があります。ここでは，そのうち次の二つのレベルをオプションとして選べるとします。
【レベル3】基本的に自動運転だが，必要なときにドライバーが対応する（条件付き自動運転）。
【レベル5】あらゆる地域ですべてが自動運転化され，ドライバーはまったく運転する必要がない（完全自動運転）（運転免許がない人だけでも乗れる）。

	オプションA	オプションB	
自動運転レベル	レベル3 （条件付き自動運転）	レベル5 （完全自動運転）	どちらのオプションもつけない
燃料	ハイブリッド車へ変更	オプションなし （ガソリン車）	
オプションの追加料金	40万円	60万円	

図7-9 コンジョイント設問で回答者に提示されるプロファイルの組合せ例
出所：「自動運転車の潜在需要に関するWeb調査」。

表7-3 米国自動車技術会（SAE）による自動運転レベルの定義

レベル	概要	安全運転に係る監視，対応主体
運転者が全てあるいは一部の運転タスクを実施		
SAE レベル0 運転自動化なし	・運転者が全て運転タスクを実施	運転者
SAE レベル1 運転支援	・システムが前後・左右のいずれかの車両制御に係る運転タスクのサブタスクを実施	運転者
SAE レベル2 部分運転自動化	・システムが前後・左右の両方の車両制御に係る運転タスクのサブタスクを実施	運転者
自動運転システムが全ての運転タスクを実施		
SAE レベル3 条件付運転自動化	・システムが全ての運転タスクを実施（領域※限定的） ・システムの介入要求等に対して，予備対応時利用者は，適切に応答することを期待	システム （フォールバック中は運転者）
SAE レベル4 高度運転自動化	・システムが全ての運転タスクを実施（領域※限定的） ・予備対応寺において，利用者が応答することは期待されない	システム
SAE レベル5 安全運転自動化	・システムが全ての運転タスクを実施（領域※限定的ではない） ・予備対応時において，利用者が応答することは期待されない	システム

注：ここでの「領域」は，必ずしも地理的な領域に限らず，環境，交通状況，速度，時間的な条件などを含む。
出所：自動走行ビジネス検討会（2017）1頁。

第Ⅲ部 AIの普及がもたらす影響

表7-4 条件付ロジットモデルによる推計結果 (N=16,327)

	係数	標準誤差	係数の95％信頼区間	
主効果のみ				
価格	-0.027***	0.000	-0.028	-0.026
レベル3	0.248***	0.012	0.225	0.272
レベル5	0.540***	0.011	0.517	0.562
ハイブリッド	0.229***	0.011	0.206	0.251
電気	-0.140***	0.012	-0.162	-0.117
LL=-133769			AIC=267548	
交差効果を考慮				
価格	-0.030***	0.000	-0.030	-0.029
レベル3*ガソリン	0.215***	0.013	0.190	0.241
レベル5*ガソリン	0.366***	0.015	0.336	0.396
自動運転なし*ハイブリッド	0.156***	0.016	0.125	0.186
自動運転なし*電気	-0.378***	0.014	-0.406	-0.350
レベル3*ハイブリッド	0.199***	0.022	0.155	0.243
レベル3*電気	0.467***	0.026	0.416	0.519
レベル5*ハイブリッド	0.408***	0.020	0.368	0.448
レベル5*電気	0.687***	0.022	0.644	0.729
LL=-133130			AIC=266278	

注：*** は1％水準で係数が有意であることを示す。LL は対数尤度、AIC は赤池情報量規準の値である。
出所：「自動運転車の潜在需要に関する Web 調査」。

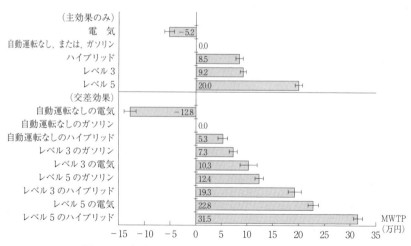

図7-10 自動運転機能及び燃料に対する限界支払意思額

注：棒グラフ上の線は95％信頼区間をあらわす。
出所：「自動運転車の潜在需要に関する Web 調査」。

5.3万円の WTP があるが，自動運転レベル3であれば19.3万円，レベル5であれば31.5万円と最大の WTP がある。

いずれの金額も，実際の販売額を大きく下回っているが，より高い金額を提示したプレテストにおいても高い WTP は算出されなかったため，アンケート時の提示金額に問題があった訳ではなさそうである。平均的な目安として手堅い金額であると考えられる。

② 潜在クラス分析

(1) 潜在クラスの決定と所属確率

本項では消費者の異質性を考慮し，自動運転と燃料の選択傾向とその決定要因を分析する。第5節(1)の②で説明した潜在クラスモデルでは，通常はクラス数を変えて推計を繰り返し情報量規準が最も低くなるクラス数を選択する。本研究で用いた調査結果はサンプル数が多いことから12クラスにまで分割しても赤池情報量規準（AIC），ベイズ情報量規準（BIC）ともに下がり，反転することはなかった（図7-11）。クラス数が多すぎると各クラスの特徴を把握しにくくなることと，クラス数を増やすことによる情報量規準の低下幅が逓減しているためにクラス数を増やすメリットがクラス数が多くなるほど小さくなることにより，潜在クラスの意味を最も解釈しやすいクラス分けとなった5クラスを採用して分析を進めた。

5つのクラスは，WTP の特徴から①オプション不要，②燃料＞0＞自動運転，③燃料≒自動運転＞0，④自動運転＞0＞燃料，⑤自動運転＞燃料＞0に分けられた。それぞれの所属確率は27％，13％，24％，21％，15％である（図7-12）。所属確率でみるとオプションへの WTP が負となったクラス1が最も高く，ここには提示された8問すべてに「(A，B) どちらのオプションもつけない」を選択した回答者（23.9％）が含まれている。なお，傾向が大きく異ならなかったため今回は分類しなかったが，「どちらのオプションもつけない」の内には，WTP がいずれの提示額よりも低かった回答者だけでなく，追加質問で「自動車本体の価格が下がっても自動運転機能はつけたくない」という回答者が9.1％含まれている。クラス1に次いで，それぞれの属性にほぼ同様の

第Ⅲ部　AIの普及がもたらす影響

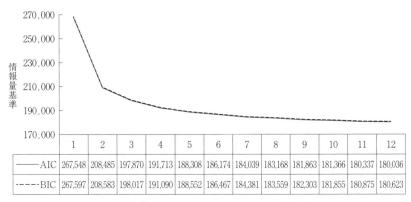

図7-11　潜在クラスモデルのクラス数と情報量規準
出所:「自動運転車の潜在需要に関するWeb調査」。

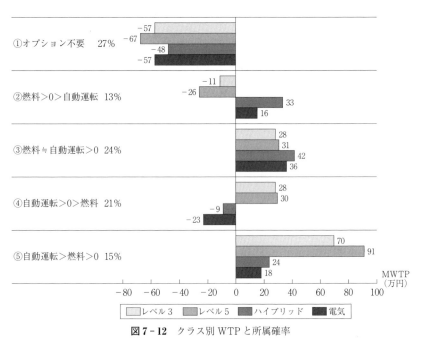

図7-12　クラス別WTPと所属確率
注:丸数字はクラスを，パーセンテージは所属確率をあらわす。
出所:「自動運転車の潜在需要に関するWeb調査」。

第**7**章　誰が自動運転車を購入するのか

正の WTP を示したクラス3の所属確率が24％である。自動運転レベルにはクラス3とほぼ等しい WTP を示しながら，ハイブリッドや電気自動車にする必要はないと考えている，燃料に負の WTP を示したクラス4も21％である。逆に燃料は変えても良いが自動運転機能を不要と考え自動運転に負の WTP を示したのがクラス2で13％，すべてのオプションに対する WTP が正であり自動運転に対する WTP が特に大きかったのがクラス5で15％であった。

(2) 潜在クラスの特徴

各クラスの所属確率は個人別に計算することができる。回答者を，クラス別所属確率の最も高いクラスに所属するものとして分類し，そのクラスに入る場合を1，入らない場合を0としてダミー変数を作る。例えば，個人iのクラス1～クラス5に対する所属確率がそれぞれ（0.00，0.17，0.81，0.02，0.00）と求められた場合，個人iはクラス3に属するとみなす。このように分類したクラスに所属すればクラスダミー＝1，所属しなければクラスダミー＝0となる変数を独立変数として，**表7-5**の記述統計量に示した変数を用いてプロビットで分析した結果が**表7-6**である。

この変数のうち，倫理問題に肯定的か否定的かという変数は，アンケートでコンジョイント質問を行ったあとで，自動運転が直面するであろう倫理問題（事故の際に誰かを助けるためにほかの人を犠牲にするのは許されるのか，救える人数は多いほど良いのか，というトロッコ問題）に関する質問を行っており，アンケートの最後の自由回答で，主にその質問に対して肯定的なコメントを記入したか，否定的なコメントを記入したか（あるいはその両方を記入したか）を示したものである。コンジョイント質問時には回答者が倫理問題を読んでいないため，ここでは回答者が持つ心理的属性として説明変数に入れている。

各クラスの属性の特徴を把握しやすくするため，係数の絶対値の大きさを考慮せず，各クラスに所属する傾向だけをピックアップしたものが**表7-7**である。各クラスに記述されている特徴を持つ人のほうが，持たない人より，そのクラスに所属する確率が高い。

自動運転に最も高い WTP を示したクラス5の特徴として，若年，高学歴，

227

表7-5 プロビット分析に用いた変数の記述統計量

(N = 16,327)

	変数名	定 義	平均値	標準偏差	最小値	最大値
独立変数	クラス①		0.279	0.448	0	1
	クラス②		0.128	0.334	0	1
	クラス③		0.238	0.426	0	1
	クラス④		0.205	0.404	0	1
	クラス⑤		0.150	0.357	0	1
社会人口統計学的属性	男性	男性 = 1，それ以外 = 0の二値変数	0.582	0.493	0	1
	年齢	1歳区切り	47.880	12.597	18	69
	年齢（二乗）	年齢の2乗	2451.130	1182.096	324	4761
	大学卒	最終学歴が大学 = 1，それ以外 = 0の二値変数	0.499	0.500	0	1
	大学院	卒最終学歴が大学院 = 1，それ以外 = 0の二値変数	0.072	0.259	0	1
	世帯所得	世帯所得，対数値	6.339	0.717	3.912	8.161
	単身	単身で生活している人 = 1，それ以外 = 0の二値変数	0.168	0.374	0	1
	子どもと同居	小学生以下の子どもと同居している人 = 1，それ以外 = 0の二値変数	0.181	0.385	0	1
自動車・自動運転等に関する属性	運転免許なし	運転免許を所有していない人 = 1，それ以外 = 0の二値変数	0.092	0.290	0	1
	シェアカーに反対	シェアカーへの抵抗を全く感じない(1)～とても感じる(10)の10段階のうち，8～10の人 = 1，それ以外 = 0の二値変数	0.311	0.463	0	1
	ガジェット好き	6種類のガジェットについて，とても嫌い = 1やや嫌い = 2どちらでもない及び使ったことがない = 3好き = 4とても好き = 5として単純集計した合成変数	20.286	3.073	6	30
	車所有にプライド感	車を所有していることにプライドを全く感じない(1)～とても感じる(10)の10段階のうち，6～10の人 = 1，それ以外 = 0の二値変数	0.260	0.439	0	1
	国産車所有	国産車を所有している人 = 1，それ以外 = 0の二値変数	0.694	0.461	0	1
	輸入車所有	輸入車を所有している人 = 1，それ以外 = 0の二値変数	0.053	0.224	0	1
	走行距離	年間走行距離（千km）	5.029	5.995	0	40.5
	運転好き	免許を保有する人のうち，自分で車を運転することがとても嫌い(1)～とても好き(10)のうち8～10の人 = 1，それ以外 = 0の二値変数	0.293	0.455	0	1
	事故を起こしたことがある	交通事故を起こしたことがある人 = 1，それ以外 = 0の二値変数	0.322	0.467	0	1
	自動運転車で事故減	国内のすべての自動車が完全に自動運転されるようになったら，交通事故がとても増えると思う(0)～交通事故がとても減ると思う(100)の101段階の変数	65.134	21.681	0	100
心理的属性	利他性	「人が困っているときには，自分がどんな状況にあろうと助けるべきである」という意見に非常に反対(1)～非常に賛成(5)の値	3.116	0.828	1	5
	募金したことがある	ときどき募金に協力する，よく募金に協力する，自動引き落としなどで毎年一定額の協力をしている，のいずれか = 1，それ以外 = 0の二値変数	0.630	0.483	0	1
	倫理問題に肯定的	アンケートの自由回答で倫理問題を含む当アンケートに肯定的な記述をした人 = 1，それ以外 = 0の二値変数	0.130	0.337	0	1
	倫理問題に否定的	アンケートの自由回答で倫理問題を含む当アンケートに否定的な記述をした人 = 1，それ以外 = 0の二値変数	0.214	0.410	0	1
居住地	北海道地方		0.046	0.210	0	1
	東北地方		0.048	0.213	0	1
	関東地方		0.406	0.491	0	1
	中部地方		0.150	0.357	0	1
	近畿地方		0.199	0.399	0	1
	中国地方		0.048	0.213	0	1
	四国地方		0.022	0.146	0	1
	（九州・沖縄地方）		0.081	0.273	0	1

出所：「自動運転車の潜在需要に関する Web 調査」。

表7-6 クラス別属性のプロビット分析

	全変数					10%以下の水準で有意な変数のみ				
	クラス①	クラス②	クラス③	クラス④	クラス⑤	クラス①	クラス②	クラス③	クラス④	クラス⑤
社会人口統計学的属性										
男性	0.077*** (0.024)	-0.200*** (0.028)	0.061* (0.025)	-0.102*** (0.025)	0.093** (0.029)	0.073** (0.024)	-0.185*** (0.027)	0.061** (0.024)	-0.095*** (0.024)	0.094*** (0.028)
年齢	0.018** (0.006)	-0.001 (0.008)	-0.035*** (0.006)	0.033*** (0.007)	-0.019* (0.007)	0.018** (0.006)		-0.035*** (0.006)	0.031*** (0.007)	-0.019** (0.007)
（二乗）	-0.000*** (0.000)	0.000 (0.000)	0.000*** (0.000)	-0.000*** (0.000)	0.000*** (0.000)	-0.000*** (0.000)		0.000*** (0.000)	-0.000*** (0.000)	0.000*** (0.000)
大学卒	-0.110*** (0.024)	0.050* (0.028)	0.005 (0.024)	0.028 (0.025)	0.074** (0.028)	-0.115*** (0.024)				0.074** (0.028)
大学院卒	-0.133*** (0.046)	0.053 (0.054)	-0.041 (0.046)	0.023 (0.047)	0.147** (0.051)	-0.138** (0.046)				0.147** (0.050)
世帯所得	-0.123*** (0.017)	-0.003 (0.021)	0.088*** (0.018)	-0.014 (0.018)	0.085*** (0.020)	-0.129*** (0.016)		0.085*** (0.016)		0.087*** (0.019)
単身	-0.004 (0.033)	-0.080* (0.040)	0.015 (0.034)	0.042 (0.035)	-0.002 (0.039)		-0.083* (0.035)		0.055* (0.032)	
子どもと同居	-0.083** (0.031)	0.009 (0.036)	0.123*** (0.031)	-0.036 (0.032)	-0.008 (0.037)	-0.082** (0.030)		0.122*** (0.030)		
自動車・自動運転等に関する属性										
運転免許なし	0.063 (0.040)	-0.070 (0.050)	-0.027 (0.042)	-0.016 (0.044)	0.010 (0.046)		-0.099* (0.048)			
シェアカーに反対	0.187*** (0.024)	-0.017 (0.028)	-0.181*** (0.025)	-0.006 (0.025)	-0.022 (0.029)	0.188*** (0.024)		-0.180*** (0.025)		
ガジェット好き	-0.051*** (0.004)	-0.006 (0.004)	0.030*** (0.004)	0.002 (0.004)	0.033*** (0.004)	-0.051*** (0.004)		0.031*** (0.004)		0.033*** (0.004)
自動車所有にプライド感	-0.082** (0.028)	-0.073* (0.032)	0.146*** (0.027)	-0.031 (0.028)	0.026 (0.032)	-0.084** (0.027)	-0.069* (0.030)	0.145*** (0.027)		
国産車所有	-0.005 (0.031)	0.045 (0.037)	-0.101** (0.032)	0.206*** (0.033)	-0.138*** (0.035)			-0.102*** (0.030)	0.200*** (0.031)	-0.139*** (0.029)
輸入車所有	0.144* (0.057)	-0.208** (0.072)	-0.308*** (0.059)	0.285*** (0.057)	0.005 (0.062)	0.143** (0.050)	-0.243*** (0.063)	-0.306*** (0.058)	0.268*** (0.054)	
走行距離	-0.009*** (0.002)	0.007** (0.002)	0.012*** (0.002)	-0.006** (0.002)	-0.006* (0.003)	-0.008*** (0.002)	0.008** (0.002)	0.012*** (0.002)	-0.005* (0.002)	-0.006** (0.002)
運転好き	0.118*** (0.026)	0.229*** (0.030)	-0.091*** (0.026)	0.011 (0.027)	-0.313*** (0.032)	0.113*** (0.026)	0.227*** (0.029)	-0.089*** (0.026)		-0.311*** (0.031)
事故を起こしたことがある	0.010 (0.031)	0.047	-0.063* (0.031)	0.063* (0.027)	-0.049†			-0.061* (0.026)	0.067** (0.031)	-0.051†

第Ⅲ部 AI の普及がもたらす影響

	(1)	(2)	(3)	(4)	(5)	(6)	(7)	(8)	(9)	(10)
自動運転車で事故減	-0.013*** (0.001)	-0.005*** (0.001)	0.003*** (0.001)	0.006*** (0.001)	0.015*** (0.001)	-0.013*** (0.001)	-0.005 (0.001)	0.003*** (0.001)	0.006** (0.001)	0.014*** (0.001)
利他性	-0.026* (0.014)	0.029* (0.016)	0.063*** (0.014)	-0.065*** (0.014)	0.008 (0.015)	-0.026⁺ (0.014)	0.027* (0.016)	0.064*** (0.014)	-0.063*** (0.014)	0.075** (0.027)
心理的属性　募金したことがある	-0.237*** (0.023)	0.073** (0.028)	0.147*** (0.024)	0.012 (0.024)	0.072* (0.028)	-0.235*** (0.023)	0.073** (0.027)	0.147*** (0.024)		
倫理問題に肯定的	-0.211*** (0.035)	0.026 (0.038)	0.016 (0.033)	0.044 (0.033)	0.130*** (0.036)	-0.213*** (0.035)				0.129*** (0.036)
倫理問題に否定的	-0.060* (0.027)	0.121*** (0.031)	-0.069* (0.027)	0.044 (0.028)	-0.009 (0.031)	-0.059* (0.027)	0.122*** (0.030)	-0.070* (0.027)	0.050⁺ (0.027)	
居住地　北海道地方	-0.067 (0.062)	-0.031 (0.071)	-0.191** (0.065)	0.062 (0.065)	0.131⁺ (0.076)	0.132⁺ (0.076)				
東北地方	-0.016 (0.063)	-0.036 (0.071)	-0.068 (0.063)	0.071 (0.065)	0.087 (0.077)	0.086 (0.077)				
関東地方	-0.017 (0.043)	-0.060 (0.048)	-0.065 (0.043)	0.026 (0.045)	0.154** (0.052)	0.155** (0.052)				
中部地方	0.040 (0.047)	-0.106* (0.054)	-0.097* (0.047)	0.063 (0.049)	0.127* (0.058)	0.127* (0.058)				
近畿地方	0.033 (0.046)	-0.125* (0.052)	-0.094* (0.045)	0.082* (0.047)	0.121* (0.055)	0.122* (0.055)				
中国地方	0.053 (0.062)	-0.073 (0.071)	-0.064 (0.062)	0.078 (0.065)	0.005 (0.078)	0.006 (0.078)				
四国地方	0.134 (0.082)	-0.220* (0.100)	-0.026 (0.082)	-0.032 (0.087)	0.106 (0.099)	0.103 (0.099)				
定数項	1.960*** (0.194)	-0.727** (0.227)	-1.541*** (0.195)	-1.805*** (0.205)	-3.058*** (0.228)	2.037*** (0.183)	-0.925*** (0.065)	-1.607*** (0.183)	-1.779*** (0.161)	-3.055*** (0.213)
サンプル数	16327	16327	16327	16327	16327	16327	16327	16327	16327	16327
疑似決定係数	0.079	0.024	0.027	0.015	0.070	0.078	0.022	0.027	0.014	0.070
対数尤度	-8904.167	-6094.751	-8719.857	-8163.958	-6403.249	-8910.1	-6105.5	-8726.3	-8170.6	-6404.1

注1：括弧内は標準偏差を示す。＋は10％水準，＊は5％水準，＊＊は1％水準，＊＊＊は0.1％水準で有意であることを示す。

注2：地域は九州・沖縄地方に対する係数。

注3：変数間の相関係数は付表に示す。

出所：「自動運転車の潜在需要に関する Web 調査」。

第**7**章　誰が自動運転車を購入するのか

表**7-7**　回答者の潜在クラス別特性

	①オプション不要 27.9%	②燃料>0>自動運転 12.8%	③燃料≒自動運転>0 23.8%	④自動運転>0>燃料 20.5%	⑤自動運転>燃料>0 15.0%
社会人口統計学的属性	男性 年齢が高い 大学卒・大学院卒ではない 世帯所得が低い 子どもと同居していない	女性 一人暮らしではない	男性 年齢が低い 世帯所得が高い 子どもと同居している	女性 年齢が高い (一人暮らし)	男性 年齢が低い 大学卒・大学院卒である 世帯所得が高い
自動車・自動運転等に関する属性	シェアカーに反対 ガジェット好きではない 車所有にプライド感がない 輸入車を所有している 走行距離が短い 運転好き 自動運転車で事故が減るとは思わない	運転免許を持っている 車所有にプライド感がない 輸入車を所有していない 走行距離が長い 運転好き 自動運転車で事故が減るとは思わない	シェアカーに反対ではない ガジェット好き 車所有にプライド感がある 国産車を所有していない 輸入車を所有していない 走行距離が長い 運転好きではない 事故を起こしたことがない 自動運転車で事故が減ると思う	 国産車を所有している 輸入車を所有している 走行距離が短い 事故を起こしたことがある 自動運転車で事故が減ると思う	ガジェット好き 国産車を所有していない 走行距離が短い 運転好きではない (事故を起こしたことがない) 自動運転車で事故が減ると思う
心理的属性	(利他性が低い) 募金したことがない 倫理問題に肯定的ではない 倫理問題に否定的ではない	(利他性が高い) 募金したことがある 倫理問題に否定的	利他性が高い 募金したことがある 倫理問題に否定的ではない	利他性が低い (倫理問題に否定的)	募金したことがある 倫理問題に肯定的
居住地					九州・沖縄地方より関東, (北海道), 近畿, 中部地方

注1：括弧のついた属性は, 係数の有意性が10%水準であることを示す。
注2：タイトル行の数字は所属確率ではなく, 所属確率からクラス分けした結果としての回答者分布である。
出所：「自動運転車の潜在需要に関する Web 調査」。

高収入, ガジェット好き, 走行距離が短い, 運転好きではない, 自動運転車が導入されると事故が減ると思う, 倫理問題に対してポジティブ, という点が挙げられる。燃料より自動運転を好むクラス 4 と共通の潜在的購入層は, 普段車に乗らない人, となりそうである。

　自動運転への WTP が正であるクラス 3 ～クラス 5 に共通しているのが, 自動運転車の安全性（事故が減る）に対する信頼があるということである。ここから, 自動運転車が事故を起こさないことが普及の大前提であることが改めて確認された。

　自動運転への WTP が負となったクラス 1, クラス 2 には運転好きという特

第Ⅲ部　AIの普及がもたらす影響

徴がある。4節の単純な集計でも運転好きな人は自動運転を好まない可能性を指摘したが，他の条件をコントロールしたプロビットでも運転好きな人のWTPが負となる確率が高いことが確認されている。自動運転車の普及には，運転好きな人に与え得る，運転の放棄を上回るメリットが必要になるであろう。

　今回の推計では，性別，子どもとの同居，シェアカーへの見解，プライド感は明確な傾向をあらわさなかった。興味深いのは，エコ燃料や輸入車の非所有には利他性がかかわっているのに対して，自動運転と利他性が直結していない点である。クラス2および3の，燃料に正のWTPを示す人は，比較的燃費の悪い輸入車は持たず，利他性がありかつ募金をする環境（他者）配慮型であることが共通しているが，自動運転のみを好むクラス4の人は輸入車を待ち利他性が低いという特徴を持っている。

6　自動運転は普及するのか

　本研究では，自動運転車の急速な技術革新と政策的な推進を背景として，消費者の自動運転車に対する潜在需要を推計するべく，日本における大規模なインターネットアンケートを実施した。有効な1万6327のサンプルに対する選択型コンジョイント分析（多項ロジットおよび潜在クラスモデル）から，以下のことが分かった。

　まず，自動運転というオプションへのWTPは，平均的にはプラスであるものの，その水準は実際に必要とされる費用を大きく下回るものである。また，電気自動車の支払意思がマイナスとなったが，交差項を考慮すると，「自動運転機能の付いていない電気自動車」のマイナス幅が大きく，自動運転機能が付けばプラスに転じそうであることが分かった。自動車各社が電気自動車の普及に鎬を削っているが，単体としての電気自動車には魅力が少なく，自動運転機能との相乗効果を得るための電気自動車であることが，人々に購入されるための条件となるであろう。

　回答者の属性別にみると，自動運転にまったく興味を示さない，あるいはネ

232

ガティブに感じている層（自動運転で事故が減るとは思わない）も多く，その反面で，自動運転に高い WTP を示すのは高学歴，高収入でガジェット好きな若い男性，という像が浮かんでくる。また，運転好きな人は自動運転に対して負の WTP を示すため，自動運転車が運転の放棄を上回るメリットを提供する必要がある。現時点ではエコカーと異なり自動運転車による環境改善は期待されていないが，燃料との効率的な組合せや，総走行距離の減少などの環境改善が現実的となれば，購入層も増えることになろう。

人々は交通事故が減ることを期待して自動運転に正の WTP を示している。自動運転車の普及の大前提として，自動運転車の安全性が保障されることが必要である。当たり前でありながら，最も難しいその保障がなければ自動運転車は受容しないという人々の認識を，本章の研究により定量的に再確認することができた。

謝辞　独立行政法人経済産業研究所におけるプロジェクト「人工知能等が経済に与える影響研究」，および JSPS 科研費 JP26285057 の成果の一部である。

●**参考文献**─────────

Bansal, P., K. M. Kockleman and A. Singh (2016) "Assessing Public Opinions of and Interest in New Vehicle Technologies: An Austin Perspective" Transportation Research Part C 67: 1-14.

Bazilinskyy, Pavlo, Miltos Kyriakidis, and Joost de Winter (2015) "An International Crowdsourcing Study into People's Statements on Fully Automated Driving", Procedia Manufacturing, 3, 2534-2542. doi:https://doi.org/10.1016/j.promfg.2015.07. 540.

Bekiaris, E., S. Petica, and K. Brookhuis (1997) "Driver needs and public acceptance regarding telematic in-vehicle emergency control aids," In *Conference Paper* no. 2077, 4th world congress on intelligent transport systems, Berlin. Brussel: Ertico: 1-7.

Bonnefon, J. F., Azim Shariff, and Iyad Rahwan (2016) "The Social Dilemma of Autonomous Vehicles." Science 352 (6293) (June 24), 1573-1576.

第Ⅲ部　AI の普及がもたらす影響

Haboucha, Chana J, Robert Ishaq, and Yoram Shiftan (2017) "User Preferences Regarding Autonomous Vehicles." Transportation Research Part C: Emerging Technologies 78 (May): 37–49. doi:https://doi.org/10.1016/j.trc.2017.01.010.

Hohenberger, Christoph, Matthias Spörrle, and Isabell M Welpe (2016) "How and Why Do Men and Women Differ in Their Willingness to Use Automated Cars? The Influence of Emotions across Different Age Groups." Transportation Research Part A: Policy and Practice, 94 (December): 374–85. doi:https://doi.org/10.1016/j.tra.2016.09.022.

König, M, and L Neumayr (2017) "Users' Resistance towards Radical Innovations: The Case of the Self-Driving Car." Transportation Research Part F: Traffic Psychology and Behaviour, 44 (January): 42–52. doi:https://doi.org/10.1016/j.trf.2016.10.013.

Krueger, Rico, Taha H Rashidi, and John M Rose (2016) "Preferences for Shared Autonomous Vehicles." Transportation Research Part C: Emerging Technologies, 69 (August): 343–355.

Kyriakidis, M., R. Happee, and J. C. F. de Winter, (2015) "Public Opinion on Automated Driving: Results of an International Questionnaire among 5,000 Respondents." Transportation Research Part F: Traffic Psychology and Behaviour 32, 127–140. doi: http://dx.doi.org/10.2139/ssrn.2506579.

Payre, William, Julien Cestac, and Patricia Delhomme (2014) "Intention to Use a Fully Automated Car: Attitudes and a Priori Acceptability." Transportation Research Part F: Traffic Psychology and Behaviour 27, Part B (November): 252–63. doi: https://doi.org/10.1016/j.trf.2014.04.009.

SAE International (2016) "Automated Driving Levels of Driving Automation are Defined in New SAE International Standard J3016." P141661. https://www.sae.org/misc/pdfs/automated_driving.pdf. Retrieved on May 1, 2017.

Schoettle, Brandon, and Michael Sivak (2014) "Public Opinion about Self-Driving Vehicles in China, India, Japan, the U.S., The U.K., and Australia." The University of Michigan Transportation Research Institute. Report No. UMTRI-2014-30.

Schoettle, Brandon, and Michael Sivak (2015a) "Potential Impact of Self-Driving Vehicles on Household Vehicle Demand and Usage." The University of Michigan Transportation Research Institute, Report No. UMTRI-2015-3.

Schoettle, Brandon, and Michael Sivak (2015b) "Motorists' Preferences for Different

234

Levels of Vehicle Automation." The University of Michigan Transportation Research Institute, Report No. UMTRI-2015-22.

Shin, J., C. R. Bhat, D. You, V. M. Garikapati, and R. M. Pendyala (2015) "Consumer Preferences and Willingness to Pay for Advanced Vehicle Technology Options and Fuel Types." Transportation Research Part C 60: 511-524.

Sivak, Michael, and Brandon Schoettle (2015) "Influence of Current Nondrivers on the Amount of Travel and Trip Patterns with Self-Driving Vehicles." The University of Michigan Transportation Research Institute, Report No. UMTRI-2015-39.

Train, Kenneth (2009) *Discrete Choice Methods with Simulation*, 2nd ed. Cambridge University Press.

井熊均・井上岳一編著（2017）『「自動運転」ビジネス　勝利の法則』日刊工業新聞社。

警察庁（2016）「自動走行システムに関する公道実証実験のためのガイドライン（平成28年5月」。

自動走行ビジネス検討会（2017）「自動走行の実現に向けた取組方針　報告書概要」平成29年3月14日　www.meti.go.jp/press/2016/03/20170314002/20170314002-2.pdf。

柘植隆宏・三谷羊平・栗山浩一（2011）『環境評価の最新テクニック：表明選好法・顕示選好法・実験経済学』勁草書房。

内閣府（2015）戦略的イノベーション創造プログラム　自動走行システム研究開発計画。

森田玉雪・馬奈木俊介（2013）「大震災後のエネルギー・ミックス——電源別特性を考慮した需要分析」馬奈木俊介編著『環境・エネルギー・資源戦略：新たな成長分野を切り拓く』日本評論社，135-177頁。

森田玉雪・馬奈木俊介（2018）「自動運転機能に対する支払意思推計手法の検討」『山梨国際研究』13，71-80頁。

山本真之・梶大介・服部佑哉・山本俊行・玉田正樹・藤垣洋平（2016）「自動運転シェアカーに関する将来需要予測とシミュレーション分析」Denso Technical Review 21: 37-41。

第Ⅲ部　AIの普及がもたらす影響

付表　プロビット分析に用いた変数の相関係数

	男性	年齢	年齢(二乗)	大学卒	大学院卒	世帯所得	一人暮らし	子どもと同居	運転免許なし	シェアカーに反対	ガジェット好き	車所有にプライド感	国産車所有	輸入車所有	走行距離
男性	1.000														
年齢	0.110*	1.000													
年齢 (二乗)	0.111*	0.991*	1.000												
大学卒	0.192*	-0.003	0.000	1.000											
大学院卒	0.128*	-0.056*	-0.062*	-0.279*	1.000										
世帯所得	0.033*	0.039*	0.018*	0.148*	0.105*	1.000									
単身	0.056*	-0.116*	-0.107*	-0.009	0.056*	-0.343*	1.000								
子どもと同居	-0.050*	-0.302*	-0.324*	0.021*	0.044*	0.107*	-0.211*	1.000							
運転免許なし	-0.160*	-0.004	0.010	-0.079*	-0.031*	-0.135*	0.043*	-0.085*	1.000						
シェアカーに反対	-0.017*	0.116*	0.116*	-0.038*	-0.047*	0.018*	-0.079*	-0.020*	-0.076*	1.000					
ガジェット好き	0.029*	-0.057*	-0.050*	-0.002	-0.012	0.049*	-0.024*	0.015	-0.026*	-0.014	1.000				
車所有にプライド感	0.041*	-0.023*	-0.026*	0.034*	0.010	0.132*	-0.094*	0.068*	-0.121*	0.105*	0.155*	1.000			
国産車所有	0.037*	0.050*	0.049*	-0.035*	-0.026*	0.115*	-0.278*	0.120*	-0.270*	0.167*	0.047*	0.221*	1.000		
輸入車所有	0.021*	0.050*	0.044*	0.045*	0.024*	0.146*	-0.044*	-0.005	-0.043*	0.031*	0.000	0.178*	-0.355*	1.000	
走行距離	0.190*	0.029*	0.021*	-0.001	0.017*	0.128*	-0.112*	0.077*	-0.268*	0.128*	0.049*	0.174*	0.364*	0.033*	1.000
運転好き	0.186*	0.025*	0.023*	0.023*	0.015	0.079*	-0.041*	0.031*	-0.206*	0.151*	0.170*	0.236*	0.149*	0.079*	0.256*
事故を起こしたことがある	0.194*	0.156*	0.147*	0.013	-0.010	0.034*	-0.030*	-0.008	-0.197*	0.073*	0.022*	0.051*	0.139*	0.022*	0.208*
自動運転車で事故減	0.093*	0.075*	0.074*	0.041*	0.032*	0.073*	-0.039*	-0.011	-0.045*	-0.022*	0.087*	0.049*	0.018*	0.036*	0.025*
利他性	0.019*	0.046*	0.050*	0.004	-0.019*	0.031*	-0.021*	0.009	-0.002	-0.057*	0.104*	0.046*	0.019*	0.003	0.035*
募金したことがある	-0.072*	0.154*	0.157*	0.001	0.002	0.111*	-0.077*	-0.004	-0.015	-0.015	0.072*	0.031*	0.063*	0.031*	0.044*
倫理問題に肯定的	-0.028*	0.018*	0.016*	0.015	-0.006	0.004	-0.009	0.006	-0.017*	0.003	0.063*	0.032*	0.001	0.001	0.000
倫理問題に否定的	-0.055*	0.132*	0.132*	-0.004	-0.003	-0.012	-0.027*	-0.029*	0.015	0.040*	-0.009	-0.015	0.021*	0.002	0.000
北海道地方	-0.016*	0.011	0.011	-0.059*	-0.025*	-0.070*	0.031*	-0.014	0.009	0.017*	-0.004	0.002	0.039*	-0.034*	0.024*
東北地方	0.015	-0.019*	-0.016*	-0.049*	-0.023*	-0.049*	-0.005	-0.003	-0.017*	0.042*	-0.002	0.006	0.077*	-0.019*	0.078*
関東地方	0.020*	0.039*	0.034*	0.092*	0.032*	0.124*	0.038*	-0.034*	0.070*	-0.075*	0.010	-0.033*	-0.219*	0.051*	-0.193*
中部地方	0.003	-0.019*	-0.016*	-0.031*	-0.004	0.014	-0.035*	0.020*	-0.060*	0.056*	-0.020*	0.021*	0.133*	-0.008	0.119*
近畿地方	-0.002	0.008	0.005	0.004	0.006	-0.015	-0.041*	0.016	0.013	-0.023*	-0.013	0.012	-0.012	0.006	-0.017*
中国地方	-0.010	-0.022*	-0.020*	-0.003	-0.010	-0.032*	0.003	0.009	-0.041*	0.024*	0.013	0.016*	0.072*	-0.018*	0.078*
四国地方	-0.004	0.001	0.003	-0.011	-0.009	-0.035*	-0.001	0.005	-0.013	0.030*	0.000	0.002	0.052*	-0.024*	0.040*

	運転好き	事故を起こしたことがある	自動運転車で事故減	利他性	募金したことがある	倫理問題に肯定的	倫理問題に否定的	北海道地方	東北地方	関東地方	中部地方	近畿地方	中国地方	四国地方
運転好き	1.000													
事故を起こしたことがある	0.180*	1.000												
自動運転車で事故減	0.051*	0.069*	1.000											
利他性	0.089*	0.010	-0.002	1.000										
募金したことがある	0.057*	0.032*	0.046*	0.190*	1.000									
倫理問題に肯定的	0.044*	0.022*	0.057*	0.030*	0.056*	1.000								
倫理問題に否定的	0.027*	0.040*	-0.004	0.001	0.081*	0.104*	1.000							
北海道地方	0.005	0.013	-0.016*	0.001	0.002	-0.005	0.006	1.000						
東北地方	0.030*	0.015	-0.011	-0.003	0.016*	-0.006	-0.006	-0.049*	1.000					
関東地方	-0.043*	-0.098*	0.014	-0.004	-0.039*	0.021*	-0.003	-0.183*	-0.185*	1.000				
中部地方	0.026*	0.056*	0.040	-0.002	0.014	-0.009	0.002	-0.093*	-0.094*	-0.348*	1.000			
近畿地方	-0.011	0.005	-0.003	-0.006	0.008	0.009	0.014	-0.110*	-0.112*	-0.413*	-0.210*	1.000		
中国地方	0.017*	0.039*	-0.001	0.013	0.023*	-0.018*	-0.014	-0.049*	-0.050*	-0.185*	-0.094*	-0.111*	1.000	
四国地方	0.012	0.028*	0.006	-0.012	0.012	-0.002	0.009	-0.033*	-0.033*	-0.123*	-0.063*	-0.074*	-0.033*	1.000

注：*は相関係数が5％水準で有意であることを示す。

第8章
自動運転による自動車走行距離の変化

岩田和之・馬奈木俊介

1 人工知能と自動車

現在，IoT（Internet of Things），ビッグデータ，人工知能（AI: Artificial Intelligence）に代表される劇的な技術革新がもたらされている。いわゆる第4次産業革命である。日本でも2015年に経済産業省内で新産業構造審議会が設けられたように，これらの技術革新は従来の産業構造は大きく変化させることが予想されている。この産業構造の変化はインターネットやコンピュータ産業などの当該技術のブレークスルーが起きている産業のみに留まらず，製造，農業，観光，金融，医療，教育など全ての産業に影響をもたらす。なぜなら，データなどの情報やロボットといった人工知能は全ての産業の基盤技術であるからである。例えば，建築業界ではドローンを活用した施工管理，医療業界では人工知能を活用した医療診断支援システム，教育業界では個々の学生の学習理解度に応じたアダプティブラーニングなどが導入されつつある。これらの新しい技術やシステムが従来の雇用を大きく代替する可能性も指摘されている（Frey and Osborne, 2017）。

この技術革新は本章で取り上げる自動車の利用にも大きな影響を与える。それは自動運転車（autonomous car）の登場である。自動運転車に搭載される自動運転技術は大きく6段階（2016年10月改定版）に分けられる（National Highway Traffic Safety Adminstration, 2016）。レベル0は自動化によるシステム介入がなく，常に運転者が自動車の制御（操舵，制動，加速）を行うことを指す。逆にレ

237

第Ⅲ部　AIの普及がもたらす影響

表 8-1　自動運転のレベル

レベル	名　前	定　義
0	自動化無し	人間がすべての自動車制御を行う。
1	運転者支援	自動運転システムが人の運転制御の一部をたまに支援する。
2	一部自動化	自動運転システムが運転制御の一部を行い，運転者は周囲の監視と他の運転制御を行う。
3	条件付き自動化	人が運転制御をすぐにできることを前提とし，特定の状況を除いて，自動運転技術が全ての運転制御，周囲の監視を行う。
4	高自動化	特定の状況を除いて，自動運転技術が全ての運転制御，周囲の監視を行う。人の制御はない。
5	完全自動化	全ての状況において自動運転システムが全ての運転制御を行う。

ベル 5 は周囲の監視を含めた自動車の運転操作を全てシステムが行い，人による制御が介入しないことを指す。レベル 1 から 4 については程度の差はあれ，人とシステムとが自動車制御を分担して行うことになる（**表 8-1**）[(1)]。したがって，レベルの数字が大きくなればなるほど，システムによる自動制御の度合いが大きくなる。2017年現在では，レベル 2 の技術を導入している自動車はいくつか存在する。また，一部の自動車メーカーがレベル 3 の自動運転技術を搭載した自動車を販売すると発表している段階であり，人の手による運転がほとんど必要ないレベル 4 以上の自動運転技術を搭載した自動車は発売されていない。国内自動車メーカーではトヨタが2020年代前半を目途に[(2)]，ホンダは2025年頃に[(3)]レベル 4 の技術を備えた自動車を実現させることを表明している。

　現時点では，人が全く運転を行う必要のない自動車は存在しないものの，近い将来に高レベルの自動化技術を搭載した自動車の登場が予測されており，各自動車メーカーもその開発競争に力を注いでいる。このような自動車が市場に出回り，普及をした場合，消費者（運転者）の自動車利用行動は大きく変わる

---

(1)　レベルの違いについては SAE International（2016）にまとめられている。

(2)　日本経済新聞記事より，https://www.nikkei.com/article/DGKKASDZ24HY5_U7A720C1MM8000/（最終アクセス日2017年 9 月 6 日）。

(3)　日刊工業新聞記事より，https://www.nikkan.co.jp/articles/view/00431444（最終アクセス日2017年 9 月 6 日）。

可能性がある。そして，その利用の頻度は自動運転による利便性の向上によって増加することが予想される。なぜなら，それまでは自動車を運転することが怖い，あるいは面倒だと考えていたような人にとっては高レベルの自動運転車は魅力的であるからである。例えば，公共交通が充実していない地域でのお年寄りの人にとって，自動運転車の利便性は非常に高いと考えられるし，雨の日に運転するのが嫌なため，雨の日には徒歩で移動をする人にとっても自動運転車は使い勝手のよい新技術となると考えられる。したがって，高い自動化がなされた自動車の登場によって，交通手段としての自動車の利用がどのように変化するかを予測することは今後の自動車にかかわる政策立案にとって重要なこととなる。

　その理由として，自動車の利用は渋滞と気候変動という大きな社会問題と密接に関係するからである。これらの問題以外にも燃料の燃焼に伴う大気汚染という環境被害も生じるが，日本での大気汚染状況を考えると，上記3つの社会問題と比較して相対的に重要度が下がる。また，利用増加に伴って交通事故の増加も起きるかもしれない。しかし，十分に自動運転車が普及した場合，人工知能による交通事故回避能力は人よりも高いため，交通事故自体は減少するとも考えられる。

　一般的に，自動車の走行距離が増加すると渋滞は増加する。日本のデータは取り上げていないが，世界各国の都市別の渋滞ランキングを作成しているINRIX（2016）によると，2016年に渋滞が起きているのはロサンゼルス，モスクワ，ニューヨーク，サンフランシスコなどの大都市である。東京や大阪などは地下鉄といった公共交通機関が発達しているため，諸外国よりも渋滞の程度は緩いかもしれない。しかし，国土交通省資料によると渋滞による年間の損失時間は約50億時間（1人あたり約40時間）と試算されおり，現時点でも相当な時間が渋滞によって浪費されている。国土交通省（2008）によると，自家用車1台あたりの業務時間価値は56.78円／分と推計されている。したがって，この

(4) http://www.meti.go.jp/committee/sankoushin/sangyougijutsu/chikyu_kankyo/ yakusoku_souan_wg/pdf/005_07_00.pdf（最終アクセス日2017年9月6日）。

第Ⅲ部 AIの普及がもたらす影響

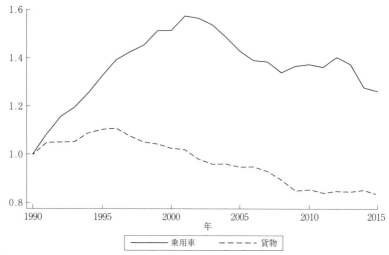

図8-1 乗用車と貨物車からの温室効果ガス排出量の推移
出所：国立環境研究所温室効果ガス排出量データより筆者作成。

値を用いて渋滞によって生じる損失時間を貨幣換算すると，渋滞は年間で約17兆円もの（機会）費用をもたらしていることになる。自動運転による自動車利用増加の程度によってはこの損失がさらに膨れ上がる可能性もある。

　日本の2015年の温室効果ガス排出量は約12.3億 t-CO_2 である（国立環境研究所，2017）。このうち，乗用車起因分は約8.4%，貨物車起因分は約6.2%となっており，併せて約14.6%が自動車に起因するものとなっている。1990年を1とした場合の，それぞれの排出量の推移を表したものが図8-1である。1996年以降，貨物車からの排出量は減少傾向にあり，1990年と比較しても2015年の貨物車からの排出量は約16%減少していることがわかる。一方で，近年は自動車の燃費向上もあり，乗用車からの排出量は減少しているものの，1990年比では26%の増加という水準となっている。今後はプラグインハイブリッド車，電気自動車や水素自動車の普及が期待されていることから，乗用車からの温室効果ガスは減少するかもしれない。一方で，自動運転によって自動車の台数や走行距離が増加するのであれば，自動運転車はこれらのエコカーによる温室効果ガス削減効果を相殺してしまう可能性もある。

第8章　自動運転による自動車走行距離の変化

　このように，自動運転車の増加は渋滞や気候変動を悪化させてしまうかもしれない。一方で，自動運転車の利便性によって，どの程度人々が自動車利用を増加させるかという研究は知る限り存在しない。そこで，本章では2017年3月に筆者らが実施した家計調査を用いて，家計の自動車利用に関する実態を把握する。そして，家計の状態の差から，自動運転車による走行距離増加の度合いを計量分析によって推計する。特に，レベル5の完全自動化による影響に着目する。したがって，本章で分析する自動運転とは，運転者が何らの運転操作や周囲確認をする必要がないことを想定する。そして，どの程度の温室効果ガスが増加するかという点や，自動運転を考慮した自動車にかかわる政策についても簡潔に議論する。

2　走行距離推計モデル

　自動車利用に対する需要を推計するモデルは多くの研究で用いられている。なぜなら，既述したように，自動車の利用には渋滞や気候変動といった外部不経済が伴うため，適切な政策を作成するためにも，自動車利用の分析が不可欠だからである。また，1990年代頃まではでは大気汚染（窒素酸化物や硫黄酸化物）という外部性に対応するためにも走行需要を把握する必要があったという背景もある[5]。

　例えば，都市計画と自動車走行需要との関係に着目し，人口（住宅）の高密化が人々の自動車の利用にどのような影響をもたらすかを検証した Brownstone and Golob（2009）では，居住地選択を考慮しつつ，自動車の走行需要関数の推定を行っている。2001年の米国カリフォルニア州での2583世帯を対象に分析を行った結果，40％密度が上昇することで自動車の年間走行距離は4.8％増加し，ガソリン消費量も5.5％増加することを示している。

　自動車の走行需要関数を推定しているという点ではBrownstone and Golob

---

(5)　粒子状物質のうち，粒子の小さいPM2.5については現在でも対応が必要である（Kunugi et al., 2017）。

第Ⅲ部　AIの普及がもたらす影響

(2009) と同じであるが、走行距離と自動車の燃費との関係に着目した研究も多数ある。いわゆる燃費改善の効果のうち、どれだけが走行距離の増加によって相殺されるかという自動車のリバウンド効果を検証する論文である。阿部他 (2017) では日本での790世帯のデータを用いて、大都市圏とそれ以外とでリバウンド効果が異なるかどうかを検証している。分析の結果、大都市圏でのリバウンド効果は確認されなかった一方で、それ以外の地域では約34％（燃費が1％改善すると0.34％の走行距離が増加）のリバウンド効果が存在することを示している。

　本章でも、上記の研究に倣い、走行需要関数を推定する。ただし、本章で注目するものは、現在存在していないレベル5の完全自動運転である。そのため、レベル5の自動運転システムを搭載した自動車は従来の自動車（レベル2以下）と比較し、「運転車自らが運転操作、周囲確認をする必要がないため、運転に伴う疲労が小さい」といった特徴を持つと仮定する。したがって、従来の自動車と本章で扱う自動運転車との違いは、運転者の「運転による疲労」となる。

　個人 i の自動車の年間走行距離を D_i とする。また、この個人の自動車運転時の主観的な疲労度合いを F_i とする。そして、年間走行距離（D_i）が主観的疲労（F_i）とこの個人と所有する自動車のさまざまな属性ベクトル X_i によって決定されると仮定すると、走行需要関数は

$$D_i = \alpha + \beta F_i + X_i \delta + \varepsilon_i$$

として表すことができる。ここで、α, β, ベクトル δ は推定すべきパラメータである。また、ε_i は誤差項である。

　個々人が自動車を運転する際に、どの程度疲労を伴うかという情報を変数（F_i）として得るために、家計調査では「あなたが高速道路で長時間（1日中）、自動車を運転すると想定してください。このとき、あなたは何分に1回休憩を取りますか」という質問を行った。回答者には30分、45分、60分と15分刻みで回答するように求めている。仮にある人が自動車の運転が好きで、運転に伴って疲労をほとんど感じないのであれば、休憩をとるタイミングは長くなると考

えられる。逆に，運転の疲労を非常に感じる人であれば，30分に1回という高頻度で休憩をとると想定される。したがって，休憩をするタイミング（時間）が大きければ大きいほど，運転による疲労は小さいということになる。

　自動車の走行距離については「あなたが主に使用する乗用車（二輪車を除く）について伺います。年間でどの程度の距離を走行しますか。主なお仕事が自動車の運転である方は，個人として私的に使用される乗用車についてお答えください」という質問を行った。回答者は1〜999km，1000〜1999kmと1000km刻みで回答してもらっている。

　自動車の年間走行距離は自動車による移動サービスの需要量と考えることができる。一方で，運転時の疲労はその移動サービスの費用の一つ（機会費用）として捉えることができる。したがって，運転時の疲労を多く感じる人ほど，自動車の運転を控える，つまり年間走行距離が短くなると考えられる。そのため，運転時の疲労（F_i）の推定された係数$\hat{\beta}$は，マイナスとなることが予想される。

　仮定より，従来の自動車からレベル5の自動運転車に乗り換えるとすると，運転者の運転時の疲労は減少する。そのため，もし上記の係数の符号が予測通りに得られたとすれば，自動運転車によって走行距離が増加することになる。したがって，自動運転と走行距離との関係の把握には，上式を推定して得られた$\hat{\beta}$の有意性と符号の確認が最も重要となる。

　そのほかの変数（X_i）のうち，自動車属性に関するものは，自動車の実燃費，エンジン排気量，自動車カテゴリー，購入年の4つの変数を用いている。自動車の実燃費については，「あなたが主に使用される乗用車（二輪車を除く）の実際の燃費（実燃費）に最も近い値をお選びください。自動車の運転をお仕事にされている方は，あなたが個人として私的にもっとも利用する乗用車についてお答えください」というように，回答者の主観的な実燃費を尋ねている。自動車の燃費については実燃費とカタログ燃費の2種類が存在し，両者には差があり，実燃費はカタログ燃費よりも小さいことが指摘されている（阿部他，2017）。そのため，カタログ燃費を用いる場合には，その影響を過小評価することにな

第Ⅲ部　AIの普及がもたらす影響

る。そこで，本研究では直接実燃費を尋ねるという方法を用いている。エンジンの排気量については660cc以下（軽自動車），661～1000cc以下，1001～1500cc以下というように500cc刻みで保有する自動車の排気量を選んでもらった。自動車のカテゴリーについては，軽自動車，ミニバン，コンパクト，セダン，ワゴン，スポーツ/SUVの6つから選んでもらっている。

　家計に関する属性ベクトルX_iとしては，回答者の年齢，性別，最終学歴，職業，自動車にかかわる職であるかどうか，自分で運転することに対する好み，他の人が運転する自動車に乗ることに対する好み，家計の所得，家族人数，自動車保有台数，居住都道府県の11変数を用いている。好みを捉える2変数については，10が「とても好き」，1が「とても嫌い」という10段階で回答をしてもらっている。

3　分析に用いるデータの概要

　分析に用いるデータは2017年3月に実施した全国WEB調査である。WEB調査はリサーチ会社に委託した。全国の18歳から69歳の人を対象とし，1万8526人から回答を得た。都道府県別のサンプル数はそれぞれの人口に応じて確保している。1万8526人から回答を得ているものの，自動車を保有していない人（4545人）や実燃費や排気量などの一部の変数を回答していない人がいるため，分析時のサンプル数は1万456人へと減少している。

　各変数の記述統計を載せたものが**表8-2**である。表8-2を見ると，走行距離（D）の平均は7.87となっている。この変数のデータは，年間走行距離が1～999kmの場合には1，1000～1999kmの場合には2，以下同様として扱っている。そのため，7.87という平均値は，年間走行距離がおおよそ7000kmであることということになる。日本自動車工業会（2016）でも同様に，乗用車の平均年間走行距離7000kmであるとしており，本章でのデータと整合的である。

　休憩間隔（F）の平均は約121となっている。したがって，平均的な家計は，高速道路で2時間に1回休憩を取っていることになる。ただし，この変数の最大

244

第8章　自動運転による自動車走行距離の変化

表8-2　記述統計量

変　数　名	平　均	標準偏差	最小値	最大値
走行距離	7.87	5.88	1	41
休憩間隔	121.36	118.22	30	999
性別（男性＝1）	0.69	0.46	0	1
年　齢	49.75	11.94	18	69
家族人数	1.93	1.18	0	4
自動車にかかわる職（Yes＝1）	0.03	0.17	0	1
選好：運転すること	6.79	2.19	1	10
選好：他の人が運転する車に乗車	5.66	2.06	1	10
自動車保有台数	1.48	0.76	1	5
燃　費	13.81	5.54	1	50
排気量	3.24	1.61	1	11
自動車カテゴリー（ミニバン＝1）	0.19	0.39	0	1
自動車カテゴリー（コンパクト＝1）	0.22	0.42	0	1
自動車カテゴリー（セダン＝1）	0.16	0.37	0	1
自動車カテゴリー（ワゴン＝1）	0.10	0.29	0	1
自動車カテゴリー（スポーツ/SUV＝1）	0.09	0.29	0	1
自動車購入年	2010.78	5.11	1980	2017

注：サンプル数は1万456である。所得ダミー，最終学歴ダミー，職業ダミー，都道府県ダミーは割愛
　　している。

値は999となっている。これは，「全く休憩をしない」と回答した人を意味する。
そのように回答した人は165人（約1.6％）存在しており，この回答者の存在は
平均値を引き上げることになる。この回答者を除いた場合の平均値は約107と
なる。「全く休憩をしない」という回答者の扱いが難しいため，第4節ではこ
の回答者を含める場合と含めない場合の2パターンの分析を行う。

　自動車の主観的な実燃費については約13.8km/Lとなっている。日本自動車
工業会（2016）でも平均燃費は13km/Lとなっているため，燃費の悪い自動車
に乗っている人の回答が多いといったサンプリングバイアスは発生していない
ものと考えられる。自動車のカテゴリーについては，軽自動車を基準（全体の
24％）としている。全体のうち，22％がコンパクトカー，19％がミニバンとな
り，スポーツ/SUV の自動車を保有している人は全体の9％と最も少なくなっ
ている。

　図8-2は走行距離（D）と休憩間隔（F）のヒストグラムである。走行距離

245

第Ⅲ部　AIの普及がもたらす影響

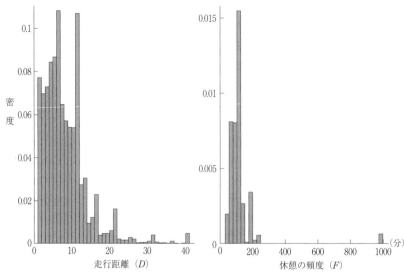

図8-2　走行距離（D）と休憩間隔（F）の分布

注：サンプル数は1万456である。

では最も多い回答が6（5000km〜5999km）であり，次いで11（10000km〜10999km）との回答が多くなっている。平均では7.87（年間走行距離で7000km程度）ではあるものの，回答者の約半数は年間走行距離が5000km未満となっている。休憩間隔については全体の約35％が120分と回答している。国土交通省や日本自動車連盟（JAF）でも少なくとも2時間に1回の休憩を推奨していることから，120分を選択する人が多くなったと推察される。

4　自動運転の走行距離への影響の分析結果

年間走行距離を被説明変数として推定した結果が**表8-3**である。推定では

---

(6) 下記の国土交通省と日本自動車連盟のWEBページを参照されたい。http://www.mhlw.go.jp/seisakunitsuite/bunya/koyou_roudou/roudoukijun/dl/kousokubus-03_05.pdf（最終アクセス日2017年10月28日），http://qa.jaf.or.jp/drive/careful/05.htm（最終アクセス日2017年10月28日）。

第8章　自動運転による自動車走行距離の変化

表8-3 走行距離の分析結果

	（1）	（2）	（3）	（4）
	最小二乗法		区間回帰	
休憩間隔	0.00225*** (0.000602)	0.0115*** (0.00148)	0.000312*** (8.18e-05)	0.00212*** (0.000219)
性別（男性＝1）	0.755*** (0.167)	0.657*** (0.168)	0.164*** (0.0266)	0.148*** (0.0267)
年　齢	−0.0111** (0.00558)	−0.0115** (0.00556)	0.000890 (0.000839)	0.000625 (0.000840)
家族人数	0.770*** (0.0933)	0.766*** (0.0928)	0.116*** (0.0124)	0.116*** (0.0122)
自動車にかかわる職（Yes＝1）	0.618* (0.350)	0.689** (0.350)	0.120*** (0.0452)	0.125*** (0.0451)
選好：運転すること	0.242*** (0.0265)	0.220*** (0.0268)	0.0586*** (0.00424)	0.0544*** (0.00428)
選好：他の人が運転する車に乗車	−0.102*** (0.0296)	−0.0937*** (0.0297)	−0.0185*** (0.00443)	−0.0167*** (0.00442)
自動車保有台数	−0.0852 (0.0563)	−0.0731 (0.0564)	−0.0129 (0.00839)	−0.0109 (0.00837)
ln（燃費）	2.262*** (0.165)	2.278*** (0.166)	0.349*** (0.0263)	0.350*** (0.0262)
排気量	0.558*** (0.0732)	0.555*** (0.0733)	0.0754*** (0.0101)	0.0728*** (0.0101)
カテゴリー（ミニバン＝1）	0.242 (0.275)	0.259 (0.276)	0.0916** (0.0400)	0.0987** (0.0400)
カテゴリー（コンパクト＝1）	−0.514** (0.216)	−0.505** (0.216)	−0.0370 (0.0328)	−0.0320 (0.0328)
カテゴリー（セダン＝1）	−0.666** (0.287)	−0.627** (0.286)	−0.0467 (0.0430)	−0.0340 (0.0429)
カテゴリー（ワゴン＝1）	0.253 (0.308)	0.228 (0.305)	0.0639 (0.0430)	0.0656 (0.0431)
カテゴリー（スポーツ/SUV＝1）	−0.294 (0.314)	−0.310 (0.310)	0.00296 (0.0457)	0.00987 (0.0456)
自動車購入年	0.0729*** (0.0108)	0.0703*** (0.0108)	0.0121*** (0.00178)	0.0113*** (0.00178)
ln（sigma）			−0.187*** (0.00875)	−0.195*** (0.00879)
定数項	−147.9*** (21.65)	−143.7*** (21.59)	−17.65*** (3.550)	−16.18*** (3.553)
調整済み決定係数 F値/Wald値 対数尤度	0.119 14.89***	0.125 15.56***	1812.8*** −30525	1909.7*** −29981

注：括弧内の値は頑健な標準誤差である。*，**，***はそれぞれ10％，5％，1％水準で有意であること
　　を示している。推定では全モデルで所得ダミー，最終学歴ダミー，職業ダミー，都道府県ダミーを
　　入れているが，ここでは表8-2と同様にそれらの推定結果は割愛している。

247

第Ⅲ部　AI の普及がもたらす影響

全モデルで所得ダミー，最終学歴ダミー，職業ダミー，都道府県ダミーを説明
変数として組み入れているが，ここでは表 8 - 2 と同様にそれらの推定結果は
割愛している。推定は 2 つの方法を用いている。表 8 - 3 のモデル（ 1 ）と（ 2 ）
は最小二乗法を，モデル（ 3 ）と（ 4 ）は区間回帰（interval regression）を採用し
て分析した結果である。また，モデル（ 1 ）と（ 3 ）は全サンプル（ 1 万456）を用
いて分析した結果であり，モデル（ 2 ）と（ 4 ）は休憩間隔の質問に対して，「全
く休憩をしない」と回答した人を除いたサンプル（ 1 万291）を用いて分析した
結果である。

　モデルのフィッティングの指標である調整済み決定係数を見ると，0.12～
0.13という小さな値を取っている。サンプル数が 1 万を超えるデータを用いて
いることから，調整済み決定係数は小さいと思われるかもしれない。しかし，
自動車の走行需要を扱った他の研究を見ても，本研究とは大きな差はない調整
済み決定係数が報告されている。例えば，サンプル数が22万9851もある Linn
（2013）では調整済み決定係数が0.11～0.17，サンプル数が13万6888である
Ficano and Thompson（2014）では0.12～0.13となっている。

　全てのモデルにおいて，休憩間隔の係数は 1 ％水準で有意にプラスの値を
取っている。このことは，休憩の間隔が長い人ほど走行距離が長くなることを
示している。本章での自動運転車の特徴は，従来の自動車に比べて運転に伴う
疲労が小さいとしている。したがって，自動運転車が導入された場合には，休
憩する間隔が長くなることになる。そのため，自動運転の導入は走行距離の増
加をもたらすことになる。ただし，モデル（ 1 ）と（ 2 ）の係数を比較すると，モ
デル（ 2 ）での係数が 5 倍程度大きくなっている。モデル（ 3 ）と（ 4 ）とでも同様
の傾向がある。このことは，「休憩をしない」と回答した人の扱いが重要であ
ることを示唆しているといえる。

---

(7)　走行距離が 1 ～999km の場合には，走行距離の変数は 1 を取っている。しが
　　たって，変数が 1 の場合の区間は下限値 1 ，上限値999となる。走行距離の変数が
　　 2 を取る場合の下限値は1000，上限値は1999である。区分回帰の際には，この区間
　　に関するデータを対数変換して推定を行っている。
(8)　調整済み決定係数は最小二乗法を採用した場合に計算できる指標である。

その他の回答者に関する変数については，性別（男性＝1）の係数がプラスに有意となっている。したがって，女性よりも男性の方が長く自動車を運転するといえる。また，家族人数，自動車にかかわる職に就いているという変数の係数もプラスに有意な値を示していることから，大家族で自動車にかかわる職に就いている人ほど年間走行距離が長くなるといえる。さらに，自分で運転することが好きな人や，他人が運転する車に乗ることが嫌いな人ほど，走行距離が増加することも示された。これらの結果は直観的にも整合的なものとなっている。

自動車属性に関する推定結果としては，燃費が高くなるほど走行距離が増加することが全てのモデルで示されている。燃費が増加することで，運転者は走行距離当たりの走行費用が減少する。そのため，移動サービスである自動車利用への需要が増加することになる。このことはリバウンド効果として知られている（Khazzoom, 1980）。日本でも溝渕（2011）や阿部他（2017）らが燃費向上によって走行距離が増加することを示しており，本章での結果もそれらと整合的なものとなっている。

排気量の係数も，全てのモデルで有意にプラスの値を取っている。したがって，排気量の大きな自動車を保有している人ほど，走行距離が長くなっている。自動車のカテゴリー別にみると，モデル（1）と（2）から，コンパクト車やセダンは軽自動車と比較し走行距離が短くなっていることが示されている。モデル（3）と（4）のみ有意となっているが，それらの結果ではミニバンは軽自動車と比べて走行距離が長くなっていることが明らかになっている。自動車の購入年については，全てのモデルで有意にプラスの影響を与えている。したがって，新しい車ほど，走行距離が長くなっているといえる。この結果は Su（2012）と同じである。

5　自動運転導入による走行距離と温室効果ガス排出量変化

本節では，第4節での推計結果を用いて，高レベルの自動運転車が登場した

第Ⅲ部　AIの普及がもたらす影響

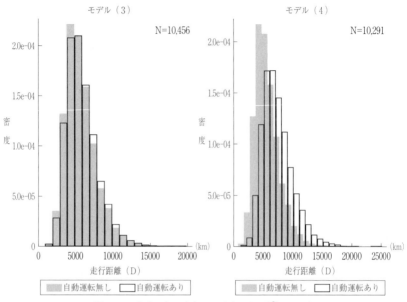

図8-3　自動運転の有無別の走行距離（$\hat{D}$）の分布

場合，走行距離および温室効果ガスがどの程度増加するかを試算する．試算に使う分析結果は，表8-3でのモデル(3)と(4)とする．両モデルは区間回帰を用いたものであり，モデル(3)は全サンプル，モデル(4)は「全く休憩をしない」と回答した人を除いた全サンプルを用いて分析した結果である．

　自動運転が未導入の状態は現在の状況であるとし，表8-3の推定結果（モデル(3)と(4)）からそれぞれの走行距離の予測値（$\hat{D}$）を計算した．そのモデル別の予測値の分布を示したものが**図8-3**である．図8-3の左図はモデル(3)，右図はモデル(4)を用いた予測値の分布である．灰色のバーが，自動運転が無い現状の走行距離予測値の分布である．一方，白色のバーは自動運転が導入された場合の走行距離予測値の分布を示している．

　自動運転が導入された場合の走行距離予測値は以下の手順で計算している．高レベル自動運転車が導入された場合，第2節で述べた仮定から，運転者は運転時の疲労が小さくなる．本章では，「あなたが高速道路で長時間（1日中），

250

第8章　自動運転による自動車走行距離の変化

表8-4　自動運転の有無別の走行距離予測値の平均値

		モデル（3）		モデル（4）	
		自動運転無し	自動運転あり	自動運転無し	自動運転あり
走行距離	平均	5650.5	5858.0	5666.1	7450.0
	標準偏差	2043.8	2100.3	2100.7	2601.2
ガソリン消費量	平均	462.0	478.7	462.7	607.4
	標準偏差	232.0	238.2	235.5	295.8

自動車を運転すると想定してください。このとき，あなたは何分に1回休憩を取りますか」という休憩間隔の質問を代理変数として用いて，そこから運転時の疲労を測っている。この質問に対する回答の分布は図8-2の右図に載せており，この図から半数以上の人が疲労を感じ，現状の自動運転が無い自動車の運転では120分に1回休憩を取っていることがわかる。一方，レベル5自動運転車が導入された場合，全ての人が運転の疲労が最小化され，この質問の選択肢の最大値240分に1回という選択をするようになると仮定する。したがって，全ての人の休憩間隔の回答を240としたときに，モデル（3）と（4）の推定結果を使って走行距離の予測値を計算し，その分布を示したものが図8-3の白色のバーで表されるヒストグラムである。[9]

　自動運転が無い場合とある場合の走行距離の分布を比べると，モデル（3）の場合には，自動運転がある場合の分布は無い場合の分布よりもやや右方に位置していることが見て取れる。一方，モデル（4）の場合には，自動運転がある場合は明らかに分布が右に移動していることがわかる。したがって，休憩間隔の質問で「休憩をしない」と回答した人の扱いによって，結果が変わってくる可能性がある。

　表8-4の上段は自動運転が無い現状のケースと，導入されたケースでの走

⑼　本章では「休憩をしない」と回答した人は，休憩間隔のデータには999という数値を代入している。したがって，上の手順に従うと，自動運転導入時には，そう回答した人は240分に1回休憩をすることになるので，自動運転導入時には疲労が増加することになる。頑健性の確認のため，「休憩をしない」と回答した人は，自動運転導入時にも「休憩をしない」という条件を追加して，予測値試算も行った。この場合でも，結果は変わらないことが確認された。

251

行距離予測値の平均値および標準偏差を示したものである。モデル（３）の結果を見ると，現状の場合，つまり自動運転無しの場合は，年間走行距離予測値の平均は約5650kmとなっている。一方，自動運転がある場合には，年間走行距離予測値の平均は約5858kmへと207km（約４％）増加している。また，モデル（４）では，自動運転無しの場合には年間走行距離予測値の平均は約5666kmであったのに対し，自動運転がある場合には約7450kmへと1784km（約31％）も増加している。表８-３での推定結果を見ても，モデル（３）と（４）とでは休憩間隔が走行距離に与える影響は７倍程度の差が見られる。そのため，ここでの自動運転による走行距離の増加分にも同じような差がでているものと考えられる。「休憩をしない」と回答した人を分析に入れるかどうかによって差が見られるものの，少なくとも４％の走行距離が増加することが明らかになった。

　主観的燃費の情報があるので，走行距離を燃費で除算することでガソリン消費量を計算するこができる。表８-４の下段には自動運転有無別に，１台あたりの平均年間ガソリン消費量を計算した結果を載せている。モデル（３）と（４）ともに，走行距離が伸びたことによってそれぞれ年間でガソリン消費量が約16.7リットル，約144.7リットル増加することが示されている。

　自動車登録情報協会によると，2017年３月末時点での国内の乗用車は6125万3300台登録されている。もし，自動運転によって自動車登録台数が変化しないのであれば，ここで試算した１台あたりのガソリン消費量増分とガソリンの温室効果ガス排出量原単位を用いて，自動運転が国内で100％搭載された場合，どの程度の温室効果ガス増加がもたらされるかが試算できる。モデル（３）の場合の計算式は以下になる。モデル（４）の場合には，16.7の数値が144.7に置き

⑽　表８-３の推定結果で休憩間隔の係数が有意であるため当然ではあるが，ｔ検定から自動運転がある場合の走行距離とない場合の走行距離も１％水準で有意な差が見られる。

⑾　ガソリンの単位あたり二酸化炭素排出量のデータは下記の環境省WEBサイトより引用している。https://www.env.go.jp/council/16pol-ear/y164-04/mat04.pdf（最終アクセス日2017年10月29日）。

第8章　自動運転による自動車走行距離の変化

換えることで試算できる。

$$温室効果ガス排出量増分 = 61,253,300(台) \times 16.7(リットル/台)$$
$$\times 2.332(kg\text{-}CO_2/リットル)$$

　試算の結果，モデル（3）では自動運転によって年間237万9000 t-CO$_2$ が増加することになる。また，モデル（4）の場合には，2066万3000 t-CO$_2$ の増加となる。したがって，自動運転を導入すると，走行距離の増加を引き起こし，結果として温室効果ガスの増大をもたらすことになる。そして，その増分はモデルによって異なるものの，自動運転が全ての車に搭載された場合には，少なく見積もっても237万9000 t-CO$_2$ にも及ぶことが示された。

6　政策含意と今後の課題

　本章では高レベル自動運転が導入された場合，どの程度の走行需要が増加し，その結果としてどの程度の温室効果ガス排出量が増加するかの試算を行った。高レベル自動運転搭載車量は現時点で未登場のため，本章では，「高レベル自動運転搭載車に乗ると，運転者の運転時の疲労が極力小さくなる」との仮定を導入し，計量分析を通じてそれらの変化の推定を行った。

　2017年3月に全国の家計を対象とした WEB 調査を用いて，運転時の疲労（休憩間隔）が自動車走行距離に与える影響を分析した。1 万456人のデータを用いて分析した結果，運転時の疲労が高くなるほど走行距離は少なくなることが頑健に示された。したがって，自動運転の投入によって運転時の疲労が最小となることは，走行距離を増加させることにつながることが示された。自動運転導入時には現状と比べて一人あたりの年間走行距離が平均で約 4 ％～31％もの増加となると試算された。そして，もし，国内の全車両に自動運転が導入された場合には，この走行距離の増分は237万9000 t-CO$_2$～2066万3000 t-CO$_2$ の増加をもたらすことになる。つまり，高レベルの自動運転は少なくない走行距離と温室効果ガスの増加をもたらすことになる。

253

第Ⅲ部　AIの普及がもたらす影響

　また，本章では取り上げなかったが，走行距離の増加によって温室効果ガス以外の外部費用も増加する可能性も十分に考えられる。例えば，都市部での渋滞や窒素酸化物や硫黄酸化物，粒子状物質などの大気汚染などがあげられる。これらは走行距離と関係していることが指摘されている（金本他，2006）。

　本章での結論から，今度の高レベル自動運転の導入に関して2つの政策含意を導くことができる。第1に，自動運転車の登場が避けて通れないのであれば，燃費の悪い自動車ではなく，ハイブリッド車やプラグインハイブリッド車，電気自動車などの燃費の良い自動車に優先して導入をする必要がある。なぜなら，燃費の悪い自動車に自動運転を導入してしまうと，温室効果ガスの排出量がさらに増大してしまうからである。第2に，今後の自動車の総台数にも依存するが，走行距離の増加によって交通状況が変わってくる（渋滞の増加の）可能性があるため，道路を含めた交通インフラの状況も注視する必要がある。

　最後に，本章での分析の改善点について言及する。第1に，本章では現在自動車を保有している人の行動から，現在未導入である自動運転車による走行需要の変化を推測している。そのため，自動運転車の購買行動については考慮することができていない。もし，自動運転車の登場によって，現在自動車を保有していない人も自動車を保有するようになるとすれば，自動運転車によってもたらされるマイナスの影響はさらに大きなものとなる。第2に，自動運転車と既存の自動車との違いを，運転時の疲労の度合いで測っていることが挙げられる。自動運転車は，交通事故を引き起こす，あるいは遭遇する確率が既存の自動車よりも低いと考えられる。そのため，交通事故確率に関する違いも分析に組み入れる必要がある。ただし，交通事故確率を考慮した場合には，自動運転車の走行距離増加の影響はさらに大きなものとなる。本章の分析結果は，これらの点を考慮していないため，影響を過小評価していると考えられる。これらの点を考慮することは今後の課題である。

●参考文献─────────

Brownstone, D. and T. F. Golob (2009) "The impact of residential density on vehicle usage energy consumption", *Journal of Urban Economics*, 65, 91-98.

Ficano, C. C. and P. Thompson (2014) "Estimating rebound effects in personal automotive transport: gas price and the presence of hybrids", *American Economists*, 59(2), 167-175.

Frey, C. B. and M. A. Osborne (2017) "The future of employment: How susceptible are jobs to computerization?", *Technological Forecasting and Social Change*, 114, 254-280.

INRIX (2016) *INRIX Global Traffic Scorecard*, http://www.sciencedirect.com/science/article/pii/S0959652617319728（最終アクセス日2017年9月6日）。

Khazzoom, J. D. (1980) "Economic implications of mandated efficiency in standards for household appliances", *Energy Journal*, 1(4), 21-40.

Kunugi, Y., T. H. Arimura, K. Iwata, E. Komatsu and Y. Hirayama (2017) "Cost-efficient strategy for reducing particulate matter 2.5 in the Tokyo Metropolitan area: An integrated approach with aerosol and economic models", *WINPEC Working Paper Series*, No. E1709.

Linn, J. (2013) "The rebound effect for passenger vehicles", *RFF Discussion Paper*, 13-19.

National Highway Traffic Safety Administration (2016) *Federal Automated Vehicles Policy: Accelerating the Next Revolution in Road way Safety*, https://one.nhtsa.gov/nhtsa/av/pdf/Federal_Automated_Vehicles_Policy.pdf（最終アクセス日2017年9月6日）。

SAE International (2016) *Automated driving: Levels of driving automation are defined in new SAE International standard J3016*, http://www.sae.org/misc/pdfs/automated_driving.pdf（最終アクセス日2017年9月6日）。

Su, Q. (2012) "A quantile regression analysis of the rebound effect: Evidence from the 2009 National Household Transportation Survey in the United States", *Energy Policy*, 45, 368-377.

阿部達也・松本茂・岩田和之（2017）「大都市圏と地方部の自動車のリバウンド効果——家計調査を用いた実証分析」『環境科学会誌』30(3)，203-214頁。

金本良嗣・蓮池勝人・藤原徹（2006）『政策評価のミクロモデル』東洋経済新報社。

国土交通省（2008）『時間価値原単位および走行経費原単位（平成20年価格）の算出方法』https://www.mlit.go.jp/road/ir/ir-council/hyouka-syuhou/4pdf/s1.pdf（最終

第Ⅲ部　AIの普及がもたらす影響

アクセス日2017年 9 月 6 日）。

国立環境研究所（2017）『日本国温室効果ガスインベントリ報告書2017年』http://www-gio.nies.go.jp/aboutghg/nir/2017/NIR-JPN-2017-v3.1_J_web.pdf（最終アクセス日2017年 9 月 6 日）。

日本自動車工業会（2016）『2015年度乗用車市場動向調査』http://www.jama.or.jp/lib/invest_analysis/pdf/2015PassengerCars.pdf（最終アクセス日2017年10月28日）。

溝渕健一（2011）「乗用車のリバウンド効果――マイクロパネルデータによる推定」『環境経済・政策研究』 4 (1)，32-40頁。

第**9**章
情報技術の利用とマークアップの分析

松川　勇

1　情報技術とマークアップに関するこれまでの研究

　人工知能や IoT（Internet of Things）の開発・普及が進む中で，さらなる情報化の進展による経済成長の促進が期待される反面，雇用への悪影響が懸念されている（Autor, 2015; Bessen, 2016; Bresnahan and Yin, 2016; Acemoglu and Restrepo, 2017）。情報技術（Information Technology, 以下 IT と略す）の利用が生産，雇用，賃金などの経済面に及ぼす影響については，これまで数多くの実証分析が行われてきた。たとえば，Brynjolfsson and Greenstein（1996），Brynjolfsson and Hitt（2003），Bartel et al.（2007）は，1990年代において IT の利用が産業の生産性向上に貢献した点を明らかにした。わが国についても，たとえば Motohashi（2007）は1991～2000年において IT の利用が産業の生産性を向上させた点を指摘し，金・権（2013）は1995～2007年において IT 投資の付加価値弾力性が17～18％と高い水準にある点をそれぞれ指摘した。このほか，IT の利用が企業内の組織形態に与える影響（Bresnahan and Greenstein, 1996; Bresnahan, et al., 2002），および生産性・賃金格差に与える影響（Davis and Haltiwanger, 1991; Juhn et al., 1993; Bresnahan, 1999; Dunne et al., 2004; Forman et al., 2012; Song et al., 2015）について，実証分析が行われている。

　本研究は，IT の利用と企業のマークアップの定量的な関係を分析し，IT の利用が企業の生産活動に及ぼす影響を明らかにする。マークアップは生産物価格と限界費用の比率で定義され，主に市場支配力の指標として用いられる。

第Ⅲ部　AI の普及がもたらす影響

IT の利用は，企業の生産性に影響を及ぼすのみならず，財・サービスの価値の変化を通じて価格設定にも影響を及ぼす。IT の利用によって付加価値の高い財・サービスの供給が可能になり，製品差別化が進展する場合には，生産性の向上による限界費用の低下と生産物価格の上昇によってマークアップが上昇する可能性が考えられる。しかし，IT の利用には追加費用が伴うため，少なくとも一時的に限界費用を引き上げる可能性もある。また，IT の利用が産業内の競争を促進する場合には，生産物価格が低下してマークアップが低下する可能性も考えられる。

　マークアップの計測については，これまで数多くの分析が行われてきた。最近の事例については，たとえば De Loecker and Warzynski（2012）は，1994～2000年のスロベニアにおいて主に輸出を目的とした製造業の企業のマークアップが国内向けに生産している企業を上回る点を明らかにした。また，Blonigen and Pierce（2016）は，1997～2007年のアメリカ製造業において企業合併・買収がマークアップを上昇させる点を指摘した。わが国については，例えば Nishimura et al.（1999）は，1971～1994年の企業活動基本調査データを用いて21の業種におけるマークアップを計測し，市場支配力の高い業種が多い点，およびマークアップの企業間格差が著しい点を明らかにした。また，Kiyota et al.（2009）は，1994～2002年の企業活動基本調査データを用いて製造業・卸売業・小売業におけるマークアップを計測し，マークアップの企業間格差が著しい点，および研究開発・広告宣伝の費用の増加とともにマークアップが上昇する点を指摘した。

　マークアップに関する実証研究において，IT の利用との関係を分析した事例は少ない。Melville et al.（2007）は，1987～1994年のアメリカにおいて，産業の集中度（上位4社シェア）が IT の限界生産物を引き下げる点を指摘した。また，Koetter and Noth（2013）は1996～2006年のドイツの銀行業において，生産性の向上を通じて IT の利用がマークアップを上昇させる点を明らかにした。Melville et al.（2007）は産業全体のデータを用いているが，本研究では企業活動基本調査の個票データを用いて企業別のマークアップの計測を試みてい

る。また，Koetter and Noth（2013）は銀行業のみを対象としているが，本研究は製造業の22業種を分析対象としており，包括的な分析が可能である。さらに，企業活動基本調査ではITの利用に関する数種類のデータが利用可能であり，ITの利用について幅広い角度から分析することが可能である。

　本研究の構成は以下の通りである。第2節においてマークアップを計測するモデルとしてトランスログ型生産関数を取り上げ，推定方法について述べた後，第3節では分析に用いたデータについて解説する。続く第4節では，マークアップの計測結果について説明した後，ITの利用に関する指標とマークアップの関係について回帰分析を行う。最後に，第5節では結論を簡潔に述べる。付録に，業種別のマークアップの分布を示す。

2　トランスログ型生産関数によるマークアップの計測

（1）マークアップ

　各企業は，所与の生産水準および要素価格のもとで生産活動に関する総費用を最小化するように労働・資本・中間投入の投入量を決定するものと仮定する。総費用の最小化のもとで，企業 i の t 年度における価格と限界費用の比率で定義されるマークアップ μ_{it} を次式のように2つのパラメータによって表すことができる。

$$\mu_{it} = \theta_{it}/\alpha_{it} \qquad\qquad \cdots\cdots(1)$$

ただし，θ_{it} は企業 i の t 年度における労働に関する生産の弾力性を，また，α_{it} は，労働費用を売上高で割った数値である。

　以下では，労働・資本・中間投入の3要素からなる企業の生産関数を仮定し，θ_{it} を推定する。この推定値と α_{it} に関するデータをもとに，（1）式から各企業のマークアップを推定する。ITの利用に関する指標を説明変数として，マークアップを回帰することによって，ITの利用がマークアップに与える影響を明らかにする。

第Ⅲ部　AIの普及がもたらす影響

（2）生産関数のモデル

　ヒックス中立の技術進歩を含む，次式の3要素の生産関数を仮定する。

$$Q_{it}=F(L_{it},\ K_{it},\ M_{it})\exp(w_{it}) \qquad\qquad \cdots\cdots(2)$$

ただし，Q_{it}, L_{it}, K_{it}, M_{it} は，それぞれ企業 i の t 年度における生産額，労働投入，資本ストック，中間投入を表す。また，w_{it} は生産性を表す変数である。（2）式の両辺の対数を取り，$\log Q_{it}$ について誤差項 ε_{it} を仮定すると，次式を得る。

$$\log Q_{it}=\log F(L_{it},\ K_{it},\ M_{it})+w_{it}+\varepsilon_{it} \qquad\qquad \cdots\cdots(3)$$

（3）式において，$\log F(.)$ をトランスログ型生産関数

$$b_L\log L_{it}+b_K\log K_{it}+b_M\log M_{it}+b_{LL}(\log L_{it})^2+b_{KK}(\log K_{it})^2+b_{MM}(\log M_{it})^2+$$
$$b_{LK}\log L_{it}\log K_{it}+b_{LM}\log L_{it}\log M_{it}+b_{KM}\log K_{it}\log M_{it} \qquad \cdots\cdots(4)$$

に仮定する。ただし，b_i および b_{ij} $(i, j=L, K, M)$ は，パラメータである。（4）式では，可積分条件として $b_{ij}=b_{ji}$ を仮定している。

　（3）・（4）式を推定する際，生産性に関する変数について $w_{it}=\tau_i+\eta_t$ を仮定する。生産要素のうち，資本ストックは前年度末の時点における資本設備の水準を表しているため，今年度の生産額とは独立の外生変数である。しかし，労働と中間投入はいずれも生産額と同時に決定される内生変数である。このため，労働と中間投入をそのまま説明変数として生産関数を推定すると，これらの変数と誤差項との相関によって係数の推定値にバイアスが生じる危険性がある。そこで，労働と中間投入については操作変数法を適用する。具体的には，$\log L_{it}$, $\log M_{it}$, $(\log L_{it})^2$, $(\log M_{it})^2$, $\log L_{it}\log K_{it}$, $\log L_{it}\log M_{it}$, $\log K_{it}\log M_{it}$ の各内生変数に対して，$\log L_{it-1}$, $\log K_{it}$, $\log M_{it-1}$, $(\log L_{it-1})^2$, $(\log M_{it-1})^2$, $(\log K_{it})^2$, $\log L_{it-1}\log K_{it}$, $\log L_{it-1}\log M_{it-1}$, $\log K_{it}\log M_{it-1}$ などを操作変数として（3）・（4）式の推定を行う。推定したパラメータをもとに，次式より θ_{it} を求める。

$$\theta_{it} = \partial \log Q_{it} / \partial \log L_{it} = b_L + 2b_{LL}\log L_{it} + b_{LK}\log K_{it} + b_{LM}\log M_{it} \quad \cdots\cdots(5)$$

　マークアップの計測において生産関数を直接する方法は，Hall（1986）以来数多く試みられている。生産関数を直接推定する方法については，生産性を表す変数 w_{it} と生産要素の投入量との相関によって，生産関数の係数にバイアスが生じる危険性が指摘されている。このバイアスを回避するため，例えば，Klette（1999）は，一般化モーメント法（GMM）による動学的パネル分析を適用した。また，投資あるいは中間投入を生産性の代理変数と仮定し，構造モデルを推定する方法も考えられる（Olley and Pakes, 1996; Levinsohn and Petrin, 2003; Ackerberg et al., 2006; Wooldridge, 2009; De Loecker and Warzynski, 2012）。いずれの方法も，生産性に関する複雑な時系列の構造を想定する必要があり，推定作業が複雑化するため，以下では比較的推定が容易なモデルとして $w_{it} = \tau_i + \eta_t$ を仮定する。

　なお，（3）・（4）式の推定の際には，デフレーターによって実質化した売上高を生産額に用いている。この点については，①生産関数の誤差項に，観察されない各企業の生産物価格の影響が含まれるため，デフレーターと各企業の価格に乖離が存在する場合には，価格と要素需要の相関によって生産関数の係数にバイアスが生じる（Klette & Griliches, 1996），および，②差別化された産業では，需要の価格弾力性および各企業の要素価格が生産性に及ぼす影響を除去する必要がある（Katayama et al., 2009: De Loecker, 2011），が問題点として指摘されている。Katayama et al.（2009）および De Loecker（2011）は製品差別化のモデルを想定し，価格や需要の影響を除去して生産性を推定している。以下では，需要側のデータが利用困難なため，デフレーターによって実質化した売上高を生産額に用いて生産関数を推定する。

3　データと推定方法

　分析に利用したデータベースは主に企業活動基本調査であり，JIP2015 およ

第Ⅲ部　AIの普及がもたらす影響

び法人企業統計と合わせてデータを構築した。分析時点では，企業活動基本調査は2012年度のデータまで利用可能であったため，以下では2012年度までを分析の対象とする。

（1）ITの利用に関するデータ

企業活動基本調査において利用可能なデータのうち，次の4つの指標を対象とした。

①本社・本店情報処理部門従業者数と全従業者数の比率

②無形固定資産に占めるソフトウェアの割合

③有形固定資産（土地を除く）の当期取得額に占める情報化投資の割合

④情報処理通信費と売上高の比率

4つの指標のうち，②のソフトウェア資産の割合および③の情報化投資の割合については2007年以降のデータのみが利用可能である。このため，以下の分析では2007年以降を対象とする。情報化投資の割合は，Dunne et al.（2004）においてもITの利用の分析に取り上げられた指標である。なお，企業活動基本調査では，このほかに本社・本店情報サービス事業部門従業者数，および情報サービス事業所従業者数の2つのデータがITの利用に関する指標として考えられるが，これらの指標については数百社の企業に関するデータしか利用できなかったため，分析から除外した。

（2）　生産関数に関連するデータ

生産額については，企業活動基本調査の売上高のデータを，JIP2015の産業別年次デフレーターで実質化した。労働費用については，企業活動基本調査の給与総額と福利厚生を合計して求めた。労働投入量は，企業活動基本調査における全従業員数と，JIP2015における産業別年間平均労働時間の積（マンアワー）として求めた。中間投入は，企業活動基本調査における営業費用から，労働費用および減価償却費を差し引いて求め，JIP2015の産業別年次デフレーターで実質化した。資本ストックには，企業活動基本調査における前年度期末

262

第**9**章　情報技術の利用とマークアップの分析

表9-1　業種別・年度別サンプル数

業　種	2007	2008	2009	2010	2011	2012	計
食　品	872	842	797	1,487	1,539	1,622	7,159
繊　維	144	220	213	431	420	452	1,880
木材・家具	147	110	111	260	259	253	1,140
紙パルプ	61	193	194	348	371	378	1,545
印　刷	204	255	260	515	529	556	2,319
化　学	271	638	627	866	892	891	4,185
石油・石炭	646	39	44	48	53	56	886
プラスチック	38	398	381	679	696	731	2,923
ゴ　ム	407	84	94	132	140	142	999
皮　革	83	8	11	25	26	24	177
窯業土石	11	293	279	408	408	410	1,809
鉄　鋼	300	269	279	423	415	425	2,111
非鉄金属	281	222	227	323	336	356	1,745
金属製品	226	512	513	912	960	994	4,117
汎用機械	524	355	338	531	533	521	2,802
生産用機械	942	504	509	847	935	977	4,714
業務用機械	517	263	247	433	432	441	2,333
電子部品	209	491	448	674	679	706	3,207
電気機械	443	462	449	722	735	754	3,565
情報通信機械	761	204	195	303	292	275	2,030
輸送用機械	186	782	775	1,136	1,188	1,197	5,264
その他製造業	190	193	195	321	324	353	1,576
製造業計	7,463	7,337	7,186	11,824	12,162	12,514	58,486

表9-2　主要変数の統計

変　数	平　均	標準偏差	最小値	最大値
生産額（百万円，対数値）	8.67	1.42	2.08	16.32
労働投入（マンアワー，対数値）	5.95	1.03	4.45	11.99
資本ストック（百万円，対数値）	6.45	1.98	0.00	14.55
中間投入（百万円，対数値）	8.32	1.50	1.61	16.08
情報処理従業者比率	0.02	0.03	0.00	0.57
ソフトウェア資産比率	0.57	0.37	0.00	1.00
情報化投資比率	0.05	0.14	0.00	1.00
情報通信費比率	0.003	0.04	0.00	1.00
労働費用÷売上高	0.17	0.10	0.001	1.08

263

第Ⅲ部　AIの普及がもたらす影響

時点の有形固定資産（土地を除く）を用い，法人企業統計における資産の簿価とJIP2015における実質資本ストックの比率で実質化した。

表9-1に，分析に用いたサンプルの業種別・年度別の総数を示す。**表9-2**に，主な変数の記述統計に関する情報を要約する。

4　マークアップに関する実証分析の結果

（1）生産関数とマークアップの推定結果

表9-3に，（3）・（4）式の生産関数の推定結果を示す。推定の際には労働投入と中間投入に関して操作変数法を適用し，年度ダミーおよび業種ダミーを説明変数に加えた。労働と資本の交差項を除いて，すべてのパラメータが水準1％で統計的に有意であった。

表9-3の結果を用いて（5）式から推定したマークアップの数値を，**表9-4**に示す。表9-4では，業種ごとにマークアップの中央値μを掲げた。製造業全体では約2％のマークアップであり，Nishimura et al. (1999) の1971～1994年の平均よりも低く，Kiyota et al. (2009) の1994～2002年の平均に近い水準である。また，これらの先行研究と同様に，業種間のマークアップの格差もみられる。**図9-1**は，製造業全体のマークアップの時系列の推移を示している。世界的な金融危機の影響を受け，2009年度におけるマークアップの低下が顕著である。企業のマークアップの分布を見ると（**図9-2**），マークアップが幅広く分布しており，マークアップの企業間における異質性が確認できる。同様の傾向は，各業種においても見られる（付録）。

（2）ITの利用がマークアップに及ぼす影響

（1）において推定したマークアップを対数変換し，ITの利用に関する各指標を対数変換したものを説明変数として回帰分析を行い，情報化の影響を弾力性で確認した。その際，期間による変動を考慮し，各企業における全期間の中央値を用いて指標別に回帰分析を行った。また，先行研究に従い，マークアッ

264

第❾章 情報技術の利用とマークアップの分析

表9-3 3要素トランスログ型生産関数の推定結果

	係　数	標準誤差	z	p 値
b_L	0.1554	0.00257	60.53	0.000
b_{LL}	0.0410	0.00215	19.07	0.000
b_{LK}	0.0001	0.00074	0.07	0.946
b_M	0.8391	0.00217	387.28	0.000
b_{MM}	0.0448	0.00091	49.11	0.000
b_{KM}	−0.0044	0.00054	−8.14	0.000
b_{LM}	−0.0877	0.00247	−35.45	0.000
b_K	0.0217	0.00111	19.49	0.000
b_{KK}	0.0029	0.00017	17.07	0.000
定数項	9.862	0.000628	1571.03	0.000
観測値の数	39,270			
決定係数	0.9921			

表9-4 業種別マークアップの推定結果（中央値）

業　種	μ
食　品	1.244
繊　維	1.063
木材・家具	1.125
紙パルプ	1.177
印　刷	0.962
化　学	0.947
石油・石炭	0.933
プラスチック	1.127
ゴ　ム	0.994
皮　革	1.102
窯業土石	1.077
鉄　鋼	1.129
非鉄金属	0.949
金属製品	1.024
汎用機械	0.938
生産用機械	0.923
業務用機械	0.923
電子部品	0.915
電気機械	0.901
情報通信機械	0.838
輸送用機械	1.030
その他製造業	1.011
製造業全体	1.018

265

第Ⅲ部　AIの普及がもたらす影響

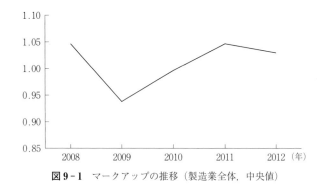

図 9-1 マークアップの推移（製造業全体，中央値）

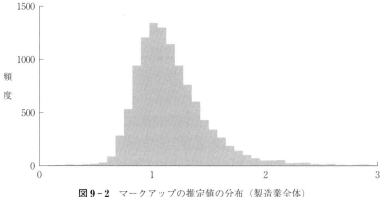

図 9-2 マークアップの推定値の分布（製造業全体）

プの説明変数として，研究開発および広告宣伝についても取り上げた。具体的には，企業活動基本調査の研究開発費（自社と委託の合計）および広告宣伝費を，それぞれ売上高で割った数値を説明変数に加えた。さらに，業種ダミーを説明変数に加えた。

表 9-5 に，ITの利用に関する各指標の係数（弾力性）を掲げた。いずれの変数についても，1％ないし5％の水準で統計的に有意であった。①の情報処理従業者比率のみが正の弾力性を示しており，情報処理部門に従事する労働者の割合が高まるにつれてマークアップが上昇することが示された。具体的には，情報処理部門の従業者比率が10％増加すると，マークアップが0.14％上昇することがわかる。これに対して，他の3つの指標についてはいずれも係数が負で

第**9**章　情報技術の利用とマークアップの分析

表9-5　ITの利用がマークアップに及ぼす影響（弾力性）

	係　数	標準誤差	p値	決定係数	サンプル数
①情報処理従業者比率	0.014	0.005	0.002	0.151	4,022
②ソフトウェア資産比率	−0.004	0.002	0.019	0.143	6,702
③情報化投資比率	−0.006	0.002	0.003	0.155	5,392
④情報通信費比率	−0.056	0.005	0.000	0.155	7,099

あり，マークアップを引き下げる効果がみられた。

5　情報技術の利用がマークアップに及ぼす影響

　本研究は，2007〜2012年度の企業活動基本調査の個票データをもとに製造業におけるITの利用と企業のマークアップの定量的な関係を分析し，ITの利用がマークアップに及ぼす影響を明らかにした。はじめに，価格と限界費用の比率で定義されるマークアップを，労働に関する生産の弾力性および労働費用・売上高比率の2つの数値から推定した。労働に関する生産の弾力性は，労働・資本・中間投入の3要素からなる企業のトランスログ型生産関数の推定結果から求めた。また，労働費用・売上高比率は企業活動基本調査の個票データから直接算定した。次に，ITの利用に関する指標を説明変数に用いてマークアップの推定値を回帰し，ITの利用がマークアップに与える影響を分析した。

　分析結果からは，情報処理部門に従事する従業者数の割合が高まるにつれて企業のマークアップが上昇する点が示された。2007〜2012年度における製造業全体では，情報処理部門の従業者比率が10%高まるとマークアップが0.14%上昇することが明らかになった。この結果からは，従来型の職種からITの利用を中心とした職種へシフトすることによって，生産性の向上による限界費用の低下を促すとともに，付加価値の高い財・サービスの供給が可能になり生産物価格が引き上げられた点が推察される。対照的に，無形固定資産に占めるソフトウェアの割合，有形固定資産の当期取得額に占める情報化投資の割合，情報処理通信費と売上高の比率については，いずれもマークアップを引き下げる効

267

第Ⅲ部　AIの普及がもたらす影響

果がみられた。これらの3つの指標はIT の費用との関連性が高いことから，IT の利用に伴う追加費用によって限界費用が引き上げられた結果，マークアップの低下を招いた点が推察される。

謝辞　本研究は，独立行政法人経済産業研究所の研究プロジェクト「人工知能等が経済に与える影響研究」の一環として行われた。研究に際して，馬奈木俊介教授およびプロジェクトのメンバーから有益なコメントを頂いた。ここに記して感謝の意を表する。

●参考文献───────

Acemoglu, D. and P. Restrepo (2017) "Robots and jobs: Evidence from US labor markets," *NBER Working Paper*, 23285.

Ackerberg, D., K. Caves and G. Frazer (2006) "Structural identification of production functions," mimeo, UCLA.

Autor, D. (2015) "Why are there still so many jobs? The history and future of workplace automation," *Journal of Economic Perspectives*, 29, 3-30.

Bartel, A., C. Ichniowski, and K. Shaw (2007) "How does information technology affect productivity? Plant-level comparisons of product innovation, process improvement, and worker skills," *Quarterly Journal of Economics*, 122, 1721-1758.

Bessen, J. (2016) "How computer automation affects occupations: technology, jobs, and skills," Boston University School of Law, Law and Economics Research Paper No. 15-49.

Bresnahan, T. (1999) "Computerization and wage dispersion: an analytic reinterpretation," *Economic Journal*, 109, 390-415.

Bresnahan, T., E. Brynjolfsson, and L. Hitt (2002) "Information technology, workplace organization, and the demand for skilled labor: firm-level evidence," *Quarterly Journal of Economics*, 117, 339-376.

Bresnahan, T. and S. Greenstein (1996) "Technical progress and co-invention in computing and in the uses of computers," *Brookings Papers on Economic Activity, Microeconomics*, 1-83.

Bresnahan, T. and P. Yin (2016) "Adoption of new information and communications technologies in the workplace today," *NBER Working Paper*, 22346.

第**9**章 情報技術の利用とマークアップの分析

Blonigen, B. and J. Pierce (2016) "Concentration and dynamism: Evidence for the effects of mergers on market power and efficiency," NBER WP, 22750.

Brynjolfsson, E. and S. Yang (1996). "Information technology and productivity: A review of the literature," *Advances in Computers*, 43, 179-214.

Brynjolfsson, E. and L. Hitt (2003). "Computing productivity: Firm-level evidence," *Review of Economics and Statistics*, 85, 793-808.

Davis, S. and J. Haltiwanger (1991) "Wage dispersion between and within US manufacturing plants, 1963-1986," *Brookings Papers on Economic Activity, Microeconomics*, 115-200.

De Loecker, J. (2011) "Product differentiation, multi-product firms and estimating the impact of trade liberalization on productivity," *Econometrica*, 79, 1407-1451.

De Loecker, J., and F. Warzynski (2012) "Markups and firm-level export status," *American Economic Review*, 102 (6), 2437-2471.

Dunne, T. et al. (2004) "Wage and productivity dispersion in United States manufacturing: the role of computer investment," *Journal of Labor Economics*, 22, 397-429.

Forman, C., A. Goldfarb and S. Greenstein (2012) "The Internet and local wages: a puzzle," *American Economic Review*, 102, 556-575.

Juhn, C., K. Murphy and B. Pierce (1993) "Wage inequality and the rise in returns to skill," *Journal of Political Economy,* 101, 410-442.

Hall, R. (1986) "Market structure and macroeconomic fluctuations," *Brookings Papers on Economic Activity*, 1986 (2), 285-338.

Katayama, H., S. Lu, and J. Tybout (2009) "Firm-level productivity studies: Illusions and a solution," *International Journal of Industrial Organization*, 27, 403-413.

Kiyota, K., T. Nakajima and K. Nishimura (2009) "Measurement of the market power of firms: the Japanese case in the 1990s," *Industrial and Corporate Change*, 18, 381-414.

Klette, T. (1999). "Market power, scale economies and productivity: estimates from a panel of establishment data," *Journal of Industrial Economics,* 47, 451-476.

Klette, T. and Z. Griliches (1996) "The inconsistency of common scale estimators when output prices are unobserved and endogenous," *Journal of Applied Econometrics*, 11, 343-361.

Koetter, M. and F. Noth (2013) "IT use, productivity, and market power in banking,"

第Ⅲ部　AI の普及がもたらす影響

Journal of Financial Stability, 9, 695-704.

Levinsohn, J. and A. Petrin (2003) "Estimating production functions using inputs to control for unobservables," *Review of Economic Studies,* 70, 317-340.

Melville, N., V. Gurbaxani and K. Kraemer (2007) "The productivity impact of information technology across competitive regimes: the role of industry," *Decision Support Systems,* 43, 229-242.

Motohashi, K. (2007) "Firm-level analysis of information network use and productivity in Japan," *Journal of the Japanese and International Economies,* 21, 121-137.

Nishimura, K., Y. Ohkusa, and K. Ariga (1999) "Estimating the mark-up over marginal cost: a panel analysis of Japanese firms 1971-1994," *International Journal of Industrial Organization,* 17, 1077-1111.

Olley, G. and Pakes, A (1996) "The dynamics of productivity in the telecommunications equipment industry," *Econometrica* 64, 1263-1297.

Song, J. et al. (2015) "Firming up inequality," NBER Working Paper 21199.

Wooldridge, J. (2009) "On estimating firm-level production functions using proxy variables to control for unobservables," *Economics Letters,* 104, 112-114.

金榮愨・権赫旭（2013）「日本企業における IT 投資の効果——ミクロデータに基づく実証分析」，RIETI ディスカッションペーパーシリーズ 13-J-018，独立行政法人経済産業研究所。

第❾章　情報技術の利用とマークアップの分析

付録　業種別マークアップの分布

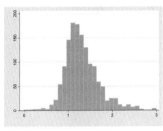

(1) 食　品

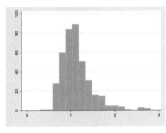

(2) 繊　維

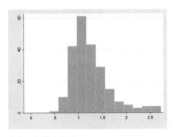

(3) 木材・家具

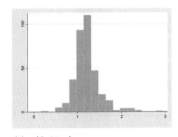

(4) 紙パルプ

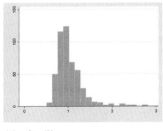

(5) 印　刷

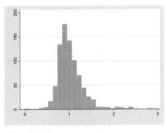

(6) 化　学

第Ⅲ部　AIの普及がもたらす影響

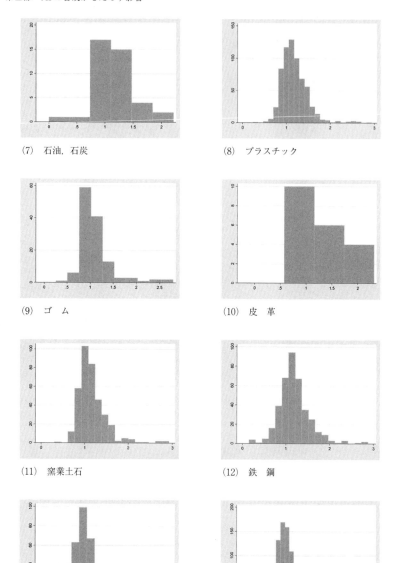

(7)　石油, 石炭

(8)　プラスチック

(9)　ゴ　ム

(10)　皮　革

(11)　窯業土石

(12)　鉄　鋼

(13)　非鉄金属

(14)　金属製品

第**9**章　情報技術の利用とマークアップの分析

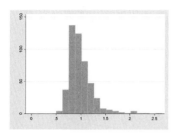

(15)　汎用機械

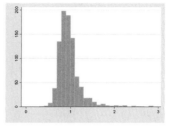

(16)　生産用機械

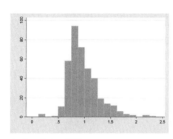

(17)　業務用機械

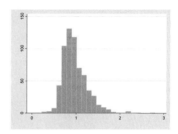

(18)　電子部品

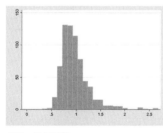

(19)　電気機械

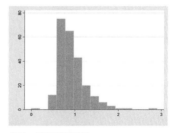

(20)　情報通信機械

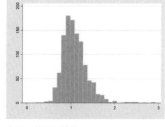

(21)　輸送用機械

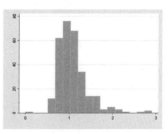

(22)　その他製造業

第10章
人工知能社会における失業と格差の経済理論

深井大幹・野澤亘・馬奈木俊介

1 人工知能と雇用——これまでの研究

近年急速に発展してきている技術の一つとして人工知能は多くの研究分野から関心を集めている。現状では、特殊型人工知能と呼ばれる、テーブルゲームの対局や、自動運転、画像認識など、人間から与えられた特定の問題を解決する能力に特化した人工知能が研究、開発の中心である。一方で、人工知能の能力が人間の脳の計算能力を超えるシンギュラリティ（技術的特異点）と呼ばれる現象が、2030年ごろに起こり、それを境に、人間のように新たな課題を自ら設定し、解決する能力を持つ汎用人工知能と呼ばれる人工知能が活発に開発、運用され始めると予想されている（シンギュラリティについては、例えば、Kurzweil（2005）を、汎用人工知能については、例えば、Goertzel and Pennachin（2006）を参照されたい。Nordhaus（2015）は、情報技術の発展が経済成長を急加速し始める時点としてシンギュラリティを定義している）。

人工知能の普及によって、繰り返し型の単純労働が置き換えられ、失業や、機械で置き換えられない特殊なスキルの有無により社会格差が拡大する可能性はさまざまな研究により示唆されてきている。例えば、エコノミスト誌の記事（The Economist, 2016）や Frey and Osborne（2017）は人工知能分野の発達によって、失業する可能性の高い職種を提示している。ガーディアン誌の記事（The Guardian, 2017）では、ロボットやオートメーションの普及により、富の格差が生じる可能性が示唆されている。このように人工知能等、労働力として

第Ⅲ部　AI の普及がもたらす影響

生身の人間に置き換わる可能性のある技術が急速に発展する社会において，技術進歩と伴に，どのように人々の労働環境が変遷し，賃金・雇用環境等に格差や不平等が生じていくかを予測，対応していくことは社会の急務である。

これまでにも，技術発展が雇用にもたらす効果についての研究はなされてきた。代表例として，技術発展の進行速度の影響を検討した Aghion and Howitt (1994) がある。概して，彼らの想定する状況には 2 つの特徴がある。第一に，労働市場にサーチコストが存在する。企業が求人を出し，労働者が求職活動をしても即座にマッチングは起こらず，一定時間待機しなければならない。求人倍率が高いほど，労働者の待機時間は短く，逆に企業の待機時間は長くなると仮定されている。

第二の特徴は，技術の陳腐化が起こり得ることである。それは以下のような理由による。企業は設置費用を支払って技術研究開発所を設置する。運良く研究開発が成功した企業は，その時点における最新の技術にアクセス可能となり，実装費用を支払い設備を導入し，さらに労働市場を通して労働者を雇い，生産を行う。時間の経過とともに，研究開発のもたらす新技術の生産効率性は技術発展により高まると仮定されている。より新しく実装される技術は，過去の技術より生産性が高いため，相対的に非効率な生産技術となっていく。技術発展の結果，経済全体で賃金が上昇するため，陳腐化が一定程度進むと生産技術は利潤をあげられなくなり，その時点で企業は労働者を解雇し退出することになる。

このような状況で，Aghion and Howitt (1994) は技術発展のスピードが雇用に与える影響を分析した。その影響は，大きく 2 つの効果に分類される。1 つ目は，資本化効果 (capitalization effect) と呼ばれる効果である。技術発展のスピードが速まると参入による期待利潤が高まり，企業がより多く参入する。その結果，労働市場の求人数が増加し，定常状態における失業率を押し下げることによってもたらされる効果である。2 つ目は，創造的破壊効果 (creative destruction effect) と呼ばれる効果である。技術発展の加速は賃金上昇の加速をもたらし，その結果ある時点で導入された技術の生産性との差がより早く大き

276

くなる。すなわち，設備の陳腐化のスピードが早まり，一度雇用された労働者が解雇されるタイミングが早くなり，失業率を上昇させることになる。これに付随する効果として，陳腐化のスピード上昇は企業の利潤を押し下げ，参入と労働市場の求人を抑制し，その結果失業率をやはり上昇させる。前者は直接創造的破壊効果（direct creative destruction effect），後者は間接創造的破壊効果（indirect creative destruction effect）と呼ばれている。

　これらの効果の総計によって，技術発展の加速が失業を増加させるか減少させるかが定まる。技術発展の加速が失業を増加させやすい状況として，求人倍率の上昇が労働者の待機時間をあまり減少させない場合，あるいは企業の参入コストが低い場合を挙げている。これらの場合では，資本化効果はほぼなくなり，創造的破壊効果を通じた影響がもたらされる。技術発展のスピードが高く，さらに設備導入費用が低い場合には逆に技術発展の加速は失業を減少させやすい。

　Aghion and Howitt（1994）のモデルを土台とする後続の研究をいくつか紹介する。Mortensen and Pissarides（1998）は，企業による設備の更新と継続雇用が可能な場合を検討している。Aghion and Howitt（1994）において，生産企業は各期に現状の生産設備をそのまま使用しかつ労働者を雇用し続けるか，あるいは生産設備を放棄し労働者を解雇する，2つの選択肢が与えられていた。この2つに加えて，一定の費用を支払い設備を更新したうえで労働者を継続雇用する，という選択肢が存在すると想定している。設備更新費用が低い場合には，企業は設備を放棄し解雇を行うよりも設備更新・継続雇用を選択するため，技術発展がより速い状況でも創造的破壊は起こらず，資本化効果を通じて雇用は増大するという結果を導いている。彼らは，技術発展に伴う設備更新費用の高低はそれが産業の大きな構造変化をもたらすかどうかと関連すると述べている。例として，タイプライターからワードプロセッサーへの技術発展は，社員のトレーニングは必要となるもののおおむね同じ社員を雇用し続ける範囲で対応できたが，ラッダイト運動の原因として有名な繊維産業の機械化の場合には，家内工業に基づく生産体制では新技術を有効利用できないため産業構造の変化

第Ⅲ部　AIの普及がもたらす影響

がもたらされ，その結果失業が増加したことを挙げている。

Carré and Drouot（2004）は労働者の学習の効果を分析している。同一の仕事に継続して従事する労働者は，経験を積むにつれより効率よく仕事を遂行できるようになる。より単純な仕事では学習により生産効率が素早く上昇し，より複雑な仕事では緩やかに上昇する。技術発展が進むにつれ仕事はより複雑化する，と想定すると，技術発展のスピードの上昇した場合，労働者の学習を通じて雇用に影響をもたらし，仕事が比較的単純な状況では，技術発展が学習のスピードを押し下げ，労働者の生産効率性と賃金が引き下げられることで生産設備の陳腐化のスピードを遅める効果を持ち，結果として雇用を増大させうることを示している。

Miyamoto and Takahashi（2011）と Michau（2013）は，労働者の転職が可能な場合を分析している。[1] ある企業で雇用されたまま求職活動が可能なため，陳腐化によって解雇され失業することなく新しい職を得ることができる。結果として，転職が不可能なモデルに比べ，技術発展が雇用にもたらす創造的破壊効果が小さくなる。現実的にも，失業を挟まず離職直後に新しい職を得る場合が多数を占めていることが報告されている（Fallick and Fleischman, 2004）。そのほかに，Postel-Vinay（2002）は短期的な効果を分析し長期的な効果と逆の効果が現れることを示している。Pissarides and Vallanti（2007）は先進国のパネルデータを用いて TFP の成長が失業に与える効果の実証分析を試みている。

以上で挙げた研究では，技術発展は生産要素として直接労働を代替するわけではなく，それのもたらす企業の参入行動と労働市場の条件への影響を通じて雇用へ影響を与えることが主眼に置かれていた。前述の通り，人口知能のもたらす雇用への影響として，人間が行っていた作業を人工知能が行うようになり雇用の機会を奪う，ということが念頭に置かれる。Acemoglu and Autor

---

(1) Michau（2013）は Aghion and Howitt（1994）と同様に，技術発展の恩恵を受けるには生産設備の更新が必要な状況を分析しているのに対し，Miyamoto and Takahashi（2011）は技術発展の影響は導入されたタイミングにかかわらず経済に存在する全ての生産設備に行き渡る状況を想定している。

第**10**章　人工知能社会における失業と格差の経済理論

(2011) は，アメリカのここ数十年の賃金分布の変化を説明するモデルとして，機械が生産要素として労働と代替的なモデルを構築している。このモデルでは，労働者がスキルに関して異質であり，高・中・低に分類される。最終財は複数のタスクによって生産される。それぞれのタスクは異なる複雑さを持ち，その複雑さによって，それぞれの水準のスキルを持つ労働者の生産効率性が異なる。概していえば，より複雑なタスクとは高スキルの労働者が比較優位を持つタスクであり，より単純なタスクとは低スキルの労働者が比較優位を持つタスクである，と解釈する。一定の条件のもとで，均衡は，低スキルの労働者が従事するタスクと中レベルの労働者が従事するタスクを分けるしきいと，中レベルの労働者が従事するタスクと高レベルの労働者が順次するタスクを分けるしきいによって特徴づけられることが示される。彼らは，アメリカの労働市場のデータは中レベルの労働者が従事するタスクが機械による代替の影響をもっとも強く受けたことを示唆しているとして，以上のモデルでそれがもたらす賃金格差やスキルの高低とタスクの複雑さの関係への影響を検討している。

　企業の参入行動とそれに伴う労働市場の条件の変化を通じた影響と，労働の代替による影響の間には相互作用があると考えられる。人工知能による労働の代替は，労働者のタスクあるいはセクターの選択に影響し，結果として労働市場の条件に影響するためである。人工知能の雇用に対する影響を論じるうえで，両方の影響を考慮することが望ましい。次節では，そのようなモデルを紹介する。

2　人工知能のサーチ理論的モデル

　本章では，Diamond（1982）と Mortensen and Pissarides（1994）が提唱したサーチ（探索）理論を用いて，人工知能技術の発展が，失業や賃金格差などの労働市場の経済現象に及ぼす影響を分析する，シンプルな枠組みを与える。サーチ理論は，労働市場の文脈では，求職者らの職探索行動と，企業らの求人探索行動を理論化した経済学領域で，現在では労働市場以外でも，貨幣，消費

279

第Ⅲ部　AI の普及がもたらす影響

行動など，さまざまな文脈に応用されている。

　労働市場のサーチ理論では，マッチング関数と呼ばれるものを想定して，求職者と企業の出会う確率を記述する。いま，労働市場に，求職者が u おり，求人を出している企業が v いるとしよう。単純化のため，各企業は一人の労働者を投入して，何らかの財の生産を行うとすると，経済全体の求人数は v となる。このとき，

$$\theta = \frac{u}{v}$$

と置き，逼迫率（market tightness）と呼ぶことにする。この逼迫率は労働市場がどれくらい「買い手」か（すなわち，求職者にとって不利か）をあらわしており，求職者が多ければ多いほど，あるいは企業が少なければ少ないほど，高くなる。通例，サーチ理論では，各求職者が，求人を出している企業と出会う確率が $0 < \zeta(\theta) < 1$ で与えられ，各求人が求職者と出会う確率が $0 < \zeta(\theta) < 1$ で与えられ，各求人が求職者と出会う確率が $0 < \eta(\theta) < 1$ で与えられるとする。ここで，ζ は単調減少関数とし，η は単調増加関数とし，$\lim_{\theta \to 0+} \eta(\theta) = 0$ を満たすとする。仮定により，出会い確率は u と v 各々ではなく，その比率 θ のみに依存することに注意されたい。出会い確率は 1 未満であるから，求人を見つけられない求職者や求職者を見つけられない求人が存在する。そのような探索過程における障害全般はサーチ的摩擦と呼ばれる。

　いま，連続体でルベーグ測度 1 の求職者がいるとする。実数上の区間 [0, 1] 上の点すべてが求職者であると思えばわかりやすいであろう。求職者は消費財から効用を得るものとする。以下，消費財を価値基準財とし，その価格を，一般性を失わず，1 に固定する。求職者の μ 割合は高スキル所持者で，$1 - \mu$ は低スキル所持者であるとする。経済には，人工知能の生産セクターと，消費財の生産セクターが存在し，高スキル労働者は人工知能セクターで，低スキル労働者は消費財セクターで求職を行うものとする。企業は，それぞれのセクターに自由参入でき，あるセクターで求人を出すには，小さなコスト k がかかるとする。自由参入の仮定から，各セクターでの逼迫率は参入企業の期待利

280

潤がゼロとなる値に定まる。もし，参入時の便益が正ならば，より多くの企業が参入しようとするために，v_A が増加し，結果として，参入時の期待利潤がゼロとなるまで，$\eta(\theta_A)$ が減少するからである。いま，人工知能セクターでの逼迫率を θ_A，人工知能 1 単位あたりの価格を p，労働者一人を投入したときの人工知能の生産量を $y_A > 0$，人工知能労働者一人あたりの賃金を w_A とあらわすと，人工知能セクターでの自由参入から，

$$\eta(\theta_A)(py_A - w_A) - k = 0 \qquad\qquad \cdots\cdots(1)$$

が成り立つ。労働者の賃金はナッシュ交渉によって決定されるとし，労働者の交渉力を $0 < \sigma < 1$ とすると，賃金は

$$w_A = \sigma py_A \qquad\qquad \cdots\cdots(2)$$

と定まる。

　消費財セクターにおける生産には，労働者もしくは人工知能が投入される。求職者と企業が出会ったとき，各企業は不確実性を受け，労働者 1 人の代わりに人工知能 1 単位を生産に用いるとする。労働者をそのまま投入する確率を $0 < \pi < 1$，人工知能を投入する確率を $1 - \pi$ とする。人工知能は摩擦のない競争市場で取引されているものとする。消費財セクターでの逼迫率を θ_R，労働者 1 人を投入したときの消費財生産量を $y_R > 0$，消費財労働者 1 人あたりの賃金を w_R，人工知能 1 単位を投入したときの消費財生産量を $z > 0$ とあらわす。このとき，消費財セクターでの自由参入から，

$$\eta(\theta_R)[\pi(y_R - w_R) + (1 - \pi)(z - p)] - k = 0 \qquad\qquad \cdots\cdots(3)$$

が成り立ち，賃金はナッシュ交渉から，

$$w_R = \sigma y_R \qquad\qquad \cdots\cdots(4)$$

と定まる。賃金交渉は求職者と企業が出会った後に行われるため，不確実性の影響を受けないことに注意されたい。

第Ⅲ部 AIの普及がもたらす影響

（サーチ理論の意味での）均衡は，以下の条件（5）〜(11)を満たす組（u_A, u_R, v_A, v_R, θ_A, θ_R, p, q）で与えられる。まず，人工知能セクターと消費財セクターにおける均衡求職者数 u_A^*, u_R^* はそれぞれ，

$$u_A = \mu \qquad\qquad\qquad \cdots\cdots(5)$$

と

$$u_R = 1 - \mu \qquad\qquad\qquad \cdots\cdots(6)$$

となる。

人工知能セクターにおける企業の自由参入式（1）と賃金決定式（2）から，

$$\eta(\theta_A) = \frac{k}{(1-\sigma)py_A} \qquad\qquad\qquad \cdots\cdots(7)$$

が成り立ち，消費財セクターにおいて，式（3）と式（4）から，

$$\eta(\theta_R) = \frac{k}{\pi(1-\sigma)y_R + (1-\pi)(z-p)} \qquad\qquad\qquad \cdots\cdots(8)$$

が成り立つ。

各セクターの逼迫率は，定義より，

$$\theta_A = \frac{u_A}{v_A} \qquad\qquad\qquad \cdots\cdots(9)$$

と

$$\theta_R = \frac{u_R}{v_R} \qquad\qquad\qquad \cdots\cdots(10)$$

となる。

最後に，人工知能市場での，市場清算条件から，

$$v_A\eta(\theta_A)y_A = (1-\pi)v_R\eta(\theta_R) \qquad\qquad\qquad \cdots\cdots(11)$$

が成り立つ。左辺は，人工知能セクターにおける人工知能の総生産（供給）量であり，右辺は消費財セクターにおける人工知能の総投入（需要）量である。消

費財市場の清算条件はワルラス法則から自動的に成り立つことに注意されたい。

3　モデルの比較静学分析

　ここでは，モデルの各パラメタが変化したときの比較静学分析を行う。簡単のために，以下では，ζ と η がそれぞれ，

$$\zeta(\theta) = m\theta^{\beta-1}$$

と

$$\eta(\theta) = m\theta^{\beta}$$

で与えられると仮定する。ここで，$m > 0$ は小さな定数，$0 < \beta < 1$ は定数である。これらの関数は，（均衡でないかもしれない）すべての θ に対し，$0 < \zeta(\theta) < 1$ と $0 < \eta(\theta) < 1$ を満たすわけではないが扱いやすい。

　まず，人工知能の生産性 z が上昇した場合を考えてみる。均衡条件式（5～11）を整理して，p のみの式とすると，

$$\mu\left[\frac{k}{(1-\sigma)py_A}\right]^{(\beta-1)/\beta}y_A = (1-\pi)(1-\mu)\left[\frac{k}{\pi(1-\sigma)y_R+(1-\pi)(z-p)}\right]^{(\beta-1)/\beta}$$

$$\cdots\cdots(12)$$

を得る。左辺は人工知能の総供給量であり，右辺は総需要量である。これより，価格 p は，k に依存しないことがわかるので，定数 k が十分小さいならば，

$$\frac{k}{(1-\sigma)py_A}$$

や

$$\frac{k}{\pi(1-\sigma)y_R+(1-\pi)(z-p)}$$

は1より小さくなり，各セクターにおける均衡自由参入式（7），（8）を満たす

第Ⅲ部　AIの普及がもたらす影響

逼迫率が存在する。自由参入式（7）を θ_A について解くと，

$$\theta_A = \left[\frac{1}{m}\right]^{1/\beta}\left[\frac{k}{(1-\sigma)py_A}\right]^{1/\beta}$$

を得，これより，

$$\zeta(\theta_A) = m\theta_A^{\beta-1} = m^{(1-\beta)/\beta}\left[\frac{k}{(1-\sigma)py_A}\right]^{(\beta-1)/\beta}$$

を得る。価格 p は m にも依存しないので，$\zeta(\theta_A)$ は m について増加である。よって，定数 m が十分小さいならば，均衡において，$0<\zeta(\theta_A)<1$ となる（$0<\zeta(\theta_R)<1$ についても同様の議論が成り立つ）。さらに，

$$\pi\frac{y_R}{y_A}\left[\frac{\mu y_A}{(1-\mu)(1-\pi)}\right]^{\beta/(\beta-1)} < z$$

が成り立つならば，消費財企業の人工知能を投入したときの利潤 $z-p$ が正となることが示せる。以下では，これらを満たすようなモデルパラメタを想定する。

いま，仮に，価格 p が固定されたとすると，z の上昇により総需要量は上昇する。したがって，z の上昇により，総需要曲線は右にシフトすることがわかる（図 10-1 の D_1 から D_2 へのシフト）。左辺の総供給量は p を固定した下で，z には依存しないから，シフトしない。よって，均衡において，総供給・総需要量（左辺・右辺）は上昇し，価格 p も上昇することがわかる。各セクターでの失業率 s_A と s_R は，それぞれ，

$$s_A = 1 - \zeta(\theta_A)$$

と

$$s_R = 1 - \pi\zeta(\theta_R)$$

で定義される。価格 p が上昇するので，人工知能の自由参入式（7）より，v_A は上昇し，人工知能セクターにおける失業率 s_A は低下する。一方，人工知能の総需要が増加していることから，v_R は上昇していなければならない（同様に，

284

第10章 人工知能社会における失業と格差の経済理論

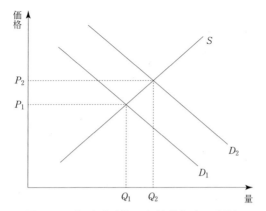

図10-1 人工知能市場の需要と供給（zの上昇）

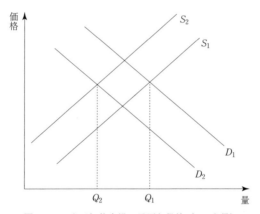

図10-2 人工知能市場の需要と供給（σの上昇）

消費財企業の利潤 $z-p$ も上昇している)。よって，消費財セクターにおいても，失業率 s_R は低下する。ただし，この結論は，モデルの中で，消費財セクターにおいて労働者が人工知能に置き換えられる確率 π が外生的に与えられることに依存している。これについては後述する。

次に，労働者の賃金交渉力 σ が上昇した場合を考える。このとき，人工知能需給一致式(12)より，価格 p を固定した下で，総需要量も総供給量も減少することがわかる。よって，総供給曲線も総需要曲線も左にシフトする（図10-2

285

第Ⅲ部　AIの普及がもたらす影響

の D_1 から D_2 へのシフトと S_1 から S_2 へのシフト）。よって，新しい均衡において，価格についてはモデルパラメタに依存するが，総供給・総需要量は減少することがわかる。よって，総供給が $\mu m \theta_A^{\beta-1} y_A$ とあらわせることから，v_A は減少し，総需要が $(1-\pi)(1-\mu) m \theta_R^{\beta-1}$ とあらわせることから，v_R も減少することがわかる。よって，σ の上昇は労働者の賃金は上昇させるものの，人工知能と消費財の両方のセクターにおいて，失業率を上昇させることがわかる。

　最後に，高スキル労働者の割合 μ が増加した場合を考える。このとき，価格 p を固定した下で，人工知能の総供給量は増加し，総需要量は減少する。したがって，均衡において，総供給・総需要についてはモデルパラメタに依存するが，価格 p は下落することがわかる（図は省略する）。したがって，人工知能セクターにおける自由参入式（7）より，θ_A は増加する。また，消費財セクターにおける自由参入式（8）より，θ_R は減少する。したがって，高スキル労働者の増加は，人工知能セクターにおいて失業率を上昇させ，消費財セクターにおいて減少させることがわかる。ここで，人工知能セクターにおいて，求職者が増えているだけでなく，人工知能価格 p の下落に伴って，労働者を確保できた企業の利潤 $(1-\sigma) p y_A$ も減少していることに注意されたい。

4　外生変数の内生化

　ここまで，労働者が人工知能に置き換えられる確率 π が外生的に与えられる場合について分析した。以下では，このモデル設定に手を加え，企業が特定の職業を人工知能に置き換えるかどうか内生的に決まるモデルについて簡単に議論する。いま，求職者に異質性（例えば，学力や仕事での一般的な生産性など）が存在し，求職者 $h \in [0, 1]$ は能力 h を持つものとしよう。求職者は人工知能セクターか消費財セクターのいずれかのみで求職活動ができ，両方のセクターで同時に求職できないものとする。求人は（もちろん確率 $\eta(\theta)$ を引きさえすれば）そのセクターで求職活動をするランダムな能力の求職者と出会うものとする。求職者が，人工知能セクターにおいて求職活動をするためには，人工知能開発

286

のための特別なスキルが必要であり，スキルを獲得するために（学校教育や職業訓練などの）コストを払う必要があるとする。コスト（の逆数）は $g(h)$ で与えられるとする。ここでは，簡単のために，g は単調増加で，$g(0)=0$ と $g(1)=1$ を満たすと仮定し，人工知能セクターで働いたときの賃金が $g(h)w_A$ で与えられるとする。能力 h が高いほど，人工知能セクターで求職する誘因が高くなる。ここから，労働者の職業選択が内生化でき，ある求職者 h が，

$$\zeta(\theta_R)\pi w_R < \zeta(\theta_A)g(h)w_A$$

を満たすならば，この求職者は人工知能セクターで求職活動を行う（人工知能技術者になる）ことを選択する。ここで，π は消費財企業によって決定される内生変数である。

　消費財セクターにおいて求職者と求人が出会ったとき，その求職者を労働者として投入したときの生産性は（定数 y_R の代わりに）確率的に定まるとし，y_R+ah+b で与えられるとする。ここで，a は正の定数であり，b は消費財セクターにおける求職者の固有リスク（idiosyncratic risk）で，$[0, e]$ 上の一様分布（e は正の定数）に従うとする。また，経済に集計リスク（aggregate risk）はないものとする。ある生産性 y_R+ah+b を持つ求職者と出会ったとき消費財企業は，

$$(1-\sigma)(y_R+ah+b)>z-p$$

ならば労働者を投入し，そうでなければ人工知能を投入して消費財を生産する。ここで，企業が労働者投入と人工知能投入で無差別になる b の値を $\bar{b}(h)$ と書くと，

$$(1-\sigma)(y_R+ah+\bar{b})=z-p$$

である。ここで，$\bar{b}(h)$ は p に依存することから，内生変数である。このとき，求職者が消費財セクターで求職した場合に人工知能によって置き換えられない確率は $\pi=\bar{b}(h)/e$ である。いま，均衡において，どんな能力の求職者にもこ

第Ⅲ部　AIの普及がもたらす影響

の確率が正であり，ある求職者の能力が十分低い場合には，人工知能で置き換えられる可能性がゼロではないようなモデルパラメタを仮定する。数学的には，均衡において，すべての $h \in [0,1]$ に対し，$\bar{b}(h) > 0$ であり，かつ，ある $h \in (0,1)$ に対し，$\bar{b}(h) < e$ であるようなモデルパラメタを想定する。また，

$$\zeta(\theta_A)g(h)w_A - \zeta(\theta_R)\frac{\bar{b}(h)}{e}w_R$$

が h に関して単調増加であるように，$a > 0$ は十分に小さいとする（$a \to 0$ のとき $\bar{b}$ は定数に収束することに注意されたい）。このとき，ある水準以上の能力を持つ求職者は人工知能セクターで求職し，それ以下の能力のものは消費財セクターで求職することになる。この能力水準を $1 - \bar{\mu}$ と書くと，

$$\zeta(\theta_A)g(1-\bar{\mu})w_A - \zeta(\theta_R)\frac{\bar{b}(1-\bar{\mu})}{e}w_R = 0$$

である。ここで，$\bar{\mu}$ は $\bar{b}$ の関数形や各セクターの逼迫率に依存することから内生変数であり，$\bar{\mu}$ 割合の求職者が内生的に人工知能セクターで，$1-\bar{\mu}$ 割合の求職者が消費財セクターで求職活動を行うことになる。

　このようなモデル設定で何が起こるかを直観的に考えてみよう。いま，人工知能の生産性 z が上昇したとする。このとき，消費財セクターにおいて，より多くの労働者が人工知能によって置き換えられることになる。求職者はこれを予測しているから，求職活動を行うセクター選択の際に，より多くの求職者が人工知能セクターを選択しようとする。したがって，まず，消費財セクターにおいては，企業の利潤が増加することから，より多くの企業が参入し，逼迫率が低下することで，失業率が低下する効果がある一方で，より多くの労働者が人工知能に置き換えられることによって失業率が上昇する効果があることがわかる。人工知能セクターにおいては，人工知能価格の上昇によって，企業利潤が増加することから，より多くの企業が参入し，失業率が下落する効果がある一方で，より多くの求職者が人工知能セクターで求職することから，個々の求職者が求人を見つける確率が下がり，失業率を上昇させる効果があることがわかる。

Autor and Salomons（2017）は19カ国のセクターレベルのデータを用いて、あるセクターの生産性の向上が国全体の雇用は増加させる一方でそのセクターの雇用を減少させることを示しており、このモデルの結果と整合的である。

5 政策への示唆と今後の展望

上のモデルにおいて，人工知能の生産性の上昇は，人工知能セクターと消費財セクターの両方で，必ずしも失業率の低下につながらないことがわかった。人工知能の登場により，失業率が上昇するような経済において，政府の担う役割は重大である。一つには，所得税や一括税を通して，労働者から失業者への再分配を行い，富の格差の是正を行わなければならない。2つ目に，各セクターでの最適な逼迫率を達成するために，特定職種への就業支援（たとえば，人工知能技術者やほかの特定の職業への補助金政策）を行うことが必要である。3つ目に，市場原理に任せた企業の参入選択や人工知能の開発，特定職種への導入は必ずしも望ましいものにならないかもしれない。そのような場合に，人工知能の開発支援や参入規制・緩和を適切に行うことが重要である。

以上の議論では、既存の生産活動において人工知能が労働者を代替するかということに注目してきたが、過去の事例でも見られたような技術発展が新しい雇用を生み出す効果も、人工知能技術の進展が雇用にもたらす効果を検討する上で重要である。Acemoglu and Restrepo（2017）はその効果を考慮した研究の数少ない例であり、今後発展が望まれる。

●参考文献

Acemoglu, D., D. Autor (2011) "Skills, Tasks and Technologies: Implications for Employment and Earnings", In: Handbook of Labor Economics. Elsevier, pp. 1043-1171, doi:10.1016/S0169-7218(11)02410-5.

Acemoglu, D. and P. Restrepo (2017) "The Race between Machine and Man: Implications of Technology for Growth, Factor Shares and Employment", MIT Department of Economics Working Paper, 16(05).

第Ⅲ部　AI の普及がもたらす影響

Aghion, P., P. Howitt (1994) "Growth and Unemployment", *The Review of Economic Studies*, 61, 477–494, doi:10.2307/2297900.

Autor, D. and A. Salomons (2017) "Robocalypse Now: Does Productivity Growth Threaten Employment?" Chapter in forthcoming NBER book *Economics of Artificial Intelligence*, edited by Ajay K. Agrawal, Joshua Gans, and Avi Goldfarb.

Carré, M., D. Drouot (2004) "Pace versus type: the effect of economic growth on unemployment and wage patterns", Review of Economic Dynamics 7, 737–757, doi: 10.1016/j.red.2003.12.002.

Diamond, Peter A. (1982) "Aggregate demand management in search equilibrium", *Journal of Political Economy*, 90, 881–894.

The Economist (2016) *Artificial Intelligence: The Impact on Jobs, Automation and Anxiety*, June 25, 2016.

Ford, M. (2015) *The Rise of the Robots: Technology and the Threat of Mass Unemployment*. Oneworld Publications, London, England.

Frey C. B. and M. A. Osborne (2017) "The Future of Employment: How Susceptible Are Jobs to Computerisation?," *Technological Forecasting and Social Change*, 114, pp. 254–280.

Goertzel, B. and C. Pennachin (Eds.) (2006) *Artificial General Intelligence*, Springer.

The Guardian (2017) *Robots Won't Just Take Our Jobs – They'll Make the Rich Even Richer*, 2017.

Fallick, B., C. A. Fleischman (2004) Employer-to-employer flows in the US labor market: The complete picture of gross worker flows. Federal Reserve Board, Finance and Economics Discussion Series Working Paper, 2004-34.

Kurzweil, R. (2005) *The Singularity Is Near: When Humans Transcend Biology*, New York: Viking Books.

Michau, J.-B. (2013) "Creative destruction with on-the-job search", *Review of Economic Dynamics*, 16, 691–707, doi:10.1016/j.red.2012.10.011.

Miyamoto, H., Y. Takahashi (2011) Productivity growth, on-the-job search, and unemployment. *Journal of Monetary Economics*, 58, 666–680. doi:10.1016/j.jmoneco. 2011.11.007.

Mortensen, D. T. and C. A. Pissarides (1994) "Job creation and job destruction in the theory of unemployment", *Review of Economic Studies*, 61, 397–415.

第**10**章　人工知能社会における失業と格差の経済理論

Mortensen, D. T. and C. A. Pissarides (1998) "Technological Progress, Job Creation, and Job Destruction", *Review of Economic Dynamics*, 1, 733-753.

Nordhaus, W. D. (2015) "Are We Approaching an Economic Singularity? Information Technology and the Future of Economic Growth", NBER working paper, No. 21547.

Pissarides, C. A., Vallanti, G. (2007) "THE IMPACT OF TFP GROWTH ON STEADY-STATE UNEMPLOYMENT", *International Economic Review*, 48, 607-640.

Postel-Vinay, F. (2002) "The dynamics of technological unemployment", *International Economic Review*, 43, 737-760.

第Ⅳ部

AI 技術開発の課題

第11章

労働時間が生活満足度に及ぼす影響
――人工知能の活用方策に関する検討――

鶴見哲也・今氏篤志・馬奈木俊介

1　日本人のワーク・ライフ・バランス

　人工知能が労働へ及ぼす影響については，Frey and Osborne（2013）により，これまで機械には代替されないと考えられてきた非ルーティン作業の仕事についても機械が担う可能性があること，そしてアメリカの職業の約47％は今後10から20年のうちに自動化可能性が70％を超える可能性が指摘されている。この研究を契機として，人工知能やモノのインターネット（IoT: Internet of Things）が労働に及ぼす影響について多くの議論がなされてきている[1]。労働の自動化が雇用を創出するのか，仕事を奪うのかについては大半の研究が機械化により雇用が減少する職種はあるものの，増加する職種もあるため，全体としては増加の方向に変化するとしている（例えば OECD, 2016）。機械に置き換わりやすい職業に関しては，ルーティン作業であるという見方が一般的ではあるものの，医者の仕事や金融機関の仕事が機械によって一部自動化された事例が存在するなど（Stewart, 2015），どの職業が機械によって置き換わりやすいのかについては議論が続いている状況といえる（岩本・波多野, 2017）。

　以上のような仕事内容の変化に関する議論は労働時間の議論に関係性が深いといえる。例えば Lorenz et al.（2015）が自動化に伴う生産性の向上を指摘しているように，単純作業の効率化や人員配置の最適化，工場の管理システムの

---

(1)　先行研究のサーベイは岩本・波多野（2017）に詳しい。

第IV部 AI技術開発の課題

自動化など，効率性の向上は無駄な労働を削減し，労働時間の減少にもつながる可能性がある。また，一部の作業が機械に置き換わることで1人あたりの仕事量の軽減につながり，そのことで残業の削減にもつなげていくことができると考えられる。すなわち，ワーク・ライフ・バランスにも影響が及ぼされる可能性が考えられる。また，雇用形態も変化していくことが指摘されており（OECD, 2016; White Paper Work 4.0, 2016），仕事内容を細分化して労働者に割り当てるシステムの発展が考えられ，労働者はより単純化された安価な労働を請け負うことになり，非正規雇用の増大につながる可能性も指摘されている。非正規雇用の賃金水準是正の議論も関係するものの，女性の社会進出に伴って働き方の多様性の重要性が議論される今，短時間での労働を分配していくワークシェアの議論にもつながると考えられる。加えて，情報通信技術の進展により，自宅や職場の外で仕事を遂行することが容易になり，性別に関係なく仕事を持ち，家事をこなすことが一般的になる中で，労働時間や職場の流動化がより進むことも指摘されている（岩本・波多野，2017）。以上のように，仕事内容の変化や生産性の向上，雇用形態の変化，そして労働時間や職場の流動化は人々のワーク・ライフ・バランスに大きく影響する可能性が考えられる。本章では，この点に注目し，人工知能が普及した将来に先立ち，人工知能とワーク・ライフ・バランスの関係性について議論をしていきたい。人口減少・少子高齢化が待ち受ける日本の労働力維持にはこの議論は必要不可欠と考えられる。

　以下，日本のワーク・ライフ・バランスの現状について触れていきたい。経済開発協力機構（以下，OECD）は国の豊かさを測る新たな指標として，膨大な過去の先行論文を基に，「より良い生活」と関連性のある要素を11の柱に集約した Better Life Index（以下，BLI）を作成している[(2)]。OECD 加盟35カ国に南アフリカ，ブラジル，ロシアを加えた38カ国の2016年のデータをもとにして

---

(2) 11の柱には，所得と資産，仕事と報酬，住居，健康状態，ワーク・ライフ・バランス，教育と技能，社会とのつながり，市民参加とガバナンス，環境の質，生活の安全，主観的幸福が含まれている。これらの柱の中には，24の指標が含まれている。

第11章　労働時間が生活満足度に及ぼす影響

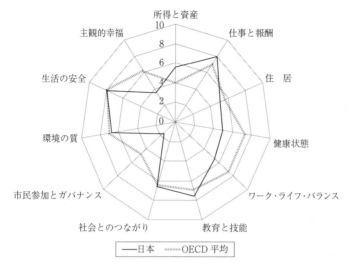

図11-1　より良い生活指標の各柱のスコア
出所：Better Life Index – Edition 2016 をもとに筆者作成。

作成された BLI の総合評価ランキングでは，日本は38カ国中23位となっている。図11-1に示すように11の柱の内日本が OECD 加盟国平均と比較して特に評価が低いものは，「健康状態」，「ワーク・ライフ・バランス」，「市民参加とガバナンス」，そして「主観的幸福」といえる。

　本章が注目する「ワーク・ライフ・バランス」では，ワーク・ライフ・バランスが充実されているとされる北欧においてはデンマークが9.1（2位），ノルウェーが8.7（4位），スウェーデンが8.5（6位）と上位となっているのに対し，日本は5.4（下から4番目）となっており，その差が大きいことが指摘できる。中身を見ると，長時間労働者（OECDが長時間労働の基準とする週50時間以上）の割合において日本は21.89％（下から4番目）であり OECD 平均の13.02％より大きくなっており，このことがランキングを下げる要因となっている。

---

(3) 評価対象となっている24指標について各国ランキングをもとに各指標を最上位の国を10とした0から10の間で評価し，各柱の平均値を算出。総合ランキングは11の柱の平均をランキング付けしたもの。

第IV部　AI技術開発の課題

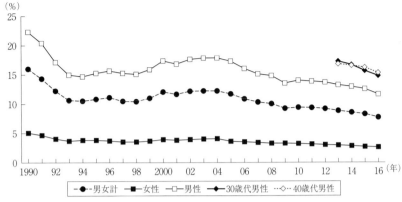

図11-2　週労働時間60時間以上の就業者割合
出所:『男女共同参画白書（平成29年版）』。

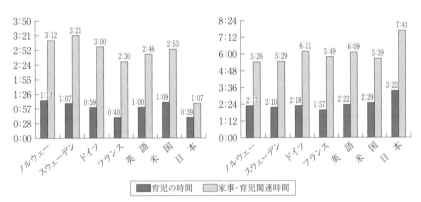

図11-3　6歳未満の子どもを持つ親の家事・育児関連時間（1日あたり・国際比較）
注：左が夫，右が妻。
出所:『男女共同参画白書（平成29年版）』。

　ワーク・ライフ・バランスは日本人のうち特にどのような人々において低いのであろうか。「内閣府男女共同参画白書」（平成29年版）によると，**図11-2**に示すように30代，40代の子育て期にある男性について，2016年でそれぞれ14.7%，15.3%が週60時間以上の就業時間となっており，他の年齢層に比べ高い水準となっている。また，**図11-3**に示すように6歳未満の子どもを持つ夫の家事・育児関連時間は1日あたり1時間7分と先進国の中で最低の水準であ

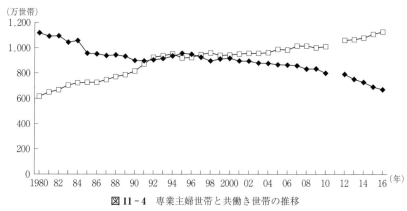

図11-4 専業主婦世帯と共働き世帯の推移
出所:『男女共同参画白書(平成29年版)』。

り,一方で妻は7時間41分と先進国の中で比較的長いといえる。しかし,女性の就業者数は1985年には2304万人であったのに対し,2016年には2754万人と30年で450万人も増加し,女性の社会進出に伴い共働き世帯が増加している(図11-4)[4]。女性の社会進出が進む中で,人々の仕事と家庭の両立の状況に変化が生じてきているといえる。

　なお,図11-5に示すように現状の雇用者数の増大は非正規労働者としての増加によるところが大きい。特に女性においてその傾向が強く,図11-6に示す女性労働率の推移からもその点が読み取れる。すなわち,昭和60年においては25〜29歳,30〜34歳,35〜39歳の女性労働率は低く,いわゆるM字カーブを描いており,この世代の女性は結婚や出産,育児などのライフステージに直面し,労働市場を離れる傾向にあったといえる。しかし,近年女性労働率は年々上昇傾向にあることが読み取れる。この女性労働率の推移の背景には非正規労働者としての労働需要の変化があり,労働時間の拘束が少なく柔軟な働き方が可能な非正規労働者,主にパートタイム労働者を選択する女性が増加したこと

---

[4] 1980年の男性雇用者と専業主婦の世帯は1114万世帯,共働き世帯は614万世帯であったのに対して,2016年の男性雇用者と専業主婦の世帯は664万世帯,共働き世帯は1129万世帯となっている。

第Ⅳ部　AI技術開発の課題

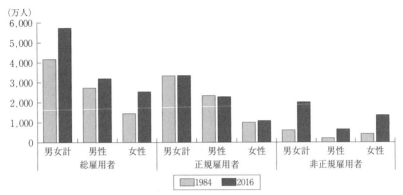

図11-5　雇用形態別雇用者数

出所：1984年は総務省『労働力調査特別調査』，2016年は総務省「労働力調査」をもとに筆者作成。

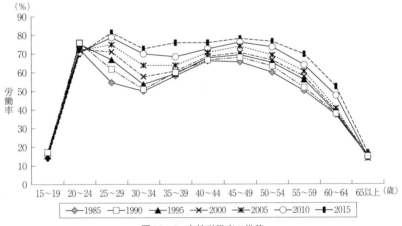

図11-6　女性労働率の推移

出所：総務省統計局『平成27年度国勢調査』より筆者作成。

がM字カーブ改善の要因とされる。こうした多様な働き方は人々の生活満足度に変化を及ぼしている可能性が考えられる。「1億総活躍」という政府の取り組みが実現されていくためには，労働と幸福という観点から現状を顧みる必要があると考えられる。

　なお，**図11-7**に示すように，近年週休2日制の普及などにより平均実労働

第11章 労働時間が生活満足度に及ぼす影響

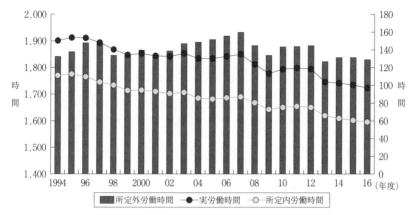

図11-7 年間総実労働時間の推移（パートタイム労働者含む）
注：左軸が実労働時間および所定内労働時間，右軸が所定外労働時間。
出所：厚生労働省「毎月勤務統計調査」より筆者作成。

時間は減少傾向にあるものの，所定外労働時間，いわゆる残業時間についてはほぼ横ばいの推移となっている点に注意が必要といえる。女性の労働率の変化により，労働人口が上昇することで労働分配はなされたが，残業時間の減少につながっていない現状があり，育児や家事との両立は女性にとっても男性にとっても難しくなっている可能性が指摘できる。本章では日本における独自の大規模アンケート調査のデータを用い，世代別，男女別，未婚・既婚，共働きかどうか，雇用形態別（正規社員，非正規社員，パートタイムなど），業種別といったサンプル別に，労働時間と生活満足度の関係性を明らかにする。特に生活満足度の観点から労働の分配を検討し，生活満足度を低下させない形での日本の労働力維持の方策を検討することを目的とする。

労働の分配としては多様な働き方としてのワークシェアの可能性が考えられる。しかし，ワークシェアに加えて人工知能を活用することで労働環境の改善を目指す方策も本章では検討していきたい。ワークシェアと同様に人間と機械が分業をしていく可能性，すなわち人工知能を用いることで不要な業務を削減する方向性，あるいは人工知能を活用することで生産性を向上させることで労働時間を削減する，などの方策を本章の分析結果をもとに検討していきたい。

301

第Ⅳ部　AI技術開発の課題

第2節では先行研究を整理し，第3節で分析方法およびデータの説明を行い，第4節で分析結果を示し，第5節でワークシェアや人工知能を用いた労働環境改善の方策を議論していく。

2　労働の非金銭的効果

　新古典派経済学の理論では，効用は消費と余暇によって構成されるとされる。この理論にしたがえば，労働は所得を増大させるため消費を増やす一方で，仕事時間の増大により余暇を減少させることになる。したがって，人々は効用を最大化するために，労働（所得）と余暇のバランスを決定するということになる。しかし，多くの実証研究では，労働に所得以外の効果がある可能性が示唆されている。たとえば Maennig and Wilhelm（2012）はドイツのパネルデータを用いた分析を行い，所得が生活満足度に与える影響を考慮しても，失業者が被雇用者になることは統計的に有意に生活満足度にプラスの影響を与えることを示している。また，ドイツを対象にして行われたその他の研究（例えば，Gerlach and Stephan, 1996; Winkelmann and Winkelmann, 1998; Clark, 2001; Clark et al., 2008; Kassenboehmer and Haisken-DeNew, 2009; Winkelmann, 2009; Knabe et al. 2010; Knabe and Rätzel, 2011）においても同様の結果が得られている。ドイツ以外の国に関しても，スイス（Frey and Stutzer, 2000），オーストラリア（Carroll, 2007）を対象とした研究で同様の結果が見出されており，労働には生活満足度に対する金銭的な効果（所得）だけでなく非金銭的な効果も存在する可能性が示されているといえる。

　なお，労働の非金銭的効果に該当すると考えられる要素はポジティブ効果とネガティブ効果に分類することができる。また，ポジティブ効果は仕事内容と職場の人間関係の2つに分類することができる。具体的には以下に示す研究が存在する。Andersson（2008）は，スウェーデンのパネルデータを用いて，自営業者は仕事の裁量があり上下関係がなく労働時間をコントロールすることができるため生活満足度と仕事満足度が統計的に有意に高いという結果を見出し

第11章　労働時間が生活満足度に及ぼす影響

ている。しかし，自営業者は長時間労働になりがちであることや仕事の責任の大きさによって仕事のストレスや精神的健康の問題を感じやすいという結果も示していることに注意が必要といえる。また，Grün et al.（2010）は，良い職場環境（仕事の裁量の大きさ，適度な社員教育，昇給有）で働く人は職場環境が悪い人と比較して統計的に有意に生活満足度が高いという結果を見出している。この研究と同様に，Coad and Binder（2014）は仕事の裁量の大きさが仕事満足度と生活満足度に統計的に有意に正の影響を与えるという結果を見出している。さらに，Johnston and Lee（2013）は昇進が雇用の安定性や給与の公平性の認知，仕事満足度に短期的に影響を与えるという結果を見出している。

　一方，ネガティブ効果は，健康問題と家庭問題に分類することができる。Artazcoz et al.（2009）は週労働時間が51時間から60時間の男性は30時間から40時間の男性と比較して，精神的健康に問題を抱え，高血圧で，喫煙率が高く，運動や睡眠時間が不足しがちであるという結果を見出し，Park et al.（2010）は週の労働時間が60時間以上の男性は40時間以下の男性と比較して高ストレスであるという結果を見出している。また，Virtanen et al.（2010）は1日3〜4時間の残業を行う人は冠状動脈性心疾患になるリスクが高いという結果を見出し，Cheng et al.（2014）は週の労働時間が60時間以上の人は40〜48時間の人と比較して，睡眠時間を考慮しても冠状動脈性心疾患になるリスクが高いという結果を示し，さらに Virtanen et al.（2012）は1日の労働時間が11時間以上の人は，7〜8時間の人と比較して精神的健康度が低いという結果を示している。加えて，Adkins and Premeaux（2012）はアメリカを対象とした研究で，長時間労働が仕事と家族の問題に関する夫婦間の衝突の頻度を増加させるという結

---

(5)　この他にも，Binder and Coad（2013）は就業形態が被雇用者から自営業者に変化することが統計的に有意に生活満足度に正の影響を与えるという結果を示し，Millán et al.（2013）は所得や労働時間の影響を考慮しても，自営業者は被雇用者よりも統計に有意に仕事内容に関する満足度が高いという結果を見出している。

(6)　この他にも Cornelißen（2009）は雇用の安定性，上司や同僚との関係性，仕事内容の多様性が仕事満足度に統計的に有意に影響を与えるという結果を見出しており，Geishecker（2012）は，雇用の不安定性を認知する人は統計的に有意に生活満足度が低いという結果を示している。

第Ⅳ部　AI 技術開発の課題

果を見出している。日本を対象とした研究については以下の研究がある。黒田・山本（2014）はパネルデータを用いて長時間労働はメンタルヘルスを悪化させる要因となることを実証的に示し，サービス残業など金銭対価のない労働時間の長さはさらに大きくメンタルヘルスに負の影響を与えることが示されている。また，島津（2011, 2013）は仕事と家庭の関係において，夫婦の一方のストレスがパートナーのストレスに影響を及ぼすこと，一方の仕事への活力がパートナーの活力に影響を与える可能性がある点を示している。

　以上の先行研究より，労働の非金銭的効果にはポジティブ効果とネガティブ効果があることが指摘されてきている。また，これらの効果には仕事内容や，職場の人間関係，家庭問題，身体的・精神的健康問題に関する要素が含まれている可能性があると考えられる。そして，家庭問題や身体的・精神的健康問題を含むネガティブ効果は長時間労働により生じる可能性が示されている。このように，労働の非金銭的効果に関する研究は多くなされている。しかし，具体的にどのような人々がどのような労働時間においてどのような非金銭的効果を有しているのかについては生活満足度の観点からは十分な研究蓄積がないといえる。著者の知る限りドイツを対象とした Rätzel（2012）程度といえる。Rätzel（2012）はドイツのパネルデータを用いて，労働が生活満足度に与えるプラスの影響は男性で約7.5時間の労働，女性で約 4 時間の労働で最も高くなり，それ以降は減少するという推計結果を示している。本章では日本の大規模アンケートデータを用いることで Rätzel（2012）における分析をより細かなサンプル分けのもとで検証していく。さらに労働時間と生活満足度の非線形性を考慮するために関数形の仮定を置かずに推計を行うことができる後述のセミパラメトリック回帰を用いることで分析を行っていくことに独自性を持つ。この分析により労働時間ごとに異なる非金銭的効果をより詳細に把握していくことが期待される。

────────────

(7)　女性サンプルの係数は統計的に有意な結果が見いだされていない。

3　データおよび推計方法

　本研究では，労働時間と生活満足度の関係性について分析を行うために，
2015年12月に行った独自のインターネット調査のデータを用いる。アンケート
対象者は日本全国の正社員，契約・派遣社員，パート・アルバイト，経営者，
自営業者，公務員，専門職といった働く人であり，回答者は12万1514人で，欠
損値や不正回答者を除いた分析に用いるサンプルは 9 万6602人となっている。
表11-1は分析に用いたデータの概要で，**表11-2**は分析に用いた基本統計量
である。

　年齢は回答者の回答時の年齢，男性ダミーは，男性を 1 ，女性を 0 とするダ
ミー変数，既婚ダミーは，既婚者は 1 その他を 0 とするダミー変数である。性
格は，個人の性格特性を表す Big Five（5 大因子）をもちいている。Big Five
は外向性，協調性，神経症傾向，勤勉性，開放性が含まれており，それぞれに
ついて 2 つずつの質問を行いその平均得点（ 1 ～ 5 ）が高い人ほど，その性格
特性が強いことを表している。所得は，回答者と回答者の配偶者の年間所得で
ある。回答者の業種ダミーは，農林水産業・鉱業，建設業，製造業，電気・ガ
ス・熱供給・水道事業，情報通信業，運輸業・郵便業，卸売業・小売業金融
業・保険業，不動産業・物品賃貸業，学術研究・専門・サービス業，宿泊業・
飲食サービス業，生活関連サービス業・娯楽業，教育・学習支援事業，医療・
福祉，複合サービス業，その他のサービス業，公務員のそれぞれを 1 とするダ
ミー変数である。親との同居ダミーは，回答者か配偶者の親と同居していれば
1 ，同居していなければ 0 とするダミー変数である。共働きダミーは，配偶者
が正社員であれば 1 その他を 0 とするダミー変数である。回答者の就業形態ダ
ミーは，正社員，契約・派遣社員，パート・アルバイト，経営者・自営業につ
いてそれぞれを 1 とするダミー変数である。都道府県ダミーは，回答者が居住
する各県を 1 とするダミー変数である。労働時間は，回答者の過去 1 カ月にお
ける平日 1 日の平均的な就業時間を表しており， 0 ～12時間の中から近い労働

第Ⅳ部　AI技術開発の課題

表 11-1　データの概要

変 数 名	データの定義
生活満足度	質問：あなたは全体としてどの程度生活に満足していますか。「全く満足していない」を1，「大変満足している」を5とする5段階（0～1）（最小値を0，最大値を1に正規化）
年　齢	回答者の年齢
男性ダミー	男性は1，女性を0とするダミー変数。
既婚ダミー	既婚者を1，未婚者を0とするダミー変数。
外向性	質問文「以下のことばは，あなた自身に当てはまると思いますか。」 • 活発・外交的　「全くそうは思わない」が1，「強くそう思う」が5。（1～5） • ひかえめ・おとなしい　「全くそうは思わない」が5，「強くそう思う」が1。（1～5）
協調性	質問文「以下のことばは，あなた自身に当てはまると思いますか。」 • 批判的・もめごとを起こしやすい　「全くそうは思わない」が5，「強くそう思う」が1。（1～5） • 人に気をつかう・あたたかい　「全くそうは思わない」が1，「強くそう思う」が5。（1～5）
神経症傾向	質問文「以下のことばは，あなた自身に当てはまると思いますか。」 • 心配性・うろたえやすい　「全くそうは思わない」が1，「強くそう思う」が5。（1～5） • 冷静・気分が安定している　「全くそうは思わない」が5，「強くそう思う」が1。（1～5）
勤勉性	質問文「以下のことばは，あなた自身に当てはまると思いますか。」 • しっかりしている・自分に厳しい　「全くそうは思わない」が1，「強くそう思う」が5。（1～5） • だらしない・不注意　「全くそうは思わない」が5，「強くそう思う」が1。（1～5）
開放性	質問文「以下のことばは，あなた自身に当てはまると思いますか。」 • 新しいことが好きで，複雑な考えを持っている　「全くそうは思わない」が1，「強くそう思う」が5。（1～5） • 平凡・発想力に欠けている　「全くそうは思わない」が5，「強くそう思う」が1。（1～5）
回答者の年間所得	回答者の年間所得
配偶者の年間所得	回答者の配偶者の年間所得
回答者の業種ダミー	業種：農林水産業・鉱業，建設業，製造業，電気・ガス・熱供給・水道事業，情報通信業，運輸業・郵便業，卸売業・小売業，金融業・保険業，不動産業・物品賃貸業，学術研究専門・技術サービス業，宿泊業・飲食サービス業，生活関連サービス業・娯楽業，教育・学習支援事業，医療・福祉，複合サービス業，その他のサービス業，公務員 それぞれを1とするダミー変数。
親との同居ダミー	回答者か配偶者の親と同居していれば1，同居していなければ0とするダミー変数。
共働きダミー	配偶者が正社員であれば1その他を0とするダミー変数。
回答者の就業形態ダミー	職種：正社員，契約・派遣社員，パート・アルバイト，経営者・自営業，専門職，公務員 それぞれを1とするダミー変数。
労働時間	回答者の過去1カ月における1日の平均的な労働時間。

306

第11章 労働時間が生活満足度に及ぼす影響

表11-2　基本統計量（全サンプル）

変　数　名	サンプル数	平均値	標準偏差	最小値	最大値
生活満足度	96,602	0.602	0.243	0	1
労働時間（単位：時間）	96,602	7.989	2.468	0	12
年齢	96,602	47.088	9.948	15	87
男性ダミー	96,602	0.698	0.459	0	1
既婚ダミー	96,602	0.647	0.478	0	1
性格（外向性）	96,602	2.908	0.861	1	5
性格（協調性）	96,602	3.495	0.667	1	5
性格（神経症傾向）	96,602	2.981	0.753	1	5
性格（勤勉性）	96,602	3.156	0.771	1	5
性格（開放性）	96,602	3.038	0.724	1	5
回答者の年間所得（単位：円）	96,602	5,244,838	3,728,587	1	20,000,000
配偶者の年間所得（単位：円）	96,602	1,683,004	2,848,402	1	20,000,000
業種（農林水産・鉱業）	96,602	0.007	0.086	0	1
業種（建設業）	96,602	0.065	0.246	0	1
業種（製造業）	96,602	0.199	0.399	0	1
業種（電気・ガス・熱供給・水道業）	96,602	0.013	0.112	0	1
業種（情報通信業）	96,602	0.080	0.272	0	1
業種（卸売業・小売業）	96,602	0.110	0.313	0	1
業種（金融業・保険業）	96,602	0.040	0.196	0	1
業種（不動産業・物品賃貸業）	96,602	0.028	0.165	0	1
業種（学術研究・専門・技術サービス業）	96,602	0.032	0.175	0	1
業種（宿泊業・飲食サービス業）	96,602	0.029	0.166	0	1
業種（生活関連サービス業・娯楽業）	96,602	0.028	0.165	0	1
業種（教育・学習支援事業）	96,602	0.057	0.231	0	1
業種（医療・福祉）	96,602	0.085	0.278	0	1
業種（複合サービス事業）	96,602	0.004	0.064	0	1
業種（その他のサービス業）	96,602	0.086	0.280	0	1
業種（運輸業・郵便業）	96,602	0.045	0.208	0	1
業種（公務員）	96,602	0.062	0.241	0	1
就業形態（正社員ダミー）	96,602	0.537	0.499	0	1
就業形態（派遣・契約社員ダミー）	96,602	0.025	0.156	0	1
就業形態（パート・アルバイトダミー）	96,602	0.138	0.345	0	1
就業形態（経営者・自営業ダミー）	96,602	0.036	0.186	0	1
就業形態（公務員ダミー）	96,602	0.062	0.241	0	1
就業形態（専門職ダミー）	96,602	0.032	0.175	0	1
親との同居ダミー	96,602	0.232	0.422	0	1
共働きダミー	96,602	0.171	0.376	0	1

307

第Ⅳ部　AI技術開発の課題

時間を回答者が選択したデータである。

　本研究では，労働時間と生活満足度の関係性を検証するために一般化加法モデルを用いる。被説明変数は生活満足度とし，説明変数の内，労働時間のみをノンパラメトリックな変数として扱い分析を行う。その他の説明変数に関しては，パラメトリックな変数とする。具体的な推計モデルは（1）式の通りである。

$$LS_i = \alpha_1 + f(work_i) + \sum_l \beta_l X_i + \sum_m \beta_m Y_i + \sum_n \beta_n Z_i + \varepsilon \qquad \cdots\cdots(1)$$

　（1）式において，LS_i は個人 i の生活満足度を表している。$work_i$ は個人 i の過去1カ月間における1日の平均的な労働時間を表している。X_i は個人 i の性格特性（外向性，協調性，勤勉性，神経症傾向，開放性）を表している[8]。Y_i は個人 i の社会人口統計に関する変数を表しており，年齢，年齢の2乗，男性ダミー，既婚ダミー，回答者と回答者の配偶者の年間所得が含まれている。Z_i はその他のコントロール変数であり，個人 i の居住する地域の地理的特性（都道府県ダミー（基準：北海道）），就業形態（以下のダミー変数：正社員，派遣社員，契約社員，パート・アルバイト，経営者，自営業，専門職，公務員（基準：正社員）），業種（以下のダミー変数：建設業，製造業，電気・ガス・熱供給・水道事業，情報通信業，運輸業・郵便業，卸売業・小売業，金融業・保険業，不動産業・物品賃貸業，宿泊業・飲食サービス業，医療・福祉，教育・学習支援事業，学術研究・専門・技術サービス業，複合サービス業，生活関連サービス業・娯楽業，その他のサービス業，公務員（基準は公務員）），共働き（配偶者が正社員である場合を1，その他を0とする共働きダミー），親との同居（親と同居している場合を1，同居していない場合を0とする親との同居ダミー）である。α_i および ε_i は定数項と誤差項である。

　なお，第2節で述べたように，労働時間が生活満足度に与える影響は，所得によって得られる影響に加えて，余暇時間が減少することによるネガティブな

――――――――――

(8)　幸福度研究の先行研究で，パネルデータを用いることができない場合に個人の固定効果を取り除く次善の方法として性格特性をコントロールする方法がとられてきている。主観的なアンケート項目についてポジティブな捉え方をするか，ネガティブな捉え方をするかといった，回答のばらつきをコントロールすることが期待される。

影響および仕事により得られるポジティブな影響（仕事のやりがいなど）も存在する可能性がある。この点を検証していくために，本研究ではコントロール変数に回答者および配偶者の所得を含めた回帰式に加えて，コントロール変数に回答者および配偶者の所得を含めない回帰式についても分析を行う。前者は所得の影響を取り除いた労働時間の影響，後者は所得の影響を含めた労働時間の影響ということになる。第2節で述べたように，先行研究では前者の労働時間の効果を非金銭的効果，後者の労働時間の効果を総合効果と呼んでいる。本研究でも非金銭的効果と総合効果の両者を検証していくこととする。

　本研究では（1）式をもとに全サンプルを用いた推計に加えて，属性，就業形態，業種別にサンプル別の推計を行う。具体的には，男女，婚姻状況，共働きかどうか，世代，所得水準，就業形態，産業，業種に関してサンプル別推計を行う。分類方法については以下の通りである。婚姻状況は既婚者とその他，共働きかどうかについては既婚者について，配偶者が正社員である場合とその他である。世代は20代，30代以下，40代，50代，60代以上である。所得水準は回答者の個人所得が400万円未満，400万円以上600万円未満，600万円以上850万円未満，850万円以上である。就業形態は，正社員，派遣・契約社員，パート・アルバイト，経営者・自営業である。産業は，第1次産業（農林水産業，鉱業），第2次産業，第3次産業である。業種は建設業，製造業，電気・ガス・熱供給・水道事業，情報通信業，運輸業・郵便業，卸売業・小売業，金融業・保険業，不動産業・物品賃貸業，宿泊業・飲食サービス業，医療・福祉，教育・学習支援事業，学術研究・専門・技術サービス業，複合サービス業，生活関連サービス業・娯楽業，その他のサービス業，公務員である。[9]

---

(9)　「農林水産業，鉱業」については第1次産業の分類で推計結果を示している。

第Ⅳ部　AI技術開発の課題

4　労働時間と生活満足度の関連性

（1）全サンプルでの推計結果

　本節では推計結果を示す。図11-8に全サンプルでの推計結果を示し，図
11-9～図11-16までサンプル別の推計結果を示す（章末）。各図では前節で
述べたように，所得の影響を含めた労働時間の効果（総合効果）と所得の影響
を取り除いた労働時間の効果（非金銭的効果）の両者の関数形を示している。
縦軸が生活満足度に及ぼす影響の大きさを表しており，縦軸の0がサンプル平
均の影響を意味している。推計結果について，95％の信頼区間も示している。
なお，セミパラメトリック回帰におけるコントロール変数のパラメータの推計
結果は付録に示す通りであり，先行研究で得られているのと同様の傾向が見出
されている[10]。

　図11-8は全サンプルの分析結果である。所得も考慮に入れた総合効果のグ
ラフでは10時間半程度までサンプル平均以上の生活満足度を保つものの，所得
の影響を除いた非金銭的効果では8時間半程度で平均以下の生活満足度となる。
このことから所得を考慮すれば長時間働くことは生活満足度を平均より高く保
つことにつながるが，所得の影響を取り除くと8時間半程度で平均以下の生活
満足度となってしまうことが見出されたことになる。また，両効果とも8時間
程度から生活満足度が徐々に低下し10時間程度から急激に低下することが特筆
される。

（2）男女別推計結果

　図11-9は男女別の分析結果である。男性サンプルでは所得の影響を含めた
総合効果では11時間程度まで平均以上の生活満足度を保ち，11時間以上で平均

---

[10]　Appendix A には全サンプルの推計におけるコントロール変数の推計結果を示し
　　ている。他のサンプル別の推計におけるコントロール変数もほぼ同様の推計結果が
　　得られている。紙面の制約上，全サンプルの推計結果のみ示す。

310

以下となる。所得の影響を除いた非金銭的効果では10時間以上で平均以下の生活満足度となる。ただし，総合効果においては4時間程度で一度平均以下の生活満足度となっている点，そして両効果とも5.5時間程度を底にして7.5時間程度に次のピークがきている点も指摘できる。また，全サンプルと同様に，両効果とも8時間程度から生活満足度が徐々に低下し10時間程度から急激に低下することが特徴といえる。他方で女性サンプルについては所得の影響を含めた総合効果では7時間程度で平均以下の生活満足度となり，所得の影響を取り除いた非金銭的効果では6時間以上で平均以下の生活満足度となることがわかる。このことから，女性のほうが男性と比較して長時間労働の負荷が大きい現状が垣間見える。また女性の場合は所得の影響を含めた総合効果では3時間程度に生活満足度のピークが確認できるが，非金銭的効果にはピークはなく単調減少といえる。このことは女性は所得の影響を取り除くと労働時間が長いほど生活満足度が低下してしまう傾向を有することを意味する。その一方で男性は8時間前後でわずかではあるが2つ目の山（生活満足度が上昇する時間）がある。当然所得の影響もあるが非金銭的効果においてもこの時間帯で若干の生活満足度上昇がみられる。このことが意味することは8時間程度の仕事内容において仕事のやりがいのようなポジティブな仕事満足度が得られる可能性である。しかし女性はこの2つ目の山が総合効果においても非金銭的効果においても見いだせないことから仕事のやりがいをこの付近の労働時間で感じ取ることができていないか，家事や育児との両立において困難な状況にあることから2つ目の山が見出されない可能性が考えられ，性差がここに見いだされたことになる。

（3）婚姻状況別推計結果

　図11‒10は婚姻状況別の分析結果である。既婚者については長時間労働が生活満足度を低下させる時間が8時間以降で顕著となっており全体サンプルと比較して短い労働時間で生活満足度が低下し始めることが見いだされたことになる。このことは仕事と家庭の両立において，家事育児との両立が難しい現状を示唆している可能性がある。一方で独身については長時間労働を行っても生

第Ⅳ部　AI技術開発の課題

活満足度が平均以下になりにくく，また総合効果だけでなく非金銭的効果でも10時間程度に２つ目の山があることから，仕事のやりがいや所得がこの時間帯でプラスに働いている可能性が示唆される。加えて２つ目の山のピークとなる生活満足度が他のサンプルの２つ目のピークよりも高いことも特筆される。ただし11時間以降は平均以下の生活満足度となる点は注意が必要といえる。

　図11-11は既婚者について共働きおよび片働きを区別したサンプル別分析結果である。既婚（共働き）は９時間以降に生活満足度が低下していくことが読み取れる。子育てとの両立など家庭との両立で難しさがある可能性が考えられる。他方で既婚（片働き）は独身ほど二つ目の山が明確ではないものの総合効果に二つ目の山が読み取れ，生活満足度が平均以下となる労働時間も，総合効果については11時間，非金銭効果については10時間と，共働きと比較すると長時間労働でも生活満足度が低下しにくい状況が読み取れる。配偶者の家庭の支えが影響している可能性が示唆される。ただし，片働きの場合でも11時間以降は急激に生活満足度が低下する傾向があり，この時間帯では家庭との両立が難しくなる可能性が示唆される。

（4）世代別および所得別推計結果

　図11-12は世代別の分析結果である。20代はパートや非正規の割合が高いこともあるが５時間程度で生活満足度のピークが見いだされる。生活満足度が平均以下の労働時間になるのは総合効果も非金銭的効果も９時間以降となっている。30代は全体的に労働時間と生活満足度の関係性が弱いが，所得の影響を含めた総合効果では10時間以降，非金銭的効果では９時間以降に平均以下の生活満足度となることが読み取れる。40代は山が２つ存在し，１つ目のピークは３時間程度，二つ目は10時間程度といえる。仕事において中心的役割を担う世代であり，10時間程度の仕事は仕事内容の満足度が高い可能性も推察される。また，生活満足度が平均以下になる労働時間が総合効果で11時間，非金銭的効果で10.5時間と長いことは，子育てが一段落したことで家庭との両立がある程度可能となっている状況が背景にあると推察される。50代においても40代と同

312

第11章　労働時間が生活満足度に及ぼす影響

様の形状の2つの山が見出されるが1つ目の山のピークが2時間，2つ目の山のピークが9時間程度と40代と比較して1時間山のピークが早いことがわかる。60代も2つの山が見出されるが，さらに山のピークは短い時間となっており，特に2つ目の山は8時間程度となっている。また60代は，長時間労働の場合，全体的に生活満足度が低い水準（平均値以下）にあることも読み取れる。

　図11-13は所得別の分析結果である。個人所得400万円未満のサンプルでは8時間程度で生活満足度が平均以下になることが読み取れる。加えて，2つ目の山がないことが特徴と言え，仕事内容の満足が低い可能性が示唆される。個人所得400万円以上600万円未満においても明確な2つ目の山が読み取れず，9時間程度で平均以下の生活満足度となっている。他方で，個人所得600万円以上850万円未満においては，3つの山が存在し，2つ目の山のピークが8時間程度，3つ目の山が10時間半程度となっている。この時間帯の仕事満足度が高い可能性が示唆される。ただし，11時間を過ぎると一気に生活満足度が低下することが読み取れる。個人所得850万円以上においては，5時間程度をピークとした1つ山の形状をしており，全体的に長時間労働において生活満足度の低下するスピードが遅いことが特徴といえる。長時間労働による苦労はあるものの，高所得特有の仕事内容の充実が生活満足度を維持する背景にあること，あるいはワーク・ライフ・バランスを維持するような出費（家事サービスなど）に頼ることができる可能性も考えられる。ただし600万円以上800万円未満のサンプルと比較して生活満足度が平均以下になる労働時間が短いことが特筆される。

（5）就業形態別，産業別，業種別推計結果

　図11-14は就業形態別の分析結果である。[11]正社員は所得の影響を含めた総合効果では7時間半程度と10時間半程度で2つ目と3つめの山のピークが来るものの，所得の影響を取り除いた非金銭的効果では2つ目の山は存在せず，生活満足度を向上させられるだけの仕事内容の充実は長時間労働においては読み

---

[11]　専門職については業種別の学術研究・専門・技術サービス業に示している。

第Ⅳ部　AI技術開発の課題

取ることができないといえる。生活満足度が平均以下になる労働時間については，総合効果が10時間半程度，非金銭的効果が9時間程度となっている。契約社員については4時間程度にピークがあり，その後はほぼ単調に生活満足度が低下することがわかる。パートタイムについては線形の結果となっており，労働時間が増大するにつれて生活満足度が低下していく傾向が読み取れ，6時間程度で平均以下の生活満足度となっている。経営者・自営業については所得の影響を含めた総合効果において2つ目の山のピークが9時間程度に存在することがわかる。非金銭的効果もこの時間帯は若干生活満足度が維持される傾向がみえる。経営者および自営業はある程度家庭との両立が可能なこと，仕事の裁量権を持ちやすいことが影響している可能性が考えられる。

　図11-15は産業別の分析結果である。第1次産業は労働時間と生活満足度の関係性が小さい可能性が示唆される。自営業と同様に家庭と仕事の両立がある程度可能な人がいると考えられ，労働により生活満足度を低下させない働き方が可能な人が一定程度いることを示唆している可能性がある。第2次産業は2つ山があり，1つ目の山のピークは4時間程度，2つ目の山のピークは10時間程度となっている。平均的に仕事のやりがいが10時間程度で高まりやすい可能性が示唆される。第3次産業は2つ目の山が存在しておらず，長時間労働は徐々に生活満足度を減少させていくことが示されている。

　図11-16は業種別分析結果である。グラフの形は単調減少（建設業，情報通信業，宿泊業・飲食サービス業，医療・福祉，複合サービス事業，生活関連サービス業・娯楽業，その他のサービス業，公務員），山が1つ（電気・ガス・熱供給・水道業，運輸業・郵便業，卸売業・小売業），山が2つ（製造業，不動産業・物品賃貸業，教育・学習支援事業，学術研究・専門・技術サービス業），その他（金融業・保険業）という結果が得られている。多くの業種で単調減少の傾向および8時間程度で平均以下の生活満足度となることが見いだされたことになる。また公務員，金融業・保険業では労働時間と生活満足度の関係性が小さいことが指摘できる。特筆すべき点としては，2つ目の山のピークが教育・学習支援事業で9時間程度，製造業および学術研究・専門・技術サービス業で10時間程度に見いだされてい

314

る点である。これらの業種では長時間労働における仕事の満足度が高まる傾向があることが指摘できる。

以上の分析結果を踏まえ，次節では人工知能の活用方策を検討していきたい。

5　人工知能の活用方策

（1）長時間労働是正とワークシェア

前節の図11-8〜16に示した分析結果より，労働時間と生活満足度の関係性は性別や年代，所得水準，雇用形態，産業，業種により大きく異なる可能性が示唆された。本章で得られた分析結果は人工知能の活用にどのようにつなげていくことができるだろうか。

第1節で述べたように，人工知能が普及した将来においては，生産性の向上や無駄な労働を機械が担うなど，長時間労働の是正に人工知能を活用する道も考えられる。また，仕事内容を細分化して労働者に割り当てるシステムの発展により，細分化された労働を労働者のニーズに合わせて割り当てていくことも可能と考えられる。このことは短時間労働を組み合わせるワークシェアの実現にもつながっていくと考えられる。長時間労働の是正や，人々のニーズに合わせた働き方を実現させていくために，本研究で得られた労働時間と生活満足度の関係性を如何に活用すべきか，以下述べていきたい。

（2）長時間労働の是正

まず，長時間労働に関して述べていく。図11-8に示した全サンプルにおいては所得の影響を含めた総合効果においても，非金銭的効果においても労働時間が10時間半を超えたところから急激に生活満足度が低下することが見いだされている。図11-9に示した男性サンプルに限った場合にも同様の傾向が見出されている。他方で，女性に関しては6〜7時間程度で生活満足度が平均以下となり，その後も徐々に生活満足度が低下していく傾向が見いだされている。この男女差は「男性は長時間働き，女性は家庭を支える」という傾向が日本で

第Ⅳ部　AI技術開発の課題

はまだ強いことを示唆している可能性がある。さらに家庭との両立の影響は図11-10に示した既婚と独身の違いにも表れており，既婚は8時間を超えたところから生活満足度が平均以下となり，11時間程度から一気に低下するという結果が得られ，また，8時間～11時間の間については全サンプルでは平均程度の生活満足度が保たれているのに対して，既婚では8時間を過ぎた段階から生活満足度が平均以下となってしまっている。このことは既婚者が労働時間8時間以上において家庭との両立に悩んでいる現状を示していると考えられる。他方で独身については，10時間半～11時間程度まで平均以上の生活満足度を維持している。特に，10時間程度に総合効果においても非金銭的効果においても生活満足度が上昇する段階があることから，この時間帯においても家庭との両立を考えることは相対的に必要がなく，所得や仕事満足度の意味でこの時間帯の労働についても満足感を得ている現状が読み取れる。既婚者について共働きと片働きに分けた図11-11においても，家庭の支えがある片働きについては独身に似た傾向がみられ，10時間半～11時間程度まで平均以上の生活満足度を維持していることが特筆される。他方で共働きの場合には9時間以降に平均以下の生活満足度となりその後徐々に生活満足度は低下していく傾向にあり，家庭との両立に苦労している現状が示唆されるのではないだろうか。

　なお，世代別に見たときにも未就学児の子育て期である20代30代において9時間以降に平均以下の生活満足度となることが示されており，40代50代については平均以下となるのは10時間以降となっており，家庭との両立がこの1時間の差に表れている可能性がある。ただし，30代については長時間労働による生活満足度低下が相対的に小さい水準にとどまっている。この理由として考えられるのは長時間労働における仕事満足度の上昇と考えられる。この長時間労働における生活満足度上昇の傾向は40代50代においてもみられる。こうした仕事満足度による影響については所得水準別の推計結果にも表れており，所得水準が比較的高い個人所得600万円以上のサンプルでは9時間においても生活満足度が平均以上となっていることと関係があると考えられる（所得の影響を取り除いた非金銭的効果でもそのようになっている）。ただし，全サンプル同様に11時間

316

を超えた段階ではどの世代においてもどの所得水準においても生活満足度が大きく低下していることに注意が必要といえる。[12]

　以上が長時間労働に関して得られた結果のとりまとめであるが，特筆されるのは女性および既婚者（共働き）が相対的に大きく長時間労働によって生活満足度を低下させている現状ではないだろうか。そのほかにも11時間以上の長時間労働については生活満足度低下の影響が大きいことも特筆される。当然ながら男性と女性の家庭における役割を固定させることは時代の流れと逆行しており，個々人のニーズとも異なるものといえる。したがって，本研究から得られた示唆は，女性だからこそ長時間労働を是正させる必要があるということではなく，家庭を支える役割が不足している状況で働くということの難しさといえる。男性女性にかかわらず，長時間労働が是正されることは配偶者が早く帰宅することにほかならず，家庭を支えるサポーターを得ることに他ならない。家庭を支えるサポーターが増えていくならば，現在のような女性の状況や共働きの労働者の状況は改善されていくと考えられる。

（3）ワークシェアの可能性

　ワークシェアの可能性に関しては，就業形態別の分析結果が関係すると考えられる。就業形態別については正社員や経営者・自営業において総合効果および非金銭的効果について仕事満足度向上の影響もあり，9時間程度でも平均以上の生活満足度を維持しているのに対し，契約・派遣社員およびパート・アルバイトについてはこの時間帯の生活満足度維持の傾向は見いだせず，8時間以

---

(12)　長時間労働における仕事満足度上昇については，就業形態別，産業別，そして業種別の推計結果にも表れている。就業形態別については正社員や経営者・自営業において総合効果および非金銭的効果について9時間程度でも平均以上の生活満足度を維持していることにも表れていると考えられる。他方で，契約・派遣社員およびパート・アルバイトについては長時間労働による仕事満足度上昇の傾向は見いだせず，8時間以降については平均以下の生活満足度となっている。産業別にも，第2次産業のみ10時間程度の長時間労働における生活満足度上昇の傾向が見出される。業種別にも製造業，教育・学習支援事業，学術研究・専門・技術サービス業においてその傾向が見いだされる。

第Ⅳ部　AI 技術開発の課題

降については平均以下の生活満足度となっている。正社員を希望しているものの正社員として雇用されず，契約・派遣社員，パート・アルバイトとなっている人々については問題と考えられる。しかし，柔軟な働き方が可能な契約・派遣社員およびパート・アルバイトに自らの意志でなっている人々に関していえば，短時間で働くことができる職種が存在することは生活満足度上昇につなげていくことができ，その傾向が分析結果に表れている可能性が考えられる。特に，契約・派遣社員については 5 時間程度まで生活満足度が低下しない傾向が見出されており，このような人々は将来的にたとえばワークシェアが普及した段階で 4 〜 5 時間程度の仕事が得られることに一定の価値を見いだす可能性が分析結果から示唆されるといえる。パート・アルバイトについては線形的に労働時間が増大するにつれて生活満足度が低下していることから，短時間での労働に一定の価値を見出していることが示唆される。こうした，短時間での労働に価値を置く層の存在は，ワークシェアの実現のためには好材料と考えられる。業務を細分化し，人々のニーズに合った人員配置を行うシステムが発展していくことでワークシェアの実現にも近づいていくのではないかと考えられる。

　以上，長時間労働是正およびワークシェアの観点から人工知能の活用方策について検討を行った。人工知能が労働を奪うのではないかというような人工知能に対するネガティブな考えとは異なり，人工知能を如何に活用していくか，という観点で労働について検討していくことが人々の生活満足度の観点からは今後重要になっていくと考えられる。本章の検討結果が活かされていくことを願いたい。

第11章　労働時間が生活満足度に及ぼす影響

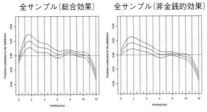

図11-8　分析結果（全サンプル）

注：グラフの横軸は平日1日の労働時間，縦軸は生活満足度を表している。縦軸の0は生活満足度のサンプル平均値を表している。上下の曲線は95％の信頼区間を表している。

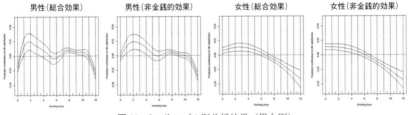

図11-9　サンプル別分析結果（男女別）

注：図11-8参照。

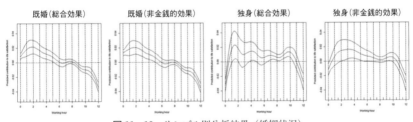

図11-10　サンプル別分析結果（婚姻状況）

注：図11-8参照。

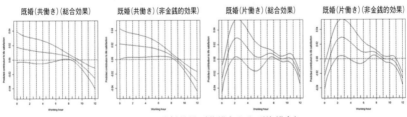

図11-11　分析結果（共働きおよび片働き）

注：図11-8参照。

第Ⅳ部　AI技術開発の課題

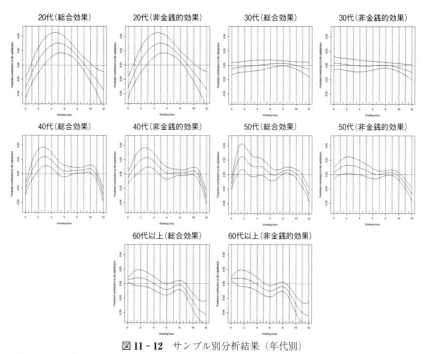

図 11-12　サンプル別分析結果（年代別）

注：図 11-8 参照。

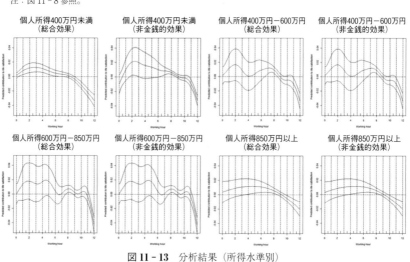

図 11-13　分析結果（所得水準別）

注：図 11-8 参照。

第11章 労働時間が生活満足度に及ぼす影響

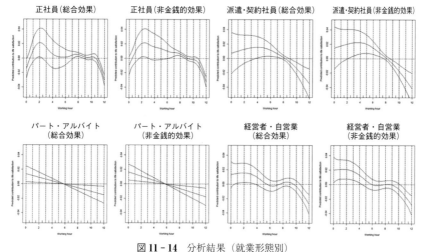

図11-14 分析結果（就業形態別）

注：図11-8参照。

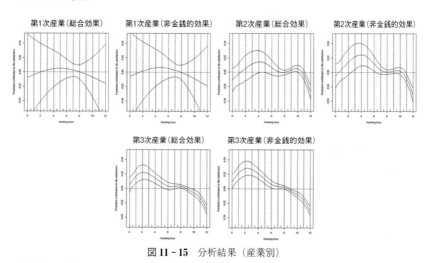

図11-15 分析結果（産業別）

注：図11-8参照。

第Ⅳ部 AI技術開発の課題

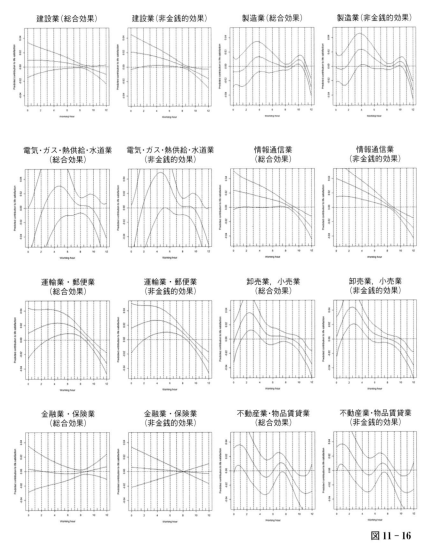

図 11 - 16

注：図 11 - 8 参照。

第11章 労働時間が生活満足度に及ぼす影響

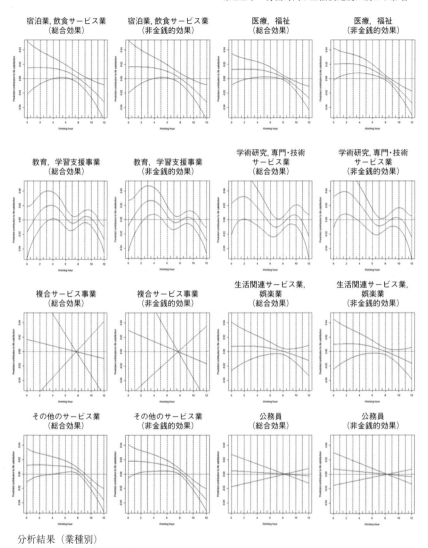

分析結果（業種別）

323

第Ⅳ部　AI技術開発の課題

付録　コントロール変数の推計結果（全サンプル）

変　数　名	非金銭的効果	総合効果
定数項	0.6909***	0.7460***
年　齢	−0.0097***	−0.0105***
年齢2乗	0.0001***	0.0001***
男性ダミー	−0.0515***	−0.0467***
既婚ダミー	0.1258***	0.1254***
性格（外向性）	0.0337***	0.0345***
性格（協調性）	0.0163***	0.0163***
性格（神経症傾向）	−0.0507***	−0.0512***
性格（勤勉性）	0.0118***	0.0122***
性格（開放性）	−0.0027***	−0.0025***
回答者の年間個人所得（対数）	0.0037***	
配偶者の年間個人所得（対数）	−0.0006***	−0.0006***
就業形態（契約社員）	−0.0396***	−0.0417***
就業形態（派遣社員）	−0.0653***	−0.0649***
就業形態（パート・アルバイト）	−0.0464***	−0.0464***
就業形態（経営者）	0.0119***	0.0105***
就業形態（自営業者）	−0.0296***	−0.0320***
業種（農林水産業・鉱業）	−0.0031	0.0018
業種（建設業）	−0.0016	0.0040
業種（製造業）	0.0002	0.0061**
業種（電気・ガス・熱供給・水道業）	0.0107	0.0167**
業種（情報通信業）	−0.0066**	−0.0003
業種（卸売業・小売業）	−0.0160***	−0.0104***
業種（金融業・保険業）	0.0036	0.0106**
業種（不動産業・物品賃貸業）	0.0146***	0.0209***
業種（学術研究・専門・技術サービス業）	0.0128***	0.0187***
業種（宿泊業・飲食サービス業）	−0.0106**	−0.0050
業種（生活関連サービス業・娯楽業）	−0.0255***	−0.0200***
業種（教育・学習支援事業）	0.0319***	0.0381***
業種（医療・福祉）	0.0034	0.0105***
業種（複合サービス業）	0.0098	0.0161
業種（その他のサービス業）	−0.0167***	−0.0116***
業種（運輸業・郵便業）	−0.0144***	−0.0092**
親と同居ダミー	−0.0040**	−0.0048***
共働きダミー	0.0094***	0.0070***

注：***，**，*はそれぞれ10％，5％，1％水準で統計的に有意であることを示している。都道府県ダミー
　　の推計結果は省略している。就業形態ダミーの基準は正社員，業種ダミーの基準は公務員である。

第**11**章 労働時間が生活満足度に及ぼす影響

●参考文献

Adkins, C. L., and S. F. Premeaux (2012) "Spending time: The Impact of Hours Worked on Work-Family Conflict", *Journal of Vocational Behavior*, 80, 380-389.

Andersson, P. (2008) "Happiness and Health: Well-Being among the Self-Employed", *Journal of Socio-Economics*, 37, 213-236.

Artazcoz, L., I. Cortès, V. Escribà-Agüir, L. Cascant, and R. Villegas (2009) "Understanding the Relationship of Long Working Hours with Health Status and Health-Related Behaviours", *Journal of Epidemiology and Community Health*, 63, 521-527.

Binder, M., and A. Coad (2013) "Life Satisfaction and Self-Employment: A Matching Approach", *Small Business Economics*, 40, 1009-1033.

Carroll, N. (2007) "Unemployment and Psychological Well-Being", *The Economic Record*, 83, 287-302.

Cheng, Y., C. Du, J. Hwang, I. Chen, M. Chen, and T. Su (2014) "Working Hours, Sleep Duration and the Risk of Acute Coronary Heart Disease: A Case-Control Study of Middle-Aged Men in Taiwan", *International Journal of Cardiology*, 171, 419-422.

Cornelißen, T. (2009) "The Interaction of Job Satisfaction, Job Search, and Job Changes. An Empirical Investigation with German Panel Data", *Journal of Happiness Studies*, 10, 367-384.

Clark, A. E. (2001) "What Really Matters in a Job? Hedonic Mesurement Using Quit Data", *Labour Economics*, 8, 223-242.

Clark, A. E., E. Diener, Y. Georgellis, R. E. Lucas (2008) "Lags and Leads in Life Satisfaction: A Test of the Baseline Hypothesis", *Economic Journal*, 118, 222-243.

Coad, A., and M. Binder (2014) "Causal Linkages between Work and Life Satisfaction and Their Determinants in a Structural VAR Approach", *Economics Letters*, 124, 263-268.

Frey, B. S., and A. Stutzer (2000) "Happiness, Economy and Institutions", *Economic Journal*, 110, 918-938.

Frey, C. B. and M. A. Osborne (2013) *The Future of Employment: How Susceptible are Jobs to Computerization?*, University of Oxford, pp. 1-72.

Geishecker, I. (2012) "Simultaneity Bias in the Analysis of Perceived Job Insecurity and Subjective Well-Being", *Economics Letters*, 116, 319-321.

Gerlach, K., and G. Stephan (1996) "A Paper on Unhappiness and Unemployment in Germany", *Economics Letters*, 52, 325-330.

Grün, C., W. Hauser, T. Rhein (2010) "Is Any Job Better than No Job? Life Satisfaction and Re-Employment", *Journal of Labor Research*, 31, 285-306.

Johnston, D. W., and W. Lee (2013) "Extra Status and Extra Stress: Are Promotions Good for Us?", *Industrial and Labor Relations Review*, 66, 32-54.

Kassenboehmer, S. C., and P. Haisken-DeNew (2009) "You're Fired! The Causal Negative Effect of Entry Unemployment on Life Satisfaction", *Economic Journal*, 119, 448-462.

Knabe, A., S. Rätzel, R. Schöb, and J. Weimann (2010) "Dissatisfied with Life but Having a Good Day: Time-Use and Well-Being of the Unemployed", *Economic Journal*, 120, 867-889.

Knabe, A., S. Rätzel (2011) "Income, Happiness, and the Disutility of Labour", *Economics Letters*, 107, 77-79.

Lorenz, M., M. Rüßmann, R. Strack, K. L. Lueth, and M. Bolle (2015) "Man and Machine in Industry 4.0.", *Boston Consulting Group*, 18.

Maennig, W., and M. Wilhelm (2012) "Becomig (Un)Employed and Life Satisfaction: Asymmetric Effects and Potential Omitted Variable Bias in Empirical Happiness Studies", *Applied Economics Letters*, 19, 1719-1722.

Millán, J. M., J. Hessels, R. Thurik, and R. Aguado (2013) "Determinants of Job Satisfaction: A European Comparison of Self-Employed and Paid Employees", *Small Business Economics*, 40, 651-670.

OECD (2016) "Automation and Independent Work in a Digital Economy", *POLICY BRIEF ON THE FUTURE OF WORK*, 2.

Park, J., Y. Yi, and Y. Kim (2010) "Weekly Work Hours and Stress Complaints of Workers in Korea", *American Journal of Industrial Medicine*, 53, 1135-1141.

Rätzel, S. (2012) "Labour Supply, Life Satisfaction, and the (Dis)Utility of Work", *Scandinavian Journal of Economics*, 114, 1160-1181.

Stewart, H. (2015) "Robot revolution: rise of "thinking" machines could exacerbate inequality", The Guardian. Retrieved from https://www.theguardian.com/technolo gy/2015/no v/05/robot-revolution-rise-machines-could-displac e-third-of-uk-jobs.

Virtanen, M., J. E. Ferrie, A. Singh-Manoux, M. J. Shipley, J. Vahtera, M. G. Marmot, and M. Kivimäki (2010) "Overtime Work and Incident Coronary Heart Disease: The Whitehall Ⅱ Prospective Cohort Study", *European Heart Journal*, 31, 1737-1744.

Virtanen, M., S. A. Stansfeld, R. Fuhrer, J. E. Ferrie, and M. Kivimäki (2012) "Overtime Work as a Predictor of Major Depressive Episode: A 5-Year Follow-Up of the Whitehall Ⅱ Study", *PLoS ONE*, 7, 1-5.

White Paper Work 4.0. (2016) "Federal Ministry of Labour and Social Affairs", November, 2016.

Winkelmann, L., and R. Winkelmann (1998) "Why are the Unemployed so Unhappy? Evidence from Panel Data", *Economica*, 65, 1-15.

Winkelmann, R. (2009) "Unemployment, Social Capital, and Subjective Well-Being", *Journal of Happiness Studies*, 10, 421-430.

岩本晃一・波多野文（2017）「IoT/AI が雇用に与える影響と社会政策 in 第 4 次産業革命」『RIETI ポリシーディスカッションペーパーシリーズ』17-P-029。

島津明人（2011）「ワーク・ライフ・バランスとこころの健康」『心と社会』144, 96-101頁。

島津明人（2013）「働き方の見直しからこころの健康づくりを考える」国土交通省観光庁編『会社と社員を輝かせる「ポジティブ・オフ」企業における取組ポイント＆事例集』86-96頁, 国土交通省観光庁。

黒田祥子・山本勲（2014）「従業員のメンタルヘルスと労働時間──従業員パネルデータを用いた検証」『RIETI ディスカッションペーパーシリーズ』14-J-020。

内閣府（2017）「男女共同参画白書　平成29年版」。

第12章
日本企業の IT 化は進んだのか[^(1)]
——AI 導入へのインプリケーション——

乾　友彦・金　榮慤

1　日本の労働生産性の低迷

　日本経済が直面している労働人口減少問題を乗り越えて，持続的な成長基盤を作り上げるためには，生産性を上昇させることが不可欠である。アメリカ，ドイツ，日本，韓国の労働生産性の推移を経済協力開発機構（OECD）の統計を用いて比較してみたのが，**図12-1**である。労働者 1 時間当たり国内総生産（GDP，購買力平価，12年基準）は，1990年にはアメリカ42.1ドル，ドイツ40.7ドル，日本28.1ドルだったのに対し，2015年にはアメリカ62.9ドル，ドイツ59.0ドル，日本41.4ドルであり，日本の労働生産性は25年前のアメリカやドイツの労働生産性の水準に留まっている。一方，韓国の労働生産性は1990年に10.3ドルと日本の労働生産性の 3 分の 1 程度の水準にあったが，この25年間に急速に向上し，2015年には31.8ドルと日本の 8 割程度までの水準に達している。この25年間，日本の労働生産性はアメリカ，ドイツの労働生産性にキャッチアップすることが出来ないでいる一方で，韓国は急速に日本にキャッチアップしている。

　労働生産性を向上させるためには，全要素生産性（Total Factor Productivity，以下 TFP）と資本装備率を上昇させる必要がある。1990年代と2000年代におい

---

(1)　IT（Information Technology）と ICT（Information Communication Technology）の意味は厳密には異なり，一般的には IT がより広い概念であるが，本章では両者を厳密には区別していない。

第Ⅳ部　AI技術開発の課題

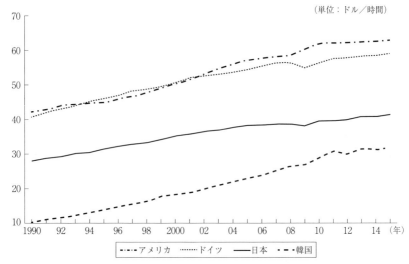

図 12-1　アメリカ，ドイツ，日本，韓国の労働生産性の比較
出所：OECD Productivity Statistics database のデータを使用して筆者作成。

て日本の産業の TFP 上昇率が低迷したことにより，日本の労働生産性の改善が遅れている。このことを受けて，2015年以降の日本政府の成長戦略では生産性の向上政策が強調されるようになった。人工知能（Artificial Intelligence，以下 AI）やロボットを駆使した「第4次産業革命」を進めることにより「未来投資による生産性革命」の実現を図る政策が検討されている。しかし，AI やロボットの導入が進むかを検討するに当たっては，その重要性が認識されながらも IT の導入が必ずしも順調に進まなかった要因を検証することが必要である。

　本章の構成は以下の通りである。第2節では，日本の産業別 IT 投資の状況を概観する。第3節では日本の IT 導入の遅れに関する既存研究を包括的に眺める。第4節は企業レベルのデータを使用した IT 投資の状況およびその IT 投資が企業の生産性に与える効果を『企業活動基本調査』を使用して検討する。第5節は結論および今後の課題について考察する。

2 産業別 IT 投資

（1）IT 投資と経済成長，生産性

IT 投資が重要視されるのは，IT 投資が経済全体の成長および生産性の上昇を加速するからである。Jorgenson et al.（2008）は，1959〜2006年の期間を，1959〜1973年，1973〜1995年，1995〜2000年，2000〜2006年の四つに分割して，アメリカの労働生産性の上昇率を比較し，その要因を分析している。それぞれの期間における労働生産性の上昇率は年率平均2.82%，1.49%，2.70%，2.50%であり，1973〜1995年の期間において一旦労働生産性の上昇率が停滞したのちに，1995年以降は上昇率が回復している。この1995年以降の労働生産性の回復を三つの要因，資本深化（IT 資本，非 IT 資本），労働の質の向上，TFP上昇率（さらに TFP 上昇率の IT 資本，非 IT 資本による寄与度）に分解することができる。資本深化における IT 資本の要因は1995〜2000年，2000〜2006年の期間において，それぞれ年率平均で1.01%，0.58%となっている。加えて TFP上昇率における IT 資本の要因はそれぞれ0.58%，0.38%である。つまり，労働生産性上昇率への IT 資本の寄与度の合計は1.59%，0.96%である。1995〜2000年の期間における IT 資本の寄与度はこの期間における労働生産性上昇率の６割程度を占める。一方，2000〜2006年の労働生産性の上昇要因は，資本深化および TFP 上昇率の両者において IT 製造産業から IT 利用産業へシフトしていることを指摘している。

Fukao et al.（2016）は，日本における IT 投資はアメリカと比較して経済成長や生産性の上昇に大きくは寄与していないことを指摘している。日本とアメリカの産業別 TFP 上昇率を，1980〜1995年，1995〜2001年，2001〜2008年の３期間に分割して比較すると，アメリカでは IT 製造産業に加えて，IT 利用産業においても1995年以降の期間において TFP 上昇率が加速しているのに対して，日本では IT 製造産業の生産性は加速しているものの，IT 利用産業における TFP 上昇率の加速がみられない。アメリカの流通業（小売，卸売，運送

第Ⅳ部　AI技術開発の課題

業）の TFP 上昇率が1995〜2001年の期間において大幅に上昇したのに対して，日本の流通業の TFP 上昇率は，むしろ1995〜2001年の期間は1980〜1995年の期間に比べて減速している。流通業における IT 投資の動向をみると，アメリカでは IT 投資・付加価値比率が1991年以降急増しているのに対して，日本は1991年以降においてもほぼ横這いで推移している。以上の事実から，日本の IT 利用産業で TFP 上昇率が停滞したのは，IT 利用産業で IT の導入が進まず，IT 技術向上の恩恵を受けることが出来なかったことによるものと考察している。

　Van Ark et al.（2008）は，アメリカの労働生産性の上昇率が1973〜1995年の年率平均1.2％から1995〜2006年は同2.3％に上昇したのに対して，EU15カ国の上昇率は同期間において同2.4％から1.5％に低下した。アメリカとヨーロッパの生産性の格差は TFP 上昇率の差が最大の要因であり，この差の拡大は，流通業の影響が大きいと指摘している。アメリカの流通業は IT 投資を通じて在庫管理やマーケティング手法の高度化に成功したのに対して，ヨーロッパでは流通業に対する営業時間規制，立地規制，労働市場の規制等により IT 化が遅れ，TFP 上昇率が停滞したものと推察している。Bloom et al.（2012）は，ヨーロッパにおける IT 化の遅れおよび TFP 上昇率の停滞が市場規制等の経済環境によるものか，経営管理手法によるものかを検証するため，ヨーロッパに拠点を持つアメリカ資本の多国籍企業と国内企業との間で IT 投資が生産性に与える効果を比較した。その結果，アメリカ資本の多国籍企業あるいはアメリカ資本に買収された企業において IT 投資の生産性に与える効果が大きいことが明らかとなり，IT 投資が効果を発揮するためには経営管理手法が重要な役割を果たす可能性が高いことを指摘している。

（2）日本の産業別 IT 投資の動向

　産業別に IT 投資・付加価値額比率を，1990〜1999年と，2000〜2012年のそれぞれの平均を比較したのが，**図12-2**である。概ね全ての産業において2000〜2012年の平均値が1990〜1999年の平均値を上回っており，IT への投資

第12章 日本企業のIT化は進んだのか

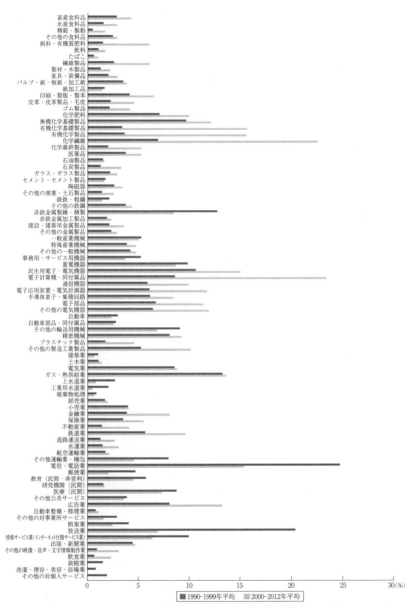

図 12-2 産業別IT投資・付加価値額比率

出所：JIP database2015 のデータを使用して筆者作成。

第Ⅳ部　AI技術開発の課題

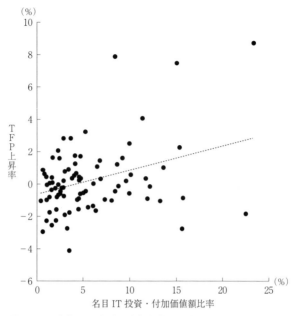

図12-3 産業別IT投資・付加価値額比率とTFP上昇率の関係（2000～2012年）

出所：JIP database2015のデータを使用して筆者作成。

が堅調であることが伺われる。製造業においては，電子計算機・同付属品のIT投資・付加価値額比率が高く，また2000～2012年の平均が1990～1999年の平均を上回っている。これに続くのが化学繊維で，2000～2012年の平均22.6%に，1990～1999年の平均6.9%から大きく増加し，IT投資の重要性が高まっている。これは他の化学製品，化学肥料，無機化学基礎製品，有機化学基礎製品，有機化学製品，化学最終製品においても同様であり，IT投資・付加価値額比率の2000～2012年の平均が1990～1999年の平均を上回っている。

　IT利用産業である金融業，保険業のIT投資・付加価値額比率は低く，2000～2012年の平均でそれぞれ8.0%，5.5%に留まる。他のIT利用産業である小売業，卸売業，道路運送業のIT投資・付加価値額比率はさらに低く，同期間における平均はそれぞれ4.0%，2.0%，2.7%であり全産業の平均を下回る。

産業別に IT 投資・付加価値額比率と TFP 上昇率の2000～2012年の平均の関係を示したのが**図12-3**である。両者には緩やかに正の関係が認められる。両者の関係の産業平均より高いのが，半導体素子・集積回路，電子計算機・同付属品，民生用電子・電気機器といった IT 製造産業である。一方 IT 利用産業である金融業，保険業，小売業，卸売業，道路運送業は2000～2012年の期間における TFP 上昇率が低く，両者の関係が産業平均を大きく下回る。日本では IT 利用産業の IT 活用が成功しておらず，TFP の向上に寄与していない。同様なことが製造業の IT 利用産業である化学産業（化学肥料，無機化学基礎製品，有機化学基礎製品，有機化学製品，化学繊維，化学最終製品）にもみられ，2000～2012年に比して1990～1999年では IT 投資・付加価値額比率が上昇したにもかかわらず，TFP 上昇率はマイナスとなっている。

3　日本の IT 導入の遅れに関する既存研究

　日本の IT 導入が他の先進国に比べてなぜ遅れを取ったかに関してはさまざまな研究があるが，ここでは Fukao et al.（2016）を主に引用しながら議論を進めることにする。彼らは日本が世界的な IT の普及による生産性革命に乗り遅れた原因を調べており，日本経済で生産性上昇と IT 投資の両面で低迷が目立つのは IT 利用部門の流通産業であることを指摘している。IT 生産部門の生産性上昇率はアメリカと比べても遜色のないものであるのに対し，IT を利用して生産性を高めることが期待される部門，特に非製造業では生産性の伸びも，IT 投資の進捗も思わしくなかったことを明らかにしている。

　では，日本企業における IT の導入はなぜ遅れたのか。IT の導入を含む新技術の導入メカニズムに関する伝統的な研究では以下の四つの効果が主に取り上げられている。[2]①Rank effect：企業規模，企業年齢など企業固有の特徴が新技術導入からの利益を決定する，②Stock effect：新技術導入からの利益は

---

(2)　詳しくは Karshenas and Stoneman（1993），Battisti et al.（2007），Haller and Siedschlag（2011）などを参照されたい。

第Ⅳ部　AI 技術開発の課題

先行導入企業数の増加とともに減少する，③Order effect：新技術導入からの
利益は導入の順序に依存する，④Epidemic effect：新技術導入は企業が属して
いる産業や地域，経済圏などの特徴（例えば競争の程度，技術知識の伝播の程度な
ど）に影響される。それぞれの影響に関しては多くの理論および実証の研究が
あるが，Battisti and Stoneman（2005），Haller and Siedschlag（2011）などの
研究では，イギリスやスイスの企業データを用いた実証分析により，企業固有
の特徴を強調する Rank effect と産業や地域の影響に注目する Epidemic effect
が支持される結果を得ている。

　Fukao et al.（2016）は，企業固有の特徴のうち，特に企業規模と企業年齢に
注目している。Pilat（2004），Dunne（1994），Luque（2000）などの研究も発見
しているように，企業規模が大きいほど IT の導入が進む可能性が高いが，日
本の企業規模の分布は米国に比べ，中小企業が多い。例えば，千人以上を雇用
している企業の被雇用者の割合が28％である日本に対して，アメリカでは45％
である。小売業や運輸・通信業ではこの比率の差がより鮮明であることを指摘
している。

　企業年齢分布の面でも日本経済には不利な面が観察される。Dunne（1994），
Luque（2000）の研究では若い事業所ほど古い事業所に比べ IT 導入の確立が
高まることが示されている。しかし，Fukao et al.（2012）が示しているように，
日本のほとんどの産業では，企業年齢が35年以上経っている企業が産業産出の
半分以上を占めている。参入・退出率が米国の約半分である日本の状況と合わ
さり，IT 導入率を低めた可能性が高いことを彼らは指摘している。

　IT 導入費用が高いことも導入を遅らせた可能性として指摘されている。投
入費用の低下は IT 導入を促進する（Stoneman, 2001）。経済産業省が行ってい
る『産業向け財・サービスの内外価格調査』[3]によれば，日本の情報通信サービ
スの価格は購買力平価でみてアメリカのそれを大きく上回る。

　また IT に対する経営者の意識の差にも大きな課題があることも指摘できる。

─────────────

　[3]　経済産業省（2016）http://www.meti.go.jp/statistics/san/kakaku/index.html
　　（最終アクセス日2017年11月13日）。

336

電子情報技術産業協会が行った『IT を活用した経営に対する日米企業の相違分析』(2013) によれば，IT や情報システム投資が「極めて重要」と答えた企業の割合がアメリカでは75%であるのに対し，日本は16%である。IT に対して最も期待していることについて，アメリカでは「製品やサービス開発強化」，「ビジネスモデル変革」であるのに対し，日本では「業務効率化」，「コスト削減」がトップとなっている。

Fukao et al. (2016) が指摘しているその他の点としては，IT と補完的な無形資産に対する投資の低迷があげられる。Bresnahan et al. (2002)，Basu et al. (2003)，Crespi et al. (2007) などが指摘しているように，IT は生産への寄与の際，他の補完的な無形資産を必要とする。しかし，日本企業は1990年代以降，無形資産への投資を減らしてきたと Fukao et al (2009) は指摘している。

4　企業レベルの IT 投資——『企業活動基本調査』を使用した研究

本節では，日本企業の IT 投資の現状と企業パフォーマンス，特に生産性との関係を企業レベルで考察する。そのために，経済産業省が製造業とサービス業のそれぞれ企業を対象に毎年行っている『企業活動基本調査』の個票データを用いて分析を行う。[4]

（1）IT 投資の現状

企業レベルで IT に関連する費用および投資は，概念上大きく３つに分けることが出来る。第一にコンピュータや電算機など，情報処理のためのハードウェアであり，伝統的な IT 投資の対象である。二番目はソフトウェアで，IT のためのハードウェアを動かし，情報処理を行うためのプログラムである。ソフトウェアも大きく二つに分けることができ，外部から購入するソフトウェア

---

(4) 『企業活動基本調査』は1992年調査（1991年実績）から始まっているが，情報化投資やソフトウェアなどに関連する主な項目を調査したのは2007年（2006年実績）以降である。

第Ⅳ部　AI技術開発の課題

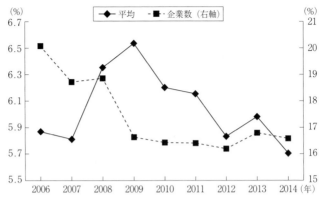

図12-4　有形固定資産投資における情報化投資のシェア（全産業）
注1：有形固定資産投資における情報化投資の割合＝情報化投資／有形固定資産の当期取得額。
注2：情報化投資企業数の割合＝情報化投資実施企業数／全体企業数。
出所：『企業活動基本調査』より筆者作成。

と，自社内の利用を目的とする自社開発ソフトウェアがある。しかし，自社開発ソフトウェアの場合，『企業活動基本調査』からは把握することができないため，本研究では購入ソフトウェアのみを分析対象とする。[5]　最後に，IT関連サービスである。これは情報処理を行うために受けたサービスの対価として支払った購入額として捉える。ここにはインターネット接続のための費用はもちろん，近年，企業で頻繁に採用されるクラウドコンピューティングサービスやIT関連コンサルティングなども含まれる。近年のクラウドコンピューティングのようなオンラインサービスの発達は，コンピュータやストレージのようなハードウェアの需要を減少させる可能性がある。金・権（2015）によると，日本企業におけるハードウェア中心のIT投入はソフトウェアやサービス中心に移行しており，ソフトウェアやITサービスの購入はハードウェアを代替している。

『企業活動基本調査』で把握される企業のIT投入を概観する。**図12-4**は，

---

[5] 『企業活動基本調査』の情報処理部門に従事する従業員数を用いて自社開発ソフトウェアを推計する方法もある。しかし，本章の趣旨から離れるため，本章では扱わないことにする。これに関連しては，宮川他（2013）を参照されたい。

第12章　日本企業のIT化は進んだのか

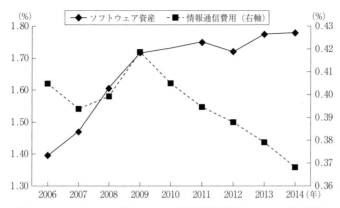

図12-5　ソフトウェア資産のシェアと情報通信費用のシェア（全産業）
出所：『企業活動基本調査』より筆者作成。

調査対象企業の固定資本に対する投資における情報化投資のシェアであり，上記のITの概念のうち，ハードウェアに関するIT投資に近いものである。平均値は2009年をピークに減少しており，2012年以降は6％を下回ることがわかる。調査対象企業のうち，固定資産として情報化投資を行っている企業のシェアも2009年以降大きく減少している。2008年までは20％弱の企業が情報化投資をしていたが，リーマンショックを経た2009年以降は17％以下にまで減少し，その後の回復がみられない。これには二つの可能性がある。一つはリーマンショックによる景気後退により企業がIT投資に対して消極的になった可能性，もう一つは，IT投資がハードウェアからソフトウェアやサービスを中心とする形態に変化した可能性である。

　図12-5は，企業の固定資産全体のうちソフトウェア資産のシェアと，営業費用（＝売上原価＋販売費および一般管理費）に占める情報処理・通信費用のシェアのそれぞれ平均推移を描いたものである。ソフトウェア資産のシェアは全体

---

(6)　固定資本に対する投資自体が大きく変動することによる可能性もあるが，『企業活動基本調査』調査対象企業の投資率は14～18％で安定的に推移し，2009年のショックを除けば異常な動きを示していない。

(7)　分布が上方に偏っている場合，平均値は値の高い観測値に引っ張られ，中央値を大きく上回ることもあり，両値の動きが大きく異なる可能性もある。ソフトウェ↗

第IV部 AI技術開発の課題

的に上昇していることが分かる。2009年以降，そのシェアが高まったことから，ハードウェア投資の減少の一部はソフトウェア資産の増加に起因すると類推される。

営業費用における情報通信費用のシェアは全体的に減少傾向にあることがわかる。2009年がピークになっているが，これは情報通信費用の増加によるものではなく，経済危機が原因の営業費用の急落によるものであり，全体的にはハードウェアに対する投資と同様に減少傾向にある。

以上が『企業活動基本調査』の対象企業すべての平均的な動きである。ハードウェアと IT 関連サービスに対する支出は減少傾向にあるが，ソフトウェアに対する投資のシェアは増加傾向にあることが確認できた。しかし，Fukao et al.（2016）も指摘しているように，日本の IT 製造部門の製造業は生産性成長の面でアメリカと比較して遜色ない。彼らによれば IT 導入に乗り遅れた部門の代表的な業種は小売・卸売業である。

以下の図 **12-6** と図 **12-7** は，上記の全産業の場合と同様の内容を，小売・卸売業に対して描いたものである。図 12-6 の固定資産における IT 投資のシェアは，全産業の場合に比べ，平均0.7％程度低く，また他産業に比べてもそのシェアが高まる傾向もないことが確認できる。

図 12-7 のソフトウェア資産のシェアも，基本的に増加傾向にあるものの，全サンプルの場合に比べ，0.3％程度低い。情報処理費用のシェアも全産業の場合とほぼ同様に低下傾向を示している。[8] ソフトウェアに関しても小売・卸売業における IT 投資が他産業に比べ，加速したとはいえないことが確認できる。

以上のことを鑑みると，日本企業の IT 投資は2008年のリーマンショック後，ハードウェアと IT サービスに関して基本的に減少傾向にある一方で，ソフトウェア投資は緩やかな上昇傾向にあることがわかる。

ア資産のシェアと情報通信費用のシェアも平均値が中央値を大きく上回る。しかし，時系列方向での動きは非常に似ているため，ここでは平均値だけを見せている。

（8）なお IT 製造部門の場合も，基本的には小売・卸売業と同様の動きを示していることが確認された。

第12章 日本企業のIT化は進んだのか

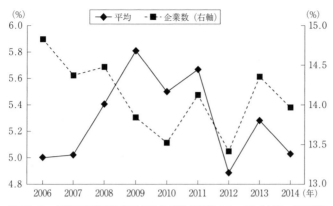

図12-6 有形固定資産投資における情報化投資のシェア(小売・卸売業)
注1:有形固定資産投資における情報化投資の割合=情報化投資/有形固定資産の当期取得額。
注2:情報化投資企業数の割合=情報化投資実施企業数/小売・卸売業の全体企業数。
出所:『企業活動基本調査』より筆者作成。

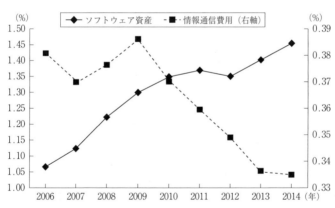

図12-7 ソフトウェア資産のシェアと情報通信費用のシェア(小売・卸売業)
出所:『企業活動基本調査』より筆者作成。

(2) IT投資と企業の生産性

IT投資は企業のパフォーマンスにどのような影響を与えるであろうか。企業のパフォーマンスを示す代表的な指標として,企業のTFPがある。これは,企業のアウトプットから資本,労働,中間投入の寄与分を除いたもので,企業

第Ⅳ部　AI技術開発の課題

の技術水準や効率性などを表すものである。

　具体的に，企業の TFP レベルとは各産業の産業平均に対する各企業の相対的な TFP を算出したものである。Good et al.（1997）と同様に，t 時点における企業 f の TFP 水準対数値を初期時点（$t=0$，本章では2000年）における当該産業の代表的企業の TFP 水準対数値との比較の形で，次のように定義する。$t=0$ について

$$\ln TFP_{f,t}=(\ln Q_{f,t}-\overline{\ln Q_t})-\sum_{i=1}^{n}\frac{1}{2}(S_{i,f,t}+\overline{S_{i,t}})(\ln X_{i,f,t}-\overline{\ln X_{i,t}}) \quad \cdots\cdots(1)$$

$t\geq 1$ について

$$\ln TFP_{f,t}=(\ln Q_{f,t}-\overline{\ln Q_t})-\sum_{i=1}^{n}\frac{1}{2}(S_{i,f,t}+\overline{S_{i,t}})(\ln X_{i,f,t}-\overline{\ln X_{i,t}})$$
$$+\sum_{s=1}^{t}(\overline{\ln Q_s}-\overline{\ln Q_{s-1}})-\sum_{s=1}^{t}\sum_{i=1}^{n}\frac{1}{2}(\overline{S_{i,s}}+\overline{S_{i,s-1}})(\overline{\ln X_{i,s}}-\overline{\ln X_{i,s-1}})] \quad \cdots\cdots(2)$$

　ここで，$Q_{f,t}$ は t 期における企業 f の産出額，$S_{i,f,t}$ は企業 f の生産要素 i のコストシェア，$X_{i,f,t}$ は企業 f の生産要素 i の投入量である。また，各変数の上の線はその変数の産業平均値を表す。生産要素として資本，労働，実質中間投入額を考える。労働時間は各産業の平均値で代用している。

　ここでは，産業の平均的な産出額，中間投入額，生産要素のコストシェアを持つ企業を代表的企業として想定している。（2）式の右辺の第一，第二項は t 時点の企業 f とその時点における代表的企業との間の TFP 水準対数値の乖離を表す。第三，第四項は t 時点における代表的企業と初期時点における代表的企業の間の TFP 水準対数値の乖離を表す。このように計測された TFP 指数は横断面の生産性分布のみではなく，時間を通じた生産性分布の変化も同時に捉えることが可能となる。また，生産関数の推計による生産性計測と違って，企業間の異なる要素投入を考慮することができる長所がある。

　表12-1 の Panel A は企業レベルの TFP 水準を上記三つの IT 投資関連変数に回帰した結果である。[9] ただし，ここで通常の TFP の計測では考慮されな

(9)　変数の記号は，付表を参照。

342

第**12**章　日本企業の IT 化は進んだのか

表 12-1　IT と生産性

期間：2006〜2014	Panel A. 被説明変数：lnTFP（OLS）				Panel B. 被説明変数：△lnTFP（OLS）			
	(1)	(2)	(3)	(4)	(5)	(6)	(7)	(8)
企業の生産性レベル(t-1)	0.672***	0.669***	0.674***	0.670***	−0.131***	−0.132***	−0.128***	−0.132***
	(0.006)	(0.006)	(0.006)	(0.006)	(0.002)	(0.002)	(0.002)	(0.002)
R&D 支出ダミー(t-1)	0.008***	0.008***	0.008***	0.008***	0.003***	0.003***	0.003***	0.003***
	(0.001)	(0.001)	(0.001)	(0.001)	(0.001)	(0.001)	(0.001)	(0.001)
R&D 支出／売上(t-1)	0.113***	0.095***	0.112***	0.101***	0.095***	0.088***	0.082***	0.084***
	(0.026)	(0.026)	(0.025)	(0.027)	(0.018)	(0.018)	(0.017)	(0.018)
(固定資本の新規取得／ 1期前の固定資本額)(t-1)	0.019***	0.017***	0.020***	0.017***	0.010***	0.009***	0.010***	0.009***
	(0.001)	(0.001)	(0.001)	(0.002)	(0.001)	(0.001)	(0.001)	(0.001)
(IT 関連固定資産投資／ 固定資産投資)(t-1)	0.016***			0.013***	0.006***			0.005***
	(0.002)			(0.002)	(0.001)			(0.002)
(ソフトウェア資産／ 固定資産)(t-1)		0.146***		0.139***		0.058***		0.055***
		(0.009)		(0.010)		(0.006)		(0.007)
(情報処理費用／ 総費用)(t-1)			0.287***	0.159*			0.126**	0.150**
			(0.084)	(0.090)			(0.055)	(0.061)
サンプル数	140,754	145,939	154,263	130,808	133,263	138,159	145,618	123,826
R-Squared	0.836	0.834	0.828	0.838	0.097	0.097	0.092	0.098

注 1 ：推計には年ダミーと産業ダミー変数が含まれる。
　2 ：括弧内の数値は頑健標準偏差を表す。
　3 ：推計は企業単位でクラスターされている。
　4 ：* $p<0.10$，** $p<0.05$，*** $p<0.01$。

いいくつかの企業固有の要素を検討する必要がある。第一番目は，通常観測さ
れない企業固有の生産性についてである。これを考慮するために Panel A の
回帰式には 1 期前の生産性レベルをコントロール変数として入れている。二番
目は企業の生産性に大きな影響を与える研究開発活動（Research & Develop-
ment, 以下 R&D）である。上記の TFP の計測方法では R&D 活動は単に費用
の一部としてカウントされているが，「費用」ではなく企業の「生産性」を向
上させる可能性があると考える。製造業はほとんどの企業が R&D 活動を実施
しているが，非製造業の場合，R&D 活動をする企業が少数であるため，推計
式には R&D 実施ダミー変数を加えている。三番目の要素としては，外部者に
は観測できない企業ごとの各期の生産性ショックが挙げられる。Olley and
Pakes（1996）では企業固有の生産性ショックを投資によってとらえているが，
ここでも固定資本投資率（＝固定資本に対する投資／固定資産額）によって企業固

343

第Ⅳ部　AI技術開発の課題

表12-2　ITと生産性（製造業）

期間：2006〜2014	Panel C. 被説明変数：lnTFP（OLS）				Panel D. 被説明変数：⊿lnTFP（OLS）			
	(5)	(6)	(7)	(8)	(9)	(10)	(11)	(12)
企業の生産性レベル(t-1)	0.495*** (0.009)	0.490*** (0.009)	0.501*** (0.009)	0.489*** (0.009)	−0.204*** (0.003)	−0.206*** (0.003)	−0.195*** (0.003)	−0.208*** (0.004)
R&D支出ダミー(t-1)	0.013*** (0.001)	0.013*** (0.001)	0.012*** (0.001)	0.012*** (0.001)	0.005*** (0.001)	0.005*** (0.001)	0.005*** (0.001)	0.005*** (0.001)
R&D支出／売上(t-1)	0.224*** (0.028)	0.198*** (0.028)	0.236*** (0.028)	0.208*** (0.029)	0.133*** (0.019)	0.124*** (0.019)	0.127*** (0.018)	0.125*** (0.020)
(固定資本の新規取得／ 1期前の固定資本額)(t-1)	0.017*** (0.002)	0.015*** (0.002)	0.019*** (0.002)	0.015*** (0.002)	0.007*** (0.001)	0.006*** (0.001)	0.008*** (0.001)	0.006*** (0.001)
(IT関連固定資産投資／ 固定資産投資)(t-1)	0.009*** (0.004)			0.004 (0.004)	0.001 (0.003)			0 (0.003)
(ソフトウェア資産／ 固定資産)(t-1)		0.260*** (0.019)		0.255*** (0.019)		0.112*** (0.011)		0.109*** (0.011)
(情報処理費用／ 総費用)(t-1)			0.14 (0.126)	0.062 (0.136)			0.017 (0.083)	0.113 (0.092)
サンプル数	71,468	73,336	78,217	67,492	67,248	68,987	73,347	63,509
R-Squared	0.878	0.878	0.873	0.88	0.197	0.197	0.184	0.199

注1：推計には年ダミーと産業ダミー変数が含まれる。
　　2：括弧内の数値は頑健標準偏差を表す。
　　3：推計は企業単位でクラスターされている。
　　4：* $p<0.10$, ** $p<0.05$, *** $p<0.01$。

有の生産性ショックと捉えることにする。[10]

　Panel Aのモデル（1）〜（3）を見ると，上記の要素すべてが企業のTFPと強く相関することがわかる。これらをコントロールしても3つの種類のIT投入はTFPと強い相関を持っていることがわかる。3つの種類のIT投入変数をすべて入れたモデル（4）も基本的に同様の結果である。ただ，情報処理費用の係数はその有意性を失う。

　Panel Bは被説明変数をTFP成長率にした推計結果である。Panel Aの推計式の説明変数，1期前の生産性を左辺に移すことによって，生産性の成長率に与える各変数の影響を見ている。ここでも各種IT変数はTFP上昇率とプ

---

[10]　企業固有の生産性ショックを捉える投資率の場合，1期前の値も今期の値も採用可能であるが，どちらを採用するかによる推計結果の差はなかった。ここでは1期前の値を採用している。

第**12**章　日本企業の IT 化は進んだのか

表 12-3　IT と生産性（非製造業）

期間：2006～2014	Panel E. 被説明変数：lnTFP（OLS）				Panel F. 被説明変数：⊿lnTFP（OLS）			
	(13)	(14)	(15)	(16)	(17)	(18)	(19)	(20)
企業の生産性レベル(t-1)	0.738*** (0.007)	0.735*** (0.007)	0.739*** (0.007)	0.739*** (0.007)	−0.109*** (0.002)	−0.111*** (0.002)	−0.108*** (0.002)	−0.109*** (0.003)
R&D 支出ダミー(t-1)	0.008*** (0.002)	0.008*** (0.002)	0.007*** (0.002)	0.008*** (0.002)	0.003** (0.001)	0.003** (0.001)	0.002* (0.001)	0.003** (0.001)
R&D 支出／売上(t-1)	−0.181* (0.109)	−0.237** (0.112)	−0.225** (0.108)	−0.240** (0.118)	0.043 (0.067)	0.005 (0.067)	−0.011 (0.069)	−0.024 (0.073)
(固定資本の新規取得／1期前の固定資本額)(t-1)	0.020*** (0.002)	0.018*** (0.002)	0.020*** (0.002)	0.018*** (0.002)	0.012*** (0.001)	0.011*** (0.001)	0.012*** (0.001)	0.011*** (0.001)
(IT関連固定資産投資／固定資産投資)(t-1)	0.015*** (0.002)			0.012*** (0.002)	0.005*** (0.002)			0.005** (0.002)
(ソフトウェア資産／固定資産)(t-1)		0.115*** (0.010)		0.108*** (0.011)		0.045*** (0.007)		0.042*** (0.008)
(情報処理費用／総費用)(t-1)			0.200* (0.104)	0.074 (0.111)			0.111 (0.070)	0.108 (0.077)
サンプル数	69,286	72,603	76,046	63,316	66,015	69,172	72,271	60,317
R-Squared	0.808	0.806	0.799	0.811	0.064	0.064	0.062	0.064

注1：推計には年ダミーと産業ダミー変数が含まれる。
　2：括弧内の数値は頑健標準偏差を表す。
　3：推計は企業単位でクラスターされている。
　4：* p<0.10，** p<0.05，*** p<0.01。

ラスの相関を持つことがわかる。

　サンプルを製造業と非製造業に分けて同様の推計を行った。**表 12-2** のように，サンプルを製造業のみに制限した場合，モデル（8）では，ハードウェアと情報処理費用が TFP 上昇率に与える影響は観察されなかった。しかし，ソフトウェアに関しては正で有意な係数が推計される。ソフトウェア投資を増加させることにより TFP を上昇することがわかる。

　非製造業企業の場合（**表 12-3**）は，ハードウェアとソフトウェアの両者でTFP を上昇させる効果が確認できる。被説明変数を TFP 上昇率にしたモデルでも，ほぼ同じ結果を得ており，IT への投資・投入が多いほど TFP の上昇率は高い。

　最後に，企業の生産性は企業ネットワークに大きく影響される可能性が高く，とくにビジネスグループに属している企業ほど生産性のレベルが高く，成長の

第Ⅳ部　AI技術開発の課題

表12-4 IT と生産性（企業ネットワークの影響を考慮に入れたケース）

期間：2006～2014	Panel A. 被説明変数：lnTFP（OLS）				Panel B. 被説明変数：⊿lnTFP（OLS）			
	(1)	(2)	(3)	(4)	(5)	(6)	(7)	(8)
企業の生産性レベル(t-1)	0.670***	0.666***	0.672***	0.667***	-0.132***	-0.133***	-0.130***	-0.133***
	(0.006)	(0.006)	(0.006)	(0.006)	(0.002)	(0.002)	(0.002)	(0.002)
R&D 支出ダミー(t-1)	0.007***	0.006***	0.006***	0.006***	0.003***	0.002***	0.002***	0.002***
	(0.001)	(0.001)	(0.001)	(0.001)	(0.001)	(0.001)	(0.001)	(0.001)
R&D 支出／売上(t-1)	0.011	-0.009	0.01	-0.004	0.057***	0.049***	0.038**	0.044**
	(0.028)	(0.028)	(0.027)	(0.029)	(0.019)	(0.019)	(0.018)	(0.020)
(固定資本の新規取得／ 1期前の固定資本額)(t-1)	0.020***	0.017***	0.020***	0.017***	0.010***	0.009***	0.010***	0.009***
	(0.001)	(0.001)	(0.001)	(0.002)	(0.001)	(0.001)	(0.001)	(0.001)
(IT関連固定資産投資／ 固定資産投資)(t-1)	0.017***			0.013***	0.006***			0.005***
	(0.002)			(0.002)	(0.001)			(0.002)
(ソフトウェア資産／ 固定資産)(t-1)		0.147***		0.142***		0.058***		0.056***
		(0.009)		(0.010)		(0.006)		(0.007)
(情報処理費用／ 総費用)(t-1)			0.271***	0.137			0.120**	0.142**
			(0.085)	(0.090)			(0.056)	(0.061)
国内事業所数(対数)	0.001*	0.001**	0.001	0.001***	0	0	0	0
	(0.000)	(0.000)	(0.000)	(0.001)	(0.000)	(0.000)	(0.000)	(0.000)
海外子会社数(対数)	0.007***	0.007***	0.007***	0.007***	0.003***	0.003***	0.003***	0.003***
	(0.001)	(0.001)	(0.001)	(0.001)	(0.000)	(0.000)	(0.000)	(0.000)
サンプル数	140,754	145,939	154,263	130,808	133,263	138,159	145,618	123,826
R-Squared	0.836	0.835	0.829	0.839	0.097	0.097	0.093	0.099

注1：推計には年ダミーと産業ダミー変数が含まれる。
　2：括弧内の数値は頑健標準偏差を表す。
　3：推計は企業単位でクラスターされている。
　4：* p＜0.10，** p＜0.05，*** p＜0.01。

可能性も高い。そこで上記に加えて，各企業の子会社の数を説明変数として追加した推計も試みた。**表12-4**は国内・外の子会社の数が説明変数として追加されている。その結果，海外展開して海外子会社を持っている企業ほど生産性および成長率において高い結果になっている。しかしこのように海外展開の要因を考慮にいれても，IT投資はTFP上昇率に関してプラスの影響を与える。

　Bloom et al.（2012）においては，アメリカ企業と西ヨーロッパ企業のIT投資とその活用におけるパフォーマンスの違いを比較し有意な差を発見している。**表12-5**は，本章の主要変数に対してアメリカ・西ヨーロッパ企業の子会社が日本企業とどれほど異なるかを，産業や企業年齢の違いをコントロールしながら測った結果である。アメリカ・西ヨーロッパ企業の子会社は，日本企業と同

表12-5 アメリカ・西ヨーロッパ企業の子会社の特徴

期間：2006～2014	lnTFP	△lnTFP	IT投資/固定資産投資	ソフトウェア資産/固定資産	情報処理・通信費/営業費用	固定資産投資/固定資産	R&D/売上
アメリカ企業の子会社	0.170*** (0.011)	−0.002 (0.003)	0.041*** (0.013)	0.009** (0.004)	0.002*** (0.000)	0.065*** (0.015)	0 (0.001)
西ヨーロッパ企業の子会社	0.138*** (0.010)	0.002 (0.002)	0.013 (0.009)	0.012*** (0.002)	0.002*** (0.000)	0.097*** (0.012)	0.001 (0.001)
サンプル数 R-Squared	252,340 0.59	225,245 0.031	199,879 0.195	263,560 0.148	237,116 0.151	188,570 0.047	264,940 0.189

注1：推計には年ダミーと産業ダミー変数が含まれる。
　2：括弧内の数値は頑健標準偏差を表す。
　3：推計は企業単位でクラスターされている。
　4：* $p<0.10$, ** $p<0.05$, *** $p<0.01$。

じ経済環境にいながら，IT投資を活発に行い，高い生産性を享受している。

5 IT投資は日本企業の生産性を上昇させる

　日本の労働生産性の向上が遅れている要因として，TFP上昇率と資本装備率の停滞が指摘できる。アメリカは活発なIT投資によりTFPおよび資本装備率の向上が図られてきた。日本とアメリカのIT投資の状況を比較すると，IT製造産業では両国ともIT投資が盛んであるが，IT利用産業では大きく異なる。日本ではIT利用産業におけるIT投資が必ずしも活発ではなく，TFPの上昇率も低い。

　企業レベルのIT投資の2006年以降の動向を『企業活動基本調査』を使用してみると，投資は伸び止んでおり，2008年のリーマンショック後はハードウェアとITサービスに関しては減少傾向にある。IT利用産業として代表的な小売・卸売業の場合も他産業よりIT化が加速していることは確認できなかった。

　IT投資の生産性に与える効果を検証するとTFP上昇率に大きくプラスに寄与することが判明した。このことから，IT投資が企業の成長に大きく貢献するにもかかわらず，日本企業はその投資を躊躇しているものと類推される。その要因として考えられるのが，経営組織である。近年の研究では経営資源とIT投資が補完的な役割を果たすものと考えられており，ITの導入を生かす経

第Ⅳ部　AI 技術開発の課題

営資源がなければ，IT 投資は機能しないため，その導入が行われない。そこで日本の企業とは経営組織の形態が異なると考えられるアメリカ・西ヨーロッパ企業の日本の子会社の IT 投資の動向を検証したところ，日本企業と異なり IT 投資が十分実施されていることが確認された。以上のことから，AI の導入を促進して生産性の改善を図ることは重要であるが，日本企業は AI の導入と補完的な組織構造を整備していく必要があると類推される。

　今後の課題としては，IT 投資がどのようなメカニズムで生産性を上昇させるのかを検証することである。すなわち，IT 投資が新製品開発や経営組織の改善を誘発することを通じて TFP を向上させるのか，あるいは他社からの IT 投資のスピルオーバー効果により TFP を向上させるのかを検証する必要がある。

●参考文献

Basu, S., J. G. Fernald, N. Oulton, and S. Srinivasan (2003) "The Case of the Missing Productivity Growth: Or, Does Information Technology Explain Why Productivity Accelerated in the United States but not in the United Kingdom?", *NBER Macroeconomics Annual*, 9-63.

Battisti, G., and P. Stoneman (2005) "The intra-firm diffusion of new process technologies", *International Journal of Industrial Organization*, 23(1), 1-22.

Battisti, G., H. Hollenstein, P. Stoneman, and M. Woerter (2007) "Inter and intra firm diffusion of ICT in the United Kingdom (UK) and Switzerland (CH) an internationally comparative study based on firm-level data", *Economics of Innovation and New technology*, 16(8), 669-687.

Bloom, N., R. Sadun, and J. Van Reenen (2012) "Americans Do IT Better: US Multinationals and the Productivity Miracle", *American Economic Review*, 102(1), 167-201.

Bresnahan, T., E. Brynjolfsson, and L. M. Hitt (2002) "Information Technology, Workplace Organization and the Demand for Skilled Labor: Firm-Level Evidence", *Quarterly Journal of Economics*, 117, 339-376.

Crespi, G., C. Criscuolo, and J. Haskel (2007) "Information Technology, Organizational

第**12**章　日本企業の IT 化は進んだのか

Change and Productivity Growth: Evidence from UK Firms", *Centre for Economic Performance Discussion Paper*, 783.

Dunne, T. (1994) "Plant Age and Technology Use in US Manufacturing Industries," *Rand Journal of Economics*, 25(3), 488–499.

Fukao, K., T. Miyagawa, K. Mukai, Y. Shinoda, and K. Tonogi (2009) "Intangible Investment in Japan: Measurement and Contribution to Economic Growth", *Review of Income and Wealth*, 55, 717–736.

Fukao, K., T. Miyagawa, H. K. Pyo and K. H. Rhee (2012) "Estimates of Total Factor Productivity, the Contribution of ICT, and Resource Reallocation Effect in Japan and Korea", In M. Mas and R. Stehrer, eds., *Industrial Productivity in Europe: Growth and Crisis*, Edward Elgar, 264–304.

Fukao, K., K. Ikeuchi, Y. Kim, and H. Kwon (2016) Why was Japan left behind in the ICT revolution? *Telecommunications Policy*, 40(5), 432–449.

Good, D. H., M. I. Nadiri and R. C. Sickles (1997) "Index Number and Factor Demand Approaches to the Estimation of Productivity", In M. H. Pesaran and P. Schmidt (eds.), *Handbook of Applied Econometrics: Vol. 2. Microeconomics*, Oxford, England: Basil Blackwell, 14–80.

Haller, S. A., and I. Siedschlag (2011) "Determinants of ICT adoption: Evidence from firm-level data", *Applied Economics*, 43(26), 3775–3788.

Jorgenson, D. W., M. S. Ho, and K. J. Stiroh (2008) "A Retrospective Look at the US Productivity Resurgence", *Journal of Economic Perspectives*, 22(1), 3–24.

Karshenas, M., and P. L. Stoneman (1993) "Rank, stock, order, and epidemic effects in the diffusion of new process technologies: An empirical model", *RAND Journal of Economics*, 503–528.

Luque, A. (2000) "An Option-Value Approach to Technology Adoption in US Manufacturing: Evidence from Plant-Level Data", CES WP-00-12, Center for Economic Studies, Washington, DC.

Olley, G. S., and A. Pakes (1996) "The dynamics of productivity in the telecommunications equipment industry", *Econometrica*, 64 (6), 1263–1297.

Pilat, D. (2004) "The ICT Productivity Paradox: Insights from Micro Data", *OECD Economic Studies*, No. 38, 37–65.

Stoneman, P. (2001) "The Economics of Technological Diffusion", Wiley-Blackwell.

第Ⅳ部　AI技術開発の課題

Van Ark, B. M. O'Mahony, and M. P. Timmer (2008) "The Productivity Gap between Europe and the United States: Trends and Causes", *Journal of Economic Perspectives*, 22(1), 25-44.

金榮愨, 権赫旭 (2015)「日本企業のクラウドサービス導入とその経済効果」RIETI Discussion Paper Series 15-J-027。

経済産業省 (2016) 産業向け財・サービスの内外価格調査, http://www.meti.go.jp/statistics/san/kakaku/index.html。

電子情報技術産業協会 (2013)「ITを活用した経営に対する日米企業の相違分析」http://home.jeITa.or.jp/cgi-bin/page/detAIl.cgi?n=608。

宮川努, 滝澤美帆, 枝村一磨 (2013) 企業別無形資産の計測と無形資産が企業価値に与える影響の分析, NISTEP discussion paper No. 88。

第13章

情報化投資と法規制の影響
——労働規制による資本投資及び情報化投資への影響の分析——

田中健太・古村聖・馬奈木俊介

1 労働規制の資本投資への影響

　情報化技術，人工知能の急速な発展により，経済の構造やわれわれの生活が大きく変化しようとしている。こうした経済・社会の大きな変化に対して，いかに新たな技術を活用するための投資を加速化させ対応するかは，今後の日本における政策的な大きな課題である。とくに自動運転システムを搭載する自動車を代表とするような，私たちの社会構造を大きく変化させる新たな技術も，すでに社会実験が開始されている。そして，こうした新たな技術変化に対応するための情報化に関する投資が重要である。例えば人工知能の開発のためには大量のビックデータが必要であり，このデータの収集のためには，人々の行動を捉えるリアルタイムな観測システムと，観測システムを結びつける社会全体での情報化ネットワークが不可欠となる。そのため，情報化投資をいかに促し，社会全体に新たな技術導入を受け入れる IT ネットワーク自体の構築をより積極的に行うかが課題となる。

　しかし世界全体でみたときに日本の情報化投資の状況は十分に進んでいない。図 13-1 は OECD 主要国における社会全体の資本ストック全体のうちの情報化投資の割合を示している。この図から日本は OECD 加盟国の主要国のなかでも，相対的に情報化投資が進んでいない傾向がわかる。今後，人工知能の開発を進め，より社会一般に普及を進めるためには，その基盤となる情報化投資が日本において十分に行われない原因を明らかにしたうえで情報化投資を促し，

351

第Ⅳ部　AI 技術開発の課題

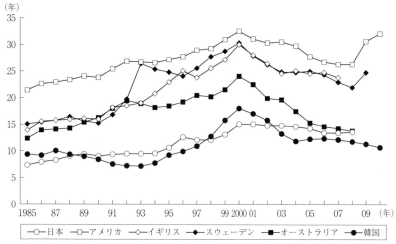

図 13-1 OECD 加盟国各国における資本ストックに対する情報化投資の割合
出所：OECD statistics のデータに基づき作成。

世界規模での大きな経済変化に対応する体制を構築しなければならない。

　これまで情報化投資に関して，その要因を企業レベルで行った研究は数多く存在する。しかしこれらの研究では労働規制の情報化投資に対する影響に関し，十分な分析が行われていない。新たな技術導入に際して，必ず問題になるのが労働との関係性である。新たな技術導入により，資本が労働と置き換わることで失業問題が深刻化する懸念は産業革命以降，革新的な技術が生まれる度に論点となってきた。そのため，情報化投資による労働需要の変化に着目した研究は多く存在している。一方で労働規制自体が資本投資に影響を与える可能性については以前より指摘がされており（Acemoglu, 2003; Autor et al. 1998 など），実際に近年の研究では，労働規制が企業の資本投資に与える影響について検証が行われている（例えば，Autor et al., 2007; Janiak and Wasmer, 2014; Cingano et al., 2016 など）。しかし日本における労働規制が企業の資本投資に与える影響については十分に研究がなされておらず，特に情報化投資に与える影響は分析されていない。

　また資本投資に関する先行研究では主にヨーロッパの雇用慣行に基づいた分

析がなされている。欧米における雇用慣行では，セニョリティを持つ熟練した労働者（Senior worker：シニア労働者）と，そうでない労働者（Junior worker：ジュニア労働者）との間で，労働の規制影響が異なる。そのため，先行研究ではこうしたセニョリティに基づいた労働者の雇用特性の違いに着目をした分析を行っている。しかし日本において，労働法規制の違いは正規労働者と非正規労働者（派遣労働者など）との間で線引きが明確に行われており，欧米との雇用慣行とは大きく異なっている。そのため，欧米における分析結果がそのまま日本の状況に当てはめることはできないと考えられる。

そこで本研究では，日本における労働規制の資本投資，および情報化投資に対する影響を明らかにし，今後の日本における労働と技術との関係性について分析する。そして今後の人工知能，情報化のさらなる進展を考慮したうえで政策的なインプリケーションを考察することを目的とする。とくに本研究では，日本の雇用慣行に基づき，派遣労働者を中心とした非正規労働者を対象にした法制度の変化をもとに分析を行う。具体的には，先行研究に基づき，国際的な労働規制の指標である EPL（Employment protection legislation）と，より日本の法制度の変化を捉えるためのダミー変数等を用い，日本における労働規制と資本投資，情報化投資の関係性を俯瞰的に分析を行う。

2　労働規制の資本投資，情報化投資への影響に関する先行研究

先行研究の理論分析によると，労働規制は資本投資や情報化投資に正の効果と負の効果，どちらも予想されるため，最終的な帰結ははっきりしてしない。まず，労働市場や金融市場に摩擦のない経済を想定した場合に，労働規制の強化は短期的には労働調整の費用の増加を通じて資本への代替効果を引き起こす（Autor et al., 2007）。また長期的に考えれば，資本集約的な技術を企業が採用するようになり，資本の需要が増えることが予想される。（Caballero and Hammour, 1998; Alesina and Zeira, 2006; Koeniger and Leonardi, 2007 など）。これらの変化は規制がない場合に選択される本来の企業の生産活動に伴うさまざまな需要行動

第Ⅳ部　AI技術開発の課題

を歪めるものであり，効率性が損なわれることが考えられる。

　一方，労働市場に摩擦が存在しており，賃金交渉がなされるような経済においては，労働規制の強化は企業‐雇用者間のホールドアップ問題を悪化させ，1人あたり資本を減少させる効果が想定される（Bentolila and Dolado, 1994; Garibaldi and Violante, 2005）。このような効果が発生するメカニズムは以下の通りである。企業と労働者間の雇用契約から生まれるレントを大きくするために，企業も労働者も事前投資を行う。この場合の事前投資とは，労働者側にとっては，その企業に必要なスキルを習得するための投資であり，企業側の投資は資本（技術）に対する投資を指す。事前投資を終えた上で企業と労働者はその雇用関係から生まれるレントをどのように分配するかを決めるため，交渉を行う。労働規制の強化により，労働者の交渉の立場が有利になった状況において，交渉前に行われた企業による資本などの事前投資は，労働者にただ乗りされかねない。個々の事前投資は，交渉後の利得をもとに行われるため，それを読み込んだ際に十分な事前投資が利潤を損なうのであれば，企業は資本投資を控えることが予想される。

　ただし，労働市場が摩擦的であったとしても企業の特殊的人的資本と物的資本の補完性が強い場合には，労働規制と資本集約性が正の関係をとり得ることが考えられる。このような時には，労働規制の強化は物的資本投資を引き起こすだけでなく，企業特殊的人的資本を持つシニア労働者の雇用割合を高める効果が考えらえる。Janiak and Wasmer（2014）は資本と企業特殊人的資本の補完性を内生化することで，1つの理論モデルによって，労働規制と労働資本比率の関係が逆U字の関係になることを示している。基本的には，労働規制は企業の生産活動を歪め，労働者の生産性を損なうこととなる。その結果，労働者一人当たりの資本を減らすこととなる。一方，労働規制はシニア労働者の雇用を守るため，シニア労働者のスキルと補完的な資本需要を増加させる。さらにこの正の効果の大きさは，労働規制の強さに依存する。労働規制の水準が低い時には，この効果は大きくなり，労働規制の水準が低い時にはこの効果は小さくなる。雇用規制が強い場合には多くのシニア労働者が雇われており，彼らの

354

人的資本を企業側の追加的な資本の投資によって生産性を高めようとしても効果が弱くなってしまうからである。

　以上の経済理論に予想されるように，既存の実証分析結果においても労働規制の資本投資に対して正の効果も負の効果ももたらすことが観察されている。Autor et al.（2007）は1970年代後半から1990年代にかけてのアメリカの不当解雇規制解雇費用と他の変数の関係を明らかにしようとした。企業データに基づく分析結果では，雇用規制が資本労働比率を増加させることを観察している。Cingano et al.（2016）では小企業の労働規制が弱いことで知られるイタリアの労働改革のイベントを用いて分析を行っており，解雇費用の増加によって資本労働比率が増加したことを観察している。イタリアの労働規制において，小企業のみが1990年までは不当解雇に伴い，労働者に支払う賃金額に関して規定が課されていなかった。そこで Cingano et al.（2016）ではこの小企業を対象とする労働規制の強化が資本投資に与える影響を DID（Difference in difference）法と RDD（Regression discontinuity design）を用いることによって明らかにしようとしている。結果として，労働規制の強化が資本投資を促進し，資本の深化を促している結果を示している。一方で日本における分析事例では，奥平ら（2007）が整理解雇判決の傾向を示す変数を労働規制の強さと捉え，資本労働比率に与える効果を分析している。しかし推計結果では，その変数の係数の符号は正を示しているものの，有意ではなかった。

　これまでの先行研究で示されてきたように，国内外において，労働規制が資本投資に与える影響について分析がなされてきた。しかし情報化投資との関係性については十分に明らかにされていない。数少ない先行研究のうち，Amin（2009）ではインドの小企業における労働規制の変化とコンピューターの利用に関する分析を行っている。分析の結果，労働規制が強化された場合，コンピューターの導入が進む結果が示されている。こうした結果は情報化に関する投資についても，労働規制の強化とともに投資が増加する可能性が示されていると考えられる。しかし，Amin（2009）は小企業のみを対象とした分析であり，より一般性のある労働規制と情報化投資との関係性は十分に分析されてい

第Ⅳ部　AI 技術開発の課題

ない。

これまでの先行研究に示されているように，労働規制と資本投資，および情報化投資には一定の関係性があると考えられる。しかし日本の雇用慣行を考慮したうえで，日本を対象とした労働規制と資本投資に関する研究は少なく，また直近までの広範囲なデータを活用している研究は多くない。また，労働規制が情報化投資に与える影響については研究がされていない。

3　日本の労働規制の変化

日本の労働規制は欧米の契約文化とは異なり，労働法規制に基づいた労働の管理が重要視されており，雇用や解雇に関する規制が比較的強いと考えられる。実際に日本の正規労働者に関しては解雇に関する規制が厳しく，さまざまな規制緩和が進むなかでも，規制が弱まるような法規制の改正はほぼなされていないといえる。

しかし1990年代より，弾力的な労働のあり方について議論され，1990年代から2000年代前半にかけては派遣労働者の雇用に関しては，規制が緩和されてきた経緯がある。とくに派遣労働者に関する規制に関しては1996年，1999年，2004年の労働者派遣法の改正が大きな変化と言える。1996年の法改正では，派遣労働者の派遣可能な業種が26業種まで拡大した。この法改正までは派遣可能な業種は13業種と限られており，とりわけ専門的な職種のみに限定がされていた。さらに1999年の改正では，派遣可能な業種が原則自由化された。ただし1999年の労働者派遣法の改正においては製造業，建設業，医療関係業務，警備業，港湾運輸以外での派遣可能な業種が拡大し，規制緩和の対象とならなかった業種や産業においては派遣労働者の派遣は認められなかった。しかし2004年の改正では製造業に関しても派遣の自由化が認められ，2006年の改正では医療関連業務の一部も派遣解禁となった。

その後，2008年のリーマンショックを契機に，派遣労働の解雇，雇用に関する規制が再度強化されるようになった。特に2012年の法改正では，派遣労働者

356

第**13**章　情報化投資と法規制の影響

の全常用労働者中の割合を規定（グループ企業派遣の8割規制），無期雇用への転換推進措置，日雇派遣の原則禁止など，これまでの規制緩和の流れが大きく変化した。

4　分析に用いるデータ，及びモデル

（1）分析に用いるデータ

　本研究では分析のために企業活動基本調査の個票データ（経済産業省，各年）を用いて分析を行う。分析期間は各モデルで異なるが，最長で1995年から2015年までのデータを用い，1995年から存在する企業をもとにパネルデータとして分析を行う。しかし分析対象となる通常の資本ストックデータと情報化投資に関するデータは，企業活動基本調査において取得することができる期間が異なる。資本ストックに関しては，各企業の有形固定資産のデータをもとに作成を行うため，1995年から2015年までの全期間において取得可能である。一方で情報化投資，ならびに情報化の程度を示す質問項目に関しては全期間での利用ができない。情報化投資額に関しては，2007年より調査個項目に加えられ，かつ欠損値も比較的多い。そのため，情報化投資のストック計算は困難である。そのため本研究では情報化投資額を分析対象とし，フローレベルでの情報化投資に対する労働規制の影響の分析に対象を狭める。またそのほかに，企業活動基本調査においては，2001年より情報化に関する質問事項が加えられ，2009年までその質問事項が含まれていた。本研究では情報化の進展状況についても，労働規制との関係性を見ることで，補完的に情報化投資と労働規制の関係性を分析できると考え，分析の対象として加える。

　このように，分析対象となる各変数は取得できる期間がそれぞれ異なるために，それぞれの分析対象期間内での労働規制変化を十分に捉える必要性がある。そこで本研究では複数のモデルにより労働規制と資本投資並びに情報化投資や情報化の進展に与える影響を俯瞰的に明らかにする試みを行う。

357

第Ⅳ部　AI技術開発の課題

（2）モデル

　本研究では第1に労働規制の技術投資全般の影響を捉えるために，（1）式に基づき，労働規制の影響をパネルデータ分析により明らかにする。

$$Capital_{i,t} / Labor_{i,t} = EPL\text{-}R_t + EPL\text{-}T_t + \sum_{k=1}^{n} x_{i,n,t} + c + \mu_i + \varepsilon \qquad \cdots\cdots(1)$$

　ここで i は各企業を示し，t は年を示す。被説明変数としては資本労働比率を用いる。$Capital$ は資本ストック[(1)]，$Labor$ は総従業員数を示す。また別モデルとして，被説明変数に資本ストックのみとしたモデルも同時に推計を行った。$EPL\text{-}R$ および $EPL\text{-}T$ は OECD Indicators of Employment Protection（OECD, 各年）より，日本における雇用・解雇規制に関する指標を用いた。なおこの指標では正規労働者の規制の指標（$EPL\text{-}R$）と非正規労働者の規制（$EPL\text{-}T$）の指標があるため，それぞれの指標をモデルに加える。x は企業特性をコントロールする変数であるが，本分析では各企業の規模を捉える変数として売上（$Sale$）を説明変数として加えている。その他に産業別ダミー（日本標準産業分類における大分類コードでの分類）を加えている。

　第2に日本における規制変化の状況をより詳細に分析するために，雇用・解雇規制に関する法制度変化した3つの時期をダミー変数化した規制変化を捉える変数と資本，並びに資本労働比率との関係性を分析する。モデルは式（2）の通りである。

$$\begin{aligned} Capital_{i,t} / Labor_{i,t} = & \ r1999 + r2004 + r2012 + r1999 \times Manufacture \\ & + r2004 \times Manufacture + r2012 \times Manufacture + r1999 \\ & \times Construction + r2004 \times Construction + r2012 \times Construction \\ & + \sum_{k=1}^{n} x_{i,n,t} + c + \mu_i + \varepsilon \qquad\qquad\qquad \cdots\cdots(2) \end{aligned}$$

　$r1999$ は1999年から2003年の期間ダミー変数（規制第1期ダミー）である。$r2004$ は2004年から2011年の期間ダミー変数（規制第2期ダミー），$r2012$ は2012

⑴　資本ストックの推計については西村ら（2003）をもとに推計し，分析に用いた。

年～2015年の期間ダミー変数（規制第3期ダミー）である。*r1999* の期間では派遣労働者の派遣可能業種の拡大が実施され，労働の雇用規制が以前と比べ，緩和傾向にある時期といえる。2004年から2011年まではさらに製造業に関する派遣労働者の派遣が緩和された時期である。しかし2012年以降は派遣労働者の雇用規制に対する規制が逆に強化されたため，規制の強化された時期であると考えられる。これら日本の雇用規制の変化に合わせた期間別ダミー変数から，日本の雇用規制変化が資本労働比率および資本ストックにどのような変化を与えたのか分析を行う。しかし前述の通り，製造業と建設業は他の産業や業種とは異なり，派遣労働者の派遣が可能となった時期が他の産業や業種とは異なる。そのため，製造業と建設業に関しては，他の産業との労働者派遣法の変化の影響の違いを考慮し，推計モデルには各期間別ダミー変数に製造業ダミー変数を掛け合わせた交差項を説明変数に加える。同様に建築業に関しても各期間別ダミー変数との交差項をモデルに加える。またより詳細な分析を行うために資本だけでなく，労働規制の変化による労働の変化も分析をし，同様のモデルで被説明変数を正規社員数，派遣労働者数，パート労働者数の3つの就業形態における労働者数に対する影響の分析も行う[2]。

第3に技術に対する投資の中でも，情報化投資に対する投資と規制の関係性を分析するために（3）式に基づいた推計を行う。

$$Info_{i,t} = r2004 + r2004 \times Manufacture + r2004 \times Constraction$$
$$+ \sum_{k=1}^{n} x_{i,n,t} + c + \mu_i + \varepsilon \qquad \cdots\cdots(3)$$

このモデルでは被説明変数として，「有形固定資産のうちの情報化投資（額）」を用いる。ただし情報化投資のデータは2007年以降に調査票に追加された項目のために，情報化投資（額）の分析に関しては2012年以降の規制ダミー（*r2012*）を *r2004* の代わりに用いる。

---

(2) 各企業における就業形態別の労働者数は，企業活動基本調査の2009年調査より調査項目に含まれるようになった。そのため，正規労働者，派遣労働者及び，パート労働者別の分析は2009年以降の規制変化との関係性分析のみ行う。

第Ⅳ部　AI技術開発の課題

　また前述の通り，情報化の進展状況に関しての質問項目が企業活動基本調査には一定期間含まれており，この質問項目回答結果についても（3）式と同様の説明変数で分析を行う。つまり被説明変数に各質問の回答結果をダミー変数化し，被説明変数としたランダムパネルプロビット分析を行う。実際の質問項目では，各企業に企業経営上のどの段階で電子商取引を活用しているか質問をしており，販売，生産管理，在庫管理，設計監理，購買，物流管理，会計管理，原価管理，人事・給与管理の9段階における電子商取引の有無に関して質問をしている。この各段階において，電子商取引を活用していると答えた場合は1，活用していないと答えた場合には0とするダミー変数を作成し，各段階で情報化が進んでいるか，分析を行う。

5　労働規制の影響の分析結果

（1）EPL の変化と資本投資への影響

　まず EPL と資本投資の関係性について分析した結果を示す。**表13-1** は EPL と資本投資に関する指標（資本労働比率，資本ストック）との関係性を推計した結果である。分析の結果，*EPL-R* は資本労働比率，および資本ストックに対して正に統計学的に有意な関係性を示し，一方で *EPL-T* は負の関係性を示した。企業規模の特性を捉える *Sale* は資本ストックのみ正に有意な関係性を示し，資本労働比率とは有意な関係性を示さなかった。この結果から正規労働者の規制が増加することで，資本ストックが増加し，結果として資本労働比率が増加するといえる。つまり，正規労働者の規制強化により資本投資が促進される結果が示されている。一方で，非正規労働者の雇用や解雇に関する規制が強化された場合には，資本ストックが減少し，資本労働比率も減少すると考えられる。こうした結果から EPL によって規制の変化と資本投資との関係性を分析した場合，正規労働者は資本ストックと補完的である一方で，非正規労働者は資本ストックと代替的な関係性があるといえる。そのため，非正規労働者の規制強化は新たな技術投資を減少させる効果がある可能性がある。

360

第13章 情報化投資と法規制の影響

表13-1 EPLと資本投資との関係性の分析

	資本労働比率	資 本
EPL-R	2.883*** (19.55)	1457.189*** (11.14)
EPL-T	−2.300*** (−29.87)	−464.8256*** (−6.81)
Sale	−2.11e-06 (−6.53)	0.024*** (83.66)
Con	8.787*** (38.57)	4079.697*** (20.18)

注：（ ）内は標準誤差を示し、*は10％、**は5％、***は1％水準でt検定によって有意と示されたことを示している。

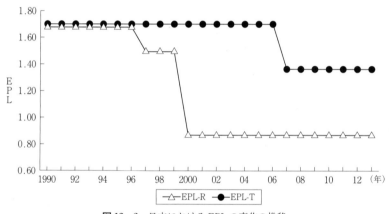

図13-2 日本におけるEPLの変化の推移

これまでの先行研究では、EPLを規制の指標として用いられてきた研究がある（例えば、Autor, 2007）。しかし一方で近年では、各国の規制変化を考慮したダミー変数等で各労働規制の影響を分析している（例えばCingano et al. 2016）。実際に前述の通り、日本の非正規労働者に対する規制は1996年から2000年代後半まで規制が緩和されてきた一方で、その後、規制強化を行うような法改正が行われている。また正規労働者についても、雇用、解雇に関する法制度はほぼ変化していない。一方で、EPLの変化をみると、非正規労働者に関しては

第Ⅳ部　AI技術開発の課題

2006年以降，規制の緩和がみられる傾向を示し，その後，規制が強化されたあとでも指標は変化していない（図13 - 2 参照）。正規労働者に関しては1999年から2000年の間に急激に規制緩和が起こっているような傾向がみられるが，実際には法制度は変化していない。こうした背景から，EPL だけではなく，日本の法制度の変化を捉えた推計モデルが必要であると考えられる。

（2）　日本の規制変化ダミー変数と資本投資との関係性分析

　前述の通り，EPL による規制の変化の把握は不十分であり，より現実の法制度の変化に基づいた規制変化を捉える変数が必要である。そこで資本投資と労働規制との関係性をより明らかにするために，資本労働比率，資本ストック，および各労働者数をそれぞれ被説明変数として，日本の労働者派遣法の変化に基づいた労働規制変化との関係性を分析する。なお労働者数は労働者派遣法の変化との関係性をより詳細に行うために，（i）正規労働者，（ii）規制の対象となる非正規労働者の派遣労働者，（iii）企業に直接雇用される非正規労働者のパート労働者と，３つに分けて労働者数の変化の分析も行う。この分析から資本，正規労働者，非正規労働者とそれぞれの規制との関係性を明らかにし，労働規制が資本投資に与えるメカニズムについて，より詳細に分析可能となる。**表13 - 2** は（2）式に基づいて，被説明変数を変更した，それぞれのモデル推計の結果を示している。

　まず資本労働比率及び資本ストックについては規制緩和が実施された第1期，第2期のダミー変数が有意に正の関係性を示している。つまり派遣労働に関する雇用規制が緩和されることで，資本投資が進み，資本労働比率が向上している可能性があるといえる。また第3期の派遣労働者の規制強化が進む状況において，正規労働者数，パート従業員数は増加している。こうした結果は，労働需要自体が高まる状況において，非正規労働者の規制強化によって，正規労働者およびパートタイム労働者への代替が発生している可能性を示唆していると考えられる。こうした結果から，日本において非正規労働者のなかでも，派遣労働者に対する規制の変化が資本投資に影響を与えている可能性が指摘できる。

362

第**13**章　情報化投資と法規制の影響

表 13 - 2　資本と労働に関する各変数と規制との関係性の分析

	資本労働比率	資　本	正規社員	派　遣	パート
1999-2003 （第 1 期）	1.566*** (16.78)	582.050*** (6.92)			
2004-2011 （第 2 期）	1.143*** (12.34)	495.116*** (5.93)			
2012-2015 （第 3 期）	−0.080 (−0.77)	289.097*** (3.06)	10.469*** (9.95)	−0.652 (−0.77)	75.326*** (29.00)
第 1 期 製造業クロス	−0.201 (−1.62)	−270.628** (−2.43)			
第 2 期 製造業クロス	0.287** (2.34)	−691.246*** (−6.27)			
第 3 期 製造業クロス	0.742*** (5.29)	−1087.728*** (−8.59)	−11.063*** (−7.21)	−10.692*** (−9.30)	−68.086*** (−18.46)
第 1 期 建築業クロス	−0.157 (−0.32)	−864.33* (−1.93)			
第 2 期 建築業クロス	1.367*** (3.85)	−784.760** (−2.45)			
第 3 期 建築業クロス	3.567*** (7.93)	−157.610 (−0.39)	−16.462*** (−2.72)	−1.617 (−0.34)	−57.855*** (−3.72)
Sale	−2.14e-06*** (−7.01)	0.023*** (83.05)	0.001*** (55.69)	0.000*** (45.88)	0.001*** (34.03)
con	9.727*** (81.53)	6052.042*** (76.30)	303.203*** (146.89)	31.328*** (30.29)	99.556*** (40.32)

注：（ ）内は t 値を示し，*は10％，**は 5 ％，***は 1 ％水準で t 検定によって有意と示されたことを示している。

　一方で規制の変化が異なる製造業，建築業における期間別ダミー変数と各変数との関係性についてみると，製造業，建築業ともに，第 2 期，第 3 期のダミー変数と資本労働比率は正に有意であった。第 3 期では製造業も規制が強化されているのにもかかわらず，相対的に資本労働比率が上昇しており，建築業においては，労働規制の変化がないにも関わらず，相対的に他の産業よりも資本労働比率が上昇している傾向が示されている。この結果は矛盾するが，第 3 期の正規社員数，派遣労働者数，パート労働者数において，規制変数と産業ダミーの交差項の推計結果では，製造業はすべてで負に有意な関係性を示してお

363

第Ⅳ部　AI技術開発の課題

り，建築業においても派遣労働者数以外，負に有意な関係性を示している。つまり労働規制変化による資本との代替関係よりも，リーマンショック後の円安による製造業の海外移転や，住宅販売の不調など他の要因の関係性が強く影響している可能性がある。

（3）規制の変化と情報化投資に対する影響分析

　次に人工知能の今後の発展，および近年，社会全体の生産構造に大きく影響を与えている情報化技術投資と規制との関係性についての分析結果を示す。（3）式に基づいた推計結果は**表13-3**の通りである。推計の結果，規制ダミー第3期ダミーが情報化投資金額に対して，負に有意な関係性を示している。つまり情報化投資金額が派遣労働者の規制が強化された時期（規制ダミー第3期の期間）において，情報化投資金額が減少した傾向がみられたと考えられる。この結果から情報化技術と派遣労働者数との間には補完的な関係性がある可能性が指摘できる。

　このことは，企業に正規労働者として採用され，企業内で独自の訓練を受けたものにとって情報化技術のように新しい技術に対応することが難しいからであると考えられる。一方で派遣労働者のように，新たな技術導入に際し，雇用の弾力性が比較的高い場合，急激な技術変化に対応可能な人材を迅速に雇用することが可能であることが今回の推計結果からは示唆できる。

　さらに本分析では実際に企業経営のどのような分野において情報化がすすめられたのか理解するために電子商取引の導入実態について，各分野に導入が行われているかというダミー変数を被説明変数（「電子商取引を実施している」と回答し，「電子商取引を活用した経済活動」で選択された経営活動分野を1とし，選択されなかった分野を0としている）としたパネルプロビット分析による分析を行った。推計結果は**表13-4**に示す。

　この分析ではデータの利用可能な範囲が異なるため，データ期間内での規制の変化は第2期（2004～2011年）の規制変化を対象とする分析となる。推計結果をみると，各分野における情報化に関する回答結果と規制第2期ダミー変数

第13章 情報化投資と法規制の影響

表13-3 情報化投資と労働規制の関係性分析

	モデル1	モデル2
2012-2015（第3期）	−35.887*** （−4.06）	−20.484*** （−3.31）
第3期 製造業クロス	30.328** （2.44）	
第3期 建築業クロス	48.839 （1.00）	31.941 （0.66）
Sale	0.004*** （4.07）	0.004*** （4.03）
Con	47.016*** （2.90）	53.484*** （3.35）

注：（ ）内は t 値を示し，*は10％，**は5％，***は1％水準で
t 検定によって有意と示されたことを示している。

表13-4 情報化関連の各分野における技術導入動向と規制の関係性の分析

	販 売	生 産	在庫管理	購 買
2004-2011（第2期）	0.608*** （11.62）	0.827*** （20.73）	0.599*** （6.41）	0.800*** （19.97）
第2期 製造業クロス	0.146*** （3.40）	0.092*** （2.69）	0.173*** （2.18）	0.099*** （2.92）
第2期 建築業クロス	−0.215* （−1.68）	−0.526*** （−3.50）	0.243 （1.48）	−0.940*** （−4.69）
Sale	6.25e-07*** （10.22）	8.08e-07*** （12.47）	7.77e-07*** （8.89）	9.34e-07*** （14.51）
con	−4.005*** （−95.05）	−4.330*** （−102.68）	−6.370*** （−88.74）	−4.390*** （−100.45）

	流 通	会 計	原価計算	人事・給与管理
2004-2011（第2期）	0.978*** （21.74）	0.980*** （12.95）	1.011*** （19.72）	−0.119*** （−6.58）
第2期 製造業クロス	−0.005 （−0.13）	0.122* （1.91）	−0.035 （−0.83）	0.047*** （2.65）
第2期 建築業クロス	−0.340*** （−2.65）	−0.218 （−1.02）	−0.286** （−2.02）	0.104* （1.72）
Sale	6.14e-07*** （10.17）	4.84e-07*** （5.59）	4.43e-07*** （7.21）	4.26e-07*** （7.07）
con	−4.408*** （−94.67）	−6.506*** （−81.62）	−4.467*** （−79.25）	0.989*** （63.64）

注：（ ）内は t 値を示し，*は10％，**は5％，***は1％水準で t 検定によって有意と示されたことを示
している。

365

第Ⅳ部　AI技術開発の課題

とは正に有意な関係性が示された。つまり，各分野における電子商取引の導入が規制の第2期において増加している結果を示している。規制第2期は特に派遣労働に関する雇用規制が緩和された時期であり，派遣労働者の雇用コストが比較的低下していると考えられる。そのため，この時期に派遣労働者を利用する実質的な費用が低下したにもかかわらず，情報化に対する投資が加速化したということは，生産投入物のなかでも，派遣労働者と電子商取引のような情報化投資が補完的である可能性が示唆される。

6　日本の雇用規制と新たな技術，情報化投資への影響の考察

　本研究では日本の雇用規制の変化がどのように資本投資，情報化技術に対する投資に影響を与えてきたか，明らかにするための分析を試みた。これまでの既存研究では欧米の雇用慣行をもととした研究であり，特に Senior worker と Junior Worker の2つのタイプの労働者が存在する状況を仮定した分析であった。しかし本研究では日本の法整備に基づいた雇用慣行を対象とし，法規制で区分される正規労働者と非正規労働，特に派遣労働者の法規制の変化に着目し分析を行った。分析の結果，資本投資全体を考えた場合，資本と派遣労働者に対する労働規制の強さとの間には代替的な関係性がある可能性が示唆された。一方で，情報化投資や情報化の進展状況と派遣労働者に対する労働規制の強さとの間には補完的な関係性がある結果が示唆された。こうした結果は今後の労働規制のあり方と技術普及，投資との関係性を考えるうえで，有用な結果であると考えられる。

　日本企業においては企業内での一般的に各企業内で必要なスキルを養成する傾向が強いとされている。例えば日本政策投資銀行が製造業503社に対して行ったアンケート調査では，事業成長のために行う投資の優先度が高い投資として，最も多くの企業が答えた投資が人的資本投資であった（日本政策投資銀行,2016）。こうした日本の企業特性を考えると，各企業特有の状況に応じた特殊的人的資本を持つ正規労働者がそれぞれの企業に多く存在する可能性が高い。

366

つまり日本における正規労働者は，より既存の資本や技術を有効に活用できるような人材を集めるため，既存の技術と親和的であり，結果として生産構造上，長期的に企業の技術を形成する資本と補完的な関係性を持つためと考えられる。

　一方で派遣労働者に関しては，本研究における推計結果からは資本とは代替的な関係性がある可能性が示された。しかし情報化投資においては，派遣労働者は補完的な関係性がある可能性が示唆される結果が示された。既存の技術の場合，非正規労働者は各企業で必要なスキルを持っていないために，資本との親和性が相対的に低く，派遣労働者の規制強化によって，雇用費用が増加した場合には資本に代替がされやすいと考えられる。しかし IT のように新規性が高く，企業特有のスキルが必要なく，かつ短期的に技術に対応できる人材を集めるためには派遣労働者による対応が望ましいため，派遣労働者と情報化技術の間には生産構造上，補完的な関係性があると考えられる。

　本研究の結果から，今後の ITC や IT に依拠した AI の進展のための新たな技術に対する投資を考えたうえでは，これらの技術に対応が可能な人材を柔軟に供給できる労働市場の整備が必要であると考えられる。もちろん過去の派遣労働者に対する解雇の問題など雇用の安定や失業対策のための措置は必要となるが，新技術の導入に際して，その導入を加速化するうえで，一定の労働市場の流動性が確保するような労働規制のあり方が，今後の新たな社会経済構造上，必要であると考えられる。

　ただし，本研究で扱った規制に関する変数は単純に規制期間を区切ったダミー変数であり，その期間での同時に起こった事象の影響についてはコントロールできていない。とくに製造業など景気変動や為替変化等に影響を大きくうける業種もあり，それに伴う海外移転やアウトソーシングの変化などもコントロールする必要があると考えられる。そのため，労働規制の変化との関係性としては十分頑健性の高い結果であるとは言うことができない。しかし，それぞれのモデルを比較し，一貫性がある結果が得られているために，一定の関係性を見ることはできていると考えられる。今後，さらなる頑健な結果を得るためには労働規制の強度の変化をより正確にとらえる変数の作成が必要である。

第Ⅳ部　AI技術開発の課題

　実際に先行研究では，各企業の労働組合の加入率などの変数を用いて，労働規制の変化による各企業の影響程度の違いを正確に捉える工夫が行われている。

　また本研究ではあくまで規制の変化が資本投資，情報化投資にどのように影響を与えるかを理解することを目的として分析しており，規制変化に対しての企業行動（投入要素の選択）の変化のみに焦点を当てることにとどまっている。最終的には規制の変化による企業行動の変化のみに着目するのではなく，そのメカニズムの帰結として，各企業の生産性にどのようなインパクトを与えるのか明らかにすることが政策的な含意としてより求められる。そのため，労働規制のあり方が資本投資や情報化投資，ひいては今後新たに導入が必要となるAIをはじめとするさまざまな技術の投資，普及にどのように影響するのかより詳細な分析の重要性は増すと考えられる。最終的に労働，既存の技術，新たな技術の使い方や組み合わせによって，社会全体の生産性にどのようなインパクトを与えるかを明確にし，日本における産業，経済構造の大規模な変化に対応するための労働規制の在り方の議論が必要となると考えられる。

●参考文献────────

Acemoglu, D. (2003) "Cross‐country inequality trends", *The Economic Journal*, 113 (485), 121-149.

Alesina, A. and J. Zeira. (2006) "Technology and labor regulations", *Harvard Institute of Economic Research Discussion Paper*, 2123.

Amin, M. (2009) "Are labor regulations driving computer usage in India's retail stores", *Economic Letters*, 102, 45-48.

Autor, D. H., F. L. Katz., and B. A. Krueger. (1998) "Computing inequality: have computers changed the labor market?", *The Quarterly Journal of Economics*, 113(4), 1169-1213.

Autor, H. D., R. W. Kerr., and D. A. Kugler. (2007) "Does employment protection reduce productivity? Evidence from US states", *The Economic Journal*, 117, 189-217.

Bentolila, S. and Dolado, J. J. (1994) "Labour flexibility and wages: lessons from Spain", *Economic Policy*, 9(18), 53-99.

368

Caballero, R. J., & Hammour, M. L. (1998) "Jobless growth: appropriability, factor substitution, and unemployment", In Carnegie-Rochester Conference Series on Public Policy, 48, 51-94.

Cingano, F., M. Leonardi., J. Messina. and G. Pica. (2010) "The effects of employment protection legislation and financial market imperfections on investment: evidence from a firm-level panel of EU countries", *Economic Policy*, 25, 117-163.

Cingano, F., M. Leonardi., J. Messina. and G. Pica. (2016) "Employment protection legislation, capital investment and access to credit: evidence from Italy", *The Economic Journal*, 126, 1798-1822.

Garibaldi, P. and L. G. Violante. (2005) "The employment effects of severance payments with wage rigidities", *The Economic Journal*, 115, 799-832.

Janiak, A. and E. Wasmer. (2014) "Employment protection and capital-labor ratios" IZA Discussion Paper, No. 8362.

Koeniger, W. and M. Leonardi. (2007) "Capital deepening and wage differentials: Germany versus US", *Economic Policy*, 22, 72-116.

OECD（各年）「OECD statistics」, http://stats.oecd.org（2016年10月19日アクセス）。

OECD（各年）「OECD Indicators of Employment Protection」, http://www.oecd.org/els/emp/oecdindicatorsofemploymentprotection.htm（2016年10月19日アクセス）。

奥平寛子・滝澤美帆・鶴光太郎（2007）「雇用保護は生産性を下げるのか——『企業活動基本調査』個票データを用いた分析」『RIETI ディスカッションペーパーシリーズ』08-J-017。

経済産業省（各年）「企業活動基本調査」個票。

西村清彦・中島隆信・清田耕造（2003）「失われた1990年代，日本産業に何が起こったのか？——企業の参入退出と全要素生産性」『RIETI ディスカッションペーパーシリーズ』03-J-002。

日本政策投資銀行（2016）「企業行動に関する意識調査結果（大企業）」, http://www.dbj.jp/investigate/equip/national/pdf/201608_SPinvest_02.pdf。

第14章
人工知能技術の研究開発戦略
—— 特許分析による研究 ——

藤井秀道・馬奈木俊介

1 人工知能技術の研究開発について

　人工知能技術は持続可能な発展に向けた利便性の向上，環境保全，資源利用効率性の改善を進めるうえで重要な役割を担う（Parkes and Wellman, 2015）。加えて，人工知能技術を活用することで，安心・安全な社会の構築や，健康管理，効果的な教育など人々の幸福度を高めるさまざまなサービスの提供が可能となる（Stone et al., 2016）。

　こうした中で，豊かで利便性の高い社会の構築に向けて，人工知能技術の開発が世界的に進められている（National Science and Technology Council, 2016）。例えば，米国では「The 2015 Strategy for American Innovation established nine high-priority research areas」の中に人工知能研究を目的とした BRAIN project が含まれており，高い優先度で研究開発が進められている（Insel et al., 2013）。また，わが国の技術開発方針として「第5期科学技術基本計画（2016〜2020年）」において「超スマート社会」の実現に向けて人工知能技術の研究が注目されている。これらのように，今後拡大が予想される人工知能技術を活用した市場の国際的競争優位性の獲得を目指した取り組みが，各国で進められている。

　ところで，人工知能技術と一言で述べても，その対象となる技術は多様である。**表14−1**は，人工知能技術に関する特許分類を表したものである。大きく分類すると，生物学的モデル，知識ベースモデル，特定の数学モデル，その他

371

第Ⅳ部　AI 技術開発の課題

表 14-1　人工知能技術の分類表

国際特許分類	技術分類	主な技術
G06N3	生物学的モデル	ニューラルネットワーク，遺伝アルゴリズム
G06N5	知識ベースモデル	エキスパートシステム
G06N7	特定の数学モデル	ファジー理論，カオスモデル
G06N99	他モデル	量子コンピューティング

出所：(1). US PTO Class 706 Data processing: Artificial intelligence (2). Report on FY2014 Trend
survey of patent application technology: Artificial intelligence (2016)

モデルの 4 つに分類できる。生物学的モデルは，人間の脳による学習方法を機械に適用したニューラルネットワークモデルや，遺伝子のアルゴリズムを応用した技術などが含まれる。こうした技術は人工知能が学習を進める上で重要な演算モデルである。知識ベースモデルは，大規模なデータから最適な解を探し出し提示する手法であり，エキスパートシステムに用いられる。

　こうした異なる特性の人工知能技術が混在するなかで，その開発優先度は技術の活用によって期待されるビジネス機会や利益によって異なると言える（Fujii and Managi, 2016）。従って，異なる研究開発の動機が存在する中で，効果的に研究開発促進に向けた政策を構築するためには，個別技術の特性を明示的に考慮する必要がある。こうした点を踏まえ，本章では，人工技術に関連する特許取得数を，技術別，国別，出願者別，年別に収集し，各技術の特許取得数の増減要因分析を行った。特許取得数データに要因分解分析フレームワークを適用することで，どのような要因によって人工知能技術の特許取得数が変化したのかを，個別技術の開発優先度，人工知能技術全体の開発優先度，研究開発規模の 3 つの要因で定量的に明らかにする。

　本研究では世界知的所有権機構（WIPO）の PATENTSCOPE より特許取得数データの収集を行った。データ対象年は2000年から2016年に取得された人工知能技術特許 1 万3567件である。**図 14-1** は，2000年から2016年にかけての人工知能技術特許取得数を出願先の国別・技術別に示したものである。図 14-1 より，2013年以降で大幅に特許取得数が増加していることが分かる。国別では，米国・中国での取得数が増加傾向にあり，技術別では 4 つの技術すべてで大き

372

第14章　人工知能技術の研究開発戦略

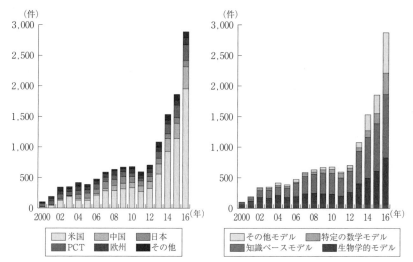

図14-1　人工知能特許の取得数の推移
出所：著者が PATENTSCOPE のデータを利用して作成。

く増加傾向にある。

こうした変化をより詳細に理解するために，第2節から第4節にかけては，特許の取得者，出願先の特許機関，特許取得の時期，特許技術の分類の4つの視点から，どのようにして人工知能技術特許の開発が各国で進められてきたのかについて，解説を行う。第5節では，各国における人工知能技術の特許取得数の変化が，どのような要因によって変化しているかについて解説を行う。

2　いつ，どこで，どの技術が開発されたか？

表14-2は国別・技術別のAI特許取得数の経年変化を示した表である。表14-2より，国によって，取得する技術のシェアが異なっていることがわかる。特徴的な点として，米国では知識ベースモデルが過半数を占めているが，中国や日本では生物学的モデルに関する特許が高いシェアを占めている。特に中国では73.7％と高い。一方で日本では特定の数学モデルに関する特許シェアが極端に低い点が特徴的であると言える。これら三カ国に比べて，PCT や EPO，

373

第Ⅳ部　AI技術開発の課題

表14-2　出願先別の特許取得数の推移　　(件)

出願先	人工知能技術分類	2000-2016年	内訳(%)	各期間での特許取得数の平均値			
				2000-2004年	2005-2009年	2010-2014年	2015-2016年
米国特許商標庁(USPTO)	生物学的モデル	1,455	19.9	44	63	80	259
	知識ベースモデル	4,152	56.9	50	166	320	738
	特定の数学モデル	672	9.2	9	18	30	194
	その他のモデル	1,019	14.0	1	3	57	359
中国国家知識産権局(SIPO)	生物学的モデル	1,184	73.7	9	32	103	232
	知識ベースモデル	219	13.6	1	9	16	45
	特定の数学モデル	114	7.1	4	6	8	14
	その他のモデル	90	5.6	1	7	4	15
日本特許庁(JPO)	生物学的モデル	679	56.4	12	62	46	40
	知識ベースモデル	410	34.1	4	31	37	25
	特定の数学モデル	21	1.7	1	1	1	5
	その他のモデル	94	7.8	1	4	3	26
特許協力条約(PCT)	生物学的モデル	723	46.3	35	30	38	104
	知識ベースモデル	480	30.7	18	26	29	58
	特定の数学モデル	114	7.3	2	5	9	16
	その他のモデル	244	15.6	7	8	12	56
欧州特許庁(EPO)	生物学的モデル	452	44.0	26	24	24	42
	知識ベースモデル	306	29.8	8	22	20	26
	特定の数学モデル	106	10.3	2	5	10	12
	その他のモデル	164	16.0	7	8	10	22
その他の出願先	生物学的モデル	434	49.9	25	13	31	45
	知識ベースモデル	220	25.3	10	8	17	23
	特定の数学モデル	135	15.5	4	3	13	16
	その他のモデル	80	9.2	3	4	5	9

出所：筆者がPATENTSCOPEのデータを利用して推計。

さらにその他の国でのAI特許取得数では，類似した傾向が見られる。

　次に，時間変化について考察すると，日本以外の国・地域では2015年から2016年にかけてすべての技術分類で平均特許取得数が最も大きい傾向にある。一方で，日本では生物学的モデルが2005年から2009年，知識ベースモデルが2010年から2014年の期間で最も平均特許取得数が大きいことが明らかとなった。こうした結果が得られた理由として，次の二点が挙げられる。一点目は企業の

第**14**章　人工知能技術の研究開発戦略

研究開発の障壁となるイベントであり2009年のリーマンショックおよび2011年の東日本大震災が影響していると言える。

　二点目に，日本は人工知能を活用した市場として魅力が劣る点が挙げられる。人工知能を活用したサービスの多くが，ビッグデータの解析を人工知能に担わせることで，効率的かつ迅速なサービスの提供を行うものである。一方で，個人の購買行動や乗車記録などのビッグデータの収集・活用に対して，日本人は強い抵抗感を持つと指摘されている（Kawasaki, 2015）。こうした点から，国外企業にとってビッグデータの活用が容易とは言えない日本市場で，積極的に特許を取得するインセンティブが低い点が挙げられる。

　一方で，米国では早い時期から人工知能の活用にむけた国家プロジェクトが開始されており，またビッグデータの活用についても障壁が小さいことから米国企業および国外企業が競いながら人工知能の特許取得を進めている市場であると言える（Hardy and Maurushat 2017; Manyika et al., 2011）。

3　どの出願者が，どの技術を開発しているのか？

　表14-3は，AI特許出願数上位30位の出願者についてAI技術別に特許取得数を示した表である。また表の下には米国，中国，日本の大学によるAI特許出願数を記載している。表14-3より，AI特許出願数においてIBMがリードしている状況が確認できる。また，上位30位の出願者の中で米国企業が18社と多く，ついで日本企業が8社，その他企業が4社となっている。興味深いことに中国の企業および大学はランクインしていない結果となった。従って，中国におけるAI技術の特許取得は幅広い出願者によって達成されていることが示唆される。

　次に各出願者の特許取得に関するポートフォリオを考察する。表14-3より，企業別に特許取得の技術ポートフォリオが大きく異なることが明らかとなった。生物学的モデルに研究開発を集中している企業としてQualcommやBrain corporationがあり，知識ベースモデルで多くのシェアを占めている企業とし

375

第Ⅳ部　AI技術開発の課題

表 14 - 3　2000年から2016年における出願者別の技術別特許取得数

（件）

順位	出願者名	本社所在地	特許取得数	技術分類別の取得数内訳			
				生物学的モデル（%）	知識ベースモデル（%）	特定の数学モデル（%）	その他モデル（%）
1	IBM	米国	1,057	22	56	8	14
2	Microsoft	米国	466	22	44	9	24
3	Qualcomm	米国	450	83	7	3	7
4	NEC	日本	255	23	49	8	20
5	Sony	日本	212	51	33	6	10
6	Google	米国	195	41	36	7	17
7	Siemens	ドイツ	192	54	31	10	5
8	Fujitsu	日本	154	27	60	9	4
9	Samsung	韓国	119	56	28	3	13
10	NTT	日本	94	35	49	0	16
11	Hewlett-Packard	米国	93	22	44	4	30
12	Yahoo	米国	88	14	57	16	14
13	Toshiba	日本	86	22	57	7	14
14	D-wave	カナダ	77	1	4	3	92
15	Hitachi	日本	69	20	38	12	30
15	SAP	ドイツ	69	23	70	6	1
17	Canon	日本	68	59	28	3	10
18	Xerox	米国	62	15	45	18	23
19	GE	米国	59	14	59	22	5
20	Mitsubishi Electric	日本	53	49	43	2	6
21	Honeywell	米国	49	24	51	22	2
22	Boeing	米国	48	31	60	4	4
23	Cisco	米国	47	15	38	0	47
23	Oracle	米国	47	17	55	9	19
25	British Telecomm	英国	44	41	57	2	0
26	Intel	米国	43	35	51	5	9
27	Amazon	米国	41	15	39	2	44
28	Brain Corporation	米国	40	80	15	3	3
28	Cognitive scale	米国	40	0	88	0	13
28	Facebook	米国	40	0	40	13	48
	University total		1,177	68	19	6	6
	U.S. university	米国	241	40	39	7	14
	Chinese university	中国	725	82	10	5	3
	Japanese university	日本	93	83	15	1	1

出所：筆者が PATENTSCOPE のデータを利用して推計。

第14章 人工知能技術の研究開発戦略

て SAP や cognitive scale が挙げられる。加えて，特徴的な企業として D-wave 社はその他モデルが92％を占めており，他企業とは異なる戦略での技術開発を進めていることが明らかとなった。D-wave は量子コンピューティングの開発を行っている企業として有名であり，取得している特許も量子コンピューティング関連のものが多い傾向にある。また，IBM や Microsoft など AI 特許出願数上位の企業においては個別の技術分類に偏ることなく，幅広い分野での特許取得を進めている傾向にある。

　最後に大学における技術ポートフォリオを考察する。表14-3より，中国と日本の大学において生物学的モデルのシェアがそれぞれ82％，83％と高い割合を占めており，米国の40％と大きくことなる傾向であることが明らかとなった。一方で米国では知識ベースモデルの特許取得比率が高い傾向にある。この背景として，米国の大学は，米国企業との共同研究を通じてビッグデータ解析などを進めており，ビッグデータを利用する機会が日本などに比べて多い点が指摘できる（Gu et al., 2017）。加えて，米国の大学でその他モデルの特許取得割合が14％と高い点も特徴的であると言える。

4　どの出願者が，どこで特許を取得しているのか？

　次に，出願者別の AI 特許出願先の分布について考察を行う。**表14-4**は，AI 特許取得数における出願先の分布を表した表である。表14-4より，多くの米国企業で自国の特許庁に出願する割合が高く，日本や中国での出願比率が低いことがわかる。

　一方で，米国以外の企業においては，NTT 以外のすべての企業で米国での出願数が16％以上となっており，特に Samsung では61％が米国特許庁で出願を行っている。この結果は，前述したように，米国がビッグデータの利用機会が大きく，人工知能を活用した市場の規模が大きいと企業が解釈し，優先的に特許出願を進めた点を裏付けるものとなっている。

　次に大学による特許出願先について考察を行う。表14-4より中国の大学で

377

第Ⅳ部　AI技術開発の課題

表14-4　2000年から2016年における各出願者の出願先の打ち明け

順位	出願者名	本社所在地	特 許 出 願 先 （%）					
			PCT	欧州	米国	日本	中国	その他
1	IBM	米国	4	1	90	4	0	1
2	Microsoft	米国	14	7	74	4	1	1
3	Qualcomm	米国	30	10	32	8	8	13
4	NEC	日本	25	5	36	33	0	1
5	Sony	日本	11	10	32	36	9	1
6	Google	米国	14	8	75	0	0	3
7	Siemens	ドイツ	29	24	28	4	3	13
8	Fujitsu	日本	15	10	42	31	1	1
9	Samsung	韓国	0	16	61	3	6	14
10	NTT	日本	0	1	0	99	0	0
11	Hewlett-Packard	米国	20	4	71	3	0	1
12	Yahoo	米国	1	0	86	13	0	0
13	Toshiba	日本	14	3	45	35	2	0
14	D-wave	カナダ	35	0	39	0	5	21
15	Hitachi	日本	29	13	30	28	0	0
16	SAP	ドイツ	1	20	74	4	0	0
17	Canon	日本	10	4	47	37	1	0
18	Xerox	米国	0	8	89	2	0	2
19	GE	米国	7	0	85	2	0	7
20	Mitsubishi Electric	日本	8	11	25	57	0	0
21	Honeywell	米国	10	33	39	2	10	6
22	Boeing	米国	15	19	60	4	2	0
23	Cisco	米国	9	6	85	0	0	0
24	Oracle	米国	0	0	100	0	0	0
25	British Telecomm	英国	25	41	16	0	0	18
26	Intel	米国	19	9	67	2	0	2
27	Amazon	米国	12	7	80	0	0	0
28	Brain Corporation	米国	20	0	80	0	0	0
28	Cognitive scale	米国	0	0	100	0	0	0
28	Facebook	米国	0	0	100	0	0	0
University total			9	0	21	7	61	3
U.S. university	米国		20	0	72	0	1	6
Chinese university	中国		1	0	1	0	98	0
Japanese university	日本		16	0	3	78	2	0

出所：筆者がPATENTSCOPEのデータを利用して推計。

取得される AI 特許の98％は中国特許庁に出願された特許であり，国外で取得された特許比率は極端に低い。一方で，米国や日本の大学では自国の特許庁での出願に加えて，PCT による国際特許出願を行うことで，国外での特許権取得を進めている。

5　人工知能技術開発の研究戦略の変化

　次に特許取得数データを活用した研究開発戦略の変化について紹介する。本章で紹介する分析結果には Log Mean Divisia Index と呼ばれる要因分解法を適用している。詳細な分析手法については Fujii and Managi（2017）を参照いただき，ここでは分析結果の主要な点について紹介する。**図14-2** は PATENTSCOPE で利用可能なデータを対象に，2000年から2012年の12年間を第一期間，2012年から2016年までの４年間を第二期間として，特許取得の傾向がどのように変化しているかを示したものである。

　次に，研究戦略を評価するための指標について紹介する。開発優先度（個別技術）は，人工知能技術特許に占める個別技術の特許取得数で計算される指標であり，相対的な開発優先度を示している。例えば知識ベースモデルの開発優先度（個別技術）が正である場合には，対象期間において人工知能技術全体の増加率よりも知識ベースモデルの特許取得数の伸びが大きいことを示している。開発優先度（人工知能）は，すべての特許取得数に占める人工知能技術特許の割合で計算される指標であり，人工知能技術の相対的な開発優先度を表している。最後に，研究開発規模はすべての特許取得数で評価される指標であり，研究開発の規模を表している。図14-2の丸印は，特許取得数の変化数を示しており，各指標の和と同値である。

　図14-2より，第一期間では生物学的モデルと知識ベースモデルの特許数が大きく上昇している。一方で上昇の要因は異なっており，生物学的モデルでは技術の相対的な優先度が下がったため開発優先度（個別技術）が負の方向に寄与しているが，知識ベースモデルは正の方向に寄与している。この結果は2000

第Ⅳ部　AI技術開発の課題

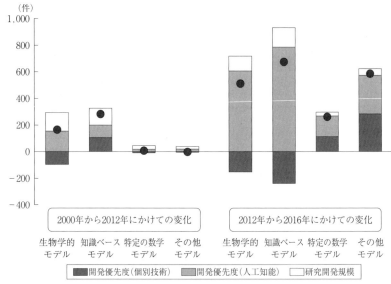

図14-2　特許取得数の要因分解分析結果

注：赤い点が特許取得数の変化数，棒グラフの合計が赤い点となっている。
出所：筆者がPATENTSCOPEのデータを利用して推計。

年時と比較した場合に，人工知能技術特許の開発優先度が2012年にかけて生物学的モデルから知識ベースモデルにシフトしていることを示唆している。また，第一期間では特定の数学モデルとその他モデルに関する特許数には大きな変化はなく，研究開発対象としては比較的に優先度が低い傾向にあったことが推測できる。

次に第二期間の分析結果より，4つの個別技術で特許取得数を大幅に増加させていることがわかる。一方で，2012年から2016年にかけての開発優先度（個別技術）が生物学的モデルや知識ベースモデルから特定の数学モデルやその他モデルにシフトしていることが明らかとなった。特にその他モデルは第二期間では624件の特許取得数の上昇を達成しており，これは生物学的モデルの565件を上回り，知識ベースモデルの693件に迫るものである。その他モデルが第二期間において，特許取得増加数が大きく上昇した背景として次の2点が挙げられる。

380

1点目は，ビッグデータを活用した知識ベースモデルでのビジネスが脚光を浴び始め，より高い情報処理能力を有する演算機器の需要が高まった点である。こうした背景から，現在のコンピューターに比べて，演算速度の大幅な向上が期待できる量子コンピューターの開発に特化した企業である D-wave が設立され，その他モデルに分類される多くの特許を取得している（Lloyd et al., 2016）。また IBM では量子コンピューターを一般市民に提供し，ユーザーインターフェースやプログラミングの開発を進めている。

　2点目に，人工知能に関連する技術の幅が大きく広がった点が指摘できる。従来の生物学的モデルや知識ベースモデルでは対象分野を包括できない技術が次々と開発され，それらがその他モデルとして申請をされた点が指摘できる。これらの点は，ソーシャルネットワークの普及や，センサー技術の高まりによって，膨大なデータ蓄積が可能となった状況に対して，人工知能を活用した演算を短期間で行うために重要な技術であり，需要が高まったといえる。しかしながら，現在の IPC 特許分類では明確にこれら技術を分類することが出来ないため，その他モデルとして特許出願の際に申請されたものと考える。

　本章で紹介した内容は Fujii and Managi（2017）を基に作成している。Fujii and Managi（2017）は，すでに世界貿易機構が公表する World Trade Report 2017 でも引用されており，人工知能技術を，特許データを用いて評価する手法が高く評価されていると考える。

●参考文献─────

Fujii, H., S. Managi (2016) "Research and development strategy for environmental technology in Japan: A comparative study of the private and public sectors", *Technological Forecasting and Social Change*, 112, 293-302.

Fujii, H., S. Managi (2017) "Trends and Priority Shifts in Artificial Intelligence Technology Invention: A global patent analysis", RIETI Discussion Paper Series 17-E-066. http://www.rieti.go.jp/jp/publications/summary/17050002.html.

Gu, D., J. Li, X. Li, C. Liang (2017) "Visualizing the knowledge structure and evolution of big data research in healthcare informatics", *International Journal of Medical*

第Ⅳ部　AI技術開発の課題

Informatics, 98, 22-32.

Hardy, K., A. Maurushat, (2017) "Opening up government data for Big Data analysis and public benefit", *Computer Law and Security Review*, 33, 30-37.

Insel, T. R., S. C. Landis, F. S. Collins (2013) The NIH brain initiative", *Science*, 340, 687-688.

Kawasaki, S. (2015) "The challenges of transportation/traffic statistics in Japan and directions for the future", *IATSS Research*, 39, 1-8.

Lloyd, S., S. Garnerone, P. Zanardi (2016) "Quantum algorithms for topological and geometric analysis of data", *Nature Communications*, 7, 10138.

Manyika, J., M. Chui, B. Brown, J. Bughin, R. Dobbs, C. Roxburgh, A. H. Byers, McKinsey Global Institute (2011) *Big Data: The Next Frontier for Innovation, Competition, and Productivity*. McKinsey, Incorporated.

National Science and Technology Council (2016) "The National Artificial Intelligence Research and Development Strategic Plan", CreateSpace Independent Publishing Platform, Washington, D.C.

Parkes, D. C., M. P. Wellman (2015) "Economic reasoning and artificial intelligence", *Science*, 349, 267.

Stone, P., R. Brooks, E. Brynjolfsson, R. Calo, O. Etzioni, G. Hager, J. Hirschberg, S. Kalyanakrishnan, E. Kamar, S. Kraus, K. Leyton-Brown, D. Parkes, W. Press, A. Saxenian, J. Shah, M. Tambe, A. Teller (2016) "Artificial intelligence and life in 2030", one hundred year study on artificial intelligence: Report of the 2015-2016 Study Panel. Stanford University, Stanford, CA.

索　引

あ　行

一方的注意　134,143
遺伝アルゴリズム　372
エキスパートシステム　372
エクイティ型クラウドファンディング　159,
　　167,172
オートメーション　19
温室効果ガス　240

か　行

外部性　129
カオスモデル　372
過失　178,180,182-184,186,187,193,196
過失推論則　186-190
過失責任　135,145
仮想評価法　209
完全自動運転　205,208
機械化　9
機械学習　21,24
企業活動基本調査　258,259,261,262,266,
　　267
企業特殊的人的資本　354
技術経営　49,50
技術ポートフォリオ　377
強制保険　133
共同不法行為　147
共有価値の創造　83
寄与過失つきの厳格責任　135,145
金融型クラウドファンディング　158
金融商品取引法　168
区間回帰　248

さ　行

国別論文数　3
クラウドファンディング　155
クラスアクション　132
限界支払意思　216
限界支払意思額　222
限界費用　257,258,259,267,268
厳格責任　134,145,178,183-186,191,192,
　　194,196,197
研究戦略　379
健康状態　297
行為水準　136,145
交差効果　222
購入型クラウドファンディング　157,161
個人情報に関する法制度　7
雇用規制　366
雇用形態　25
雇用の二極化　25,27
雇用の未来　19
混合ロジットモデル　219

サーチ理論　279
最小二乗法　248
産学連携　4
指示警告上の欠陥　148
システムズアプローチ　102
持続可能な開発目標　72
持続可能な発展　371
失業　9
自動運転　205
自動運転自動車（自動運転車）　125,205,
　　207,237
自動運転車導入計画　206

383

自動運転レベル　223,238

自動化可能性　21,22

支払意思　207

支払意思額　208,216

資本家効果　276

資本労働比率　358

市民参加　297

社会実装予測時期　2

社会的ジレンマ　10

就業支援　289

主観的幸福　297

ジュネーヴ道路交通条約　140

少学電子募集取扱業務　169

少子高齢化　296

情報化技術　351

情報化投資　351

女性の社会進出　299

シンギュラリティ　275

人口減少　296

人工知能（AI）　i,237,330,348

人工知能技術　371-373,379,381

新国富指標　73,77,86

「新産業構造ビジョン」　71,74

生産性　257,258,260,261,267

生産性　258

税制　138

製造物責任法　141,148

生物学的モデル　371-375,377,379,380

責任　10

設計上の欠陥　148

潜在クラス分析　225

潜在クラスモデル　219

潜在需要　207

選択型コンジョイント　209

選択型コンジョイント分析　216

先端 IT 人材　6

全要素生産性（TFP）　329-332,335,341-348

走行需要関数　241

操作変数法　260,264

創造的破壊効果　276

双方的注意　134,143

贈与型クラウドファンディング　157,159

「ソーシャルレンディング」　155

ソフトウェア　337-341,345

損害賠償責任　131

損害賠償法　130

た　行

第 1 種少額電子募集取扱業者　169

第 2 種金融商品取引業者　166

第 2 種少額電子募集取扱業者　169

多角的労働者　27

多項ロジット　217

知識ベースモデル　371-375,377,379,380

長時間労働　303,304,311-318

「超スマート社会」　74,80,86

懲罰的損害賠償　132

直接規制　133,134,137,140

賃金業法　166,167

データサイエンス　5

データサイエンティスト　50,52,55-58,60-62,64

「電子募集取扱業務」　168

投資アドバイザリー契約　127

トークンセール　153

特殊型人工知能　275

独占禁止法　11

特定寄附金控除　160

特定商取引法　162

匿名組合　165

都市 OS　99,100

「都市インフラ成熟度モデル」　94

都市インフラ性能の評価指標　73

都市サービスと生活の質の評価指標　73

特許　373

トランスログ型生産関数　259,260,267

ドローン　126

索　引

トロッコ問題　10

な　行

内部化　131
ニューラルネットワークモデル　372
ネットワークにつながっている自動運転車
　208

は　行

バーチャルエージェント　2
ハードウェア　337-340,345,347
派遣労働者　356
汎用人工知能　275
非金銭的効果　302
ビッグデータ　7,21,47-54,57,60-64,377,
　381
表明選好法　217
ファジー理論　372
「ファンド型」クラウドファンディング　164
部分的自動運転　208
不法行為法　141,147
プラットフォーム　27,30
プラットフォーム・ビジネス　27,31,36
ベンチャーキャピタル　5

ま・や　行

無過失責任　134
融資型クラウドファンディング　158,164

ら　行

ラッダイト運動　i,277

リスク選好　146
立証責任　132
立証責任の転嫁　143
リバウンド効果　242
流動化　25,27,29
量子コンピューター　381
量子コンピューティング　372,377
倫理　10
労働規制　356
労働生産性　329,331,332,347
労働に関する生産の弾力性　259,267
労働の自動化　295
労働力維持　296,301
ロボアドバイザー　127

わ　行

ワーク・ライフ・バランス　295-298,313
ワークシェア　296,301,302,315,317,318

アルファベット

bankruptcy-proof/judgment-proof　132
Better Life Index　296
BRAIN project　371
ICO　153
IoT（Internet of Things）　82,237,257
IT革命　9
IT投資　330-332,334,335,337,339-342,
　346-348
JOBS法　168
「P2Pレンディング」　155
Uber　59

385

《**執筆者紹介**》（執筆順）

馬奈木俊介（まなぎ・しゅんすけ）**はじめに，序章，第3章，第7章，第8章，第10章，第11章，第13章，第14章**

　編著者紹介参照

田中　健太（たなか・けんた）**序章，第13章**

　1984年　生まれ。
　　　　　東北大学大学院環境科学研究科博士後期課程修了。博士（環境科学）。
　現　在　武蔵大学経済学部准教授。
　主　著　(with S. Managi) "Measuring Productivity Gains from Deregulation of the Japanese Urban Gas Industry",Energy Journal, 34(4), 181-198, 2013.
　　　　　(with K. Higashida and S. Managi,) "A Laboratory Assessment of the Choice of Vessel Size under Individual Transferable Quota Regimes", The Australian Journal of Agricultural and Resource Economics, 58(3), 353-373, 2014.
　　　　　(with S. Managi) "Impact of a Disaster on Land Price: Evidence from Fukushima Nuclear Power Plant Accident", The Singapore Economic Review, Vol. 61, 1,1640003, 2016.

岩本　晃一（いわもと・こういち）**第1章**

　1958年　生まれ。
　　　　　京都大学大学院工学研究科電子工学専攻修了。
　現　在　独立行政法人経済産業研究所上席研究員（特任）／公益財団法人日本生産性本部。
　主　著　『洋上風力発電——次世代エネルギーの切り札』日刊工業新聞社，2012年。
　　　　　『インダストリー4.0——ドイツ第4次産業革命が与えるインパクト』日刊工業新聞社，2015年。

波多野　文（はたの・あや）**第1章**

　1985年　生まれ。
　　　　　名古屋大学大学院環境学研究科博士課程修了。博士（心理学）。
　現　在　高知工科大学特別客員研究員／日本学術振興会特別研究員（PD）。

松田　尚子（まつだ・なおこ）**第2章**

　1975年　生まれ。
　　　　　東京大学大学院工学系研究科博士号取得。
　現　在　経済産業省産業資金課課長補佐。
　主　著　(with Y. Matsuo) "Impact of MBA on Entrepreneurial Success: Do Entrepreneurs Acquire Capacity Through The Program Or Does MBA Only Signal Gifted Talent and Experience?", Journal of Entrepreneurship and Organization Management, Volume 6, 211, 2017.
　　　　　(With Y. Matsuo) "Governing Board Interlocks: As AN Indicator of An IPO", Corporate

Board: Role, Duties & Composition, 12(3), 14-24, 2016.

（池内健太・土屋隆一郎・岡室博之との共著）「開業希望と開業準備の要因に関する計量分析」経済産業研究所ディスカッションペーパー16J009，経済産業研究所，2015年。

小倉　博行（おぐら・ひろゆき）**第3章**

1954年　生まれ。
　　　　九州大学大学院工学部修士課程修了（電気工学専攻）。
現　在　三菱電機株式会社戦略事業開発室勤務。九州大学大学院工学府博士後期課程（都市環境システム工学専攻）在学中。
主　著　（馬奈木俊介・石野正彦との共著）「人とITと企業との共創による持続可能なスマートシティ実装評価方法」『経営情報学会誌』25(4)，2017年。
　　　　（共著）一般社団法人電子情報技術産業協会（JEITA）スマート社会ソフトウェア専門委員会『IoT，AIを活用した'超スマート社会'実現への道──世界各国の政策と社会基盤技術の最新動向』インプレス，2017年。
　　　　IEC White Paper, "Orchestrating infrastructure for sustainable Smart Cities", project team member, 2014.

森田　果（もりた・はつる）**第4章・第5章**

1974年　生まれ。
　　　　東京大学法学部卒業。
現　在　東北大学大学院法学研究科教授。
主　著　『実証分析入門──データから「因果関係」を読み解く作法』日本評論社，2014年。
　　　　（小塚荘一郎との共著）『支払決済法──手形小切手から電子マネーまで』商事法務（第3版），2018年。
　　　　『金融取引における情報と法』商事法務，2009年。

佐藤　智晶（さとう・ちあき）**第6章**

1981年　生まれ。
　　　　東京大学博士（法学）。
現　在　青山学院大学法学部准教授。
主　著　『アメリカ製造物責任法』弘文堂，2011年。
　　　　「個人情報の流出と損害賠償責任──欧米の事例を参考に」『判例時報』2336号，133-141頁，2017年。
　　　　(with D. B. Kramer, Y. T. Tan and A. S. Kesselheim) "Postmarket Surveillance of Medical Devices: A Comparison of Strategies in the US, EU, Japan, and China", PLoS Med 10(9): e1001519. doi:10.1371/journal.pmed.1001519, 2013.

森田　玉雪（もりた・たまき）**第7章**

1966年　生まれ。
　　　　国際基督教大学大学院行政学研究科博士前期課程修了（行政学修士）。

現　在　山梨県立大学国際政策学部総合政策学科准教授。

主　著　(with S. Managi) "Consumers' Willingness to Pay for Electricity after the Great East Japan Earthquake", Economic Analysis and Policy, Vol. 48, 82-105. http://dx.doi.org/10.1016/j.eap.2015.09.004, 2015.

(with R. Sato) "Quantity or Quality: The Impact of Labor-Saving Innovation on US and Japanese Growth Rates, 1960-2004", The Japanese Economic Review, 60(4), 407-434, 2009. (Revised in Ryuzo Sato and Rama V. Ramachandran (2014) Symmetry and Economic Invariance, 2nd enhanced ed., 177-208, Springer.)

岩田　和之 （いわた・かずゆき）**第8章**

1979年　生まれ。

上智大学大学院博士後期課程経済学研究科満期退学。

現　在　松山大学経済学部准教授。

主　著　(with T. Arimura) An Evaluation of Japanese Environmental Regulations: Quantitative Approaches from Environmental Economics, Springer, 2015.

（有村俊秀との共著）『環境規制の政策評価――環境経済学のアプローチ』SUP 上智大学出版，2011年。

松川　勇 （まつかわ・いさむ）**第9章**

1961年　生まれ。

筑波大学大学院修士課程経営・政策科学研究科修了。博士（社会経済）。

現　在　武蔵大学経済学部教授。

主　著　(with Y. Fujii) "Customer Preferences for Reliable Power Supply: Using Data on Actual Choices of Back-Up Equipment", Review of Economics and Statistics 76, 434-446, 1994.

Consumer Energy Conservation Behavior After Fukushima: Evidence from Field Experiments, Springer, 2016.

"Information Acquisition and Residential Electricity Consumption: Evidence from a Field Experiment", Resource and Energy Economics (in press), DOI: 10.1016/j.reseneeco.2018.02.001, 2018.

深井　大幹 （ふかい・ひろき）**第10章**

1986年　生まれ。

米国ペンシルベニア州立大学経済学研究科博士課程修了。

現　在　九州大学大学院工学研究院環境社会部門都市システム工学講座特任助教。

主　著　(with Y. Awaya) "A Note on 'Money Is Memory'", A Counterexample Macroeconomic Dynamics, 21(2), pp. 545-553, 2018.

野澤　亘 （のざわ・わたる）**第10章**

1983年　生まれ。

米国ペンシルベニア州立大学経済学研究科博士課程修了。

現　在　九州大学工学研究院環境都市部門都市システム工学講座特任助教。

主　著　(with T. Tamaki and S. Managi) "On Analytical Models of Optimal Mixture of Adaptation and Mitigation Investments", Journal of Cleaner Production, 186(10) , 57-67, 2018.

"Failure of the First-Order Approach in an Insurance Problem with No Commitment and Hidden Savings", Economics Bulletin, 36(4), 2422-2429, 2016.

(with H. Nakamura and A. Takahashi) "Macroeconomic Implications of Term Structures of Interest Rates under Stochastic Differential Utility with Non-Unitary IES", Asia-Pacific Financial Markets, 16(3), 231-263, 2009.

鶴見　哲也 (つるみ・てつや) **第11章**

1981年　生まれ。

横浜国立大学大学院国際社会科学研究科博士課程後期単位取得退学。

現　在　南山大学総合政策学部准教授。

主　著　(with A. Imauji and S. Managi) "Greenery and well-being: Assessing the monetary value of greenery by type", Ecological Economics, 148, 152-169, 2018.

(with S. Managi) "Monetary Valuations of Life Conditions in a Consistent Framework: the Life Satisfaction Approach", Journal of Happiness Studies, 18(5): 1275-1303, 2017.

(with S. Managi) "Environmental Value of Green Spaces in Japan: An Application of the Life Satisfaction Approach", Ecological Economics, 120, 1-12, 2015.

今氏　篤志 (いまうじ・あつし) **第11章**

1990年　生まれ。

南山大学大学院社会科学研究科博士前期課程修了。

現　在　南山大学大学院社会科学研究科博士後期課程在学中。

主　著　(with T. Tsurumi and S. Managi) "Greenery and well-being: Assessing the monetary value of greenery by type", Ecological Economics, 148, 152-169, 2018.

乾　友彦 (いぬい・ともひこ) **第12章**

1962年　生まれ。

一橋大学大学院経済学研究科博士課程単位取得退学。

現　在　学習院大学国際社会科学部教授。

主　著　(with Ito, K. and Miyakawa, D.) "Export Experience, Product Differentiation and Firm Survival in Export Market", The Japanese Economic Review, 68(2), 217-231, 2017.

(with R. Kneller, D. McGowan and T. Matsuura) "Globalisation, Multinationals and Productivity in Japan's Lost Decade", Journal of the Japanese and International Economices, 26(1), 110-128, 2012.

(with A. Hijizen and Y. Todo) "Does Offshoring Pay? Firm-Level Evidence from Japan", Economic Inquiry," 48(4), 880-895, 2010.

金 　 榮愨（きむ・よんがく）**第12章**

1969年 　 生まれ。
　　　　 一橋大学大学院経済学研究科博士課程修了。博士（経済学）。
現 　 在 　 専修大学経済学部教授。
主 　 著 　 (with K. Fukao, K. Ikeuchi, and H. Ug Kwon) "Innovation and Employment Growth in Japan: Analysis Based on Microdata from the Basic Survey of Japanese Business Structure and Activities", The Japanese Economic Review, 68(2), 200-216, 2017.
　　　　 (with H. Ug Kwon) "Aggregate and Firm-level Volatility in the Japanese Economy", The Japanese Economic Review, 68(2), pp. 158-172 (2017).
　　　　 (with K. Fukao, K. Ikeuchi and H. Ug Kwon) "Why was Japan left behind in the ICT revolution?", Telecommunications Policy, 40(5), 432-449, 2016.

古村 　 聖（こむら・みづき）**第13章**

1986年 　 生まれ。
　　　　 名古屋大学大学院経済学研究科博士課程後期課程修了。博士（経済学）。
現 　 在 　 武蔵大学経済学部准教授。
主 　 著 　 (with A. Cigno, and A. Luporini) "Self-enforcing family rules, marriage and the (non) neutrality of public intervention", Journal of Population Economics 30, 805-834, 2017.
　　　　 "Fertility and endogenous gender bargaining power", Journal of Population Economics 26, 943-961, 2013.
　　　　 "Tax reform and endogenous gender bargaining power", Review of Economics of the Household 11, 175-192, 2013.

藤井 　 秀道（ふじい・ひでみち）**第14章**

1982年 　 生まれ。
　　　　 広島大学大学院国際協力研究科博士課程後期修了。
現 　 在 　 九州大学大学院経済学研究院准教授。
主 　 著 　 (with S. Managi) "Trends and priority shifts in artificial intelligence technology invention: A global patent analysis", Economic Analysis and Policy vol. 58, 60-69, 2018.
　　　　 (with A. G. Assaf, S. Managi and R. Matousek) "Did the financial crisis affect environmental efficiency? Evidence from the Japanese manufacturing sector", Environmental Economics and Policy Studies, 18(2), 159-168, 2016.
　　　　 (with S. Managi) "Trends in corporate environmental management studies and databases", Environmental Economics and Policy Studies 18(2), 265-272, 2016.

《編著者紹介》

馬奈木俊介 (まなぎ・しゅんすけ)

1975年 生まれ。
九州大学大学院工学研究科修士課程修了。米国ロードアイランド大学大学院博士課程修了（Ph.D.（経済学博士））。
サウスカロライナ州立大学，横浜国立大学，東北大学などを経て，

現　在　九州大学主幹教授・都市研究センター長。九州大学大学院工学研究院都市システム工学講座教授。東京大学客員教授，経済産業研究所ファカルティフェロー，地球環境戦略研究機関フェローを兼任。学術誌 Economics of Disasters and Climate Change 編集長，IPCC 代表執筆者，IPBES 統括代表執筆者，国連「新国富報告書 2018」代表。

専　門　都市工学，経済学。

主　著　（編著）『豊かさの価値評価──新国富指標の構築』中央経済社，2017年。
（池田真也・中村寛樹との共著）『新国富論──新たな経済指標で地方創生』岩波ブックレット，岩波書店，2016年。
(Eds.) "The Wealth of Nations and Regions." Routledge, New York, USA, 2016.

人工知能の経済学
──暮らし・働き方・社会はどう変わるのか──

2018年10月30日　初版第1刷発行　　　　　　　　〈検印省略〉

定価はカバーに
表示しています

編著者	馬奈木	俊　介
発行者	杉　田	啓　三
印刷者	坂　本	喜　杏

発行所　株式会社　ミネルヴァ書房

607-8494　京都市山科区日ノ岡堤谷町1
電話代表　(075)581-5191
振替口座　01020-0-8076

©馬奈木俊介, 2018　　　　　冨山房インターナショナル

ISBN 978-4-623-08325-1

Printed in Japan

馬奈木俊介 編著
原発事故後のエネルギー供給からみる日本経済
A5・268頁
本体5,000円

寳多康弘・馬奈木俊介 編著
資源経済学への招待
A5・280頁
本体5,000円

西村　健 著
プロフェッショナル労働市場
A5・216頁
本体5,500円

杉山滋郎 著
「軍事研究」の戦後史
四六・320頁
本体3,000円

後藤秀機 著
天才と異才の日本科学史
四六・420頁
本体2,500円

城山英明 著
科学技術と政治
A5・296頁
本体3,500円

福田公正 著
経営のための統計学入門
A5・252頁
本体2,800円

A・H・ストゥデムント 著／高橋青天 監訳
計量経済学の使い方　上［基礎編］
A5・264頁
本体2,800円

A・H・ストゥデムント 著／高橋青天 監訳
計量経済学の使い方　下［応用編］
A5・312頁
本体3,500円

加藤　豊 著
例解 AHP
A5・152頁
本体2,500円

ミネルヴァ書房

http://www.minervashobo.co.jp/